陈顾远
法律文集

陈顾远　著

商务印书馆
The Commercial Press
创于1897

2018 年・北京

图书在版编目(CIP)数据

陈顾远法律文集/陈顾远著.—北京:商务印书馆,2018
ISBN 978 - 7 - 100 - 12576 - 5

Ⅰ.①陈… Ⅱ.①陈… Ⅲ.①法律—文集 Ⅳ.①D9 - 53

中国版本图书馆 CIP 数据核字(2016)第 228165 号

本书根据《陈顾远法律论文集(上、下册)》
(台湾联经出版事业公司 1982 年版)选编排印

陈顾远法律文集

陈顾远 著

商 务 印 书 馆 出 版
(北京王府井大街 36 号 邮政编码 100710)
商 务 印 书 馆 发 行
北京新华印刷有限公司印刷
ISBN 978 - 7 - 100 - 12576 - 5

2018 年 2 月第 1 版　　　 开本 880×1230 1/32
2018 年 2 月北京第 1 次印刷　 印张 16½ 插页 1
定价:68.00 元

陈 顾 远

(1895—1981)

目　　录

二　法律史学类

三　法律释论类

四 法律实务类

回顾与远瞻

——八十自述

一

　　宇之广也无边，宙之久也不尽，个人生息其间，渺乎小矣。况以平凡之身如余个人者，固已由幼而壮、而老、而耄，行将进入人生全程，粗具生活经验，终觉一身庸庸碌碌，对国家、民族及社会人群，仅竭绵薄之力，并无显著之劳，又何足以言寿哉！然既蒙天地大德，复承父母厚恩，得以生而为人，居于万物之灵长地位，特又强健未衰，实为大运洪福所集，出于万幸而有荣矣。个人诚受自然演化律之支配，莫能长生永活，但人类全体之命运，代代绵延，生生不息，将与宇宙同其存在；且"天工，人其代之"，或于未来而为宇宙之宰辅焉。个人乃人类之一员，各依国家、民族之形态而营群的生活，彼此之间有其社会连带关系，本于互助合作之道而得以生也，合于敬业乐群之宜而得以活也。是故个人既非离群而能独活，更非为己而得偷生，同系在人类繁衍于宇宙之过程中，各尽其责任，互达其使命者也。国父谓"人生以服务为目的"，中国古训亦以"义务本位"为尚，自应信守其义而勉力为之，以求对国家、民族及社会人群所惠于个人者为万一之报答耳。余年七十时，曾印行《小小回忆录》以述往事，不特匆匆十载，无善可补，何必"重炒冷饭"而烦其言。且马齿加长，渐悟人生真谛，特将往事所尝试者及其所得经验，另作一番检讨,殊不敢自以为寿,有所炫耀,惟察其与余向日所倡"活到老学到老,活到老干到老,活到老青春到老"之想象,是否有符而已!

二

　　世人皆知,人具有灵长之资格;余不敏,妄自把握此义而尝试之。盖智操万事之钥,得启"进化"之门,立己以学,立人以教,莫敢忽视也。

　　就余从事于学的追求而述;余以苦学出身,意在笔耕为生,由前清初设学堂而开讲起,终能循序毕业国立北京大学,并留校任助教三年而受完全教育。惟以个人环境关系,未能出国深造,不免终身所憾。然即因此锲而不舍,愈为奋勉,潜心向学,冀在学坛上与他人一较长短,幸未见辱也。当在学校毕业以前,曾有《墨子政治哲学》《孟子政治哲学》《地方自治通论》及《中国古代婚姻史》出版问世。离校教学后,舌耕之余,继续研究学问,从事写作,除课堂讲义,报章论文不计外,正式出版者约在三十余种以上(详本人著作年表)。余非因此致富,戋戋稿酬所得,不啻受雇于出版商,而为其写作耳。其中《中国法制史》及《中国婚姻史》(商务印书馆版)皆被日本学人译为日文行世,以雪我国过去徒知译用日人著作之耻,宜其对余存有誉评,列为国际学人之一,愧不敢当。余之为学,向以由博而约为旨,每喜叩谒哲学、史学、经学之门,俾对法学有所涉猎。多年来,余由儒家法学而综合法学、而为美化法学之研究,拟将法学、美学、神学糅合而为一焉。天若假余以年,除完成《中国法律思想史》外,并对美化法学或能望其以较有系统之作问世求教耳。至于治学之方法,要不外乎"全体与部分并重,既不应因重视全体而忽略部分,亦不宜因拘守部分而忘却全体;理论(主张)与事实(认识)分清,既不应因强调理论而歪曲事实,亦不宜因顾全事实而改变理论"。其实治事之道亦应本此为之。此其一。

　　就余从事于教的经验而述：教学相长互有进益，学固不能有厌，教亦不能有倦。余毕业后兼课北平私校，未能一鸣惊人，但不因此而退。1926年避难上海，任教上海法科大学（上海法学院），深受同学欢迎，遂奠定余个人五十余年来之教书命运，且因之而有教授证书之持有及教学奖金之领受矣。前后所任专科以上学校教师如中大、政大、西大、安大、辅大、上大、台大、复旦、朝阳、东吴、文化、铭传等校，不下三十余处，研究所与训练班不计焉。忆在上海任教时，年仅三十余岁，精力充沛，每周除系主任办公时间外，兼课连四十八小时之多，不以为劳。在行都重庆任教时，年已四十余，精力益健，每周除立法院工作外，忽而赴南温泉政校或弹子石高警，忽而赴北碚复旦及立信，又或赴兴隆场朝阳及附近法官训练所；仆仆于道不以为苦。来台后，仍未谢绝教课生活，即以台大而论已有廿四年之久，迄今同与政大、文化两校在兼课中，亦所以求与青年学子接近，不致落伍，而对余之治学有所助益者也。余固不敢望于孔子之"有教无类"，但或近于"有学必教"之存心，故五十余年来出于门下者最保守之计算或不下于三万人耳。余虽涉猎西典留心新说，终因未出国门，恐受藐视，不敢与青年学子畅谈天下事，特将心力集中于中国法制史、中国政法思想史及现实法学之讲述，致有欧美弟子来舍请为授课，而皆允焉。余之为教，倾向于启发性，并以指导其每一课题之认识论、目的论及方法论为主，求其在学海中之闻人必有青出于蓝者在焉。从而除对博士、硕士论文，恒本此道，为其选择题目悉心指导外，并在学术上发现有待于解决之问题，如李悝《法经》考、名家与先秦诸子之治学方法论、阴阳五行之科学分析观皆是，不一而足。余老矣，无暇及此，每对可畏之后生，告以如何着手研究，而望其将来有所完成焉。此其二。

三

世人皆知,人具有政治之本能;余不敏,妄自承受此义而尝试之。盖人因有生而得存,生因有群而健在,群因有政而治理,政因有党而始符于民主宪政之企求,莫敢忽视也。

就余投身于党的工作而述:余生也晚,不及参加辛亥西安起义壮举,固一憾事,但在故乡三原,深受于公右任之革命号召,反对维新改革运动,而以推翻满清为志,曾与同学组织警钟学社,暗中鼓吹革命。光复后,即加入同盟会三原支部,遂有所归。读书西安,与先烈南南轩,同学李贵森同谋反袁逐陆(建章)之举,西华门之惨剧,仅身免焉。就学北大,于1922年正式加入国民党,并于嗣后列名"民治主义同志会"。1922年毕业北大后,与同班同学邓鸿业、苏锡龄等共十人组织北大政治考察团(习称"十人团"),为北方学生赴穗晋谒国父之第一批,国父由韶关三次回穗,在大元帅府传见,为讲解三民主义精义,并授命回平宣传革命及为"首都起义"之准备。因回平后仅余个人留平,力单势弱,未能混入曹营当兵,以谋大举。然在宣传方面,则受聘上海《民国日报》及东三省《民报》驻平地下记者,几遭卫戍司令王怀庆之毒害矣。在行动方面,则加入国民二军行列,国父北上,特以专使寇遐之随员,赴津欢迎国父至平;即因为国民二军创办国民通信社之故,适奉军入平,认为反动,遂与妻微服逃沪,而结束卅年间之北方生活。1932年任中央党部民众运动指导委员会特种委员及办公室主任,一面赴沪筹组专科以上学校教职员党团,一面奉派赴济南等处代表党中央出席各民众团体。越三年,由党中央通过为训政时期立法院立法委员,得列为干部之一。抗战胜利复员后,制宪国民大会开幕,余为中国国民党出席代表之一,得有机会对制宪大业发表意见,并有被采纳者在焉。来台后,党员归队,余亦参与"立法院"同志改造小组长之列,为"立法委员党部"成立之先声;继在"政策委员会"改制成立之先,设"政策委员"八人,余为其一;近年以来,又被"总裁"派任为"立法委员党部"考核纪律委员,党之嘉惠于余者深矣。虽因余致力于学教方面者较繁,大而全党大会代表,小而"立法委员党部"委员之竞选,皆未参与,遂难专心致志,多所贡献,殊觉无以为报;然既为党之干部,得随时随地完成党之使命,而有以自慰也。此其三。

就余投身于政的任务而述:初在三原渴望民国之建立,继在西安参与逐陆之革命,此固党性所致,已如前述,而亦关心政治之处女航耳。升学北平后,不惮七年学程之久,而入北京大学法预科,并以政治学系为就读本科之目标焉。其间曾实际参与纯粹爱国性之五四运动,而未涉及新文化运动,且力辟邪说而远之。但因家道中落,无法继续学业,与其求贷于他人,毋宁求援于自己;并因双亲或老或病,为早日慰其"望子成龙"之念,适逢民九文官考试举行,乃即投考,以优等中式,分发平政院为候补书记官。然对此政府之不满,正如"人在曹营心在汉",余不讳言有此过程焉。迨后,刘治洲,寇遐两乡长长农商部,被派进部为秘书处帮办,为会计科帮办,皆"亲而不尊"之官耳。1926年抵上海后,生活重心置于教学方面,适1928年审计院成立,于公右任任院长,余被派为机要秘书,为余任职国民政府之始。嗣因于公请做居沪,余亦去职返校教书,直至1935年,距今已四十年。以所称专家资格,任立法院立法委员,为简任一级政务官,并承政府另行颁发普通文官简任状一纸,是又继而从政矣。第四届立法委员两年满届,并未改选,任职达十有四年之久,且于最后被派为民法委员会召集人,事先并无所闻也。余意志坚强、体力健旺,虽学校课程甚繁,对于立法工作之进行从未懈怠。忆在抗战期间,担任八委员会法案审查任务;原本不列名于土地法委员会内,而土地法之制定余亦被邀列席焉。又1943年暑假,立法院组织考察团三路，每路仅三、四人，余加入川康一路，赴各省会及县市考察司法作业，费时数月而归，经费尚有节余退还院方。因此种种劳绩特受政府嘉奖，论功行赏，授予三等景星勋章，与抗战胜利后所受胜利勋章两有荣焉。复员回京，制宪国民大会开幕后，余一面与同人为行宪法规之准备，一面为自己竞选宪政立法委员之筹划，而以后者最感不易也。盖远离家乡已卅年，地方人士纵有知余之名者，或竟不知余为陕西人，旧日故友同在竞选之列，更无由望其助选，情势困难，极为显然。幸余在立法方面有十四年之辛劳，成绩尚不后人，得为师友同学之助选保证，首取得本党中枢为候选人之提名，继由陕西军政首长支持，在选区各县，广为宣传，终受同乡之爱护而当选矣。选区同乡既付余以民意代表重任，自应在改选以前终于此事，不敢见异思迁转入仕途，致失选区同乡厚望。故虽累有入仕机会，皆非素愿，并不纯因目力关系为人所惜耳。其实从政固以入仕为尚，但"孝乎惟孝，友于兄弟，施于有政，是亦为政"，则为中央民意代表对国家立制，对政府建言，又何尝不可称为从政乎？此其四。

四

世人皆知，人具有情感之天性；余不敏，妄自顺遂此义而尝试之。盖情之所依，心之所向，感之所聚，艺之所兴，虽圣哲之大，既已不能忘于情；而仁义之余，亦求其"游于艺"，莫敢忽视也。

就余倾心于情的纯正而述：爱莫重于血亲，情莫深于伉俪。余与妻室梅丽女士由热恋中而成婚，迄今已半世纪，经过"红宝石婚"，进入"金婚"阶段矣。忆余任北大助教时，母校意在使余进修于此，然后资送国外深造，余以环境关系未能如愿，已见前述。但余亦有自慰者在，苟当日留学国外，即与妻无缘相识，所得之终身幸福不知如何安排耶？余字

晴皋,妻字晴岚,遂以"双晴"名室,前举行"红宝石婚"时,曾对亲友以
《双晴室余文存稿选录》一书为赠,命名由此而来。老友张维翰兄在立
法院同事时,戏拟一联曰"五柳先生种五柳,双晴(禽)书屋栖双晴
(禽)",暗以鸳鸯为喻,即系为余夫妻而作也。余曾有语"恋爱艺术化,
配偶恋爱化";不啻为余夫妻之自况,而望其成为"好丈夫""好妻子"之
理想配偶。以私情而论,实无愧于此生耳。从往事言,余夫妻自北平结
婚后,同以避张宗昌之逮捕而微服逃沪,同以抗战疏散内地而匆忙入
陕,同以立法院复会越秦岭、走剑阁而颠沛至渝,同以避日机日夜轰炸
从行都而一迁北碚再迁龙岗,同以抗战胜利携带大为儿而返重庆而回
南京,同以竞选之故而再度入陕而返京,同以××猖乱而入穗而往返桂
林而迁港而来台。其间偶因他故,暂时分手,虽系两地相隔,依然一心
相通。妻以身许余,余以心归妻,余对社会人群或有微劳者,皆余妻辅
助之力,黯然受其感化,昭然有其表现。"地老天荒情不老,日沉月落爱
无沉",甚所望也。此其五。

　　就余倾心于艺的兴趣而述:祥和处世,育乐从同,平易近人,文质不
贰。其中,有为文艺者,有为技艺者,两皆好之。以文艺言,不仅史学家
为文求其真,道学家为文求其善,文学家为文求其美,即任何文章必有
美的结构,乃可引起读者兴趣,乃可达于真或善之目的也。余在抗战期
间,曾拟以文艺之笔调,写政法之论文,俾能广为传播,易为读者接受,
惜工力不足,未能完全如愿。文章之美不在词藻而在理路,必须深入浅
出,以求畅达,不问文言语体皆然。余在五十岁以前,为文不脱旧调,称
为"文章写我时代",迨后,本于灵感所至,兴趣所在,自创章法而为之,
纵系野狐禅不归正宗,终系进入"我写文章时代"焉。以技艺言,所表达
者为戏剧,余在幼时即有所喜,并曾试编秦腔唱本,在北平时更嗜此道。
一面为剧学之研究,拟编《鞠(菊)部要路》一书,已发表者有"行头编"
"脚色编",一面为剧艺之表演,请师说戏,登台串戏皆是。余今发言,声

音出自丹田,乃当日调嗓三年之成绩;今对平剧运动努力赞助,亦出于向之所好而然。话剧传至中国,变为"文明新戏"走入魔道,余在北平与蒲殿俊(伯英)、陈听彝(大悲)提倡爱美的戏剧,除组织实验剧社外,并创办人艺戏剧专门学校,今日影剧界中之演员不少系当日之再传弟子,为话剧史上创一新纪元,实当仁不让焉。余因嗜好戏剧,尝以"戏剧的人生观"自喻,而曰"假戏真做,择善固执,真戏假做,为而不恃",不无剽窃儒、释、道三家之义而妄拟耳。此其六。

五

世人皆知,人具有意力之潜长;余不敏,妄自遵循此义而尝试之。盖人有智慧、有情感,并有意力,政治关系亦系坚定于此而然;意有所在,以信为先,力有所张,以勇为贵,莫敢忽视也。

就余问计于意的解答而述:意即意志,由其所信而有所立、所守、所愿焉。首以信仰为言,余非宗教信徒,但不否认创造宇宙之神的存在,因宇宙具有圆满风格,万有各得其宜,斯固神学之所探求者。其实美学之原理,法学之体系亦皆因此而出,前述余倡导之美化法学实以此为第一要义。然除创造宇宙之神的观念外,余一本科学知识,实事求是。不为鬼魂怪异之说所困,以免陷入玄学网中速离实证,无由自拔矣。次以信守为言,余本书生未达世务,所勉力以求者,诚实信用之德,安分守法之行,不敢投机,不敢取巧。世每以"书呆子""老实人"嘲余者,不以为耻即此故也。生平在经济方面有两所信守之事,而为余所自慰者在,不惮一及。一为抗战军兴,余不愿私于所有,影响金融政策,辛苦教学所得之法币八千元存款决不提取,存折四只今仍保存,所幸抗战胜利,个人损失又何言哉!一为抗战胜利复员后,发行金圆券,余即以出售西安土地所获之金条依法换取之,自信为国民者理应如此而为,明知对己无益有损，又何怨乎？外于此者，余曾一度执行律师业务，薄有虚名，律务所在本系生财大道，惟余既以律师视同牧师，而又抱"取不伤廉"之旨，歇业后淡泊如故，终未因此而致富焉。此其七。

就余问计于力的鼓励而述：勇者不惧，当与潜力有关，勇者无畏，更因知耻而起；人欲诚意达其所信，自应如此为之。易云"天行健，君子以自强不息"，以示"君子终日乾乾"之道；庄敬自强，处变不惊之精神即吾人潜力所在，而实现三达德之勇也。余如前述，原无承受完全教育之望，有其所成，但当日发挥潜力，自喻为一"笨牛"，于炎夏，负巨石，登峻岭，倘不畏艰苦，逐步前进，必有达于巅峰之一日云。学业虽已告一段落，惟学无止境，教有困境，并因时代之进步，社会之更新，为免落伍，为知耻能，更自加倍努力，不敢稍息。非仅治学如此，治事亦然，不为受益而争先，不因负责而落后，力之所用，勇之所向，深望据此而为取舍，以之为座右铭焉。推而在个人生活方面，少壮之年固应"爆出生命的火花"，老耄之年，尤须"发扬青春的活力"。余尝言曰"年逾百龄方是老，寿逢八秩更如春"，似非纯属戏言也。此其八。

六

蒋公在世昭告吾人曰"生活的目的在增进人类全体的生活，生命的意义在创造宇宙继起的生命"，两语陈义甚高，诚非通常人所易为也。惟如个人既为社会人群所培育，又为国家民族所器重，即应学以致用，才以济世，力以利群，矢勤矢勇，必信必忠，不敢怠也。纵值晚年，来日无多，仍宜抱"老而不衰，衰而不废"之旨，为有意义的生存而不自馁，实为个人天责所在。就令在人生舞台上，扮演一"零碎脚色"，姓名不显，但力恶其不出于身也，不必为己；功恶其不告成也，不必归我，依然处于无名英雄之列。从而心有所安、力有所竭、事有所附、功有所见，百年以后，同与历史名人为不占空间之生存，亦甚幸矣。余不敏，无何长，辱承友好同学曾于去秋为余伉俪发起八秩双庆及"金婚"纪念，虽突值"国丧"之后，而时局又在艰难之中，未可依旧举行，然对于友好同学之盛情厚谊，终觉不胜感愧，无以为报也。孔子曰"有朋自远方来，不亦说乎"；孟子曰"得天下英才而教育之，一乐也"。有此两乐，归于双晴，足添海屋之筹，而赐南山之瑞矣。隐喜之余，不敢自秘，遂坦诚将"回顾与远瞻"之心情，为"八十自述"之文以献，特就正于友好之前，并与同学互勉焉。

1975 年（公历 6 月 28 日、农历五月十九日）写于双晴室

一　法律哲学类

法之最广义观念的分析
——卧病三个月后，休养期间所感想者

一

　　宇宙浑然一体，星球互相吸引，人事万端丛集，彼此交错影响，吾人生于宇宙之间，饱受自然及生理现象之支配，又因社会或团体种种现象而为其活动，故就此类客观境界观之，每事每物皆牵涉甚广，而非单独存在，不仅以所提出之题目而作特别研究者为其范围，法学自亦同然，门人涂怀莹大法官曾以情、理、法为法律的对象，余赐其名为综合法学，后学多有从之者，惟正统派的法律学者类宗师说，率由旧章，认为国法之外并不羼杂情与理在内，其实西洋学者，已有所谓基础法学的主张，日本美浓部达吉也以条理法、习惯法、制订法为法的对象，各有其说，未可执一为是。今在综合法学之外，余又从法之最广义观念方面扩张而为美化法学的创说，当然为正统法律学者所非议，在创立新说上，在所难免，不以为计，兹先列一简表于下：

$$
法 \begin{cases} 第一顺位——最广义的观念 \\ 第二顺位——较\genfrac{}{}{0pt}{}{广义}{狭义}的观念 \\ 第三顺位——最狭义的观念 \end{cases}
$$

说明：法之观念，得从最广义及较广义言之，不以最狭义者为限。

上表在形式上虽为四个观念,但实质上不外三个顺位。

二

最广义法之观念,系就法之抽象方面而为认识,最狭义法之观念,系就法的形态方面而为说明,介乎其间者,当为法之较广义观念,亦即法之较狭义观念;所以然者,此因最狭义法之观念系就一时一地或每种法律哲学下对于法在形态方面所为之认识而言,如古代产生之法系,现代各国所行用之法规,以及权利法说、义务法说、国民精神法说、社会本位法说等等皆是,总之无非从法规特例而为说明罢了。较狭义法之观念系就上下古今及文野国家或部族对于法在形态方面所为之认识,无论各该国家或部族在法规形态如何各有部署安排,但法规总是法规,不能推广其领域而与最广义法之观念下的所有他种现象混同,此乃从通例上而为法之观念所说明者,亦即法之较广义观念者是。详言之,不外法者为社会生活之规律,乃社会心理力的表现,经社会生活主体之承认或制定,而由社会力构成的公权力,以强行之是也。其解释详在本人所写"法律与道德同质异态论"一稿中,兹不重述。

三

最广义法之观念,所称法者,就余个人而观,乃各种规律之总称,包括宇宙创造律,及其产生之自然律、生理律,并因人类而有之社会律、团体律在内。其就规律的发动上言,除宇宙创造力外,重要各点无非由自然力、生理力、社会力、团体力错综交替,成为法规,至于宗教律、道德律、生活律(包括礼仪律与习惯律、百业果报律、工匠技巧律……)、竞赛律(博弈律及奥林匹克运动会承认或未承认的各种运动规律)、艺术律

（文学、音乐、绘画、演剧、建筑、雕刻、舞蹈、电影、照相……）等等，虽亦同有发动的力量，因散见于社会律与团体律之间，不必单独及之。其就规律的表现而言，循其正轨，当不外乎真、善、美的性能所见，充其说明，尤以其中美的说明为重，详如后述。

四

宇宙创造律当然系由宇宙创造力所发动，得简称为"神律"，或"神力"，其律其力究系如何表现或发动，就吾人现在的知识而言，不能详为道及，自勿待言。过去虽有种种说法，每系揣测之谈，惟此律之存在与推动，当属事实，自难否认，神学家每谓："吾人虽不能证明神之有，却也不能证明神之无。"殊难推翻此种观察，我国过去学者如老子云："有物混成，先天地生，寂兮寥兮，独立而不改，周行而不殆，可以为天下母，吾不知其名，字之曰道，强为之名曰大。"不过为"人法地，地法天，天法道，道法自然"之粗略形容罢了。儒家虽罕言天地来源，但在《易经》上有话："夫圣人者，与天地合其德，与日月合其明，与四时合其序，与鬼神合其吉凶；先天而天弗为，后天而奉天时，天且弗违，而况于人乎，而况于鬼神乎。"在形容圣人之智慧功能以外，最重要者亦不过说明有此"先天而天弗为""后天而奉天时"之宇宙创造力及创造律的存在，毕竟其力其律为如何形态与发动，尚待吾人知识逐渐发展，而逐渐探索之罢了。不过余固不敏，愿以寓言式的口吻揣摩其大概情形。宇宙各种星球经创造及彼此间相互引力的关系，似各有其一定的位置，惟此一定的位置并非绝对静而不动，乃仍在时间上或经一定的轨道并或自转而构成圆形一类的体象便是。

五

至于依宇宙创造力而发动的宇宙创造律,自然世界已经形成,生物也随而滋生,乃有自然力发动的自然律及生理力发动的生理律,逐渐活跃呈现出来。在自然力发动的自然律方面,无非指类似静而转动,动而转静,或变化其速度与方向,而有其一定的动因与规律,不仅力学上所说万事万物的情形如此,即声学、光学、电(磁)学、化学等等所述的事物莫不皆然,初一步,当系由某种力量发生某种规律,进一步,每一规律必有其原因,必有其结果,但如有"缘"加入"因"的方面,其"果"即变而为"报"的形态,所成就的程式就是自然律的表现,例如动者恒动、静者恒静的物理定律就是自然力量。在生理力发动的生理律方面,无非属于自然力与自然律的一部分,特就生物生理变化而为力量发动与规律构成的详细说明,例如细菌的分裂繁殖、动物的生理变化、植物的生理关系,其所蕴藏的发动原因与其生老病死的规律就是。

六

在宇宙创造律及其产生之自然律与生理律以外,因人类社会的形成,又有由社会力而产生的社会律。人类社会系指人与人间或有共同的利益或有一定的关系,而本于同情、暗示、模仿……等感触形成一种力量,表现在宗教、道德、生活、竞赛、艺术等等之积极或消极的方面,此种力量,一有社会即能形成,惟不易为人所觉,正如空气及水各有四面八方的压力存在,人类、鱼类日常均无感觉,苟某一种规律受其破坏,即觉得有关压力的存在,譬如说:众人聚会不合群意,而曰空气紧张或激于义愤;又坠入深渊越深,越觉负担沉重,皆系社会力的表现,而本于或种规律以为之；再如清夜扪心良知发现，此种良知何由而来？再如"人之将死，其言也善"，此种善言何由而有？一言以蔽之，无非受社会力压迫的影响罢了。不过此种社会力依然有其缺点，除关于众怒义愤方面，陷于无秩序可言的自然力与自然律外，更有一个不能救急的短处，那就是"善有善报，恶有恶报，若还不报，时辰未到"。清夜若不扪心，人死若不到来，那么社会力所维持的社会律也就一无表现。在此情形下，无固定组织而散漫的社会现象，遂不能不变而为有固定组织而周密的团体结合，这便是由团体力而发动的团体律了；当然了，宗教、道德、生活、竞赛、艺术各力与律，对于团体力与团体律也或有其形成的影响。团体有公有私，公团体为国家、部族、地方自治团体及其他公法人，其所发动之力为公权力，或简称"权力"。权力云者，就国家或部族言之，由本身的力量而行使法律上的权利，刑法上的行刑权，民法上的强制执行即此，故与一般人所享有的债权、物权虽系法律上所赋予的权利，而在事实上，实现此种权利，必须有待国家或部族的公共力量为其执行乃可。简言之，权力者，权利加上实力便是。私团体除国家或部族依法所承认者（法人或非法人的团体）外，为地下的黑社会组织，其所发动之力为私权力，不得单独以权力称，所以有"私权力"字样者，不过对公权力而作陪衬之言，其本身并无法律上权利之存在，亦即外国学者所谓"不法者内部法"便是。说到这里，余还要多说几句话，国家系依法统而存在，国际法依法所承认之国家应为现仍存在的正统国家，若对一国的叛乱团体在特种情形下至多称其为交战团体，否则即属破坏国际法之定则。凡此各种团体力及团体律，特在法的较广义或较狭义观念一段中，另有说明，于此从略。

七

前曾言之,关于规律的表现,循其正轨,当不外乎真、善、美的性能所见,余亦曾有"真、善、美的法律观"一文为其开场白,何以如此为说,按天地之大,万物之众,当不离开三种现象,从而在学问方面,也不出乎三个范畴。第一种现象当然是真的表现了,在学问上就是属于科学、史学及方志学的范畴;第二种现象当然是善的表现了,在学问上就是属于哲学、道学及理学的范畴;第三种现象当然是美的表现了,在学问上就是属于美学、文学及艺术的范畴。

这三种现象或范畴,一方面各有其独立的性质,而创出自己的天下,自成一派,但在另一方面看,彼此之间都有关系存在,真、善、美必须相连系,才有价值,绝难单独存在,甚至于在一真、一善、一美之内部关系上,依然是三个现象或范畴并存,余在讲演真、善、美的法律观讲席上,即已提出此点。从而能从法学、美学找出一个法学的原理,并推而到神学上面,就是因此而然。

八

话又说回来,法律之在真、善两方面,学者或直接、间接有其解释,对于美的方面,每忽略之,余既在法之最广义的抽象方面为美化法学的创见,只好将"真、善、美的法律观"整体论文暂时搁置,特就法在美的观念方面而为说明,关于美的观念,学人虽有各种说法,余简单以明之,不外欲从观感、体会一类赏心悦目等等方面完成"圆满的风格"而已,也就是说"放得牢、站得稳、扒得住"的中庸的道理所在。不偏为之中,不易为之庸,过犹不及,与夫"喜、怒、哀、乐之未发,谓之中,发而皆中节,谓之和"，这都是圆满风格的说明。为什么讲风格而用圆满字样，因为宇宙的构成、事物的适当，其发动、其存在都离不开圆的形象，而且羼杂了时间的观念在内，并有一个动的观念，不能否认的，宇宙浑然一体，虽占有空间，但非静止的方位形态，而有不断的公转、自转，在动态形状中既动而转，就构成圆形，至少也是椭圆体状；其在人事方面，虽有千变万化的形态，但终以圆满为贵，所谓事缓则圆，所谓圆满结束，所谓团圆，都是用"圆"字形容其美，而团结就是力量，团队精神也是以圆的形象为近。这个圆满可以说自然地形成，与固定的方位有异。固定的方位是人类创造的，是人类就一定的空间而创造的，甚或从狭隘的区域而成就所谓平面者，如地平面、海平面是。但若区域过远，便不见得有平的存在，海上观船，先见桅杆后见船身；马路观灯，越远越小，越近越大；在地球上往东出发，由西归来，并不是在平面上打圈子，乃证明地球是圆的缘故。古人写文，常以上下为不变之法（尹文子说），以东西为不移之位（汉代文章所见），都是不明天文地理是圆形所致。宇宙星球，既以圆形开始，人事万端又以圆满为归，人事的圆满系取象于自然，自然的圆满又归功于运转，这又牵涉时间问题了。宇宙创造以来，经过多少时间，现在谁也不能算定，据天文学家说，我们现在看见某一星球发光，也许这种光的来源，在人类出现以前，而这种星球更非即在原有发光的位置，宇宙究竟是一天天地发展或一天天地缩小，谁也不能推知，有边耳无边耳，都在模糊之中，但其经过时间的永久，运转不休，谁也不能否认。与空间的方位，属于静态的观念，似乎有异，不过时间固然是动的表现，也有静的成分在内；空间是静的表现，也有动的因素在内；那就是说时间虽在动，动而不休，但如磁场，即有一定的位置，而光波、电波、音波一遇阻碍也有达不到的空间，同样在一定的空间，虽彼此不生变化，但因受时间运转的结果，整个不变的空间也随同移转下来。要言之，一切都是由于时间上动而移转的原因，构成圆满的结果，美就是表现圆满的风格。人事的圆满,在学问上由科学、史学等表现其真,由哲学、理学等表现其善,由文学、美学等表现其美,三位鼎立,世多忽之,此所表现圆满的风格系出自于自然方面宇宙的创造,而为其表率,归根结局那又是神的所赐,因而余所主张的美化法学除在最广义的法的观念上,以法学与美学合为一体,并进而与神学结缘,只是学识浅薄,宇宙创造力的内涵究竟是如何产生宇宙创造律的?

(1980 年 3 月 21 日完稿,作者时年八十有五)

以审美眼光论严肃法律

法律是严肃的，是冷酷的，并有"法家严而寡恩"的批评。但这只是过去一般人的传统看法，我却不作这个主张！我认为法律是美的重要象征，没有美的法律，也就没有美的人生、美的社会、美的家庭；甚至于要美化世界、美化国家，也得要有美的法律为骨干才能支持起来。我曾说过两句大话："使法律与乾坤同寿，以章条与日月合光"；要把法律的意念推广到宇宙律方面，太空各星球原本有其排列的系统，有其运行的轨道，有其不变的吸力，所以宇宙压根儿就是美化的。

美的高深理论不必谈，我也不会谈。我只觉得平衡、协和，安排得当而井然有序，处理得宜而斐然成章，使人类大众有舒适振发的感觉，是美的起码要求。若再加入"真"的因素，不尚浮华的美，不偏形态的美，将美的一切内在精神从心灵上透露出来，那又是具有灵魂的美。并再加以"善"的因素，不尚邪恶的美，不偏疆石的美，将美的一切现实生命从意志上表达出来，那更是接近完整的美。从而美的境界中也就有了公平正直的成分存在。真、善、美并非各自孤立的事物，真而不美或许拙笨粗俗，难登大雅，这是用于安排失当的关系使然；善而不美也许操切激愤，不足为训，这是由于处理无方的关系所致。那么在美的岗位上吸入真和善的因素，才算健全的美，不仅悦目而且遂心，不仅提神而且适意，也就满足了我们对于美的观感。

然而美在其岗位上所显映的色彩，连同其内涵的真善因素的灿烂光辉，倒不是分散在国家社会和家庭方面，实以法律为焦点而集中吸收,再由法律将其分别射入国家、社会、家庭各方面,使一切事物都美化了。慢说美化人生、美化世界、美化国家、美化社会、美化家庭要如此,我们承认宇宙的美化,依样由于宇宙有其宇宙律支持乃然。

法律是维持国家、社会和平安宁秩序的珍品至宝,奠定万事的根基,树立百工的规格,使千头万绪的事物,都有顺然可循的道路;有了妥当的安排,人生才会有幸福快乐样的发展。并且扶弱抑强、安良除暴、明冤解难、屈私申公,使贫者得其生,懦夫得以立,善良有所劝,恶邪无所逃;有了适宜的处理,大众才会有健全圆满似的生存。凭法律所表现的妥当安排和适宜处理而观,已将法律编在美的队里,戴上领队的荣冠。这种安排如何才算妥当,这种处理如何才算适宜?章条上的技术,纵然天衣无缝,只是纸上谈兵,大理石的美人不过摆摆样子而已!要法律见诸实施而有效,其安排和处理就应与人生的旨趣相扣合,与社会的需要相呼应,与国家民族的生命相表里,才行。法律原非一种目的,仅系利国福民、济世安众的一种手段;所以极权国家的法律无非强权虐政的代表,就不在席上珍药中宝之列。我们平日所推崇的法治,也不是法律独据万有的王座,乃是以法律为管理众人之事的方法罢了。这一种方法的起步就是把对人生、对社会、对国家、民族的事情妥当的安排、适宜的处理由法律表示出来,一如在美的观感上除其妥当的安排、适宜的处理以外,还得要有"真"和"善"的成分蕴藏于内似的。

妥当的安排、适宜的处理是些什么?平衡的画面、协和的镜头最为要紧,放得平,摆得稳,动有轨,静有归,不仅循规蹈矩,独善其身,且须中效求直,业善天下。说穿了,就是公而不私,正而不苟,整而不乱,通而不偏,和而不流,平而不屈。所以立法者最怕怀有私心,招来恶法问世;行法者最怕杂有他念,致以曲法治人;司法者尤忌偏颇从事,弄法而不知;明法者亦忌主见过深,玩法而或有意。这些,都不是美的观感所要求,是非既不得而明,曲直也无由而辨,也就减退了平衡的气氛,破坏了协和的情调，当然是非美化的法律了。

不错！谈到法律的实用方面：司法的尊严不能不维护，法司的堂威不能不忍受，而如论罪科刑、违章处罚、刑事的监所的羁押和执行、民事的强制执行和管束等等，都不是好看好受的玩意儿，尤其执行死刑，慢说过去斩罪"头如闷棍打，心如滚油泼，重车行十里，才知人头落"，是触目惊心的事，就是今日执行死刑的方法改进了，也好像与美的观感不相容的。殊不知佛有其慈祥相，也有其庄严相，不因其普度众生的使命，而舍弃降魔除障的工夫；正因要为大众除莠锄奸，收取实效，就不能不维护司法尊严了。法司的堂威等等乃破坏美的观感的极端丑恶现象，好像美丽的画面上染些污迹，光明的镜头上落些飞沙，不能因此急待革新的事实，否定了法律本身的美化。至于刑罚监所等等不愉快的情调，只是为达到国家、民族、社会、家庭各方面整体的美化，对于消逝或破坏美化的分子所为的一种不得已办法，也就是唯仁人能爱人、能恶人的道理。绘画家的布局不杂，摄影家的取景有格，和法律方面的抑强除暴实在没有什么差别。不过绘画摄影是把杂物杂事排除在画面镜头以外，而法律方面的抑强除暴依然表现在司法现象之内罢了。从而就排除的道理上说，是与美的章法相合的。就排除的现象上说，只算是美中不足，留有"缺陷美"存在。最好人人守法而不犯法，事事依法而不违法，达到刑措不用的境界，岂不美哉，岂不美哉！

降而求其次，死刑最好废除，代以终身禁锢，至少亦宜缩小死刑的范围；无期徒刑最好改为流刑，发遣边远地区为民，不许其假释的机会。监所的改进，侦审的处遇，使这美中不足的小天地里也有妥当的安排、适宜的处理，而达到美化的要求，好像粗暴的张飞也带美三分妩媚气，丑陋的东施也须有十足的脂粉气似的。

总而言之，法律不仅是禁人为恶，而且是助人为善，从它的妥当安排和适宜处理，收取平衡、协和、公道、正直等等功效，使国家、社会、家庭以及每个人都能知法、尊法、守法，自易步入美化的境界。所以我就主张一切都须从美化法律做起，而吾人对于法律的估价和批判，也似以审美的眼光为之，最适宜而妥当了。不过这篇稿子是急就成章，芜杂为文，谈美化法律的文章，本身却不美化，因守信约，惟有献丑而已！

事物表达的圆满风格

美是巧妙的安排，协同的显示，平衡其韵，调和其情，淡抹而不贫，浓妆而不俗，使人心怡目悦，同入化境之中。这是每一种事物表达其圆满风格的应有要求，从不美的过程做到完美的结果，便获取了各该事物表达的最后目的。虽说在过程进行上，也许带有一点虚幻的成分，然而这种虚幻只是掩盖丑的暴露，制止丑的滋生，并非讳疾忌医，养痈遗患的虚幻，也就无伤大雅了！

人性都是好美的！尤其女性的化妆占尽了日常生活大部分时间，好像她们的生活主题，除了工作以外，就是化妆。出门作客，照例上美容院，做头发；上街观光，至少要费一两个钟头装扮，才缓缓地走出大门。纵然"却嫌脂粉污颜色"，依然"淡扫蛾眉朝至尊"！还得"淡扫"一番！古人咏西湖诗"若把西湖比西子，淡妆浓抹总相宜"，淡妆固要妆，浓抹也要抹；绝没有蓬头垢面，污衣破裙而能对人为美的骄傲，对己为美的自炫！不仅女性如此，男士的理发擦油，剃须修面；西装革履求其健美英俊，赢得一个"帅"字的表扬；长衫缎鞋求其风流潇洒，引来一个"逸"字的称誉；比诸女性何独不然！甚至于小孩子过新年，穿新衣，欢天喜地地跑来跑去，夸耀其爱美的天性，闹个不休。

每一种事物为了获得表达其圆满风格：戏剧的演出要排戏，就是老伶工还有彼此对词的过程。电影的拍摄要导演，就是拍摄完毕以后还有剪接的过程。灌唱片、制录音带，错误的地方，可以抹去，重灌重录。

推而像为学生上课要准备，为听众广播要准备，为被告辩护要准备，为开会讲演要准备，为议场发表意见更要准备，为结婚来宾致词仍要准备。就令是老教授、老记者、老律师、老政士、老议员、老贺客，要是没有准备，临时被拉开口，或者不会荒场垮台，但要说来头头是道，句句都真，有色有声，有板有眼，得到完善的表达结果，却很难了。因为他们没有经过修正不美或锻炼成美的准备阶段，就不能有圆满风格的表达了。"凡事预则立，不预则废"，老话新说，道理一样。关于事物圆满风格的表达，有一个最显著的例子：同样是一个人所撰的文章，无论其本身的工拙如何，在书上印出来的总比在稿上写出来的出色悦目。原来，稿上写的文章，篇幅不修，字体不整，甚或有涂抹修改的地方，"西子蒙不洁"，看来总有点不顺眼的。一旦印在书上，经过排版的技术，印刷的完美，就令文章本身非属绝对上品，也因"化过了妆"就受看了。过去留下的缮本书，虽说不是印本，但摹仿成书，字大体正，显然与稿本不同，便一样受人珍视。这种圆满风格的完美表达，正像蒙纱捧花的新娘，经过耐心化妆一番，踏着音乐的调子缓步走进礼堂，个个都是天仙一样，都向新郎致贺了。

　　关于事物表达的圆满风格，还有一个近乎虚幻的例子：就是"上台扮的面孔"比"下台见的面孔"多姿添神。拿扮戏来说，台上所扮的人物，无论在舞台亮相，在银幕特写，莫不容光焕发，神采动人，但卸妆下台后，也许是一位相貌不扬的傻小子或平淡无奇的"丑小鸭"。甚至于上电视台讲话，因为要配合光线，有些人也得化一下妆，不能以庐山真面目出现。慢说在"台上"如此，就是在"场内"的情形也或同然。篮球、足球的演出，高跷、龙船的比赛，每个角色的面孔都很好看，不用说了。记得某次在台东晚间参观凤梨工厂，全是女工上班，头戴洁白压发帽，身穿洁白工作服，双手至肘都有长约一尺的橡皮手套遮盖，在每盏电灯辉煌之下，做节奏有序的制作凤梨罐头工作，真是三千粉黛，现身仙境。

等到天晓散工的时候，经过工厂门口，就看见三五成群的黄毛丫头，"鸡皮"妇人，衣衫褴褛，面容疲惫地从厂中走出，原来这就是昨晚所见的"天仙"，谪落凡间了！

　　说到书上、稿上的文章，既是一人所撰，其本身并无工拙的区别；但印在书上与写在稿上的表达，毕竟有了"此胜于彼"的不同。这当然由于陪衬得当，调整有方，发生心理上的错觉所致。错觉虽不合于真实，却是有助于美的成全，自不应有所怀疑。从而"孟贲不能独见其武，鲁班不能独展其长"，就是这个道理。

　　说到上台、下台的面孔，原系一人所有，不因装扮而在本质上有其差异；从而台上、台下或场内、场外面孔的妍丑，无非虚幻与真实的比较，只好让第三人去端详罢了！不过在权位的上台、下台方面，因世态炎凉，人情沧桑的作怪，也就有了台上、台下的显著不同，国人向喜做官无非为争取台上的荣耀面孔，"一举成名天下闻"，这是做官的第一阶段，"富举人，穷秀才"的话就由此而出。然而"上台容易下台难"，现任官谁不予以青睐，退任官也或遭人白眼，众目无情，冷熟难测。所以，国父劝人立志做大事，不可存心做大官。做大事的面孔，台上台下始终如一，他的面孔由于"事"而异态，并非由于"官"而改观，根本没有上台、下台的感觉，这种上台、下台方面表达事物的圆满风格，乃是健全的，乃是完美的。

法律与道德同质异态论

一

法律和道德虽系两种事物，各有概念，但两者相互间的关系却极密切，与其说是一胎双胞或同源异流，毋宁说是同质异态，更较妥当。化学方面有所谓分子相同而结构有异的"同分异构物"，或元素相同而形状有异的"同素异形物"，例如氰酸和雷酸，或木炭和石墨便是。法律和道德质素同而形态异，既不能说它俩是异质异态，也不能说它俩是同质同态，正与这例为同。

话虽如此，但要阐述明白，不特要驳斥异质异态说或同质同态说的诉案，并且关于法律、道德的概念和范围，尤不能不先确定。除了常人不正确的见解难作依据外，即在法理学或法律学、伦理学或道德学，甚至牵涉国家学和社会学方面，学者立说持论，仍然各有出入。因概念的差异、范围的广狭，各自用来，比较其异同，论究其关系，所得结果自然悬殊不一；纵系同采法律、道德同质异态说，彼此间也或不免有质态异位的差错。我认为既想判知法律、道德的异同和其相互关系，最好依据两者的全面相作个对比，才不致有所疏漏，倘只采取其片面相，虽说"隔墙见角而知有牛，穿林见塔而知有寺"，但这仅系推测单纯事物一种由部分而观全体的权宜办法，毕竟不是对于两种事物等量齐观的周密措施。

　　法律(Law)是什么？它的范围又如何？由于法学派别受时代环境的影响,争奇斗胜,在其本体论上异说纷纭,它的概念所示也就成了讼争之点。我固不愿为了便利我的阐述,在西文法律一词的语源上撇开拉丁文方面单指法律现象的"Lex"一字不谈,专把兼指道德观念的"Jus"一字牢系在口头,或者轻视中国"范天下之不一而归于一"的律字,专把"士制百姓于刑之中,以教祗德",以求平以求直的"法"字紧记在心头。然而我终相信法律是"社会心理力所表现的社会生活的规律;经社会生活主体制定或承认,而由社会力构成的公权力强行的一种事物"。这是法律方面本体的描写,可说与道德同其质素,而最所异的地方就是公权力云云这个形态,当然这有许多异态隐藏在字里行间。换句话说,无论在今日的国家,在过去的氏族社会、部落社会、自由城市或宗教方面的政治集团,凡属法律或法的规律都有当时当地由社会力所支持的公权力紧随在后面,成为法律或法的规律的普遍形态,不因古今中外而异。今日是国家生活至上时代,这种公权力无疑地寄在国家身上,但它可以自己限制其权力而和他国家组成国家上的国家,并可根据宪法规定而将公权力的一部分赋予国家内其他公共团体行使。讨论法律、道德的质态问题,在法律方面必须承认这个本体论的前提,才可和道德作一番比较,不然的话,便是风马牛不相及,还不如推崇法律实证主义方面像分析法学派等等所操的异态说,永坐在法学宝座上,不必逊位而去,我们对于异质异态说这一类的诉案,也就无坚强的理由予以驳斥。

　　至于法律的范围,社会学家往往认为有社会即有法,除把当时当地具体的控制方法——禁令——列之为法外,并把一切法度——社会制度,或社会范畴——称其为法,且视为禁令的法源所在。这和法律的本体论不符,至多仅可以"法"名之,不得称为"法律"。然而法律、道德同质同态说,在其依据上却多少带有这种气氛。其次,法学家认为效力优于法律的宪法,次于法律的命令,都可和法律同称为法的规律。再次,认为法律就是"法律",不过在制定法以外,还包括习惯法、条理法——美浓部达吉称后者为正义法——在内。更次,仅以经过立法程序而由元首公布的制定法为法律,这是最狭义的法律。不过为了和道德作对比的观察,自应以法学家所认为全部法的规律为范围,才可不限于一斑而窥得其全豹。

道德(Morals)是什么?其范围又如何?这不能不先提到伦理(Ethics)。伦理含有伦辈的条理或秩序的意义,实以道德观念和道德行为为主;所以伦理学,虽然有人在今日把探究道德的根本意义和道德思想提出,另立道德哲学之名;但关于道德规律、道德生活、道德情操、道德行为和道德发展史等等,仍然为其主要题材。换句话说,伦理学所研究的对象也就是道德对象,成为研究道德义务的科学,因而我国不少学者索性就把"Ethics"译作"道德学"。其实"Ethics"这个字在其语源上系由两个意思组合而成,一个是表示风俗(Custom),乃系公共所守,和"谁能莫不由道"的"道"字相当。一个是表示品格(Character),乃系个人所守,和"德者,得也,行道而有得于心"的"德"字相当。而"Morals"一字的语源,同样含有风俗、习惯的意义在内。那么,道德的对象,不仅包含了主观方面所谓良心、动机等等内在的道德意识,并且充满了客观方面有关风俗、习惯等等外部的道德表现,学者特地把这一部分尊之为道德世界。即就中国道德一词而言,据礼记疏,大而言之,包罗万事,小而言之,人的才艺善行莫不在内,老子也说"道生之,德育之,是以万物莫不尊道而贵德";王弼注"道者物之所由,道者物之所尊";也与西义为合。今世通称"众人所应遵守的理法和行为的合于理法者为道德",在道德的概念上依然失于偏狭,不可作其全面相观。

道德关系一如法律关系,都是人与人的关系,任何人像鲁滨孙处在荒岛上既无所谓法律关系,也无所谓道德关系。但人与人相处而成社会,道德便存在于各种社会之中。社会近似有机体,和其他各个分子间的关系,固然要赖个人道德或所谓私德,以增强社会整体的安定和进展,以维持社会整体的生存和自由,同样要赖社会道德或所谓公德,以推进、以健全个人在社会里的向上生活。纵然所谓"君子慎独,不愧屋漏",除了真正的宗教教徒对神祇负责外,也不过像詹姆斯(James)所说,在"体我"(Bodil self)、"心我"(Spiritual self)以外,本于"群我"(Social self)的身份而如此。"体我"对文化的贡献是科学,以真为责;"心我"对文化的捐输是艺术或宗教,以美为主;"群我"对文化的负担是道德,以善为准。"群我"就是社会的我,人类自有社会以来,即为群的发展,道德便与之俱存,虽其内容因时代环境彼此不同,但道德始终是社会生活的规律,是其时其地判定行为善恶的规律,而出于公共要求乃能如此,却系一个万变不变的宗法。因而道德的范围,由个人而家庭,而学校,而社团,而法团,而国家,由初民社会逐渐演变而到近世以来的政治社会、民族社会、经济社会、国家社会。任何集体生活,任何文化角落,莫不有道德规律的存在。甚至在"心我"的宗教方面,它系人与神的关系,特别重在信仰,似和道德无关,但在实际上,不特各民族经常利用宗教信仰,维护道德,而且在初民社会巫觋当权,最初所谓道德也是从宗教信仰而来。即以风俗、习惯方面所表现的礼仪而论依样是道德的对象,但追溯其渊源却和古世的祭仪有关,便是一个证据。阿诺德(Arnold)就说"宗教是道德染上了感情的部分",所以多少宗教的规律,除了它们最后的裁判属于神祇外,同时也含有道德规律的性质。再说在"体我"的科学方面,它系人与物的关系,因其运用于实际,往往演变而成技术性的规律,这和道德更是无关,但技术的规律不是离开社会而独存,有时违反了它,不必即认为恶,却可认为不善,也就不免多少有点道德色彩加在上面。

从法律、道德的概念和范围上,描出两事等物的全面相,虽然还谈不上两者相互间的关系如何，可是法律、道德质素同而形态异的神情，已可隐约地在这一速写中露出。倘若漠视了这一前提的阐述，就很难求得法律、道德同质异态说的结论；不特无法驳斥异质异态说或同质同态说的诉案，并且莫能确知其何所为同，何所为异，而陷入近数十年来人云亦云的模糊观念中。不错！国内法学家也有人对这个论题作过精细的研究，但却并非普遍的现象。

二

古代的法律或法的规律因受宗教或祭司势力的影响，充满了宗教性的道德，而且除了这类道德外，几乎别无他类道德，这在最古的法典中不难指出证据；所以采神意法说一类的学者原本把法律、道德混而为一。后来，宗教渐渐离开政治而有其独立领域，政治不再为神事所笼罩，而专致力于民事，被认为"一胎两胞"的法律道德便在这一方面求其发展。自然法学派兴起了！他们虽然未曾承认法律是社会生活的规律之一，但却坚持主张制定法系以自然法为蓝本，自然法含有普遍不变的真理，是顺天理合人情最公平不过的规律。那么，法律和道德就有了密切连系关系，并不像泾渭两流，清浊分明。其在中国同样经过了类似的阶段，尤以律统赖法家创立，而法家衰微后，儒说渗入法学中，更把法律、道德视为同源异流的事物。儒家尊天理、重人情，同于自然法学派的见解，尚义务、轻权利，乃现代社会本位观念的伏线；礼是道德的表现，也是刑律的渊源，而其本身有些地方就等于今日的政事法和民事法。所以礼禁于将然之前，法禁于已然之后，法律是根据道德而出，就是示威于不行"德法"的人们，不啻同源的主流中一条支流！不过他们的理论只算是同质异态说的前锋而已。

然而对于一种事物的构思设说，既有人总览全局，求其真相，必有人针对专题,抒其特知;中国的法家就凭了这点,推崇其法治备至,既立下"法而不议"的铁则,又唱出"法虽不善犹愈于无法"的标语,这便使其和道德分家,曾在一个期间与儒家势均力敌、分庭抗礼。西欧的法律实证主义者尤其是分析法学派,更是以分析现实法律为能事,否认法律和道德的相互关系。其实这一思潮早在自然法学派里有人主张过,像托马修斯(Thomasius)①便是。他把伦理学上的"善"和自然法上的"正",认为对立的事物,不相连系。霍布斯(Hobbes)②并以威权造法,非真理造法为说,把道德赶出了法律之门。康德(Kant)更严格分别法律道德的性质,一个是外部行为义务之法律的立法,一个是内在道德义务之伦理的立法,国家的立法权威,对于个人良心上的自由,不会有何效果,而认为法律和道德两不相涉。霍布斯的法律、道德异质异态说,是站在他的拥护君权论的一贯主张上,虽为自然法学派,多少具有法律实证主义的倾向,不用提了。康德的异质异态说,不满人意处是就个人道德为题材,便犯了以部分而代表全体的错误。

　　分析法学派连同近代的一般实证法学家,特别忽视了法律是社会生活的规律这一质素,而又非常重视现实的权力强制那一形态,更把法律、道德视作异质异态的个别事物。他们认为法律是主权者的命令,是主权者强行的规律;也就是主权者以制裁(Sanction)而强制实行(Enforce)的规律。奥斯丁(Austin)称法律学为现实法律的学问(Jurispruden is the science of the positive law),所回答者为何谓法律(What is law)而非法律应如何(What law ought to be)的问题。波洛克(Pollock)也称法律意义上的正邪,惟决于国家所许可或禁止的地方,别无他道。他们都是以现实的制定法为典型的法律,而忘了习惯法、条理法

---

　　①　原文为"托穆齐斯",按今通译"托马修斯"改之(本书所选编之原文版本均无脚注,此次本书出版时所出现的脚注均为编校者后加,特此说明)。

　　②　原文为"浩布思",按今通译"霍布斯"改之。

的同时存在；因而就把现实法律的本身当作目的，不认其为实现社会生活方面各种目的的手段，于是法律、道德分疆而治，各行其是，井水、河水互不相干。康德为了保护人们内心的自由，以道德的片面相代表全面相，犯了无心的错误；分析法学派为了建树法律其物（Law itself）的权威，以法律的片面相代表全面相，这是有意的兴讼！然而即就制定法而言也绝非主权者有意的创造，慢说制定的来源，由于判例逐渐脱离习惯法而形诸书面，并或因判例法不能尽合于社会的需要，便有了"铸刑鼎、立铜表"的办法，为制定法的创始。而且因古代法律以义务为本位，自有制定法以来，在其内容上就和道德结了不解之缘。即在权利本位时代，不过道德的标准有些地方异于过去，也不能说完全与道德脱节；所以分析法学派对于法律、道德隔离的口号，纵然喊得如何响亮，但在客观事实上法律、道德仍然保存它俩同质异态的法相。这好比中国法家虽极端反对儒家礼刑合一的主张，但儒家依礼解律的律统和历代刑律的主要内容，即是创始于法家大师商鞅和李斯等，并没有把道德的成分推出律外一样。现代法律由权利本位走入社会本位阶级，社会本位又叫作"新义务本位"，不把个人权利看得重于社会利益，个人对社会所负的道德义务更为广泛而深切，纵然是制定法只有顺应这个潮流才行得通，才站得住；法律、道德异质异态说的讼案，只有辞去律师败诉而归，别无求胜的希望。

　　反而言之：社会学家和历史法学派、社会法学派里面的一部分学者，不特承认法律、道德同其质素，并且同其形态，至多只是形与影或火与焰的区别而已。他们依据法先于国说的理论，认为有社会即有法，从而了解法律、道德同为社会生活的规律，但把法律方面的制裁完全视同道德方面的制裁，便认为紧随在法律后面的公权力并非一切法律存在的常态。既非法律存在的常态，对道理而言，即非法律存在的异态，当然演成法律、道德同质同态的结论。他们所持的论据：有些人着眼于法律背后之社会的压力,由服从习惯国民公愤或公众感情中,由舆论或正义的社会标准中以求制裁。有些人却以为法律的大部分固与强制制裁相伴而生,但这不过是实现法律的目的所经由的手段,既系手段,即非常态,因而就有不生制裁的法律,如关于事物定义在法律上的规定便是一例。前者把社会的压力认成法律上制裁的原动力,自然无所区别于道德上的制裁。后者竟认为有不生制裁的法律,道德方面尚不如是,何况法律?事物定义的规定,依之,就取得法律上的效力,反之,便有不利益的遭受,岂能说不是一种制裁?美浓部达吉对这个论题,虽采调和论,但仍然认为法律的强制系指其强要性而言,并非即是强制(Coercion)或制裁(Sanction)。强要乃心理所强要的意思,强制与制裁乃外部强制的意思;强要系指法的规律在某本质上必为要求人们的从依,不许有承认与否的自由。所以法律在事实上并非不可破坏的规律,而在本质上却是不可破坏的规律;凡破坏法律者就视为不法,而形成法的规律的存在。其实把这一见解推论下去,依然使法律和道德成了同质同态的事物。因为不以公权力云云支持法律的制裁力量,徒改强制为强要,而归于法律的本体论中,不啻释明了法律的道德在这一点是同质;法律别无具体办法实现其制裁的目的,在事实上惟有任人破坏法律后加以不法之名而已!这和道德规律也不时有人违犯,而称其为恶人、为小人,完全相同,又不啻宣示了法律、道德在这一点上是同态。然而法律和道德毕竟是两种事物,各有概念的。说其俩是同质异态,可;说其俩是同质同态,不可!

　　现代学者对于法律、道德相互间的密切关系几成了普遍的了解,惜乎很少作系统的研究,判明两者的异同究何所在。往往仅从法律方面发觉道德与法律的竞合,或从道德方面探知法律与道德的竞合,这如散珠在盘,零星为例,没有系儿串通,自难即为成品。然说者虽忽略同点方面的具体指示,但对于异点方面却有不少人喜以为说;因为法律和道德原系两种事物,重其异而轻其同,就成了一般人的自然倾向。无如在同质异态的事物上,倘不确定其同点而即分析其异点,那么所得的结果就不能没有推敲的余地。据今人所述法律、道德的异点,为说固然不一,大体上却可归纳而为八事:第一,起源上的不同。谓法律是国家制定的,道德是社会创造的。其实也有些道德规律是国家制定的,至少也是国家承认的;反之习惯法、条理法倒是由于社会演化而成的。第二,对象上的不同。谓法律是规律人们外部的行为,道德是规律人们内在的生活。这是本于康德之说而以个人道德为限,范围太狭。况且"在心为德,施之为行","德行"即具有道德的外部性;治罪而问其故意或过失、保安处分、监狱行刑都注意教诲和感化,可说是法律的内在性。第三,标准上的不同。谓法律是最低限度的道德;不强立过高标准,致与事实脱节,道德含有崇高的理想,可以使人们为圣为哲而不拘泥于现实。这是本于叔本华(Schopenhaur)之说推崇道德备至所致,然而须知法律不仅是管理众人的事的工具,并且是一种有关实际生活的教育,人人能知法、尊法、守法、爱法、护法、卫法、扶法,达到法治的最高理想,也就形成了道德世界。道德规律的扩大和实现,固然可以实现理想的社会,法的规律何尝不可如此? 第四,作用上的不同。谓法律是要养成全国人民守法的习俗,道德是要养成各个人优美的人格。这对于法律和道德都取其片面相而作比较,自然不能从这一对比方面见其全貌。第五,方向上的不同。谓法律是权利义务关系并重,道德是专重义务关系的。现实固系如此,但法律已倾向权利行使的限制,新义务本位观念便由此而兴;狄骥(Duguit)一派学者早从这一方面努力,并为权利否认的主张。第六,性能上的不同。谓法律是偏重于消极性的,道德偏重于积极性的。这也不可一概而论,建制立仪的立法,奖励保护的立法,为类很多,为事很繁,何尝都是消极性? 由不作为的情况而见道德,不在少数,又何尝是偏重积极性? 并且道德的标准因时因地而异,像老子所说的无为而治,果有其世,一切道德都是从消极方面做了。第七,责任上的不同。谓法律上规定人们应做的事,就有必须做的责任,如若不做,便有不利益的结果;道德责任却非这样,纵然不做,也没有人实际强迫着做。然既为责任,皆须实现其责任上的任务,不然的话,就有恶果发生,道德责任并不能成为例外,不过制裁的方法不同罢了。第八,制裁上的不同。谓法律的制裁是权力的,是强制的;道德的制裁是舆论的,是良心的。这是惟一站得住的异点观察。其实各点都多少有应考虑的地方;当然这只是就法律道德同质异态说的前提所下的断语,不是单独对于每点的本身而有这一论题外的疑义,那么,法律和道德的同质异态,在化验室的分解器里、在摄影室的镜头里,到底是些什么样儿?

三

研讨两种事物相互间的关系,本有由同观异和由异观同两个方法,要视侧重点在同在异而为取舍罢了! 法律、道德何所为异? 常人每能就其一鳞一爪侃侃而谈,但不必即能存其真,发其微,因而异中之同也就渺小不足为道,甚或仅见其异,不见其同。法律、道德何所为同,乃本文的心胆所在,求得其同,以观同中之异;同,有其异流,异,有其同源。不特两者相互间的关系昭然可见,而且两者彼此上的概念,依然保存。既采由同观异的研讨方法,惟有逐项阐述法律、道德同质之点何在,即在每一同质之点以下,分别观察其异态之点何指;这种异点方算同中之异而非异中之异,才是质同态异而非质态俱异。那么,两者相互间的关系,何处是同侪相吸,何处是分庭相抗,也就不难显映在人们的眼底。

第一,法律和道德同是社会生活的规律。规律(Norm)有人称作秩序(Order),如所谓法律秩序是;社会生活是社会中人与人群居相处的生活,它的规律和自然规律、生理规律都不相同。云遇冷而成雨,冰遇热而解冻，这是自然规律；饥则思食，渴则思饮，这是生理规律，它们本于自然的或生理的、因果的关系而造成，有一种必然性。构成人类各种社会的份子是人类，人类因谋生、保生、乐生的关系，既不能一日离开社会，而社会为人类的一群人们的结合体，由共同心理的凝结上发现社会类似有机体，也有本身的目的求其始终存在，这就不能不在自然律、生理律以外有种规律为社会生活的安定或发展的依据。于是道德方面的规律——包括风俗的规律、习惯的规律、礼仪的规律、宗教上的道德规律和个人修身上的道德规律等等在内——就首先逐渐发生而存在于非政治性的社会，或系政治性的社会而非公权力统制的处所。这些规律为社会或为了社会生活而产生，形成所谓社会约制（Social control）从先知先觉者的指示、后知后觉者的宣扬、不知不觉者的响应，多少限制了个人的自由，成为习俗礼仪的表现，成为品性德行的凭借。道德是社会生活的规律，这是很明显了。然而社会有了实际有力的组织，成为政治社会，尤其今日的国家——综合国内各社会的社会，专靠道德方面的规律就不能完成其使命，便把道德方面的规律或有待指示宣扬而期众人响应的新道德规律，如认其有成为法律必要的时候，即使其法律化。像现代法律上公序良俗的原则、诚实信用的原则、公而忘私的原则、感化救助的原则、严惩叛乱贪污的原则以及古代法上明刑弼教的原则、出礼入刑的原则……，哪一件在其来源上不是和道德方面的规律有关？哪一件在其本性上不是和社会生活的规律同质？因为国家等等并非外乎社会而存在，其本身就是有组织的政治社会，专为国家等等而存在的法的规律，也就是为这种社会生活而存在的规律。何况它的实质又是道德方面各种规律的法律化，更足证明它和道德同样是社会生活的规律了。虽然在没有成为法律或法的规律以前，所看见的只是道德方面的规律，然对法律或法的规律而分解其核心质素，便不能不认其仍然为社会生活的规律。

　　法律和道德在这一质素上,虽说同为社会生活的规律,但在形态的表现上却有其异。最明显的特征:法律是存在于政治社会,尤其今日的国家;道德是存在于一般社会,政治社会当然在内;这是其一。法律是分解法律的本体而发现其核心为社会生活的规律,它以道德为其生命的灵魂;道德是一般社会中随处可见可知的规律,它以法律为其生存的甲胄;这是其二。法律是道德的一部分,道德是法律的"总仓库",因而所占社会生活的规律的范围便有狭有广、有偏有全。虽说法律吸收道德部分日逐扩大,但因法律仅存在于政治社会,纵使法律成为最大部分的道德,而社会生活的规律的全面相仍旧是道德而非法律。因为这样,所以有些行为,虽没有法律责任,却仍有道德责任。有些违反道德的人们,其行为固然不一定就违法;但违反法律的人们,其行为大多数却被视为不道德。不错!像古代法律上的因公犯罪,在其行为的客观标准上未必成为道德上的恶;但因违法的本身就是破坏社会生活的规律,便构成了不道德的行为。像古代告尊亲属谋反大逆,虽为政府所奖励,然仍先处以"干名犯义"应科之刑,使法律与道德处处相合,如上所述,无非由于法律、道德在社会生活的规律上有偏有全所致,这是其三。

　　第二,法律和道德同是社会心理所表现的规律。社会心理力简称社会力,是社会中各个分子的意力。一方面受社会遗传(Social Inheritance)势力支配,一方面受同时代他人心理的影响,于某种限度内不受个人心理的拘束而超出个人心理;因而就形成社会中大多数人们对某种善感或正义感的共同心理。由于这种心理的存在,便发生一种共同的力量,要求在同一情形之下实现同一的行为,并对于同一积极的或消极的行为,要求其有同一的待遇或处置,这就是社会生活的规律所以能存在的缘故。等到社会心理力因新时代、新事实的刺激而有转变,渐渐薄弱,向日为其所支持的某些规律也就失去了确实性,渐渐消灭而由改进的新规律代替。在社会生活的规律上,道德很明显地是社会心理力所表现的事物,法律也是一样如此。但因社会遗传的势力愈久,根基愈固,愈不易完全推翻,所以新道德往往含有旧道德的血液,新法律往往保留旧法律的精神,如今日移过去忠君的"忠"而为忠国的"忠"。严禁贪污依然是过去重治赃罪的继续便是。但如社会心理力对某些道德或法律的支持完全消失,新道德、新法律便即脱颖而出。过去男女间的授受不亲,到了今日,女如伸手,男不去握,不特有欠礼貌,且有藐视女性的不德;过去法律上对于无夫的和奸同样认为有罪,到了今日仅对于有妨害家庭、妨害自由的情形而处刑,就不像古代的那样认真。总之,由于社会的改变,社会心理力的移动,社会规律也就随着改变而移动;弱国尚武,强国尚义,治世用轻典,乱世用重典,影响到道德,也影响到法律。

至于社会心理力所表现的社会生活的规律,虽形成了社会约制,但在发展上,却由控制的规律引申而有效果的规律,两者并存,这又是道德和法律共同的情形。所谓控制的规律,乃拘束社会各个分子意思活动自由,要求其应为某种行为或不为某种行为,在道德方面为守则、为戒条,在法律方面为科条、为禁令。例如平日交易往来必须诚实信用,不许诈欺背信,这就是道德方面的命令律或义务律。又如法律上所赋予的权利,滥用固然不可,不行使也或构成公法上的失职,并或受到私法上不利益的结果;若是义务更系如此,须为而不为,不须为而为,同样是违反了法律,这是法律方面的命令法或义务法。控制的规律无论在道德方面或法律方面,并非出自任何个人的命令,或对于任何个人而有受其控制的义务,乃社会心理上的共同要求便形成一种力量罢了。为道德而实践道德的人们,绝非普遍现象,大多数的人们都是为顾忌舆论或清议而才如此。其在法律方面,受徒刑或财产被扣押的人们,在个人心理上并不甘愿如此,然而因社会心埋力共同支持这一处罚,纵在受者心理上也认为不得不服从,正和对于道德的观感相同。所谓效果的规律,乃是愿为、不愿为的问题,而非应为、必为或不应为、不必为的问题。就是说,对于社会任何个人积极的或消极的行为,如具有一定的条件,在社会心理上即认为不可侵犯,用共同的力量承认其发生或种的效果便是。道德方面的例证,像道德修养造乎极地,或多才善行著闻于世,就取得圣贤的称誉,不然的话即为常人;这可说是道德方面的效果律或能力律。法律方面的例证,像在结婚方面具备公开仪式和二人以上的证人,且未违反亲属结婚的限制等等条件,男女便取得夫妻的身份,不然的话,即为姘头;这是法律方面的效果法或能力法。因而效果的规律,无论其为道德、为法律,所谓某种意思或行动而发生道德上或法律上某种效果,实不外发生道德规律或法的规律的权威的意思。行为人纵系贫而无告或弱而无力的人,也能从其权威上取得相当的效果。这种权威的支持仍然不是个人的力量而是社会心理力;道德、法律均然。

　　法律和道德在这一质素上,虽说同为社会心理力所表现的规律,但在形态的表现上却仍有异。最明显的特征:法律系本于已有的社会心理力所表现的规律而使其法律化,故受社会遗传的惰性支配,究较道德为浅,所以由旧法律而新法律为时甚暂,如果新法律未成立,旧法律每每继续有效,成为常道。道德系直接随社会心理力的转变而转变,因社会遗传惰性甚深,须经过岁月乃能克服,故新道德代替旧道德往往循序渐进,费时颇久,甚或旧道德已破坏,新道德未建立,中间且有青黄不接的时期。这是其一。法律和道德——依前所述——虽说不能以外部性与内在性属于对立关系而列为异点,这因法律有时或注意其内在性的良心动机等等,道德有时更注意其外部性的良俗善行等等。但专为外部的行为而科罚并不问其故意或过失情事,却只见于法律而不见于道德;例如税法上的滞纳税款处分,连警罚法上的违警处分,有此行为便依法而罚,究因何种情形致此,不作量罚的参考。反之,专为内在的存心而谴责,并不问其有无动作情事,却只见于道德而不见于法律;例如诛意诛心之论,许止弑君而不书,赵盾纵贼,孔子特书"赵盾弑其君",在这场合,不问其事迹,只问其心意。他如"我虽不杀仁伯,仁伯因我而死",也是道德方面的良心自责,法律方面没有这种现象,那么,社会心理力对于法律、道德的趋向,同而有异。这是其二。法律、道德这些社会生活的规律,学者每喜欢和自然律相比,虽有两种说法,却把由社会心理力表现的法的规律和道德规律,打在同道,而将其异点消失,这是有问题的。有些人认为凡是规律都含有必然性,由一定的原因发生一定的结果:法律上犯罪与处刑相系,义务与责任有关,显然同于自然规律的因果关系,道德规律也是一样。依照道德、法律而做的,一定为善,得到善报,违犯道德规律而做的,一定为恶,得到恶果。然而社会规律并非自然力的表现,而是社会心理力的表现,无论法律界、道德界都不同于自然界的因果关系,如以之和自然律对比都不是必然而是应然。有了杀人罪的原因,却不一定有判处死刑的结果,有了为恶的原因,更不一定有显然惩处的结果;何况法律、道德因时因地而不同,不像自然规律无时空的限制,一定的原因更不见得即有一定的结果。因而又有些人认为法律、道德不是必然而是应然,譬如说某事是适法是善,便应当做,某事是违法或恶,便应当不做,与自然律比较的话,不无理由。但在这一方面论究法律、道德相互间的关系,便不能因为有个自然律存在,把近似含有必然性的法律和道德扯平,都认为是应然;这和把道德和法律拉齐,都认为是必然,同样有其错误。我们撇开了自然律这一观念,单就法律、道德在这方面说,因为社会心理力表现于法的规律时候,是经过构成公权力的形式而表现,和表现于道德规律时候是直接的关系不同。于是法律对道德而言,就成了"必须如此"的规律,"不能不如此"的规律,"非如此不可"的规律。道德对法律而言,就成了"应当如此"的规律,"不应不如此"的规律,"能这样便好"的规律。这是其三。

上述的第一、第二两类质态,异态是由同质中分析而来,不必多说,同质的地方在道德方面显而易见,在法律方面须费一番思索才能得到上述结论。这和后面的第三、第四两类的论究,恰为相反,它们在法律方面显而易见,在道德方面仍须费一番探讨,才能求得其同质的结论。

四

第三,法律和道德同是经社会生活主体承认甚或制定的规律。我在过去曾列举这是法律不同于道德方面的规律要件之一,但审慎探讨的结果,在这一方面仍只有形态上的差异,并没有质素上的悬殊。社会生活主体指的是立在治者地位的而言,像家族生活时代的家长、部落生活时代的酋长、政教不分时代的教主祭司、欧洲自由城市的行会(Guild)、君主国家的君主、民主国家的人民代表都是。同时,因为国家是综合或连系各种社会的一个大的政治社会,如就各种社会而言,社会生活主体便是国家。单从法律方面看,可说社会生活主体具有立法的权威,所谓成文法必须由其制定,所谓习惯法或条理法必须由其承认,而"法规命令"的制定仍须经过立法机关的授权或容许,不然的话,至多不过普通的章则习惯或情理而已! 换句话说,社会生活分子认为某种道德方面的规律,不问其原已存在,或期待产生,有成为法律的必要时,便由社会生活主体应其要求,把这些已有或应有的规律,作为法律的内容。这在表面上确是法律别于道德所经过的第一个阶段,一般学者也是如此看法,那么,法律与道德不过是同源异流,说不上是同质异态。然而我却说它俩是同质异态,就是道德在这一观点上仍有相同的质,所异者只是态的方面罢了! 怎见得? 道德在一般人的脑海中虽是一种不成文的信条而出于社会心理力的表现,然在国家的社会方面,因任务日广,事类日多,不特制定或承认法的规律的存在,并或对道德方面的规律为具体的宣示,至少也须经其明认或默认,不然的话,不用法律取缔,也用政令干涉。失去时代性的道德方面的规律就被认为破坏公序良俗，不许其存在的。道德之经由社会生活主体具体地宣示，过去的事证，像明太祖颁行的《孝慈录》《礼仪全书》，希望海内一体遵守；清代颁行的《圣谕广训》《大义觉迷录》，希望全国一体实行，都是著例。这和社会生活主体制定法律的情形颇为类同。民主国家的代表，在其立法的职能上除了以道律方面的规律作为法律的内容外，诚然不能积极地创立道德或宣示道德，但却可以明认或默认道德方面的规律为合理或事实的存在，而不加以取缔，并承认其由政府方面办理。内政部所执掌的礼俗业务，教育部所推行的德育使命，司法行政部所实施的各种感化教诲工作，不是有法律的依据，就是为法律所容许，哪一件又非经由社会生活主体的明认或默认呢？假如没有社会生活主体对道德承认这回事，任何道德方面的规律不是遭受法律的取缔，便要碰见政令的干涉，至少在治者方面要大声疾呼，希望有所改良。那么，在这一观点上，法律、道德依然是同质了。

话虽如此，但其同质中的异态，却极显然。法律的制定是国家中的立法机关，道德的制定——应该说是厘定——是国家中的立仪机关。君主国家里，立法立仪的最后决定权或在君主一身，但业务也多分属于两处。这是其一。法律在社会生活的规律方面，具体的表现居多，所以人们意念中，成文法的制定部分超过了习惯法、条理法的承认部分。道德在社会生活的规律方面，抽象的表现居多，所以人们了解上，社会生活主体对道德的承认部分，超过了对道德的厘定部分。这是其二。法律在制定中，规定了道德方面规律的大端不算，并及其一切细节和强化道德任务的各种活动与步骤，这些可称为以技术规律为内容的法律。技术有原本属于道德的，有原本属于"非道德"的，既不能认其为道德，也不能认其为不道德；但一经法律强化道德目的而用之，便不啻为道德而服役，遵守便成为道德，不遵守便成为不道德，所以法律因经过制定这一程序,无形中扩张了道德的效用。道德在厘定中,大端以外纵然涉及细节,至多不过是原属道德支配且未与道德远离的技术规律而已!换句话说,法律在其制定的内容上,饱含特有的技术性的规律,以强化道德任务,道德在其厘定的对象上,仅为道德本体和其最有关系的细节,一般的技术规律不见于此。这是其三。

第四,法律和道德同是有制裁的规律。我在过去也从这一方面说明法律、道德两种事物最后要件的不同,然而详为探讨的结果,仍是质同而态异。因为任何一种规律,虽然不必皆含有必然性,至少皆含有不可破坏的意思,而有一种制裁力紧随其后。违反了自然的规律,暑日种麦,其苗必槁;违反了生理的规律,弱胃暴饮,其体必伤,均因破坏其规律而得到不利益的结果。法律或法的规律和道德方面的规律比较起来,不特不可破坏,而且不能破坏,其有制裁性很是显然。假如没有制裁的话,这种法律便是和实际情况脱节而处于具文地位将要改废的法律,便是虽已制定公布而根本未施行的法律。前者像机关已撤销,事业已终止,而该组织法或事业法尚有效存在是;后者像我今日的"保险法""商业会计法",均未施行何来制裁,不过法的教育而已。至于施行后的制裁,或为命令法性质的具体制裁,或为效果法性质的否定制裁,都是一种不利益的下场,毋庸再说。道德方面的规律,同样有其制裁,除了未形成道德规则以前个人间的建议或劝告,才非这样。所以违背了道德方面的礼仪规律,或者被讥为村俗,或者忸怩而不安;违背了道德方面的习俗规律,或者被詈为害群,或者惶恐无所措;违背了宗教方面的道德规律,或者为教友所耻笑,或者遭受灵感上的责备;违背了修身方面的道德规律,或为清议所指视,或者感觉精神上的痛苦。这些外部的舆论谴责和内在的良心判断,都是违反了道德方面的规律的制裁。同样,虽非积极为恶,也不积极为善,只落得常人的身份,而不能取得君子的美誉,在效果律方面依样是一种制裁。那么,就这一点而言,法律道德依然是同质了。

话虽如此,但其同质中的异态更极显然。法律制裁是公权力的制裁,道德制裁是社会力的制裁。公权力既不是少数人的强力,也不是某阶级的威力,强力、威力纵然一时存在,但没有社会力的支持,终是不能持久的。所以公权力的存在仍然以社会力为基础,仍然是社会力进一步的表现。社会力在没有公权力化以前,只能对违法道德方面的规律加以制裁,一般称为社会的压力便是,所谓舆论谴责,所谓清议评判,都不出乎这端。就是个人的良心制裁,也因为良心的形成由于社会上善恶的标准和行为印入人心而然,仍旧是社会力的制裁。不过这种制裁,智者或能知机于事先,勉为君子,勉为良民,愚者却在违反时候才知,然仅精神方面的不愉快而已,别无具体的拘束力。个性强者并或唾面自干,不讲品格,"笑骂由他笑骂,好官我自为之",除非"清夜扪心,天良发现"或"人之将死,其言也善"的时候,才接受社会力的制裁,其制裁既不确实而且太慢了。虽说有时候,舆论所加,清议不容,往往形成社会公愤,以致不道德的人们受了身体上或财产上的损害,这固然是有效的制裁,但由这种公愤而使用个人的武力,却不免把自然世界的自然力引用到社会生活方面,根本破坏了社会生活的规律,影响了社会生活的安定和发展。于是认为有绝对强制必要的道德方面的规律,就由社会生活主体依其统一组织的中心力量而强制之,既确实可靠,又非常敏捷,且不致自然力渗入社会生活方面,仍被认为正当。这种力量就是由社会力所构成的公权力,由社会制裁而到了法律制裁。公权力所支持的法律,当然有不能侵犯的权威,强制人人必须遵守,生命自由财产均可因违反了法律或法的规律遭受不利,社会力所支持的道德便非这样。譬如说违反了民法上结婚的要件,一男一女始终不能变为一夫一妻,享受法律上的利益;但在道德方面,尽管认为是姘居、是淫奔,既然没有人多管闲事,拆散这对野鸳鸯,而他和她也是爱情高于一切,哪管得这些闲言闲语？两人所感觉的不利益,还是法律方面公权力的制裁,不是道德方面社会力的制裁。法律和道德在同是有制裁的规律方面的异态。这是其一。以外,在这一方面还有两种异态。法律以公权力为制裁的后盾,不问你想守法、不想守法,总得守,即在效果法方面,如前所述,效力也强过道德,所以有人说法律是偏于被动性的规律。道德以社会力为其后盾,虽然同样有制裁,但力量较弱,要完成道德的效用,还要靠人们的觉性发展,不单靠社会制裁的拘束,所以有人说道德是偏于自发性的规律。这是其二。法律的制裁,见于法律施行有效的期间,公布而未施行或已废止的法律,公权力虽强是不发生作用的。道德的发生与社会力并存,有道德方面的规律即有社会力随在后面,社会力虽弱于公权力,却自始至终为道德制裁方面的支持力量。这是其三。

　　上述的第三、第四两类质态,由同质上更见法律、道德的关系密切,由异态上更见法律、道德的概念各别。连同前面第一、第二两类质态的论列,不难确知法律、道德是同质异态的事物,俨然如化学上同分异构物或同素异形物的情形相同。然如氰酸与雷酸虽是同分异形物,或如木炭与石墨虽是同素异形物,但在这个本体上的同异以外,还有不涉及本体的质素形态的大同大异,例如在常温之下同为液体或同为固体,而在用途上又各有其异点是。法律和道德都是为了维持社会生活、增进人类幸福而发生而存在,同为达这种目的的手段,而其本身并非即是目的。虽说法律是为道德服役,这不过强化道德这一手段的效用而已!这是法律和道德在本体以外的同点之一。人类到了今日,本有善恶两种根性交错存在,由类人猿演化而来所遗留的是恶根性,由原始社会演进而来所修行的是善根性。法律以人类的恶根性为出发点;人性果系完全为善,无政府早就实现,何用法律? 道德以人类的善根性为出发点,人性果完全为恶,严刑峻法的酷吏早就成功,何用道德? 惟因人性善恶两存,因而法律、道德并用,这又是它俩在其本体以外的异点之一。

举此两例,它可推知。总括说来,法律、道德在其本体方面,同质的地方有四,异态的地方十有二;在其本体以外,仍然有同有异,但与同质异态论的主题无关,故不详及。

四维八德的法律论

一

　　道德与法律诚然不是同一概念的事物,却也不是各别门户的制作;彼此是处在同质异态的关系上,形成了一个"法身"两个"法相"的规律。愚已有"法律与道德同质异态论"一稿,在《大陆杂志》第三卷发表,以破法律、道德同质同态及异质异态诸说。根据这一见解,"四维"——礼、义、廉、耻,"八德"——忠、孝、仁、爱、信、义、和、平,虽被认为属于道德的范围,但就道德与法律的关系而说,"四维八德"不仅是法律行使有效的推动力,而且是法律制定有方的总源头。并依我国数千年来的历史及法律当前应有的使命而说,"四维八德"不仅已有一部分曾经法律化,居今日更应加强其法律化,免得只知重视纯法治的精神,而忽略了法律应为道德服役的需要。

　　原来,"四维八德"与法律,在其本质上,同样是社会生活的规律,同样是社会心理力所表现的规律,同样是社会生活主体(国家或有自治权的公法人)承认甚或制定的规律,同样是在实行上具有制裁的规律。所以两者的差异并不存在于其本质方面,只是从本质的每一点上表现出种种不同的形态。把这些形态分别地综合起来,便构成了两个概念:(1)道德方面的四维八德;(2)四维八德以外的法律。然而这不过是两种"法相"的殊别,若言"法身",却是真纯无二;依国家民族的需要和时代环境的演进，可现出道德的"法相"，也可现出法律的"法相"。当然，道德的"法相"更比法律的"法相"要紧；但有了法律的"法相"，却也能"威不行德法"的人们，使道德的"法相"越发显得庄严无比。

那么，同出于一个"法身"的"四维八德"与法律，其所显现的不同"法相"究竟是些什么呢？譬如说，彼此都是社会生活的规律，可是从这一观点上现出的"法相"，就有许多不同：（1）四维八德存在于一般社会——政治性的社会当然在内，每一社会内，除了个人道德、社会道德以外，还有所谓政治道德。法律仅存在于政治性的社会，非政治的社会纵有类似法律形式的规律，除了纯技术性的章则外，都可说是有关四维八德的道德信条。（2）四维八德为一切社会任何角落已有或应有的规律，由先知先觉者提倡，光大之；后知后觉者宣达之、演述之；不知不觉者信守之、遵从之。法律仅系经过分解其本体而始发现其核心仍为社会生活的规律，换句话说，就是以有关四维八德的"一切已有的道德规律"为其核心。（3）四维八德乃天理、人情、国法的总和，施之于百世，行之于四海，可说是一个极广泛而普遍的社会生活规律。法律仅占着四维八德的一部分，所以道德上的责任不一定就是法律上的责任，而违反法律的行为，其中大多数却是视为不道德的。

譬如说，彼此都是社会心理力所表现的规律，可是从这一观点上现出的"法相"，也有许多不同：（1）四维八德直接由社会心理力的要求与支持而表现而发生效果，是从转移风气、立己立人做起，对于法律可说是"应为如此"的规律。法律同时却系依据社会心理力所构成的公权力而表现，一经公布施行，必应遵守，对于四维八德可说是"必为如此"的规律。（2）四维八德是治国治世、立己立人的常经，为我国数千年来文化的精粹，由社会遗传以迄于今，不特永为社会心理力所表现，而且应为社会心理力所支持。法律吸收有关四维八德的道德规律于内，若社会心理力认为某一点无强化为法律的必要时，自可随时还原为道德规律,却不必永守旧法而不变。(3)四维八德的本据既为社会心理力所表现的道德规律,约束了外部的行为,并约束了内在的心意;所以专为存心而谴责,不问有无动作,只见于四维八德,不见于法律。君子慎独,不愧屋漏,这是道德的要求,不是法律的要求。反之,法律虽使一部分有关四维八德的道德规律法律化,自无要从故意或过失上,课其行为的责任,但其目的却在"万事均归于一,百度皆准于法",而以行为的表现为主,心意的潜在为辅。所以专为动作而科罚,不问其故意或过失,只完全适用于法律,不完全适用于四维八德。为父复仇,手刃仇雠,纯孝感天,终得特赦,这是道德的要求,不是法律的要求。

譬如说,彼此都是经社会生活主体承认甚或制定的规律,可是从这一观点上现出的"法相",仍有许多不同:(1)四维八德是所谓公共秩序善良风俗的支柱,自无经过社会生活主体承认而如此,虽亦可为具体的宣示,如明太祖颁行的《孝慈录》《礼仪全书》便是,然究以抽象的表现居多。所以就人们的了解而言,社会生活主体对四维八德的承认部分,超过了对其制定——其实应该说是厘定——部分。法律至少在重视制定法的国家里,以具体的表现居多,所以就人们的了解而言,社会生活主体对法律的制定部分,超过了对习惯法等的承认部分。(2)四维八德的厘定,其职掌属于国家的立仪机关,像过去的祠部、礼部,今日的内政部、教育部便是。法律的制定,其职掌属于立法机关,像过去的编敕所、律例馆,今日的立法院或各地方有其立法权的机构便是。(3)四维八德在其厘定的对象上,限于道德的本体和其最有关系的细节,一般的技术规律不在其内。法律在其制定的对象上,饱含特有的技术性的规律;这些规律纵其原质为非道德的,但经法律为强化四维八德的目的而用,便不啻为道德服役,若不遵守即为不法,也就是不道德。

譬如说,彼此都是在实行上具有制裁的规律,可是从这一观点上现出的"法相",还有许多不同:(1)违反了四维八德,是由社会力制裁的,如所谓舆论谴责、清议评判便是。虽说还有个人的良心制裁,也因为良心的形成,由于社会上善恶的标准和行为,印入人心而然,仍是社会力的制裁。违反了法律是由社会力构成的公权力制裁的,乃系社会力进一步的表现,有一个权力服从的关系在内。(2)违反了四维八德的制裁力,既为单纯的社会力,而四维八德与社会力又系同时发生、同时存在,所以社会力虽弱于公权力,却自始至终为四维八德的支持力量,其制裁经久不变。法律的制裁力虽为公权力,但仅见于法律施行于有效期间,公布而未施行,或施行而经废止的法律,公权力虽强,却不发生作用。(3)四维八德固然以社会力为其制裁,但最好不发见这种制裁,最好是鼓励一般人就善向上,勉力为君子,勉力为良民,可说是一种自发性的规律。所以劝人守法,仍是道德而非法律。法律本系以公权力为其制裁,不问行为人愿与不愿,总得依法去做,它是摆着冷冷的面孔,看行为人如何去做,可说是一种被动性的规律。所以依法逼人行善,仍是法律而非道德。

四维八德与法律,如上所述,一方面固各有其不同的"法相",分别表现其所显示的"法力";一方面又非两个"法身"的对立,实乃同质异态的事物,有些地方,自可变幻其"法相",化而为同。换句话说,依国家民族的需要和时代环境的演进,可以使四维八德的部分法律化,也可使法律的全部四维八德化。譬如说,按照我国儒家的理想,每个人都能有健全的人格,一切自发地本于道德规律而为。到了那时候,只看见四维八德的规律,自然不再重视什么法律了。至少也要做到刑措不用,取消了刑事法的地位。用道德完全代替法律,事实上虽不易办到,但却不能说这是毫无根据、毫无价值的空想。反而言之,现代国家的业务日繁,法律的领域也就日广。多少法律方面的规律,不限于四维八德,举凡风俗上的规律、习惯上的规律、礼仪上的规律、宗教上的道德规律和个人修身上的其他道德规律等等,都不断地因社会心理力的要求,认其有为法律化的必要,便都被法律所吸收,这又是面临现实的形象。虽然像实证法律学者或分析法学派强把四维八德一类的道德规律与法律分家,并把道德排出法律之外,也不过说说而已。在事实上,并不曾做到他们自己的理想,至多他们不谈道德而已! 如必使法律孤立于道德之外,那只有为法律另换"法身",像所谓"不法者内部法"之类。然而"不法者内部法"根本不是社会生活主体——国家——所承认的,也就不是什么法律了。

二

"四维八德"与法律,如从两种"法力"本于两种"法相"而射出为言,居今日仍须有两个概念并存,不能废一存一。换句话说,这同一本质的两种形态,迄今依然有分别显现其各别"法相"的必要,而且还应以四维八德的"法相"为主,法律的"法相"为辅。但在"据乱世"的情状下,为了加强四维八德的效用,而使其"法力"能获得神速有效的结果,也应使四维八德的一部分法律化,而且已有一部分是法律化了。所以这"同其本质、异其形态"的规律,一方面既须维持两种状态并存,而以四维八德的"法相"笼罩法律的"法相",法律才不致成为虚设或具文。一方面并须沟通两种状态为一,而以法律的"法力"为四维八德的"法力"而服役,四维八德才不致迟迟发生其效果,完全归诸个人的觉性奋发。

为什么说要维持这两种状态的并存呢? 因为人类从猿人经原人而进化到"衣裳之治",原有善恶两性交错存在。由猿人所遗留而或潜在的是恶性,由初民社会渐次进化而具有的是善性。孟子重视人的所以为人,因而道性善;荀子追溯人的过去,因而道性恶,但荀子既称"其善者伪也",伪是人为的意思,仍然归结到孟子性善的观念,两人学说并未冲突。宋儒主张"理""欲"两元,用理克欲,也可说善恶两性同时并存,不过要发展善端，屏除恶根罢了。四维八德的存在关系，系以人类同具善端为出发点，人性如果自始至终为恶，虐政峻法，纵不万世无穷，人类亦必早已毁灭，何用道德？法律的存在关系，系以人类或有恶根为出发点，人性如果何时何地皆善，诈欺抢夺，纵不完全消除，道德亦必将其制止，何用法律？所以这两个概念的事物，各有其存在的前提，各有其所向的目标。孟子说："徒善不足以为政，徒法不足以自行"；《大戴礼》上说"礼禁于将然之前，法禁于已然之后"，便是明证。同时，也可以看出彼此交相为用的效果，一温一严，一缓一疾，一治人一治事，一治本一治标，逐渐完成社会进化的目的。单靠法律而无四维八德为其领导，那就落到中国法家自己感觉的末路："国之乱也，非其法乱也，非法不用也。国皆有法，而无使法必行之法。"使法必行之法是什么？纵谓有多少地方，可从法的本身中求其必行，但这只是勉励立法者一种说法罢了！如能有治人，却绝对可以担保能有治法；如没有治人，虽在法律本身上有必要之道，也是"不足以自行"的。《新生活运动纲要》中说"今欲求法令技术之有效，其关键不在法令与技术之本身，而在使用法令技术之人"。因而使用法令技术的人能受四维八德的熏陶，那便是治人，而为治法的根本所在。单有四维八德而无法律为其辅助，那对于"中人以上"和"上智"的人们，固然能在道德方面发生显著的效果，而对于"下愚"冥顽不灵的人们，就很难收劝谕的功效，使其成为正果。所以儒家虽以齐家修身、正心诚意为本，以"必也使无讼乎"为望，并以"讼则凶"为戒；但依然不废"刑期于无刑"的理论，且进而主张"士制百姓于刑之中，以教祗德"，又是法律对于四维八德的关系了。

　　为什么说要沟通这两种状态为一呢？这不是说让四维八德附丽于法律，而是使法律归依于四维八德；并将一部分的四维八德法律化，使法律为道德而服役。明刑固所以弼教，出礼亦必须入刑，乃能更扩大道德的效用，显示道德的"法力"。历史上曾经告诉我们：自从春秋战国，诸侯崇霸尚法，商鞅取了李悝的《法经》，"改法为律"出而相秦，建立了中国二千余年的律统。由此经秦统一六国，直至秦亡汉兴，又由萧何取秦《法经》制定汉律。虽法家得势，王道不行，但秦汉律所规定的事项，如假借不廉，故纵故不直，仍多少与道德有其关系。儒家鉴于从外部不能推翻这一既成的事实，也就变了花样，要入虎穴，以取虎子。不特叔孙通在《九章律》外依儒说而为《傍章律》十八篇，以及董仲舒等用经义折狱，一准于道德，而且广众的儒家从事于解律、讲律、注律的工作，世代相传，直取法家的地位而代之。由魏迄隋，每朝改制订律，斟酌损益都以道德为本。唐朝①清律的条文内容更系四维八德化，试观《唐律疏义》，明清律各注，便自了然。可知我国数千年来的立国基础，并不是专靠着一部刑律与其附属的法规为治，实在是靠着四维八德的精神堡垒，保障人心，并以法律与之配合，乃有了历史上的盛治。除非在季世的时候，道德沦亡，法律失序，才是一种反常的现象。清末变法以后，抄袭外国皮毛，轻视固有道德，的确是国家民族的最大损失。训政时期立法院成立后，以三民主义为立法的最高准绳，并在抗战中，把新生活运动的精神，输入"违警罚法"中，才慢慢地改变了过去的作风，使法律归于正轨，而以四维八德为其凭借。这不特略合旧律精神，而且按照法律辅助道德光大其"法力"的关系，也应如此。要之，四维八德是法律的宝藏，离开了四维八德的法律，在其生命上便丧失了灵魂。法律是四维八德的甲胄，要使四维八德的某一部分，由"应为如此"的规律变为"必为如此"的规律，强其发生神速实现的效果，就不能不暂用法律的旄钺了。

　　尤其在今日，一方面固须正本清源，加强每个人四维八德的信念，而使国本得固，政有所托。一方面还须使法律为四维八德服役而加强其效用，以为救急治标之计。古人说"刑乱国，用重典"，一般人解释为

---

　　①　此处似应为"明"，即"唐明清律"。

加重刑罚的意思；其实在紧要关头的时候，多使道德规律法律化，而以公权力制裁于后，也不失为一种重典。因为在承平年间，法律固可放宽尺度，不必对于原属道德方面的多少规律加以强力干涉，让各人从从容容地依自己的觉性去实现，原无不可。但在非常时期，为了民族的复兴，为了全体的生存，便不能完全有所放任，听其自为。凡是一切与全体极有关系的道德行为，而期其必须速于实现，即须从法律化入手的。虽然孔子说"道之以政，齐之以刑，民免而无耻；道之以德，齐之以礼，有耻且格"；这不过说明"德"与"礼"是为治的根本，若德、礼不易速于生效，而须求其"免"，以达于"格"，不得已，惟有"政"与"刑"为用了。《清通志》上说"德礼之所不格，则刑以治之"，就是这个意思。

三

四维谓礼、义、廉、耻，乃治国的四纲，语出《管子·牧民》篇："何谓四维？一曰礼，二曰义，三曰廉，四曰耻。礼，不踰节；义，不自进；廉，不蔽恶；耻，不从枉。"因为"国有四维：一维绝则倾，二维绝则危，三维绝则覆，四维绝则灭。倾，可正也；危，可安也；覆，可起也；灭，不可复错也"。所以"守国之度在饰四维"，"四维不张国乃灭亡"。这虽是《管子》这部书上的话，然《管子》一书晚出，其内容实系综合儒法两家的思想。儒家对于治国常经，仍然信守这个四纲，所谓"礼以行义，义以利生，临财毋苟得，临难毋苟免"等话便是，其为中国政理上一个正统的观念可知。"新生活运动"，就是提倡礼、义、廉、耻的规律生活，并因"礼义廉耻，古今立国之常经，然依时间与空间之不同，自各成其新义"，而有更适合于现代需要的解释。今依两段叙述的意义，且将四维与法律的关系逐一阐述，再及八德，虽系限于与法律有关部分的看法，已可看出四维八德是古今立国的常经了。

　　如今，先说四维中"礼"与法律的关系。这须从头由"礼"说起。礼的起源虽始于祭仪，而称"礼者履也，所以事神致福也"，演变而有"礼仪""礼节"之称。但至西周，以祭有等级，列礼为贵族规范，便有了政治的意味，而与对待庶人的"刑"对立，这就形成了最初的"礼治"和"礼制"。到了春秋，王纲不振，礼失而求诸野，并经儒家的提倡，使礼的适用，推广到庶人方面，而称"礼者，众之纪也"，就成为社会上各方面统一的规范。同时儒家又把"礼之义"和"礼之仪"分开，不特在《左传》上有两段话分辨"礼"与"仪"不同，而且《礼记》阐述礼之义，《礼经》记述礼之仪，更为明证。守仪固所以明礼，失义即徒有其仪，所以《礼记》上说"礼之所尊，尊其义也，失其义，陈其数，祝史之事也"。于是礼在一方面虽重视其形式上的仪文，一方面更重视其实质上的义理。《礼记》上说"礼者理也"，"礼也者，理之不可易也"；《荀子》上说"礼者养也……，所以养情也"；《释名》上说"礼，体也，得其事体也"，都是从礼之义、礼之实、礼之质方面而为解释。换句话说，礼在"礼仪""礼节""礼制"的用语以外，还要注意其"礼义""礼让""礼法"的连称。同时《曲礼》上又说"礼不踰节，不侵侮，不好狎"，注"踰节则招辱，侵侮则忘让，好狎则忘敬"，也可说是礼在其精神方面，合礼之义及礼之仪而有的全貌。必须对这些旧义有一了解，不特知道礼与法律的关系，并可推知儒家并未曾以其所提倡的"礼治"反对真正辅礼为治的"法治"，只是反对法家纯粹的"刑治"罢了！

　　礼与法律的关系，所以发生在其字义上，就是《管子》和《曲礼》所说的"礼不踰节"的"节"字。《管子》并说"不踰节则上位安"，也就是孔子所谓"安上治民，莫善于礼"的意义。《论语》中，谈及礼，除"节"字外，还有一个"约"字："不以礼节之，亦不可行也"，"博学于文，约之以礼"，"博我以文，约我以礼"，不啻说明礼是一种规律。"恭而无礼则劳，慎而无礼则葸，勇而无礼则乱，直而无礼则绞"，更表示出"礼不踰节"的效用。

孟子也说"仁之实,事亲是也;义之实,从兄是也;礼之实,节文斯二者是也";仍然以"节文"为义而有一种规律性。《礼记·坊记》"礼者,因民之情而为之节文,以为民坊者也",正与之同。荀子从孔子"齐之以礼"中寻出一个"分"字说,"礼起于何也?曰,人生而有欲,欲而不能得,则不能无求;求而无度量分界,则不能不争;争则乱,乱则穷;先王恶其乱也,故制礼义以分之"。因而荀子言"礼",实在等于法家的言"法",而以"礼、法之大分,群伦之纲纪"为称;《礼运》上说"礼达而分定"就是很好的注脚。从"礼以定分"而观,自必进一步主张"绳者直之至,衡者平之至,规矩者方圆之至,礼者人道之极也","礼者,人主之所以为群臣寸尺寻丈检式也",其与"法"的实质并没有多大差别。《新生活运动纲要》里说"礼者理也,理之在自然界者谓之定律,理之在社会中者谓之规律,理之在国家者谓之纪律。人之行为能以此三律为准,谓之守规矩。凡守规矩之行为的表现,谓规规矩矩的态度",更系综合天理、人情、国法而为解,益觉礼与法律的关系趋于密切。吾人知在今日,想要每个人都能守法,总得先养成其守法习惯,而这习惯的养成又须先由每个人都有规规矩矩的态度,这就是礼了。所以能守礼的人,未有不能守法的,"礼云礼云,贵绝恶于未萌,而起敬于微渺,使民日徙善远恶,而不自知也"。

中国古代法,除了唐宋以后成文的典章制度外,仅以刑狱为其内容,刑狱以外,再没有法;要是有法的话,便是与道德合流的礼了。今日应属于政事法、民事法所规定的种种法律关系,古代并无其法,一皆归之于礼。就政事法而言:孔子反对子产铸刑书,说"先王议事以制,不为刑辟",这个"制"就在礼的范围,至少也是以礼为其直接的渊源。孔子又说"道之以德,齐之以礼,有耻且格";《中庸》并引"孔子曰,非天子不议礼,不制度,不考文";孟子也说"见其礼而知其政";以及《礼运》所说"礼义以为纪……如有不由此者,在执者去,众以为殃";都说明了礼与政事的关系。因而《论语》与《中庸》里,屡次述说孔子言及夏礼、殷礼、周礼,其所谓礼,都含有今日政事法的意义。所以《周官》一书虽系记载天子的设官分职,各领其属,各治其事,等于现在的各机关组织法性质,便以"周礼"是称;《史记》八书中,太史公叙述三代以降政制的损益变迁,相当于现在的法制史著作,便以《礼书》为名。他如朝礼、聘礼、觐礼、军礼、宾礼等等,虽不一定兼具现代政事法的作用,然现代政事法所规定的有关事项,要征之于古,却只有向各该种"礼"内寻其踪迹。尤其"以宾礼亲邦国"更相当于今日的国际法,《左传》所谓"兵交,使在其间,礼也"一类的话,又不啻今日战时国际法的表现。古代以"礼"代替政事法的适用,《左传》里发挥得最为明显,认为"礼"就是"国之干也","礼所以守其国,行其政,无失其民也"。

　　政事法以外的民事法,古代更是没有。然而因冠礼而知成年制度,因笄礼而知许嫁年龄,因婚礼而知婚姻关系,因祭礼而知家族组织,因丧礼而知亲系远近,实在就是一部不成文的民事法。《礼记·经解》上说:"婚姻之礼废,则夫妇之道苦,而淫僻之罪多矣;乡饮酒之礼废,则长幼之序失,而争斗之狱繁矣;丧祭之礼废,则臣子之恩薄,而倍生忘死者众矣",可知其视"礼"为致王道之本而即担起现代民事法的重任。《曲礼》上就说"礼者所以定亲疏,决嫌疑,别同异,明是非也"。不特此也,就是对于礼以外的刑事法,依前所述,也是本于"明刑弼教"的目的,而为"出礼入刑"的表现,所以二千余年间的历朝旧律,每一条都可说是对于"德礼之所不格者,则刑以治之"。这当然以"礼之义"为主,若论"礼之仪"的违反,其从"仪"而追索其"义"者,最甚的就是隋唐以后,"十恶不赦"的"大不敬"。至于明清律中"礼律"所载各部门的条款,也都是将一般的礼仪,择其要者法律化,而以刑罚为"偪",使其非实践不可。

　　由于历史上的例证,更知"四维"中的"礼",除了使人"守法循理,戒慎将事",是法治的根本要件外,并宜使法律受礼的笼罩,对于不行德法的人们,以法律支配之,这又是礼的一部分法律化的问题。

四

谈到现在的法律,除了完备的刑事法以外,既有国家根本组织大法的宪法,与各机关组织法并各部门的行政法,又有私权关系根本大法的民法,与各种民事特别法并民事程序法;似乎礼的存在专为完成其道德上的任务而设,至多也不过为法律的渊泉而有,不必再像过去以"礼治"代替了大部分的"法治",直接发生法律的效力。然而现代法的范围,不特学者认为制定法以外,还有习惯法、正义法的存在,就是我"民法"第一条也说"民事法律所未规定者依习惯,无习惯者依法理",正和常人所谓"国法、人情、天理"相符,均系鼎足而三。习惯法系以不背于公共秩序或善良风俗的习惯为依据,才能被认为与法律有同等的效力。这种习惯的养成,不用说是靠礼的熏陶,不是法的强迫。礼在这一点上仍然有了法的作用。正义法一称条理法,系以义理为依据,而补法律的阙漏,义理的表现也就是实质上的礼,也就是以"德法"为称的"礼度",更具有法的作用。同时根据儒家"礼虽先王未之有,可以义起也"的话,一切习惯法、正义法并可因义而起礼,因礼而成法。他国所承认的行政先例法,严格说不能认为是法律,然而说它是以义而起的德法——礼,却也未始不可。我"司法院"的解释法令,"最高法院"的判例,不特富有法的效力,且往往扩大或缩小法律的规定。有人说,这是一种实质上的立法作用,其实把它认为是礼的发动,更觉自然。所以就国家政事的管理而言,"法治"固然不能离开"人治",同样也不能离开"礼治"。法治、礼治合而为一,才是完备的法治。若再加以道德之治的人治,那又是最完善而效果的法治了。

修礼所以立己而守法,明礼所以治事而行法,足见礼与法律的密切关系了。反而言之,除少数例外,法的所禁,每为礼的所不容;礼的所许，亦每为法的所不禁；所以以礼入法，逼使行为人有所实践，完成道德上的任务，也是应有的事情。如就礼的广泛范围而言，今日政事法、民事法、刑事法中，属于过去"礼"的领域者不知多少，稍为爬梳，不难显然而见。如专就礼制、礼仪、礼节的关系而言，关于礼的法律化，仍然可以信手找出许多事例。像经过立法程序而公布施行的"陆军礼节""空军军旗条例""海军旗章条例""国葬法""公葬条例""寺庙管理条例"……等等都是。抗战前后，训政时期立法院曾经数度讨论制礼服章的法案，当时多数委员认为这是内政部礼俗行政的事，终被搁置。然如择其中有必需强行的事项制定为法律，并不见得就错。至于民法上关于结婚仪式的规定，刑法上关于亵渎祀典的规定，都可说与礼有其直接关系；而民法上关于善良风俗、亲属不婚等规定，刑法上关于妨害婚姻、妨害家庭等规定，更可说是于礼之文以外，而指向礼之质了。

尤其在 1943 年制定"违警罚法"的时候，将新生活运动中多少注意的事项，使其法律化。关于礼的部分，确是不少。譬如说"亵渎国旗、国章或国父遗像尚非故意者"，"升降国旗经指示而不起立致敬者"，"于公共场所瞻仰国父遗像，经指示而不起立致敬者"，"于公共场所瞻仰中华民国元首或最高统帅或其肖像，经指示而不起立致敬者"，"国旗之制造或悬挂不遵定式者"，"污损祠宇、墓碑或公众纪念之处所或设置，尚未构成犯罪者"，其行为显然失礼违警，便分别处以违警罚。譬如说"于车站轮埠或其他公共场所，争先拥挤，不听禁止者"，"车马行人不按右侧前进，不听禁止者"，"唱演淫词秽剧或其他禁演之技艺者"，"以猥亵之言语或举动调戏异性者"，"奇装异服有碍风化者"，"践踏他人之田园或纵入牲畜者"，其行为依然与礼相反而构成违警，同样分别处以违警罚。所以各种礼制的厘定，每类礼仪的划一，虽说是内政部的职掌，但某些地方，尤其须为禁止的部分，认为有法律化的必要时，至少在"违警罚法"上应有其规定。记得抗战间，我赴重庆南温泉政校上课，今"立法院"张院长道藩是当时政校教育长,问我道:"你们在立法院,固然要立大法,但小法同样要紧。"我问"什么是小法?"他说,"街市上有许多不合礼容礼貌的事应该用法律促其改善"。这些情节轻的,当然是"违警罚法"的问题,情节重的,自须制出单行法或修增有关的法律而取缔了。

<h1 style="text-align:center">五</h1>

其次,说"四维"中"义"与法律的关系。这仍应从"义"的本身上解释起,然后再寻出义与法律的连系点。《释名》上说"义者宜也,裁制事物,使各宜也",古今解释均属一致,不像礼字的含义那样复杂。《荀子》"分义则明",注"义谓各得其宜",后来韩愈说"行而宜之之谓义",都是指"应事接物之宜"而言。不过这个"宜"字的为意却并不窄狭,充分显示其"法相"于四面八方。像对天地之道而言,就是《礼记》所说"除去天地之大害谓之义"。对社稷之道而言,就是《礼记》所说"君死社稷谓之义"。对治国之道而言,就是《论语》所说"其使民也义",《大学》所说"国不以利为利,以义为利"。对君臣之道而言,就是《孟子》所说"义之于君臣也","往役,义也;往见,不义也";《中庸》所说,"义者宜也,尊贤为大"。对夫妇之道而言,就是《礼记》所说"男女有别而后夫妇有义,夫妇有义而后父子有亲"。对长幼之道而言,就是《孟子》所说"敬长,义也","义之实,事兄是也"。对立人之道而言,就是《荀子》所说"人有气有生有知,亦且有义,故最为天下贵也"。这些例证,一时也举不胜举,然而它们都是本于事之宜而以义为称了。推而像历史上义勇、义兵、义战的称"义",即因其能仗于正道而如此。义学、义仓、义社的称"义",即因其愿与众共难而如此。义士、义民、义方的称"义",即因其有过人之行而如此,都离不开一个"宜"字的注脚。尤其在"临难""临财""临进"的时候,是否处置得宜,行动有方,更系完全凭着"以宜为义"的标准去衡量。

孔子说"见义不为,无勇也",孟子说"舍生而取义",荀子说"君子畏患而不避义死",都是临难所持的"义"而得其宜。孔子说"见得思义","君子喻于义,小人喻于利",孟子说"非其有而取之,非义也",荀子说"身劳而心安,为之;利少而义多,为之",可说是"临财",也可说是"临进"所持的义而得其宜。孔子说"不义而富且贵,于我如浮云",孟子说"士穷不失义,达不离道",荀子说"义之所在,不倾于权,不愿其利,举国而与之,不为改视",更侧重于"临进"而言,乃治国的纲维里一个要着。所以《管子》说"义,不自进,不自进则民无巧诈"。不巧诈,仍然是本于所宜而然。这个含有"宜"字意思的"义",一方面与"仁"发生了关系,如《易经》"立人之道曰仁与义",而孟子尤认为义是实现仁的过程,"仁,人心也;义,人路也","居仁由义,大人之事备矣",于是"仁义"两字就连用了。一方面与"信"发生了关系,如有子说"信近于义,言可复也",立信必求其宜而合于义,乃可实践便是。孟子说"大人者言不必信,行不必果,惟义所在",更是说明适时应变而求其宜的意思;于是"信义"两字就连用了。这些,留在叙述八德与法律的关系时候再作详及,如今,专说另一方面与"礼"发生关系的"义"。礼既与法律有密切连系,不特这个"行而宜之"的义,其本身可以为"法治"的前趋,即以"礼义"连称,也足见义与法律有了不解之缘,在我国历史上已见其迹象了。

《荀子》以"礼义"而定分,《礼运》以"礼义"而为纪,皆所以示民有常。孟子虽重视"仁义",然仍说道"无礼义则上下乱"。"礼义"列为同俦的缘故,不外乎"礼以行义"和"以义行礼"的道理。孔子说"君子以义为质,礼以成之,孙以出之,信以成之,君子哉!"《中庸》说"义者宜也,尊贤为大。亲亲之杀,尊贤之等,礼所生也"。孟子更特别说"夫义,路也;礼,门也;惟君子能由是路,出入是门也"。这些话都可证明义是礼之实、礼之质、礼之体。因而"义者宜也",同时也是《礼运》上所说的"礼者事之宜也,协诸义而协,则先王未之有,可以义起也","治国不以礼,犹无耜而耕也；为礼不本于义，犹耕而弗种也"。知道礼与法律的密切关系，当更易知道义与法律的同样关系。所以三王不同礼，五帝不同俗，就是由于义之不同，而在其时有所不宜的缘故，便是礼有所异的本源了。然而最能阐明礼义的关系，而使吾人知义与法律的连系，仍是《新生活运动纲要》里的话："义者宜也；宜即人之正当行为。依乎礼——即合于自然定律、社会规律与国家纪律者谓之正当行为。行而不正当，或知其正当而不行，皆不得谓之义"。所以"义是行为之实践，礼是行为之表现"。固然"义无礼则犯"，同样"礼无义则奸"。这种依乎礼而为的行为，说在法律方面就养成了人民守法的精神。这种发于义而表现的礼，说在法律方面，就是对于法律的制定，要与单纯的立仪采取同样精神，因时制宜，因地制宜，因事制宜，因人制宜，而为义的宣示。若遇下愚不移的人，由礼而言，就是出礼入刑，由义而言，也就是《孔子家语》所说的"化之弗变，德之弗从，伤义以败俗，于是乎用刑矣"。

　　过去，数千年间，礼在实质上既然代替了今日政事法、民事法的大部分，而发挥其"德法"的"法力"。依据"礼以行义"的话，也可说义的"法相"透过了礼的"法相"而显示在"法苑"里。若再就历代的改制立仪、因时订律来看，并可说立仪订律是本于义——事之宜——的要求而发动。这些，由义所引申的意义且不必说，单就古律上点出"义"字的规定，也是司空见惯。譬如说，胜朝引用前朝的法律，必须合乎义合乎事宜才行，这就是武王告康叔的"义刑义杀"。譬如说，"部民杀官长，军士杀军官，吏卒杀本部五品以上长官，学徒杀受业师，妻闻夫丧匿不举哀，若作乐，释服从吉，改嫁"，这就是十恶不赦的"不义"。譬如说，夫妻义合，义绝必强其离，这就是唐律"义绝者离"之条。这些规定中，固然有多少不是现代的所宜，但在过去，却确是"使人各裁其事而得其宜"，所以以法逼其实践了。

六

谈到现在的法律,其与义的关系仍然密切无间。平时法以外,为什么要有战时法?普通法以外,为什么要有特别法?一般规定以外,为什么要有反对规定?经常立法以外,为什么要有委任立法?统一的答案,就是孔子所说的"君子之于天下也,无适也,无莫也,义与之比",不以仇慕为移,乃以义理为准,而求其宜,不得不然。推而最高法司的解释宪法,及其为统一法令的解释,以求"法与时转则治"的功效。就其表现而言,我曾称其为礼治的一端,就"礼者事之宜也,协诸义而协"为说,也可说是协诸义而然。它如最高法院的判例,本于法律规定而申明其义理,说它是礼的表现可,说它是义的发动也未尝不可。今立法人员、行政人员、司法人员、明法人员,虽处处不能离开法律,仍处处应使其与"国策"相配合,这仍然是求事之宜,而"义与之比"。

义既是事物之宜,所以今日法律的所以制定、所以修正、所以废止,都各求其所宜,都各求其所适;倘若违背义的所向,有法等于无法,条文成为具文,这种法律又有什么价值?譬如说,各种考试法,"公务员任用法""公务员考绩法""公务员奖惩条例"等等,这就是管子所说的"义不自进"在法律方面具体的表现。譬如说,"国家总动员法""兵役法",各种税法等等,也就是孔子对子产所说"君子之道……其使民也义"在法律方面具体的表现。譬如说,"社会救济法""职业介绍法""社会保险法""合作社法"等等,也就是曾子所说"国不以利为利,以义为利"在法律方面具体的表现。譬如说,"空军勋奖条例""勋章条例""捐资兴学条例",本于孟子"非其有而取之,非义也"的反面解释,也可说是义在法律方面具体的表现。像这样的事例真是举不胜举,若再涉猎各种法律的条文,那更是汗牛充栋,说不尽了。

其在民事法方面：像（1）"民法"总则中关于"权利之行使"，既规定其"不得以损害他人为主要目的"，又规定其对于现时不法的侵害，为防卫自己或他人的权利，只要不逾越必要程度，就不负损害赔偿责任。继并规定其因避免自己或他人生命、身体、自由或财产上急迫的危险所为的行为；而这种危险的发生，行为人并无责任，且其行为以避免危险为必要，并未逾越危险所能致的损害程度时候，也不负损害赔偿责任。这些，都可说是与"行其所宜的义"有关。像（2）"民法"债编中关于"不当得利"的规定，"无法律上之原因而受利益，致他人受损害者应返还其利益；虽有法律上之原因而其后已不存在者亦同"，这是取缔不义之财的规定。又，关于"侵权行为"的规定"因故意或过失不法侵害他人之权利者，负损害赔偿责任，故意以背于善良风俗之方法，加损害于他人者亦同；违反保护他人之法律者，推定其有过失"，这是取缔不义之行的规定。像（3）"民法"物权编中，关于"土地所有人经营工业及行使其他之权利，应注意防免邻地之损害"，"由高地自然流至之水，低地所有人不得妨阻；由高地自然流至之水而为低地所必需者，高地所有人纵因其土地之必要，不得妨堵其全部"，"土地所有人不得设置屋檐或其他工作物，使雨水直注于相邻之不动产"，"拾得遗失物应通知其所有人"等等规定，所以如此，依然"义与之比"。像（4）"民法"亲属篇中，关于"婚约订定后与人通奸，他方对此得解除婚约"的规定，关于"妻对于夫的直系尊亲属为虐待，或受该尊亲属虐待致不堪同居生活"，或"夫妻的一方，以恶意遗弃他方在继续状态中，或意图杀害他方"，或"一方受他方不堪同居的虐待，或与人通奸，或重婚，均构成判决离婚的法定原因"等等规定，都是过去的所谓"义绝"，自应解除婚约或离婚。推而如养子关系的终止，也有本于义绝原因的规定，如对于他方为虐待或重大侮辱，或恶意遗弃他方都是。像（5）"民法"继承编中，凡因"故意致被继承人或应继承人于死，或虽未死，因而受刑之宣告者"，无论被继承人宥恕与否，绝对因其不义的行为,依法丧失继承权。其他尚有四款情形为丧失继承权的原因,依然是不义的行为,惟经被继承人宥恕,却从宽处理,仍然可以继承。其他(6)如"海商法"里规定"船长于不甚危害其船舶船员、旅客之范围内,对于淹没或其他危难之人应尽力救助"。"保险法"里对火灾保险规定"就集合之物而为总括保险者,被保险人之家属雇佣人或同居人亦享受保险之利益,其保险契约视同并为第三人之利益而订立"。"票据法"里规定"以恶意或有重大过失取得票据者不得享有票据上之权利"。"商业登记法"里规定"已登记之商号,如有他人冒用,或以类似之商号为不正当竞争者,该商号之当事人得请求停止其使用,如有损害,并得请求赔偿"。一切一切都可说根据义与不义、宜与不宜而这样的。

其在刑事法方面:像"有配偶而与人重为婚姻或同时与二人以上结婚者","有配偶而与人通奸者","和诱有配偶之人脱离家庭者",就因其不义而成立"妨害婚姻及家庭罪"。像"遗弃无自救力之人者","对于无自救力之人,依法令或契约应扶助、养育、保护而遗弃之,或不为其生存所必要之扶助、养育或保护者",就因其不义而成立"遗弃罪"。像"使人为奴隶或使人居于类似奴隶之不自由地位者","意图使妇女与自己或他人结婚而略诱之者",就因其不义而成立"妨害自由罪"。像"意图为自己或第三人不法之所有,乘未满二十岁人之知虑浅薄或乘人之精神耗弱,使之将本人或第三人之物交付者",或以同一之"方法,得财产上之利益或使第三人得之者","乘他人急迫轻率或无经验,贷以金钱,或其他物品而取得与原本显不相当之重利者",就因其不义而成立"诈欺背信及重利罪"。反而言之,在"杀人罪"中,"杀人者处死刑、无期徒刑或十年以上有期徒刑";然"当场激于义愤而杀人者",却只"处七年以下有期徒刑"。在"伤害罪"中,"伤害人之身体或健康者处三年以下有期徒刑、拘役或一千元以下罚金","因而致人于死者处无期徒刑,或七年以上有期徒刑,致重伤者处三年以上,十年以下有期徒刑","使人受重伤者处五年以上,十二年以下有期徒刑","因而致人于死者,处无期徒刑或七年以上有期徒刑"。然"当场激于义愤而犯前二项之罪者",却减"处二年以下有期徒刑、拘役或一千元以下罚金"。其"致人于死者"也不过"处五年以下有期徒刑"。这些,又系为"义愤"而有特殊规定。

其在"违警罚法"方面,犯"义"而违警的规定依然很多:(1)属于妨害安宁秩序的,像"散布谣言,足以影响公共之安宁者","于人烟稠密处所……燃放烟火者","深夜喧哗,或开放播音机、留声机或其他播音器,妨害公众安息,不听禁止者","熄灭路灯致妨害通行者","私有阴沟污水,溢积道路不加疏浚者"都是。(2)属于妨害风俗的,像"僧道或江湖游丐强索财物者","于公园或其他游览处所攀折花果草木者"都是。(3)属于妨害卫生的,像"于人烟稠密之处,晒晾堆置或煎熬一切发生秽气之物品,不听禁止者","任意排泄污水妨害公共卫生者","污秽供人所饮之净水者","任意弃置牲畜尸体不加掩埋者"都是。(4)属于妨害他人身体财产的,像"对于未过十四岁之男女,使服过分之劳动者","解放他人之动物船筏或其他物品,未至散失者","于他人之车船房屋或其他建筑物任意强贴或涂抹画刻者",都是。

若再依法律上所常用的"义务"一语而论,更看出义与法律的关系。义务为称本不限于法律,凡依据道德标准或法律规定,人们所应为的行为,或不行为,或忍受的责任,都称作义务。不过道德的义务的实现是自发的如此,法律的义务的实现是被逼的如此。这个义务两字连用虽系译自西文"Duty""Obligation"而然,但所以译为义务者,就是指明这是一种"义所当为的任务",而属"宜于其事的应有行为"。通常有权利必有义务,有义务必有权利,但如登记义务、公告义务、义务告发、义务声报,都没有什么权利可言,那更纯然是"义"的作用了。何况现代法律的中心观念已由"权利本位"时代,进入"社会本位"时代;而"社会本位"

就是一种"新义务本位"，使个人权利的行使不妨害社会的公益，而个人依法对社会全体更有其广泛的义所当为的任务。那么，义与法律的关系如何，更为显然。

七

其次，说四维中"廉"与法律的关系。依照前例，仍从头由"廉"说起。"廉"本为"廉隅"的简称，《尚书·皋陶谟》"简而廉"，注"简易而廉隅也"，《传》"性简大而有廉隅"便是。"廉隅"是什么？《礼记·儒行》"近文章砥砺廉隅"，注："廉隅者，求切磋琢磨之益，不刓方以为圆也"。这就是说行端志坚，不妄营求，有风格，有棱角的意思。管子说，"廉不蔽恶"，能廉自然不会藏恶，所以"不蔽恶则行自全"。匡章说，"陈仲子岂不诚廉士哉！"即因陈仲子为齐之介士，立节抗行，穷不苟求，便被誉为廉士。孟子说，"柳下惠不以三公易其介"，"介"也是"廉"，均系指有坚定的操守和严谨的风格而言。但怎样才能达到这一地步？其重心还是由于能明辨是非而然。《释名》上说"廉，敛也，自检敛也"，仅说明"廉"的片断作法；《玉篇》上说"廉，清也"，《周官疏》上说，"廉者，洁不滥浊也"，仅说明"廉"的一般品性；而《广韵》上说"廉，俭也"，更把廉的意义缩小了。这些，都不如《孟子》朱注"廉有分辨，不苟取也"，"介有分辨之意"，为近于基本的解释。所以《新生活运动纲要》里就说："廉者，明也。能辨别是非之谓也。合乎礼义为是，反乎礼义为非，知其是而取之，知其非而舍之，此之谓清清白白的辨别"。固然"廉无礼则伪"，但亦"礼无廉则侈"；固然"廉无义则吝"，但亦"义无廉则滥"；固然"廉无耻则污"，但亦"耻无廉则丑"。一切都出于能"辨别是非，力排谬说"，自然有了"严慎取予，操守有节"的表现。由"廉明"的基本解释，引申的意义便有了"清廉""廉洁"和"崇尚节约，以惜物力"等语。清廉、廉洁是什么？

就是不贪污,不侵占,不放荡;而"节约"为说也就含于其中。孔子说"以约失之者鲜矣",孔颖达虽把"约"字作"俭约"解,朱注却引谢氏说"不侈然以自放之谓约",又引尹氏说"凡事约,则鲜失,非止谓俭约也"。老实说罢! 这个"约"字就是"廉"字的别用,"傲不可长,欲不可纵,志不可满,乐不可极",都是"约",也都是"廉"。总而言之,"廉"字在其基本意义上是"廉明",在其引申意义上是"廉洁"。所以《孟子》两述"故闻伯夷之风者,顽夫廉,懦夫有立志"。一方面朱注说"顽者无知觉,廉者有分辨",一方面赵注说"顽贪之夫更思廉洁",本末两义均存,而节约更系从廉洁意义引申而出,在一般用法上,尤其对于物力而以节约为言是如此。

把"廉"字用在政治上,《论语》载子张问政,孔子提出"尊五美"。"五美"就是"君子惠而不费,劳而不怨,欲而不贪,泰而不骄,威而不猛",实际上都是"廉"字的工夫。《周礼·天官·小宰》上说"以听官府之六计,弊群臣之治,一曰廉善,二曰廉能,三曰廉敬,四曰廉正,五曰廉法,六曰廉辨"。注"既断以六事,而以廉为本"。可知"廉"在古人心目中,与政治关系是如何的重要了! 因为"廉"是明辨是非,洁不滥浊,历代订律大体上都本于这种目的,求其要而不烦,明而不滥。法令所以复繁滋章,其咎并不在律,而在律外之法。古律中以《北齐律》和《唐律》最能表现这种精神,而《唐律》且传世最久,不可不说是得之于明辨是非的工夫。即以《明律》而论,太祖三次订律,召儒臣与律官日进二十条讲解损益,慎审从事,所以《清律》仍大部分沿袭《明律》而不改。虽说历代均在律外有法,不合理想,然在盛世都系以律为准,其律外之法也时时加以整理删削,免其重复矛盾。这些,都可说是古代律对于"廉"字之基本的表现。

然古代的政治与法律,最明显的地方还是侧重"廉洁"事,所以对于奉公守法竟死不敢为非的,就称作"廉吏",而理民的州县官便以"清、勤、慎"三字为其考成，"清"就是"廉"的代语。清代，正俸以外，别给以银，以防止其贪污，就称作"养廉"。"廉"以银"养"，诚然舍本逐末，然亦足见"廉"的重要不能不"养"了。反而言之，官吏犯赃，历代均置重典。汉，贪污罪发，三代禁锢，主守而盗值十金的，弃市。北魏，枉法受贿，无多少均死，孝文帝时守宰坐赃死者四十余人。唐重赃罪固不必说，即在五代乱世，以后唐而言，官吏犯赃也严其刑，并和十恶、五逆、屠牛、铸钱、故杀人等罪，同在不赦之列。由宋迄清，律文依样严治赃罪，"赃官"比起"酷吏"更是一种不好听的名词。不特对于官吏犯赃如此，就是人民犯了普通的窃盗罪，历代均视为治国的急务，仍处以重典。即如远在秦国变法以前，魏李悝所撰的《法经》里，既有别于"贼法"的"盗法"，又在"杂法"中有"假借不廉"的条款，可知把"廉"字的精神输入古代律中，实创于律统的肇兴时代，由来很久了。

　　历代各律，除贼律、盗律或贼盗律外，《魏律》并从汉的盗律中，分出劫略律、请赇律、偿赃律，都是有背于"廉"而入于刑。《晋律》迄于南北朝各律，大都存有"请赇"一目，完全为贪污罪而特立篇章。隋唐以后，律目从简，虽然不见有关贪污的专篇，但"六赃"的名称，却始于唐而见于宋，明清律的名例中都提到了。所谓"六赃"，一为监守盗，二为常人盗，三为枉法赃，四为不枉法赃，五为窃盗，六为坐赃。"监守盗"是官吏对于自己主管范围内的财物，有所侵占——古代称侵占为窃盗。像"监守盗仓库钱粮"，即有专条；而监主贷取官物，也是以盗论，或以准盗论。"常人盗"是监守官以外的人为盗，非但军民人等为常人，即在官在役的人，只要不是监守，也作常人看。像"常人盗仓库钱粮"即有专条。"枉法赃"是官吏违背其职务行为的受贿，像"监守枉法受赃"，便是其中的一例，而"故纵""故不直""故出""故入"的审判亦多由此。"不枉法赃"是受贿而并无违背职务的行为，既然受赃，虽不枉法，也要治罪。"窃盗"是潜形隐面而取他人的财物，其所得的财物也称作"赃"，除以已行未行分轻重外，并计赃论罪，明清律一贯以下，只杖六十，一百二十贯以上绞，三犯不论赃数，绞。"坐赃"是本非赃罪而因情节有入赃罪的必要，便以赃论。像官吏受人的馈赠便是。这些，都是古代律对于赃罪的从严处罚，逼人能明辨是非，而不敢撤去廉洁的藩篱，自入于罪。至于廉隅棱角的养成，做到不蔽恶而行自全的境界，这当然要靠道德的熏陶，不是法律的栽培所能达到的。

八

说到现在的法律，而以"廉"的明辨是非为论。礼义既系法律的宝藏，"廉"便是合乎礼义，知而取之；反乎礼义，知而舍之的意思，其与法律的根本关系，可说礼、义、廉鼎足而三。这，和新生活运动中的衣食住行"资料之获得应合乎廉"，"品质之选择应合乎义"，"方式之运用应合乎礼"一样。立法者在廉的表现上应当审时体政、仁民爱物，定下有利于国家、民族、社会、人民的法律。倘稍有偏私，不能公诚，只把目标指在少数人或一地方的利益上，那就有伤于廉。行法者、司法者也须本于法律的精神而定其设施或处理实务，倘若认为法不合于时宜，尽可依一定的程序请求修正或废止。若知而仍旧沿用，或废置不用，或偷法从事，或曲解为说，那同样是有伤于廉。在过去，每感法令繁多，像抗战期间，有一个时候，单就兵役法令而言，就在七十余种以上。所以便有整理法规八项原则的颁布，去其枝冗，删其重复，并把法令的标题予以确定。今日，立法机关及行政部门都再分别为法令的整理，废止者有数百种之多。这一简化工作，也可说是"廉"的表现。至于司法方面的审级较多，人民常为讼累，手续繁冗，讼案每输于此，都有简化的必要，这也是要在"廉"字上着眼了。

现时的法律为公务员所提示明辨是非的道路，像"公务员服务法"

"公务员考绩法""公务员惩戒法""公务员交代条例"都是。而"公务员
服务法"中尤多具体的规定,像"公务员应诚实清廉、谨慎勤勉,不得有
骄恣贪惰、奢侈放荡及冶游赌博、吸食烟毒等足以损失名誉之行为"。
像"公务员不得假借权力,以图本身或他人之利益,并不得利用职务上
之机会加损害于他人"。像"公务员不得兼营商业或投机事业……,公
务员利用权力公款或公务上之秘密消息而为营利事业者,依'刑法'第
一百三十一条处断,其他法令有特别处罚规定者依其规定"。像"公务
员有隶属关系者,无论涉及职务与否,不得赠受财物;公务员于所办事
件不得收受任何馈赠"。像"公务员不得利用视察调查等机会,接受地
方官民之招待或馈赠"。像"公务员非因职务上之需要,不得动用公物
或支用公款"。像"公务员职务上所保管之文书财物应尽善良保管之
责,不得毁损变换、私用或借给他人"。像"公务员对于承办本机关或其
附属机关的工程人员或商号……,如有职务上的关系,不得私相借贷,
订立互利契约或享受其他不正利益"。这些,都可说是"廉"的指示。至
于考绩中的升等进级,当然和这些情形有重要关系。惩戒中的违法失
职,也每每由于不廉而受了处分,其情节重的更要负刑事的责任。而在
交代方面,依法并须清清如水,硬蹦蹦地表现出"廉"的精神来!

　　现时的法律为业务人员所提示明辨是非的道路,像"律师法""会计
师法""新闻记者法""医师法""药剂师法""助产士法"等等都是。以"律
师法"为说,像"律师不得兼营商业……",像"律师不得与执行职务内之
司法人员往还酬应",像"律师不得受让当事人间系争之权利",像"律师
不得挑唆诉讼或以不正当之方法招揽诉讼",像"律师不得违背法令或
律师公会章程,要求期约或收受任何额外之酬金"。这些,都可说是从
"廉"的使命上而为规定。以"会计师法"为说:像"会计师不得收买业
务上所管理之动产或不动产",像"会计师不得要求期约或受规定外
之任何酬金",像"会计师不得利用会计师地位,在工商业上为不正当

之竞争"。这些,仍然是本于"廉"的要求而为的规定。其他各种自由职业的法规,也都多少透露出"廉"的精神在内,不必在这里一一点明了。

至于"民法",尤其"债"和"物权"两编的规定,实在可说是按照各种情况为社会上一般人提示出明辨是非的道路,无须在这里详加分析。倒是刑事法方面对于不廉的惩治,却更显然可举,无妨择要说来。其最为古今所注意不廉的事例,就是官吏犯赃。我"刑法"渎职罪中,原本有第一百二十一条至第一百二十三条的规定。像公务员或仲裁人对于职务上的行为,或对于违背职务的行为要求期约或收受贿赂或其他不正利益者,或并因而有了违背职务的行为者,或"于未为公务员或仲裁人时,预以职务上之行为要求期约,或收受贿赂或其他不正利益,而于为公务员或仲裁人后履行者",都分别处以应得的刑罚,并对行贿人亦治其罪。然因刑法科刑仍失于轻,另外又制定了"惩治贪污条例",犯罪事项既广,刑亦可至于死,这因为在非常时期,文武公务员的廉洁更属必要,不能不权宜设制,严其典刑。不仅公务员的赃罪,受这一特别法的支配,就是受公务机关委托承办的人也是适用的对象,而办理社会公益的事务仍然以公务论,其财物仍然以公有财物论,更是严杜贪污的用意表达,从不廉的惩治中,来辅助廉洁风气的树立。虽然,治本的方法还是道德方面个人的操守有节,但这种治标的设施却也有其显著的效能。

"刑法"除渎职罪中的三条,为制止贪污的规定外,在妨害投票罪中也对不廉舞弊有所惩治。像"有投票权之人要求期约或收受贿赂或其他不正利益,而许以不行使其投票权,或为一定之行使者",像"对于有投票权之人行使期约或交付贿赂或其他不正利益而约其不行使投票权或为一定之行使者",像"以生计上之利害诱惑投票人不行使其投票权或为一定之行使者",都伤害了廉,而分别处以刑罚。它如伪造货币罪,伪造有价证券罪，伪造度量衡罪，妨害农工商罪，窃盗罪，抢夺、强盗及海盗罪，恐吓及掳人勒赎罪，赃物罪，侵占罪，诈欺及重利罪各章的规定，无不与廉的教诲有密切关系。同时，刑法上对于意图营利所为的某种行为，往往本于廉的指标，或列其为犯罪行为，或因此而加重其刑度。在妨害秩序罪中，像"意图渔利挑唆或包揽他人诉讼者处一年以下有期徒刑、拘役或五百元以下罚金。以犯前项……之罪为常业者，处三年以下有期徒刑，得并科二千元以下罚金"便是。在妨害风化罪中，像"意图营利引诱或容留良家妇女与他人奸淫者，处三年以下有期徒刑，得并科五百元以下罚金。意图营利使人为猥亵之行为者亦同。以犯前二项之罪为常业者，处五年以下有期徒刑，得并科一千元以下罚金。公务员包庇他人犯前三项之罪者加重其刑至二分之一"便是。在妨害家庭及婚姻罪中，像"意图营利或意图使被诱人为猥亵之行为，或奸淫而犯前项（略诱未满二十岁之男女脱离家庭……）之罪者，处三年以上十年以下有期徒刑，得并科一千元以下罚金"，像"意图营利或意图使第二百四十条或第二百四十一条之被诱人为猥亵之行为或奸淫，而收受藏匿被诱人或使之隐避者，处六月以上五年以下有期徒刑，得并科五百元以下罚金"便是。在鸦片罪中，像"意图营利为人施打吗啡或以馆舍供人吸食鸦片，或其化合质料者，处一年以上七年以下有期徒刑，得并科一千元以下罚金"便是。在赌博罪中，像"意图营利供给赌博场所，或聚众赌博者处三年以下有期徒刑，得并科三千元以下罚金"，像"意图营利办理有奖储蓄或未经政府允许而发行彩票者，处一年以下有期徒刑或拘役，得并科三千元以下罚金。经营前项有奖储蓄，或为买卖前项彩票之媒介者，处六月以下有期徒刑、拘役或科或并科一千元以下罚金"便是。在妨害自由罪中，像"意图营利以诈术使人出'中华民国'领域外者，处三年以上十年以下有期徒刑，得并科三千元以下罚金。以犯前项之罪为常业者，处五年以上有期徒刑，得并科五千元以下罚金"，像"意图营利或意图使妇女为猥亵之行为或奸淫而略诱之者处一年以上七年以下有期徒刑，得并科一千元以下罚金”，像“意图营利或意图使被略诱人为猥亵之行为或奸淫，而收受藏匿被略诱人，或使之隐避者，处六月以上五年以下有期徒刑，得并科五百元以下罚金”便是。在堕胎罪中，像“意图营利而受怀胎妇女的遗托，或得其承诺而使其堕胎的，处六月以上五年以下有期徒刑，得并科五百元以下罚金，因而致妇女于死者，处三年以上十年以下有期徒刑，得并科五百元以下罚金，致重伤者，处一年以上七年以下有期徒刑，得并科五百元以下罚金”便是。这些意图营利的犯罪行为，都是诚心与“廉”字作对，所以在处刑上除科以徒刑外，并得并科以财产刑，使贪财之徒到底受了财的惩治！

这以外，“违警罚法”上对于“廉”的事项也有多少规定，像“经官署定价之物品，加价贩卖者”，像“伕役佣工车马渡船于约定佣值赁价后，强索增加或中途刁难，或虽未约定，事后故意讹索，超出惯例者”，像“意图得利与人奸宿，或代为媒合，或容留止宿者”，像“于非公共场所，或非公众得出入之场所赌博财物者”，像“制造或贩卖有关迷信之物品，不遵官署取缔者”，像“售卖非真实之药品者”，像“拾得遗失物，不送交警察官署或自治机关，或不揭示招领者”，像“于他人地界内，擅自挖掘土石或戽水，不听禁止者”，都分别处以违警罚，逼使行为人在这些小动作方面也走向“廉”的道路。

九

其次，说“四维”中“耻”与法律的关系。仍然从头由“耻”说起。《广韵》上说“耻，惭也”。惭发于心，耳热于面，在命意上就构成一个“耻”字。如能像《论语》所说的“行己有耻”，便能做到《管子》所说的“耻不从枉”。“枉”就是《论语》上“举直错诸枉”的“枉”，指邪曲的人和事而言，所以"不从枉则邪事不生"，实系知耻的功效所见。然而"惭"的发动，在己就是"羞"，对人就是"恶"，朱子《四书注》[①]"羞，耻己之不善也；恶，憎人之不善也"便是。既发而为羞恶之心，无论对己对人可说都由于觉性悟解而然。《新生活运动纲要》上指示得最明白："耻者，知也；即知有羞耻之心也。己之行为，若不合礼义与廉，而觉其可耻者，谓之羞。人之行为，若不合礼义与廉，而觉其可耻者，谓之恶。惟羞恶之念，恒有过与不及之弊。故觉悟要在切实，有切实之羞，必力图上进；有功实之恶，必力行湔雪，此之谓切切实实的觉悟。"就"羞恶"的"羞"而说，像孔子所说"道之以德，齐之以礼，有耻且格"，孟子所说"人不可以无耻，无耻之耻，无耻矣"，"耻之于人大矣哉！为机变之巧者，无所用耻焉，不耻不若人，何若人有"都是。就"羞恶"的"恶"而说，像孔子所说"邦有道，谷；邦无道，谷，耻也"，孟子所说"立乎人之本朝而道不行，耻也"都是。羞，便是一般人所说的"羞耻"，必须如此，乃能"不屑卑污，尊重自处"。恶，便是一般人所说的"耻辱"，必须了解，乃能"不图苟存，宁死御侮"。至于"廉耻"两字的连用，却可包括"羞"与"恶"，而"耻辱"一词又可推用于侮辱方面。他人反乎礼义与廉而侮我辱我，这一种不正的行为，使我蒙其耻辱，"雪耻"的观念便由此生。《左传》昭五年"耻，匹夫不可以无备也，况国乎？"注"言不可辱也"。这又是"国耻"必雪的道理。而在人格者之间，不自侮也不侮人，不自陷于无耻之耻，也不加人以耻，这又是耻的界限所在。因而"耻"的一维必须与礼廉相扣合。固然"礼无耻则诌"，同样"耻无礼则乱"。固然"义无耻则妄"，同样"耻无义则忿"。固然"廉无耻则污"，同样"耻无廉则丑"。"耻非所耻，则耻荡然矣"。尤其在礼的方面，孔子所谓"恭近于礼，远耻辱也"，所以一个人要远耻辱，除了义与廉以外，更须以礼为依归。

---

　　① 此处《四书注》指《四书章句集注》。

　　根据过去"礼即法也"的见解,知礼、尊礼、守礼固所以远耻辱,也可说是知法、尊法、守法同样是远耻辱一个途径。何况我国传统的理解,必出于礼乃入于刑,所以用法惩罪乃是第二步不得已的办法。人能知其所耻,自然"不甘暴弃,力求进步",纯然是礼的诱导,乃偏于道德的表现,所以"齐之以礼,有耻且格"。反而言之,若"道之以政,齐之以刑,民免而无耻",就是因为刑治是第二步,完全靠刑,很容易使得人民无耻。所以对于讼狱囹圄的事件,总认为是一种耻辱,而求其有所免除,一生不到公堂,就成了无上的幸运。这本是一个正本清源的拟议,而欲多少做到止讼息争的地步;实则礼既是法,人皆须依礼而行,讼争的事也就减少很多了。

　　人如不自惭愧振作,而入于律而处于刑,自然是可耻的事。但在古代刑律中,仍有多少条款是专对所谓"寡廉鲜耻"者而设的。即如"内乱"一罪,即在十恶不赦的范围内。内乱是什么?《清律》注说"禽兽其行,朋淫其家,紊乱礼经,故曰内乱"。凡奸小功以上之亲、父祖之妾及与和(奸)都构成这罪。这固然因其为乱伦的关系而如此,属于最大可耻的事情。即如男女间任何和奸,以其与礼教有关,也均认为可耻而要处刑。唐律"奸徒一年半",就是指的无夫者和奸而言,有夫者不过加重一等罢了。清律,刑度虽轻,无夫者男女仅各杖八十,有夫者也不过各杖九十罢了。至于良家妇女因奸受杖,必褪裤以辱其无耻,妓女受杖反留其裤,乃以妓女本为无耻,故特保其耻,这又是古代法上的一种观念。这以外,尚有类似于现代权利刑的耻辱办法,那就是夺爵与入官。"依律有夺爵之法",创始于秦汉,降至清律,官吏犯私罪笞杖以上,并论如律,罢职不叙,追夺诰敕,削去仕籍。它如汉代的禁锢终身,陈代的违清议者终身不齿,以及历代列为贱户的,子孙不得与试,这当然处置过甚,但亦不失为权利刑的一类。入官本指财物、赃物的入官而言。然历代有一批政,对于犯罪人的家属妻子,往往视其所犯罪名而没为官奴婢,或拨入功臣家为奴，或列其家族为贱户，配下役，永不起复。这当然由于往古的环境使然。但由官府加犯罪人妻女家属以耻辱，依现代法律眼光看来，未免过当，因为这并不是耻之为道所许的。

十

说到现在的法律，其与"耻"的关系，最为一般人所需要的，就是守法习惯赖此而养成。过去社会上有很多人，自恃在社会上地位的特殊，或过于重视自己卑视别人的心理，恒以不守法能违警为荣。看霸王戏，坐霸王车，轮船码头不依秩序买票，电灯、电话不依规定纳费；接了法院一张传票作证，抗不到庭，竟认是莫大奇辱。殊不知违反法律，破坏纪律，乃是最可耻辱的事，必须人人有这样觉悟，守法的精神才能发扬，守法的习惯才能养成。前头说过古时的政事法、民事法都吸收在礼的范围内，并以义为准，以廉为辨，所以不守礼便是耻，出礼而入于刑，更是大耻。今日，政事法、民事法已离开礼而成为法，倘不知遵守，甚或故意违反，同样是一种耻辱。倘其行为构成刑事法上的犯罪，一经制裁，当然由于不耻于前，便不免陷入"无耻之耻"，实在是极不上算的。一部刑法和其他刑事特别法的制定，在其目的上，绝不像设网以罗雀，或设阱而陷兽，乃使行为人知所警惕，豫为之避，可说是远耻辱的一种揭示而已！记得抗战中，立法院会议有人提议修改刑法某条，一位委员反对这一提议而说道："把这件事规定在刑法法典里，实在不好看！"另一位委员反驳道："刑法的全部条文，没有那一点是好看的！"这话虽然笼统，但总不能说受了刑事法上的制裁是一种光荣，或是一种无关荣辱的事。

由于不能远耻辱而陷于罪受了刑，于是这种耻辱也就往往影响到民事方面的法律关系。譬如说，"婚约订定后，受徒刑之宣告者"，"婚约订定后，与人通奸者"，就构成了解除婚约的法定事由。譬如说，"被处三年以上之徒刑或因犯不名誉之罪被处徒刑者","与人通奸者",就构成了夫妻判决离婚的法定事由。譬如说,"养子女被处二年以上之徒刑时",也成为终止收养关系的法定事由。不仅民事法方面如此,在各种公法方面多少权利与义务也因其受了徒刑的关系而禁止其享受或参与。譬如说,"犯刑法内乱外患罪,经判决确定者","曾服务而有贪污行为,经判决确定者",这与"吸食鸦片或其代用品者",同为民意代表被选举权的消极资格。譬如说,"曾受一年有期徒刑以上刑之宣告者",就不得充任律师或会计师,其已充任的,撤销其律师或会计师资格。譬如说,当兵虽是一种义务,却是一种光荣义务,因而"凡曾判处七年以上有期徒刑以上之刑者,禁服兵役"。这真是纯洁清白的男儿,"羞与为伍",便构成了禁役的原因。像这一类的规定,在公法关系上极为普遍,多少都牵涉"耻"的问题在内,便取消了法律上应当享有的资格或地位。

尤其受刑事处分而被褫夺公权的人,纵经赦免其罪或刑,而在复权以前,更不能有某种资格或地位,像"考试法""出版法""引水法""公务员任用法""公务员退休法""公务员抚恤法"中,都有这样规定。褫夺公权乃从刑之一,剥夺犯罪人在公法上应享受的权利资格,有人把它称作权利刑,其实也可说是一种名誉刑,而对犯罪人附带所加的耻辱的忍受。凡宣告六个月以上有期徒刑,依犯罪的性质认为有宣告褫夺公权必要的,就在裁判时并宣告褫夺公权一年以上十年以下。若系宣告死刑或无期徒刑的,就宣告褫夺公权终身。其所褫夺的公权,就是为公务员的资格,公职候选人的资格,行使选举、罢免、创制、复决诸权的资格。这和古代的禁锢终身、终身不齿、夺爵除名的用意相同,而欲以耻止其所不耻,以耻促其有所耻。刑法以外的其他公法,并根据褫夺公权的事由而为各该法律上享有某种资格或地位的限制,更扩大了刑法上褫夺公权的范围。然而褫夺公权是不能离开主刑单独宣告,追根溯源,还是因为不自知其耻而在刑事法上种下孽根,身陷刑网,这种剥夺或停止公权资格的耻辱才随之而来，不可避免了。

刑事法的制裁为行为人留下极深的耻，固然在监狱行刑方面使其知悔向上，适于社会生活，或利用保安处分，施以感化教育，助其另成新人；然在实际上也有多少"虽在缧绁之中非其罪也"的公冶长，冤狱在任何时代都不能说没有。我国古代严课法官责任，错断人死，即须抵命，颇能慎重从事，不敢失出失入。今日，断错了案，刑法上固然处以渎职罪，但并不如古代的严厉，而受刑人因冤狱的关系，金钱、名誉两受损害。因而"宪法"第二十四条就规定道："凡公务员违法侵害人民之自由或权利者，除依法律惩戒外，应负刑事及民事责任；被害人民就其所受损害，并得依法律向国家请求赔偿。"就司法而言，这种法律便是"冤狱赔偿法"。所以一个人陷入罪刑，固然是自招的耻辱，但耻辱之来由于有司的错误，却也不能不有一种补偿。惟其重视"耻"的一维之深切，这种责任便由国家承担了。

丢开了"耻"与法律整个的关系不谈，单就显然可见的"耻"而论，也不是三言两语可以说毕。以"耻者，知也，即知有羞恶之心也"为例，多少与个人修身方面有关的道德性法规或条款，都可说含有"耻"的因素在内，给与行为者一种指示。像"民法"亲属编规定一定的亲属不得结婚，因而有服的旁系血亲结婚就是耻辱，而表兄弟姊妹虽为四亲等，却因由来已久，听从民便，即不能视为耻事。像"因奸经判决离婚或受刑之宣告，不得与相奸者结婚"。那么，甘冒耻辱而背夫成奸，或勾搭有夫之妇，纵然原配偶离婚，也是不易与相奸者结婚，或许因目的难于达到而心有所惭不敢尝试了。人们能熟知这一类的条款，羞恶之心不难由此而起，因为法律上所认为的错事，自然也是道德上的错事，犯了错就是"耻"了。换句话说，不屑卑污，尊重自处，不少是由法律条款中得其依据。以"不甘暴弃，力求进步"为例，像"补习学校法""公务员进修法""华侨子女回国就学条例"等等都是为辅助向上者完成这一志愿而有的法规。它如各种奖励法规、考绩法规，固然各有旨趣，但也不失为鼓励其力求进步的法规。虽然"知耻近乎勇"，可是勇气的增加，仍然要靠多方面的辅助与鼓励的。以"不图苟存，宁死御侮"为例，像"国家总动员法""战时军律"，以及与抗战时间直接有关的种种法规，都本于复国仇、雪国耻的目的而出此，更显显然。至于个人间的雪耻消冤，自然有赖于公权力的运用，不是自力执行的事。

其纯然以耻辱加于他人，最易看出的就是侵害人的名誉。名誉是人的第二生命，如受侵害，等于整个人格权受其毁损。譬如说道，某一位先生做贼，某一位青年骗钱，某一位寡妇养汉，某一位尼姑偷人，信口雌黄，使人难堪。这，不特在民法关系上构成了侵权行为，被害人虽非财产上的损害，也得请求相当的赔偿，而为耻辱横加致精神受有损害的抚慰；同时并得请求其为回复名誉的适当处分，而将这一耻辱涤洗净尽。其在刑法上，凡是公然侮辱人的，便处以拘役或三百元以下罚金；而以强暴犯这种罪的更处以一年以下有期徒刑、拘役或五百元以下罚金。假若意图散布于众而指摘或传述涉及他人私德的事，足以毁损他人名誉时，就构成了诽谤罪，与强暴侮辱的处刑相同。如系散布文字图画而如此的，更要处二年以下有期徒刑、拘役或一千元以下罚金。不仅如此，就是对于已死的人公然侮辱，或犯诽谤罪，也因为妨害了其子孙的名誉和已死的人过去的声名，而为一种耻辱，同样是科以相当的刑罚而免其蒙耻受辱。

这以外，依"民法"第一千零五十二条第十款的规定，并有所谓"犯不名誉之罪者"。本来，任何犯罪的结果，都是不甚名誉的，但也有多少犯罪或因其他动机或因素而构成，不见得都起于伤德败誉的关系。所以犯罪纯然由于无耻之耻而生者，就特别被称作"不名誉罪"，像赌博罪、侵占罪、窃盗罪、抢夺强盗及海盗罪、恐吓及掳人勒赎罪、意图营利和诱有配偶人脱离家庭罪等等都是，反而言之，像伪证罪、脱逃罪、藏匿人犯罪、毁灭证据罪、毁弃损坏罪、公共危险罪,纵然恶性甚大,早应自耻,然而却非出于无耻之耻,便不认为"不名誉罪"。

"耻不从枉","不从枉则邪事不生",即在有关人民日常举动的"违警罚法"方面,依样是贯彻这一目的,而将可耻的行为予以处治,并将耻辱他人的行为予以惩罚。像"于学校、博物馆、图书馆、展览会、运动会,或其他公共游览聚会之场所,口角纷争或聚众喧哗,不听禁止者",像"于道路或公共场所,酗酒喧哗,任意睡卧,怪叫狂歌,不听禁止者",这是安宁秩序方面可耻之事而须取缔的。像"游荡无赖,形迹不检者",像"奸宿暗娼者",像"唱演淫词秽剧,或其他禁演之技艺者",像"于道路,公共场所,或公众得出入之场所,任意裸体或为放荡之姿势者",这是善良风俗方面可耻之事而须取缔的。像"售卖春药或散布登载广告者",像"于道路或公共处所,任意便溺者",这是公私卫生方面可耻之事而须取缔的。像"以猥亵之言语或举动,调戏异性者",像"加暴行于人……未至伤害者",这是以耻辱加于他人而须取缔的。至于列为主罚的罚役,表面系劳力罚的性质,但必于违警地或必要处所行之,实质上却系示以羞辱更为有效的制裁。然因事体不过违警,并未达到犯罪程度,所以罚役的处分,除了注意违警人的体力外,还得注意违警人的身份,不能滥用这罚揭被违警人的面子,反而给违警人心灵上一种创伤,不可补救了。

十一

"八德"谓"忠、孝、仁、爱、信、义、和、平",乃国父在《民族主义》第六讲里说到中国固有的道德而提出的。国父说,"中国从前能达到很强盛的地位,不是一个原因做成的。大凡一个国家所以能够强盛的原故,起初的时候都是由于武力发展,继之以种种文化的发扬,便能成功;但是要维持民族和国家的长久地位还有道德问题,有了很好的道德,国家才能长治久安"。随后就说,"讲到中国固有的道德,中国人至今不能忘记的,首是忠孝,次是仁爱,其次是信义,再其次是和平,这旧道德,中国人至今还是常讲的"。这八德,固各有其含义,然也有互相连贯的地方,譬如说,"仁"与"爱",分言之,互有分际,合而称作"仁爱",不仅两义相通,并有了博爱的伟大精神。譬如说,"和"与"平",分言之,各有界限,合而称作"和平",那更有了不恃武力、不尚强权的神圣使命。至于"信"与"义"也可连贯起来而以"信义"为称,但"义"的本身含意更为深切,不能为"信义"用语所掩。不过关于义与法律方面的叙述,已经在四维中说过了,这里从略,只在涉及其他各德的时候,择要提出,尤其"信"的关系。

如今,先说八德中"忠"与法律的关系。仍如前例从"忠"说起。忠,这个字并不像辛亥后一般人认为君主时代的道德观念,专指"臣事君以忠"而言,这仅限于过去谥法"危身奉上,险不辞难"的一个意思罢了。请看,孔子答樊迟问仁,说道:"居处恭,执事敬,与人忠,虽之夷狄,不可弃也";答子贡问友,说道:"忠告而善道之"。《论语》上并记载曾子的话"吾日三省吾身,与人谋而不忠乎",都是对一般人说的,并非单以臣子对君为限。甚至于《说文》上释"忠"为"敬",《玉篇》上释"忠"为"直",依然是部分的解释,不是"忠"字的全貌。"忠"字的基本解释见于《增韵》上说"忠,内尽其心,而不欺也";引申之,竭诚、尽己、不二、无私都是"忠"。(1)就"竭诚"说。《六书精蕴》"忠,竭诚也",《书经·伊训》"为下克忠",《传》"事上竭诚也"。孔子答季康子问政,说道:"居之无倦,行之以忠"。行之以忠便是"发于事以忠,则表里如一",也就是"竭诚而忠于下"的意思。孔子答子张问"旧令尹之政必以告新令尹如何",说道:"忠矣",显然是竭诚而忠于职的意思。孟子责劝陈相,说道:"教人以善谓之忠",仍然是竭诚而教人的意思。因能竭诚,便能正直,两事相因,便有了"忠鲠""忠直"诸语的使用。(2)就"尽己"说。这与"恕"字相关,而有"忠恕"两字的连称。曾子说"夫子之道,忠恕而已矣";《中庸》上说"忠恕违道不远"。朱注"尽己之谓忠,推己之谓恕,或曰:中心为忠,如心为恕,于义亦通";邢《疏》"忠谓尽中心,恕忖己度物也";刘氏《正义》"己立己达,忠也;立人达人,恕也"。这些话头,都是说"忠"系对人而表示尽己的意思。(3)就"不贰"说。《诗·邶风·北风》笺"诗人事君无二志,勤身以事君,忠也"。这虽系对事君而言,但对任何人、任何事而无二志,都可称作忠。因而国父说"所以古人讲忠字,推到极点便是死一",死一就是不二的意思。《曲礼》上说"交游之雠不同国",也就是不贰而忠的表现了。"忠贞""忠节""忠烈"诸语的使用,就从此出。(4)就"无私"说。《广韵》"忠,无私也";《后汉书·何延传》"延曰:私臣不忠,忠臣不私"。"无私""不私"也就是"不欺",其言行自然有信,出之以诚。孔子说:"君子有九思……言思忠",意思是对人说话,须要忠实诚恳。又说:"忠焉能勿诲乎",朱注"忠勿诲,妇寺之忠也……忠而知诲,则其为忠也大矣",也是从诚信无私方面说到忠。《周礼·郑疏》"中心曰忠,中下从心,谓言出于心,皆有忠实也"。所以除了"忠诚""忠实""忠笃"一类的用语外,"忠信"两字连用,在孔子时代早已如此。《论语》上说"主忠信","十室之邑必有忠信","言忠信,行笃敬,虽蛮貊之邦行矣",以及《易·乾卦》"忠信所以进德也"都是。它如《大学》上说"是故君子有大道,必忠信以得之,骄泰以失之";《中庸》上说"忠信重禄,所以劝士也";《孟子》上说"仁义忠信,乐善不倦","其子弟从之则孝悌忠信";经籍上以"忠信"为言的例子,真是不胜枚举。综合前述的义例,这个"忠"字在今日仍然有其光辉,照耀在人寰。祠堂内两壁所设的"忠""孝"两个大字,竟有人拆去"忠"字,以为到了民国没有君主,"忠"字就可不用了。国父称"这种理论,实在是误解,因为国家之内,君主可以不要,'忠'字是不能不要的。如果说'忠'字可以不要,试问我们有没有国呢?

我们的'忠'字可不可以用之于国呢？我们到现在说忠于君，固然是不可以，说忠于民是可不可呢？忠于事又是可不可呢？我们做一件事，就要始终不渝，做到成功；如果做不成功，就是把性命去牺牲，亦所不惜，这就是忠"。古代既非忠字单用于君，今日自不应以没有君主就废了忠。譬如说，对国家尽忠，对人民尽忠，对主义尽忠，对职务尽忠，对领袖、对朋友尽忠都是一贯的道理。这样，才能守国家的纲纪，成为良好的公民，方有利于复兴和建国的工作。所以，时无论古今，地无论中外，这个忠的意义是永久存在，一方面由道德积极地去鼓励，一方面由法律消极地来匡扶，并由法令方面为忠尽的褒扬，予以劝勉，说来话长，不必冗赘。单就古代律对不忠的惩处一观，便知其要。

　　知人应当论世，不然，就犯了时代的错误。往古，现代民主的观念和表达民主制度的技巧尚未发达，所以君主制度便成了国家统一和社会安定不可少的制度，因而现代的忠于国、忠于民，在古代就射在君主身上。只要是明圣的天王，在任何情形下为臣民的都离不开一个忠字。因为对君不忠，也就等于今日的对国不忠、对民不忠了。汉代，谋反大逆，父母妻子同产皆弃市。魏代，谋反大逆，临时捕治，不以律令囿；以言语及犯宗庙陵寝称作"大逆无道"，腰斩，家属从坐，不及祖父母孙。晋代，违忠欺上谓之谩，陵上僭贵谓之恶逆，都服上刑。《北齐律》列反逆、大逆、叛，降于重罪十条中；隋唐律以谋反、谋大逆、谋叛列于十恶不赦中，至清未改。这些，都是对于不忠的制裁事类。(1)谋反，"谓谋危社稷"，即图谋颠覆政府的犯罪，若现代的内乱罪是。《唐律疏义》上说"天反时为灾，人反德为乱，……为子为臣，惟忠惟孝，乃敢包藏凶慝，将起逆心，规反天常，悖人理，故曰谋反"。(2)谋大逆"谓毁宗庙山陵及其宫阙"，和谋反不同的地方，谋反是不利于社稷，谋大逆是不利于君主个人。但"反及于国，逆及于君"，不过异其标的而已，均系一个严重的不忠行为，故科同罪。清律注上说"凡谋反及大逆，但共谋者不分首从

（已、未行）皆凌迟处死。（正犯之）祖父母、父母、子孙、兄弟及同居之人（如本族无服亲属及外祖父、妻父、女婿之类）不分异姓及（正犯之期亲）伯叔父兄弟之子，不限（已未析居）籍之同异，（男）年十六岁以上，不论笃疾废疾皆斩。其（男）十五岁以下及（正犯之）母女妻妾姊妹，若子之妻妾，给付功臣之家为奴。若女（兼姊妹）许嫁已定归其夫，（正犯）子孙过房与人，及（正犯之）聘妻未成者俱不坐。知情故纵隐藏者斩。有能捕获（正犯）者，民授以民官，军授以军职；仍将犯人财产全给充赏"。可说是极为严厉的惩处了。（3）谋叛，"谓谋背本国，潜从他国"，若今日的外患罪。《唐律疏义》上说"有人谋叛本朝，将投蕃国，或欲翻城从伪，或欲以地外奔，如吕牟夷以牟娄来奔，公山弗扰以弗叛之类"。清律注称"凡谋叛但共谋者不分首从皆斩，妻妾子女给付功臣之家，财产并入官（姊妹不坐）。女许嫁已定子孙过房与人，聘妻未成者俱不坐。父母祖孙兄弟不限籍之同异，皆流二千里安置（余俱不坐）。知情故纵隐藏者绞，有能告捕者将犯人财产全给充赏……"。虽然比谋反、谋大逆处刑较轻，仍然是置之重典。这因为"君臣之义无所逃于天地之间，而乃谋叛本国，潜从他国，弃义忘君，厥罪重矣"。从这些事类看，就可知古代律对不忠是如何的制裁，用不着再举它例说明了。至于古代律上对于枉法赃的惩处，对于因公失误的科责，以及法官在讼狱上所负的严重责任，从忠字的立脚点上看，也都可说是不忠于事的制裁了。

十二

　　说到现在的法律，惩处不忠于国的行为，虽因时代关系，不应缘坐其家属，但仍认为重罪。"刑法"分则列内乱罪、外患罪于首，便是这个道理。学者或称内乱罪为不忠罪，其实外患罪，依样是不忠罪，且更加甚。就内乱罪而言，凡意图破坏国体，窃据国土，或以非法的方法变更国宪,颠覆政府,分别就其着手实行、预备,或阴谋,或首谋的情形,各处相当的刑;其以暴动行之者,无论已行、未行或首谋,都要加重其刑。这,与古代律上的谋反颇为相类。就外患罪而言,凡①通谋外国或其派遣之人意图使该国或他国对本国开战端,或意图使本国领域属于该国或他国者;或②在与外国开战或将开战期内或以军事上的利益供敌国,或以军事上的不利益害本国或其同盟国,或不履行供给军需的契约或不照契约履行者;或③本国人民在敌军执役,或与敌国抵抗本国或其同盟国者;或④泄露或交付本国国防应秘密的文书、图画、消息或物品,或以之泄露或交付于外国或其派遣之人;或⑤刺探或收集此项文书、图画、消息或物品,或因意图刺探或收集未受允准而入要塞、军港、军舰或其他军用处所建筑物或留滞其内者;都分别依实行未遂预备、阴谋、过失或附加其他条件而处以相当之刑。这,较古代律上的谋叛,范围更为广泛。除了"刑法"上的条文外,关于内乱罪、外患罪的特别法,在抗战期间制定的法律,有"处理汉奸案件条例"和"惩治汉奸条例",都可说是以一个"忠"字为出发点。而对于自绝于国、自绝于民的汉奸叛徒,不能不加以严厉的惩处。这以外,"陆海空军刑法"上也有"叛乱罪"专章的设置,而其"辱职罪"中的首条"不尽其所应尽之责而率队降敌或委弃要塞于敌,或临阵退却或托故不进者处死刑",仍旧是不忠于国的惩处。其他,在"战时军律"和"妨害军机治罪条例"等等方面,更有不少的规定,是因行为人的不忠而予以处治。

叛国既是一种大恶而又处以重典,所以法律上关于某种资格的赋予或权利的享有,往往把对国家不忠的人排除于外。像"公务人员任用法"第十一条规定"犯刑法内乱外患罪,经判决确定者"不得任用为公务人员;像"公务员退休法"第十二条规定"背叛国家经通缉有案者",丧失其领受退休金的权利;"公务员抚恤法"第十四条规定在同一情形中,丧失其抚恤金受领权。其他像"律师法"第二条、"会计师法"第三条、"医师法"第四条、"药剂师法"第三条、"助产士法"第三条等等,都规定"背叛国家证据确切者",不得充任律师、会计师、医师、药剂师或助产士,其充任者撤销其资格。这以外,对于不忠于国的行为,"刑法"上尚有第一百六十条的规定:"意图侮辱国家而公然损坏、除去或污辱国家之国旗、国章者,处一年以下有期徒刑、拘役或三百元以下罚金;意图侮辱创立中华民国之孙先生而公然损坏、除去或污辱其遗像者亦同"。这虽然规定在妨害秩序罪中,但对于"中华民国"的"国旗""国章"或对于创立中华民国的孙先生而有如此行为,实在是一种不忠的表现,防微杜渐,必治其罪,若在古代律上处刑绝不如此之轻。

对国家要忠,对职务同样要忠。"公务员服务法"开宗明义第一条就说"公务员应遵守誓言,忠心努力,依法律命令所定,执行其职务"。其他像"公务员执行职务应力求切实,不得畏难规避,互相推诿或无故稽延",像"公务员未奉上官核准,不得擅离职守,其出差者亦同",像"公务员除因婚丧、疾病、分娩或其他正当事由外,不得请假",都可说是求得忠于其职务的规定。再,"公务员交代条例"第二条第一项应交代的事项中,第一款列有"施政方案,工作计划及其执行情形之详细数字报告与文字报告",并于第十一条称"前任主管长官移交时,对于其前任与本人任内,所有政绩应编制政绩交代比较表,会同后任呈报上级机关"。这又是法律上重视"旧令尹之政必以告新令尹"之"忠"的表示。反而言之,一般公务员,或有审判职务的公务员,或有追诉或处罚犯罪职务的公务员,或有执行刑罚职务的公务员,或在邮电机关执行职务的公务员,若不忠于职务时,"刑法"上更有渎职罪专章的规定。倘系军人身份,便构成"陆海空军刑法"上的辱职罪、抗命罪和违背职守罪。其他在各种刑事法规或有关刑事条款上,往往因其具有一般公务员或特定公务员的身份,特别对于某种行为加以惩处,或较普通人民的犯罪行为加重其刑,虽说各有其处刑或加重其刑的特殊原因,但既为公务员而有各该犯罪行为,对于其职务多少总反乎忠的要求,也就不能不处刑,不能不加重其刑了。

不仅公务员对其职务的执行,法律上悬出一个"忠"字作为是非的衡量,就是个人间的关系,非特要诚实信用,而且要与人谋而有忠。像"律师法"第二十二条规定"律师接受事件之委托后,应忠实搜出证据,探究案情",很明白地提出"忠实"两字。其他法律对于当事人间详为规定其责任或义务所在,固然未曾说出一个"忠"字,可是在含义上,忠在其中,呼之欲出。其在法律条文里用"善良管理人"字样,更是充分表示了这个忠字。如"民法"第四三二条"承租人应以善良管理人之注意保管租赁物",第四六八条"借用人应以善良管理人之注意保管借用物",第五三五条"受任人处理委任事务应依委任人之指示,并与处理自己事务为同一之注意,其受报酬者,应以善良管理人之注意为之",第五九零条"受寄人保管寄托物,应与处理自己事务为同一之注意,其受有报酬者应以善良管理人之注意为之",第八八八条"质权人应以善良管理人之注意保管质物",第九三三条"债权人应以善良管理人之注意保管留置物",都是着例。善良管理人的注意是什么? 就是能竭诚、能尽己、能无贰、能不私的这个"忠"字罢了。

倘再从积极方面来看,法律对于忠于国、忠于职、忠于事的人,往往并有奖誉的规定。像"褒扬条例""褒扬抗战忠烈条例""公务员抚恤法""军人抚恤条例""国葬条例""公葬条例""革命功勋子女就学条例"等等,都是对于忠勤的人死后一种荣典和优遇。像"勋章条例""陆海空军勋赏条例""陆海空军奖励条例""战地守土奖励条例",都是对于现存的忠勤人员,予以勋赏或奖励。其在"公务员任用法"上并以"曾于'中华民国'有特殊勋劳,或致力国民革命十年以上而有勋劳经证明属实者","曾于'中华民国'有勋劳,或致力国民革命七年以上而有成绩经证明属实者","曾致力国民革命五年以上而有成绩经证明属实者",分别作为简、荐、委职公务员任用的资格,以彰其对国家、对人民的忠诚。其他像"著作权法""专利法""工业奖励法"等等,也可说一个人因忠于其事而受到法律的保护。不过这一类的法律也或尚有其他含义,如依"勋章条例"而对外国元首或官员给勋之类是,但大部分的使命还是宣扬这个"忠"字。

十 三

其次,说八德中"孝"与法律的关系。这,仍然从"孝"说起。《说文》上说"孝,善事父母者,从老省;从子,子承老也"。《释名》上说"孝,好也,爱好父母,如所悦好也"。《大学》上说"为人子,止于孝",也就《论语》上"事父母能竭其力","慎终追远,民德厚矣","生,事之以礼;死,葬之以礼,祭之以礼"的综合的意思。所以,尊祖爱亲,守其所生,就被称作"孝德";为人子而有孝亲的德行,就被称作"孝子"。因而以善事父母与敬爱兄弟合称,便为"孝友";以善事父母与清洁而有廉隅合称,便为"孝廉";以事亲与事长合称,便为"孝敬";以"弟子入则孝,出则弟"合称,便是孟子所说"申之以孝悌之义"和"尧舜之道孝悌而已矣"的"孝悌"。"善事父母之道"被称为孝,固然以"养"为先,如《书经·酒诰》所谓"肇牵车牛,远服贾,用孝养厥父母"便是;故《孝经》上说"孝,畜也,畜,养也";《礼记·祭统》上说"孝者,畜也,顺于道不逆于伦,是之谓畜"。这不过起码的孝道,却不能说能养活父母便算尽了孝道。倘仅如此,孔子也不致说"君子之道四,丘未能一也;所求乎子以事父,未能也……"的话。请看!《论语》载子游问孝,孔子说道:"今之孝者是谓能养,至于犬马,皆能有养;不敬何以别乎?"子夏问孝,孔子说道:"色难!有事弟子(指子弟)服其劳,有酒食,先生(指尊长)馔,曾是以为孝乎?"这,都不以"养"为贵,孝道更有大于养的事情存在,"敬"和"色"都是其中的一端。孟子对孝从其反面而为详尽的解释,说道:"世俗所谓不孝者五:惰其四肢,不顾父母之养,一不孝也;博弈,好饮酒,不顾父母之养,二不孝也;好货财,私妻子,不顾父母之养,三不孝也;从耳目之欲以为父母戮,四不孝也;好勇斗狠,以危父母,五不孝也。"所以论及养亲之道便不仅以衣食无缺为主,并以舜被称为大孝,就由于"孝子之至莫大乎尊亲,尊亲之至莫大乎以天下养;为天下父,尊之至也,以天下养,养之至也"。这虽不是一般人所能做到,然"扬名声,显父母",依样是尽了养亲之道。且不仅对父母的生前如此,孔子并说"父在观其志,父没观其行,三年无改于父之道,可谓孝矣!"《中庸》上也引孔子的话"武王周公其达孝矣乎! 夫孝者善继人之志,善述人之事者也。春秋修其祖庙,陈其宗器,设其裳衣,荐其时食"。"践其位,行其礼,奏其乐,敬其所尊,爱其所亲,事死如事生,事亡如事存,孝之至也。"于是能继承祖先的志,也在孝的范围以内,这就是谥法上所说的"五宗安之,慈惠爱亲,秉德不回,协时肇享,大处行节,故曰孝"。

孝,不特用于父母祖先,据《养新录》所载,古代,妻死后,夫自称为"孝夫";夫死后,妻自称为"孝妻",或系指继承其志而言。后世弟承兄,也称"孝弟",《续通鉴长编》载宋嘉祐右八年,孙抃等议云"太祖之室太宗称孝弟"是。所以汪逮孙注《国语》就说"孝亦善德之通称,非指事亲言"。其实"孝"为人伦的根本所在,推其道而行,效果很大。《论语》上载有子的话"其为人也孝弟,而好犯上者鲜矣! 不好犯上而好作乱者,未之有也! 君子务本,本立而道生,孝弟也者,其为仁之本欤!"又载"或问孔子曰,子奚不为政? 子曰,书云,'孝乎惟孝,友于兄弟,施于有政',是亦为政;奚其为政?"都是显示孝的效果,可以为仁,可以为政。这以外,《大学》上说"其为父子兄弟足法,而后民法之也,此谓治国在齐其家";《中庸》上说"郊社之礼所以祀上帝也,宗庙之礼所以祀乎其先也,明乎郊社之礼,谛尝之义,治国者其如示诸掌乎";孟子更痛快地说"修其孝悌忠信，入以事父兄，出以事其长上，可使制梃以挞秦楚之坚甲利兵矣！"推用孝道的效果，如此深广，所以《孝经》上就说"夫孝，天之经也，地之义也，民之行也"；《祭义》上且引曾子的话"居处不庄，非孝。事君不忠，非孝。莅官不敬，非孝。朋友不信，非孝。战阵无勇，非孝。五者不遂，灾及于亲，敢不敬乎?"这样看来，孝在古人心目中也是自然法则之一，《诗·大雅》里有话"永言孝思，孝思维则"，也就是说人能永久设着孝思而不忘，这种孝思便可以为天下的法则了。国父说，"讲到孝字，我们中国尤为特长，尤其比外国进步得多。《孝经》所讲孝字几乎无所不包，无所不至。现在世界最文明的国家，讲到孝字，还没有像中国讲到这么完全，所以孝字更是不能不要的"。因为"有父子而后有君臣"，"非孝事君不忠"，所以"忠孝双全"，便成完人，而"国民在民国之内，要能够把忠、孝二字讲到极点，国家才自然可以盛强"。忠、孝既然是我国固有的美德，出乎礼教，必入刑罚，所以古代律在严厉地惩处不忠者外，同样严厉地惩处不孝者。

　　古代律对于孝道的维持，首应说明的，就是自唐以后，把丧服制度从礼典中，同时归入了刑律。丧服是死者的亲属对于死者表示哀悼所著的衣服，这是根据直系亲、旁系亲及外亲的亲等之亲疏远近，而定其服为五等——斩衰、齐衰、大功、小功及缌麻。五服以外，便是袒免，无亲属关系可言。这，原本是丧礼方面的事，但既定入刑律，违者便有处罚的明文，而对父母三年之丧更为要紧。明清律卷首都列有《丧服图》，如所谓"本宗九族正服图"及其他服制图都是。明法典中尚有《孝慈录》一种，乃洪武七年十一月宋濂等考定丧服古制所撰，凡一卷，太祖亲为之序。以子为父服三年之丧，而为母服期年，非本乎人情，皆改为斩衰三年之制。所以在明清两代，官吏遇有父或母丧，一律丁忧守制三年，这是人生遭遇的两次大事。过去，有人说，中国自尧舜以降，以孝治国，虽不见得完全如此，然而提倡孝道，却也是施政于民的一个要点。所以古代律认为罪大恶极的，除了叛逆的犯罪外，就是反伦常的行为，"不孝"更是其中的极大重罪，不得议请减轻或宥免其罪刑，遇有赦令德音也是不赦。汉律，杀母以大逆论；魏科，杀继母与杀亲母同，以防继假之隙；北齐"重罪十条"，恶逆、不孝都是和违反孝道有关，即所谓"内乱"的耻辱，也是推原于孝道而见其不可饶恕。隋唐以后各律，十恶之条内始终存有"恶逆""不孝"两目。(1)"恶逆"指"殴及谋杀祖父母、父母，夫之祖父母、父母，与杀伯叔父母、姑、兄姊、外祖父母及夫"而言。即因其"蔑绝人性，伤残天理，逞恶肆逆"，故别于"不孝"而称作"恶逆"。这在前清，某一个城市若出了杀害直系尊亲属的"恶逆"要案，不特州县官因此要受处分，并且把城郭截去一角，以为乡里邻间的耻辱。(2)"不孝"指"告言诅骂祖父母、父母，夫之祖父母、父母，及祖父母、父母在别财异居；若奉养有缺，居父母丧身自嫁娶；若作乐释服从吉；闻祖父母、父母丧匿不举哀，或诈称祖父母、父母死亡"而言。不孝之事甚多，这不过是律文上明定治罪的事情，虽因时代关系，有几点在今日并非不孝，但在古代却认为严不可犯的。其中，告祖父母、父母于官，更悬为禁条，唐律"诸告祖父母、父母者绞"，注称"谓非缘坐之罪及谋叛以上而故告者……"。《疏义》说，"父为子天，有隐无犯，如有违失，理须谏诤，起敬起孝，无令陷罪；若有忘情，弃礼而故告者绞。注云，谓非缘坐之罪，缘坐谓谋反大逆及谋叛以上皆不为臣，故子孙告亦无罪。缘坐同首法，故虽父祖听捕告，若故告以余罪者，父祖得同首法，子孙处以绞刑"。这是认为在孝道的关系上亲属应相容隐，除了父祖犯谋叛大逆或谋叛的罪外，子孙绝对不得向法司告言父祖，纵然属实，也视同自首减刑，而子孙却因这一告言，要处绞刑。明清律另有干名犯义之条"凡子孙告祖父母、父母，妻妾告夫及告夫之祖父母、父母者，杖一百，徒三年，但诬告者绞"。"名"为名分，"义"为恩义，卑幼告尊长实系干名犯义，而对于祖父母、父母言，更是不孝。"其父攘羊，其子证之"，实系匪帮的办法，不合做人的道理。这以外,像汉有"轻侮法",人辱其父而子杀之,减其死刑;北魏,诸犯死罪,若祖父年七十以上,无成人子孙,且旁无期亲者,可具状上请;其犯流罪,改为鞭笞,留养其亲;都可说是本于孝的见地而然。清律例里更详设留养之制。凡犯罪非为常赦所不原,而有祖父母、父母年过七十,或有废疾笃,或嫡妇守节二十年家无次丁,准其留养。(3)凡斗杀等案拟绞人犯,亲老丁单,嫡妇独子,依秋审时查办,如奉旨准其养,将犯人枷号两个月,责四十板,追埋葬银二十两,准其存留养亲。(4)凡殴妻至死人犯,父母已故,别无兄弟准其承祀,擅杀等犯,秋审应入可矜者,随案声请留养。(5)然如被杀的人如系独子,其亲尚在,无人奉侍,这种杀人犯便不准其留养。(6)如素习匪类,为父母所摈逐,及游荡他乡忘亲不孝之人,也一概不许留养。至于(7)死罪及军流遣犯独子留养之案,如犯人有兄弟出继可以归宗,或本犯身为人后,所后之家可以另继者,仍然不许以留养声请。总之,留养制度的实施,纯然本于孝字的观点而然。现代法庭上每有犯人以家有八十岁老母无人奉养,请求法官减处其刑;所述纵为事实,法官也是爱莫能助,若在古代律上便有留养制度为之救济。留养制度在现代法上的评价如何,姑且不说,但古代律上为了支持孝道,遂不惜创立留养制度以行,足见其把这个孝字看得如何的重要!

十四

说到现在的法律对于这个孝字的规定,虽没有古代律那样完备,或许还要补充的,但也有不少的条文是含着孝字的意念在内。善事父母的起码条件在于"能养",那就是民法上关于扶养问题的规定了。亲属互负扶养的义务,固不限于父母子女间,如兄弟姊妹相互间,家长家属相互间都有这个义务,但是直系亲属相互间却占着很重要的地位。所以负扶养义务有数人时,便以直系血亲卑亲属居第一顺位,俾能尽其孝道;以直系血亲尊亲属居第二顺位,俾能尽其慈道。若受扶养权利者有数人,而负扶养义务者的经济能力,不足扶养其全体时,在受扶养者方面也有了先后的顺序,直系血亲尊亲属便居第一顺位,随之第二顺位就是直系血亲卑亲属。在这两种情形中,兄弟姊妹、家长家属的顺序皆在其后。假若同系直系血亲尊亲属,或者同系直系血亲卑亲属,便以亲等近者为先。那就是说,父子的关系更重于祖孙的关系。故如父尽扶养义务,必先为祖父尽孝道,如有余力,然后为子尽慈道;如父受扶养权利,必先由其子扶养而尽孝道,子如无力,然后由祖父扶养而尽慈道。至于夫妻的一方,与他方的父母同居,相互间也有扶养义务存在,不过其顺序无论任何情形中,都列在最后。因为这是由配偶方面的孝道而推广的。凡受扶养权利的人,以不能维持生活而没有谋生能力者为限,但对于直系血亲尊亲属的扶养,只要不能维持生活,就得扶养,不能问及有没有谋生能力。戏文上《吊金龟》,张义唱"哪有个儿子不养娘亲",便是这个事例。

孝道的另一事件为对父母有敬,这在民法上没有条文可以引证,然如"妻对夫之直系尊亲属为虐待,或受夫之直系尊亲属之虐待,致不堪为共同生活者",成为判决离婚的法定原因;又如"对于他方为虐待或重大侮辱时",成为宣告终止收养关系的法定原因。一方面固然是慈道有缺,一方面也就是孝道有亏了。至于继承编所规定剥夺继承权五项原因,如故意致被继承人于死,或以诈欺或胁逼使被继承人为关于继承的遗嘱或使其撤销或变更遗嘱,或以同样情形而妨害其为关于继承的遗嘱或妨害其撤销或变更遗嘱,或伪造、变造、隐匿或湮灭被继承人关于继承的遗嘱,或对于被继承人有重大的虐待或侮辱的情事经被继承人表示其不得继承等等,倘被继承人为继承人的父母,这种继承权的剥夺都可说与孝道有关。孝道的再一个事件就是孟子所说的"不孝有三,无后为大"，这对我国向来人口繁殖极有关系，生儿育孙，传宗接代，遂成为国人共同的观念。我"民法"虽从新制，废止宗祧继承，然仍承认养子女制度，除另有规定外，其与养父母的关系与婚生子女同。若无直系血亲卑亲属的人，并得以遗嘱就其财产的全部或一部指定继承人，其与被继承人的关系，除另有规定外，也是与婚生子女同。这些，都可认为多少含有补充"无后"缺陷的打算，而顾到了过去"立继"的用意。

　　然而在现代法上最能看出与孝道有关的规定，依然在刑事法方面。老实说来，今日的刑事法也就是古代的律。"刑事诉讼法"第三百十三条规定"对于直系尊亲属或配偶不得提起自诉"，虽不以直系尊亲属为限，且直系尊亲属也不以血亲为限，但子孙不能对父祖提起自诉，实系本于孝道的立场，而与古代律上告言祖父母、父母便构成犯罪是同样用意。抗战间重庆璧山两实验法院，简化诉讼程序外，并准受害人对其直系尊亲属提起自诉。当时舆论，颇不以此为然，就是因为对于孝道的提倡是有妨碍的。"刑法"上对于不孝的惩处，更是分别就其犯罪性质，而较常人加重其刑。像(1)第一七零条规定"意图陷害直系血亲尊亲属而犯前条之罪者，加重其刑至二分之一"。所谓前条的罪就是第一六九条所规定的"意图陷害他人受刑事或惩戒处分，向该管公务员诬告者，处七年以下有期徒刑；意图他人受刑事或惩戒处分，而伪造、变造证据或使用伪造、变造之证据者亦同"便是。像(2)第二五零条"对于直系血亲尊亲属犯第二百四十七条至第二百四十九条之罪者加重其刑至二分之一"。这就是说对普通人"损坏、遗弃污辱或盗取尸体者处六月以上五年以下有期徒刑；损坏、遗弃或盗取遗骨、遗发、殓物或火葬之遗灰者处五年以下有期徒刑"；对普通人"发掘坟墓者处六月以上五年以下有期徒刑；对普通人"发掘坟墓而损坏、遗弃、污辱或盗取尸体者，处三年以上十年以下有期徒刑；发掘坟墓而损坏、遗弃或盗取遗骨、遗发、殓物或火葬之遗灰者处一年以上七年以下有期徒刑"；若所对之人为直系血亲尊亲属，那便是极大的不孝，故要加重其刑至二分之一。像（3）第二八零条规定"对于直系血亲尊亲属犯第二百七十七条或第二百七十八条之罪者，加重其刑至二分之一"。第二七七条系规定"伤害人之身体或健康者处三年以下有期徒刑、拘役或一千元以下罚金；犯前项之罪因而致人于死者，处无期徒刑或七年以上有期徒刑，致重伤者，处三年以上十年以下有期徒刑"。第二七八条系规定"使人受重伤者，处五年以上十二年以下有期徒刑；犯前项之罪因而致人于死者，处无期徒刑或七年以上有期徒刑"。像（4）第二九五条"对于直系血亲尊亲属犯前条之罪者，加重其刑二分之一"。"前条"所规定的是"对于无自救力之人，依法令或契约应扶助养育或保护而遗弃之，或不为其生存所必要之扶助养育或保护者处六月以上五年以下有期徒刑；因而致人于死者，处无期徒刑或七年以上有期徒刑，致重伤者处三年以上十年以下有期徒刑"。像（5）第三零三条"对于直系血亲尊亲属犯前第一项或第二项之罪者，加重其刑至二分之一"。前条第一项系规定"私行拘禁或以其他非法方法，剥夺人之行动自由者，处五年以下有期徒刑、拘役或三百元以下罚金"；第二项系规定"因而致人于死者，处无期徒刑或七年以上有期徒刑，致重伤者，处三年以上十年以下有期徒刑"。像（6）第二七二条"杀直系血亲尊亲属者，处死刑、无期徒刑，……预备犯第一项之罪者处三年以下有期徒刑"。这在普通杀人罪的场合，还可因其案情减处本刑为十年以上有期徒刑；其预备犯杀人罪者也仅处二年以下有期徒刑。又（7）第二三零条"直系或三亲等内旁系血亲相和奸者，处五年以下有期徒刑"，无夫无妻的男女，其和奸本难定罪，但有一定的亲属关系存在，即对伦常为逆，所以在子烝继母或甥姨和奸一类的事例也就是不孝了。

把"忠"字用到今日，最大的忠便是忠于国家，把孝字推到极点便是善继人之志，善述人之事，而孝于民族。所以为国家尽忠，为民族尽孝，就成了两大纲领。从为民族尽孝一点而言，尚没有哪一种法律直接地为了这一点而制定。然如"'国史馆'组织条例""'国立中央图书馆'组织条例""'国立北平图书馆'组织条例""'中央古物保管委员会'组织条例""古物保存法"等等，却也多少与民族史迹、民族文化有关。不过这一意念只要能贯注在有关法律的条文里，一定可以有相当收获，虽然暂时尚没有为民族尽孝的专用法律，也可以表达了它的使命。

十五

其次说"八德"中"仁"与法律的关系。仍依例从头由"仁"说起。仁是儒家学说的原子核，是中华民族性存立的基石。这个字的解释虽很复繁，而其总义不外指示"人的所以做人的最高畴范"而言。《易经·乾卦》上说"君子体仁，足以长人"；《中庸》上说"修道以仁，仁者人也，亲亲为大"。《孟子》上说"仁也者，人也，合而言之，道也"，又引孔子说"道二，仁与不仁而已矣"。《礼记·表记》上说"仁者天下之表也，……仁者人也，道者义也"，都含有这个意思。那么，仁，可说是诸德的总和，《六书正伪》上讲得很明白："元从二从人，仁从人从二，在天为元，在人为仁，人所以灵于万物者仁也"。因而"仁道"就是求仁的指针，《中庸》上说"道不远人，人之为道而远人，不可以为道"；《荀子》上说"道者非天之道，非地之道，人之所道也"；仁道也者不外乎是"人的所以为人的道理"。于是这个"仁"字到了宋代，就变成一个"理"字，"理"的含义是一个"生"字，"仁"字又可作"生"的解释了。程伊川说"心如壳种，生之性，便是仁"；程明道说"天地之大德曰生……生之谓性，万物之生意最可观，此元者善之长也，斯所谓仁也"。周濂溪说"天以阳生万物……生，仁也"；朱晦庵说"仁之为道乃天地生物之心"；后来王阳明说"仁是造化生生不息之理"；都是例证。所以宋元以后，果实中之"人"皆改作"仁"，如"桃仁""杏仁"之类，均有一个"生"字的意念在内。

"仁"既为诸德的总称,故其方面甚广,经书上对于求仁的工夫说得很多,并不一定相同。譬如谈到(1)仁的发端,它是与"人"同在,"人而不仁,如礼何;人不仁,如乐何"。仁没有了,什么都说不上。孟子说"无恻隐之心,非仁也;……恻隐之心,仁之端也"。这"恻隐之心"是由"不忍人之心"而来,所以齐宣王不忍杀过堂下的牛而易之以羊,孟子便称其为"仁术"。譬如谈到(2)仁的外展,不仅像子贡所说的"博施于民而能济众"为仁;孔子更认为在积极方面是"己欲立而立人,己欲达而达人";在消极方面是"其恕乎,己所不欲,勿施于人"。这消极的恕道,正是子贡所说"我不欲人之加诸我也,君亦欲无加诸人"。所以"忠恕"两字运用以外,"仁恕"两字也是并称。譬如谈到(3)仁的基础,自始至终是"亲亲为大",孟子说"人之所不虑而知者是良知也,孩提之童无不知爱其亲也……,亲亲,仁也";"小弁之怨,亲亲也;亲亲,仁也";"君子之于物也,爱之而弗仁,于民也,仁之而弗亲,亲亲而仁民,仁民而爱物";都是明证。故"仁慈""仁孝"就各自成为一个名词,而"仁爱"运用,乃系本诸儒家的学说。墨家"兼爱"与儒家的"泛爱众而亲仁",其间原有相当的距离。"亲仁"系自"亲亲"做起,由近及远,是"老吾老以及人之老,幼吾幼以及人之幼",并非漠视"君""人"的关系而即泛言"老老""幼幼"。樊迟问仁,孔子虽说"爱人",孟子也会说"仁者爱人,……爱人者人恒爱之",但都不是认为不爱其亲,而即爱人。不过话又说回来,仁固然是由近以及远,推己以及人,可是"仁民"实系一个要着不可忽略。孟子说"仁者以其所爱及其所不爱,不仁者以其所不爱及其所爱"便是。

然而仁毕竟只是存心而已,表之于行为便是义,孟子就特别以"仁义"连称。他说"仁义忠信,乐善不倦,此天爵也"。又说"为人臣者怀仁义以事其君,为人子者怀仁义以事其父,为人弟者怀仁义以事其兄,是君臣父子兄弟怀仁义以相接也,然而不王者未之有也!何必曰利"!又说"人皆有所不忍,达之于其所忍,仁也;人皆有所不为,达之于其所为,义也；人能充无欲害人之心，而仁不可胜用也，人能充无穿窬之心，而义不可胜用也"都是。并参照前所引孟子的"仁，人心也；义，人路也"，"居仁由义，大人之事备矣"一类的话，更可了然。《礼记·郊特牲》上也说"……仁之至，义之尽也"，疏"不忘恩而报之，是仁，有功必报之，是义"。类多以仁义并举或连用。所以《礼运》上说"仁者义之本也，顺之体也，得之者尊"。而欲"居仁"，必须"由义"，义又是仁的所以表现于外的。

仁的为言，是爱有差等而又出之以义，所以一方面"仁者不忧"，一方面"唯仁人能爱人能恶人"。仁者不忧，达其顶点，就是孔子所说"当仁不让于师"，"志士仁人无求生以害仁，有杀身以成仁"。到了孟子又补充了"舍生取义"的话，指出达仁所由的路。"唯仁人能爱人能恶人"乃是孔子所说，《大学》里解释这句"……唯仁人放流之，迸诸四夷不与同中国，此谓唯仁人，能爱人，能恶人"。为什么要这样？《论语》上有话："恶不仁者，其为仁矣，不使不仁者加乎其身"。《荀子》上也说："贵贤，仁也，贱不肖，亦仁也"。所以仁并不是一种泛爱，而是以义为准的爱。这自然也不是宗教家的爱，而是修齐治平方面的爱。

因而把仁字用在政治方面，那就是儒家所倡、历代所尚的"仁政"。这仁政可以御外侮、安百姓。孔子说"桓公九合诸侯，不以兵车，管仲之力也，如其仁，如其仁"便是。这仁政可以存国家、定兴亡。孟子对梁惠王说"仁者无敌"，对齐宣王说"推恩足以保四海，不推恩无以保妻子"便是。这仁政可以立政极，使人民。《大学》上说"为人君止于仁"，《孟子》上说"以佚道使民，虽劳不怨，以生道杀民，虽死不怨杀者"便是。总而言之，"三代之得天下也以仁，其失天下也以不仁，国之所以废兴存亡者亦然。天子不仁，不保四海，诸侯不仁，不保社稷，卿大夫不仁，不保宗庙，庶人不仁，不保四体。今恶死亡而乐不仁，是犹恶醉而强酒"。历代治国既以仁政为怀，所以一切政治的设施措置，其好坏便以是否合于仁政的标准而下批评。其在法律方面所含的义理，也就在有形无形之中，与这个仁字相呼应,尤其在"义"字、"孝"字的表现上颇多如此,翻阅前面各节所述,自可了然,不必一一在这里点出了。

　　古代法对于"仁"字的具体表现,既见于三纵三宥的法例,又见于录囚、虑囚的事证,并见于停刑覆奏的制度。(1)就"三纵"说:《周礼》称作"三赦",辽并入"八纵",凡老耄、幼弱、愚蠢犯罪,分别予以减免其刑或除其罪,多少是从仁的观点而出。汉景帝令"年八十以上,八岁以下及孕者未乳,师,侏儒,当鞫系者颂系之"。宣帝诏"年八十非诬告杀伤人,他皆勿坐"。成帝定令"年未满七岁,贼斗杀人及犯殊死者上请廷尉以闻,得减死"。汉律令承认"三纵"可知。东汉安帝时,狂易杀人者得减重论,是纵及愚蠢。晋,老小女人当罚金、杖罚者,皆令半之。南朝,女子赎罚皆半,女、妻、姊妹不与叛逆者的父子同产男并坐其罪而弃市,是又纵及女子。北魏太武帝定律,年"十四以下,降刑之半,八十及九十非杀人不坐"。北齐,老小阉痴归于合赎之列。北周,妇人当笞者听以赎论。唐宋明清对此均有定制,律文历历可考,不必枚举,而对老耄幼小或愚弱的犯罪人,所以免罪,所以减刑,所以收赎的动机,不外一个字就是"仁"。(2)就"三宥"说:《周礼》以不识、遗忘、过失列为三宥,"不识"即"不审,若今之仇雠当报甲,遇乙诚以为甲而杀之者","遗忘"即"若问惟薄,忘有在焉,而以兵矢投射之",其实两者皆属于"错误",与"过失"为并立。汉律,过失杀人不坐死罪。魏律,过误相杀,不得报雠;晋律,罚金及杖,过误皆半。唐明清律,过失杀伤各依其法以赎论,误杀伤以原有害心,故不从过失而只减斗杀伤一等。这些,仍是本于仁的义理而出此。(3)就"录囚""虑囚"说:录囚本于慎刑所致,指"省录之,知情状有冤抑与否"而言,意与"虑"通,唐遂以"虑囚"为称。其事或由天子躬自任之,或由臣工为之,都是含有宽省刑狱的意思,而为仁的表现。东汉"光武中兴,留心庶狱,常临期听讼,躬决疑事","明帝即位,常临听讼观,录洛阳诸狱",晋武帝、隋文帝也均有录囚的事,此皆属立国或即位之始,故为宽大处分,不为常例。然至唐高祖虑囚以后,每帝皆然,其结果多所原宥,或降或免,仁在其中。宋自太宗以后,各帝躬自录京师系囚,畿内遣使往录,杂犯死罪以下减等,杖笞释放,徒罪也有释放的事例。元以后,天子躬自录囚的制度不闻,只有明太祖洪武年间对于武臣死罪亲自审问过,余俱以所犯奏。至于臣工录囚早在西汉开始,延至明清未废。西汉诸州刺史或以八月巡行所部郡国,录囚狱,南北朝仍有此制,察断枉直,活人甚多。唐宋均然。明,诸官录囚,例有秋审,其非定时的审录由巡按御史主持;清同于明,因含慎刑于审决制度中,对于临时的录虑不如前代的重视。然而无论如何,录囚、虑囚,意在平反冤狱,在义理上实是仁的指使。(4)就“停刑覆奏”说:遇一定的时日停止刑的执行,这当然指死刑而言,而死刑的执行并须覆奏乃可行刑,仍然是与仁字有关。例如唐代,每岁立春至秋,及大祭祀致斋、朔望、上下弦、二十四气、雨未晴、夜未明、断屠月日、假日皆停死刑,宋金大体相同。虽说上应天时,实系仁以为德。明更规定,凡于立春后秋分前决死囚者杖八十,这也本于“赏以春夏,刑以秋冬”的意思,春夏为“生”,自不愿决死囚,有伤于仁。清顺治间并定恤刑事例,凡遇恤刑之年,一律停止秋决;后又制定斩立决、绞立决也不得在正月行刑。这以外,凡死罪犯因于临决而呼冤,或家属代诉申冤,即须停刑再审。除了一个仁字的作用,还有什么解释?至于死罪覆奏后始能执行,系创于魏隋。魏“当死者部案奏闻,以死不可复生,惧监官不能平;狱成,皆呈帝亲临问,无异辞怨言者乃绝之;诸州国之大辟,皆先谳报,乃施行”。隋“开皇十五年,制死罪者三覆奏而后决”,这就开了唐、宋、明、清死罪三覆奏的端。尤其在唐太宗时候,以决囚虽三覆奏而顷刻之间何暇思虑?遂改二日间五覆奏,在外者刑部三覆奏;并令决囚日尚食,勿进酒肉,太常教坊辍教习,但若犯恶逆以上及部曲奴婢杀主者仅一覆奏。这是何等的慎密,何等的宽仁!

反而言之,惟仁人能爱人、能恶人,那么,对于不仁者的处治自然也是很重,最明显的例证就是十恶不赦中的所谓"不道"。"不道"指"杀一家非死罪三人及支解人,若采生折割,造畜蛊毒魇魅,凶忍残贼,背弃正道"而言,因其不是人的所以为人的行为,有反乎仁,所以列在"十恶"以内。其中(1)杀一家非死罪三人及支解人,系指谋杀而言,因其杀人之心既显,杀人之事极恶,故如斗殴杀人,虽死三命,不为此罪。"一家"谓同居共财的人,不限籍的同异,虽系奴婢雇工也在其内,且不限于同时杀死,即先后杀死亦然。因其重在杀死非死罪的三命,实为不仁之至,便成为"不道"。支解人是将人杀害时,断其手足,或剉碎其身,使尸躯分裂而死,最为惨毒,纵然死者是有罪之人,支解者也要犯罪。其破腹开膛,或缚而烧杀者都属于支解人之类。因而《清律》上就规定"凡杀一家非死罪三人及支解人者凌迟处死,财产断付死者之家,妻子流二千里,为从者斩"。(2)"采生折割"是采取生人的耳目脏腑之类,而折伤其身体,这是一种不人道的妖术。明代,湖广一带最为盛行,所以明清律上都规定"凡采生折割人者凌迟处死"。(3)造畜蛊毒杀人是指制造或收藏堪以杀人的蛊毒而言。蛊毒为类很多,大抵以毒蛊合成,有蛇蛊、鹅蛊、金蚕蛊等等,人服之必死。制造收藏而忍人的死,这是极端不仁,所以造畜蛊毒或教令他人造畜,统统问斩;造畜者的财产入官,妻子及同居家口,虽不知情并流二千里安置。若是毒杀了同居人,该同居人的父母、妻妾、子孙,不知造畜情者自不在流遣之列。这以外,里长知而不告,各杖一百,告而破案,官给赏银二十两。明清律同此规定,足见其对这一不仁的行为如何重视了。(4)造魇魅、符书咒诅欲以杀人,这在唐律上已有禁止。魇魅是指魇胜鬼魅的法术,如图画人像、雕刻人形、钻心钉腹、缚手系足之类而言。符书咒诅是指使用邪法、书符画篆或埋帖以召鬼出示,或烧化以讫妖邪,并有将所欲杀的人的生年、月、日书写咒诅之类而言。这些事情,在今日看来,等于儿戏,然在过去却确信有杀人的结果,其心实为狠毒,有这行为,不论结果如何,便以谋杀论。其真"因而致死者各依本杀法"。若其目的仅在使人苦疾,减二等,倘系子孙对于祖父母、父母或奴婢雇工人对于家长如此,仍不减,以谋杀已行罪论斩。至于(5)用毒药杀人,为罪较次,似不在"不道"之内。这因为"毒药谓砒霜、银黝等项一切有毒之药,堪以杀人者,此乃现成杀人之物非如蛊毒之待于置造者;而攻治疮疾,有时需用,又非如蛊毒之专以杀人,不待藏畜者也"。虽说"但用以杀人即是谋杀,故已杀者斩",毕竟伤仁未甚,所以买而未用者也不过杖一百徒三年而已!

十六

　　说到现在的法律,为这个"仁"字的研究,那比古代法更具有基础,而将仁字广泛地用在每个自然人身上。只有在不进步的国家里,还存着良贱阶层的区别,或像××势力下,强把"人民"和"国民"分成上层下层罢了。今日各国宪法上大都规定,一国的人民无论男女、宗教、种族、阶级、党派在法律上一律平等。民法上也都规定,自然人由出生至于死亡,均具有权利能力,均为法律上的人格者,均为权利义务的主体。所以资质上虽有智、愚的不同,道德上虽有贤、不肖的差异,职业上虽有劳心、劳力的区分,但在法律上既都是人,便是一般高,这充分表示了"仁者人也"的道理。我国古代法虽然存仁为用,可是既有良人、贱民的歧视,家长、部曲的异观,以及夫对妻、妻对夫、妻对妾、妾对妻等等情形中同罪而异其刑的规定,对于人的所以为人的基本原则,自然不免有其缺陷。尤其在古代的各种肉刑,像苗民所创我族袭用的劓、刵、椓、黥,实在不合人道之极,所以汉文帝除肉刑,唐太宗废鞭刑,就成了仁圣之君。至于对死刑的执行,也是愈古愈惨。春秋时,卫宋齐均有醢刑,郑楚均有辗刑,宋、齐、楚、晋、秦均有烹刑。秦兴,死刑除车裂、腰斩、枭首、磔、弃市五等外,并有凿颠、抽胁、镬烹、囊扑等刑。自汉以后,渐有改减,直至隋唐确定死刑为斩、绞两种,但至明清律又增以凌迟、枭首两种。而明代厂卫设立枷、断脊、堕指、刺心各刑,往往致人于死,这种法外的法更不合于人道,有反仁术。今"监狱行刑法"规定死刑用绞,在监狱内特定场所行之,未设绞机者用枪毙,方诸古代是更趋向于仁的旨趣。然若有一日能达到死刑的废除,或"徒宥死刑",或"流宥死刑",那又充分发现了"仁"的精神。仁人固然能爱人,也能恶人,但恶人毕竟不是仁人的本心所尚的。

现代法律的指标,由个人本位逐渐走向社会本位,不能因保护个人的权利而侵害社会上大多数人的利益。倘有侵害之虞,宁可限制个人的权利,以保社会的利益。这在八德中仍是仁的表现,而要立己立人,达己达人。"宪法"上社会安全和保护农工的规定,以及"土地法"和"三七五减租条例"的保护自耕农和佃农,与夫"兵役法"上的征召兵役不在农忙时候,更是仁政的宣示。它如"民法"上对于权利行使的限制,对于契约自由原则的限制,对于无过失赔偿原则的承认,虽说是本于新的法理而然,实在都含有仁的观念在内。譬如说,"民法"第一八八条第一项诚然规定"受雇人因执行职务不法侵害他人之权利者由雇用人与行为人连带负损害赔偿责任;但选任受雇人及监督其职务之执行已尽相当之注意,或虽加以相当之注意而仍不免发生损害者,雇用人不负赔偿责任"。这就是说雇用人在但书情形下,既没有过失可言,当然不负责任。然因受雇人的经济能力往往有限,要他对被害人赔偿等于空言,被害人因其受雇人所致的损害,即无法填补,这实在不是人与人相处的道理。所以该条第二项就规定道:"如被害人依前项但书之规定,不能受损害赔偿时,法院因其声请,得斟酌雇用人与被害人之经济状况,令雇用人为全部或一部之损害赔偿。"原来雇用人既然经济能力充足,"博施于众"也是应该,何况是自己的受雇人所致的损害呢?强其行仁,更所当然！

亲亲而仁民，由亲以及疏，"民法"亲属编可说是表现了这种精神。对于未成年人和禁治产人的监护制度，不让他们因知识不足，或精神错乱受他人的欺害。对于一定的亲属间，彼此相互负有扶养义务，不让他或她因冻馁而转于沟壑，都是仁的含义所在。甚至于继承编关于被继人应继分和特留分的规定，本于亲疏的关系而有等差，且不许任意加以变更，也可说是合于仁的需要。其关于继承权的剥夺，必须合于法定的原因，被剥夺者固然由于其不义的行为，然而这个不义的行为的所由生，也就是不仁，法律上便无再加保护的必要。

其在刑事法上对于国家仁政的发挥甚为详至，对于不仁者的惩治更为具体。刑事责任方面规定"行为非出于故意或过失者不罚"，而各种犯罪往往有"意图"字样，这可说是《论语》上"苟志于仁矣，无恶也"的解释。试看朱注"其心诚在于仁，必无为恶之事"，并引杨氏曰"苟志于仁，未必无过举也，而为恶则无矣"。可知非故意或过失不罚，非意图不如其刑，不啻承认了行为人"苟志于仁"的关系。"刑法"上又规定"未满十四岁人之行为不罚，十四以上未满十八岁之行为得减轻其刑，满八十岁之人之行为得减轻其刑"，"心神丧失人之行为不罚，精神耗弱人之行为得减轻其刑"，"瘖哑人之行为得减轻其刑"，"过失行为之处罚以有特别规定者为限"。这些，在古代是入于"三纵三宥"的范围，当然与仁字有了关系。犯罪人如未曾受过有期徒刑以上刑的宣告的，或在执行完毕或赦免后五年以内未曾受过有期徒刑以上刑的宣告的，倘在现时仅受二年以下有期徒刑、拘役或罚金的宣告，还可以施予仁惠，宣告二年以上五年以下的缓刑。然而这种消极的纵宥仍不算尽了仁道，更进一步而使其"立"，而使其"达"，那就是保安处分了。虽然不罚未满十四岁的人，但得令其入感化教育处所，施以感化教育；虽然不罚心神丧失的人，但得令入相当处所施以监护。虽然对一定人犯宣告缓刑，或假释出狱，但在缓刑期间仍得付保护管束，其在假释中更须如此。对于未满十八岁人或精神耗弱人或瘖哑人而减刑的，也或在刑期满后或赦免后，施以感化教育或监护；而未满十八岁人受三年以下有期徒刑、拘役或罚金的宣告，并可在执行前为之。这以外，吸鸦片、打吗啡一类的犯罪，将花柳病、麻风病等传染于他人的犯罪，以及酗酒犯罪，虽依法处刑，但仍令人相当处所施以禁戒或治疗。其有犯罪的习惯，或以犯罪为常业，或因游荡或懒惰而犯罪，并得于刑的执行完毕或赦免后，令入劳动场所强制工作，这更是一种深仁厚义了。保安处分是对于犯罪人仁政的积极实施，不特"刑法"上有这些规定，"惩治叛乱条例"第九条也有类似的规定："犯本条例之罪而自首，或携带枪械密件来归者得不起诉，或减轻免除其刑；但依其情节有予以感化处分之必要者，得于三年以下之期间内施以感化教育……"。自首免罪或减刑，原系"仁恕"的体现，而予以感化处分，又系积极地助其"立""达"。尤其一部"监狱行刑法"的立法旨趣，把仁字的精神发挥尽致。开宗明义第一条就说"徒刑拘役之执行，以使受刑人改悔向上，适于社会生活为目的"；其次若第三十八条"对于受刑人应施以教诲及教育"；若第四十条"教育应注意国民道德及社会生活必需之知识与技能；对于少年受刑人应注意德育，陶镕其品性，并施以社会生活必需之科学教育及艺术训练"；都系注意扶助其重新做人，并不仅一个单纯的恤囚心肠而已！

　　刑事法方面对于不仁者的处罚，最具体而明显的，在"刑法"上有如：（1）"堕胎罪"，这可以说是杀人于出生以前，极不人道，有害于仁。所以纵然受了怀胎妇女的嘱托或得其承诺而为其堕胎，也要处二年以下有期徒刑；倘系意图营利而如此，更处六月以上五年以下有期徒刑，得并科五百元以下罚金；因而致妇女于死或致重伤，都要分别加重其刑。（2）"侵害坟墓尸体罪"，这可以说害人于死亡以后，极不人道，有伤于仁。所以损坏、遗弃、污辱或盗取尸体要处刑，损坏、遗弃、盗取遗骨发痉物或火葬的遗灰,也要处刑;而发掘坟墓有这样的行为更加重其刑。(3)"遗弃罪",凡遗弃无自救力之人,对于无自救力之人依法令或契约应扶助或养育或保护而遗弃了,或不为其生存所必要的扶助养育或保护,都是不仁的行为,自然构成这一罪名。(4)"鸦片罪",凡制造鸦片毒品,或贩卖运输或设馆供食鸦片毒品,相当于古代的造畜蛊毒,残害他人,并害自己,也是不仁的行为,自然构成这一罪名。不久以前,尚有"禁烟禁毒治罪条例"施行,特别加重其刑。它如(5)"抢夺强盗及海盗罪"。(6)"恐吓及掳人勒赎罪",其行为或为强暴胁迫,或为药剂催眠,或为放火劫略,或为奸淫伤杀,毫无人道与仁心,自然不能宽宥其罪,并要严重施刑。尤其在"惩治盗匪条例"里,像"抢劫而强奸者"、"意图勒赎掳人者",这是灭绝人性的行为,故处死刑。像"意图勒赎而盗取尸体者"、"意图取得财物,放置爆炸物因而致人于死或重伤者",这是毫无仁心的行为,故处死刑、无期徒刑或十年以上有期徒刑。至于"陆海空军刑法"中的"纵火罪""强奸罪",也可说是对于不仁的行为而制裁的。这些,有"欲害人之心"的人,自然是仁人所恶了。

十七

其次说八德中"爱"与法律的关系。仍依例从头由"爱"说起。爱本指"喜好""亲善"而言;《诗经·小雅·隰桑》"心乎爱矣",《论语》"爱之能勿劳乎"便是。世人称事父母之日为"爱日",称心悦而尊奉其人为"爱戴",称男女之情为"爱情",以及把热情称作"爱火",把初情称作"爱苗",把浓情称作"爱河""爱海",都本于此。推而"慈惠""珍惜"也作爱,《左传》昭二十年文"古之遗爱也",《孝经疏》引皇侃云"忞忞至情,是为爱心"便是;降而谥法上更把爱的领域缩小到"啬于赐予曰爱"。其实就爱字的整体相而观,"亲也、恩也、惠也、宠也、荣也、隐也、好乐也、吝惜也"……不一而足。其中有父子天性之爱,有男女钟情之爱,有为义理之爱,有为物欲之爱,有为公众之爱,有为偏私之爱,为义纷繁,臧否并见。

然而,"爱"的为德,除了《孝经疏》解为"爱老奉上之通称",和爱子依据自然本色应有的发展以外,一般提到这个爱字,就要想到"仁爱"或"博爱"的用语。仁爱是儒家所提倡的爱,泛爱众而亲仁,并须先仁民而后爱物。对于物,有时用"仁及万物"的话,但其着重点是用爱字去表示。"爱牛"而易之以羊,"爱惜物力"不愿浮费便是。对于人,对于民,虽然也说到爱,实为"仁爱"的简称。《论语》上说"节用而爱人,使民以时",先哲也屡说"爱民如子",这爱人、爱民的爱是有一个"仁"字作它们的衡量,并不是无条件的"泛爱"。所以《正韵》上说"爱,仁之发也",这是儒家对爱字一个正确的解释。因而在爱的发展上,虽然是始乎亲亲之爱,成乎仁民之爱,终乎爱物之爱,而这三类的爱却可同时存在,完成全部最有价值的爱。兼爱是墨家所提倡的爱,反对爱有差等,果能做到也是美德。其实儒家的仁爱,除了"亲仁"一点外,仍然是"泛爱众",而在爱字的本身上,除了分出一个本末缓急外,并没有对谁不爱的意念,只是对不仁者才有这种见解。换句话说,因仁与不仁的事实存在,不能不有爱人、恶人的区别,但儒家以仁道设教,有教无类,人人皆为仁者,爱便泛而无边,能推广仁爱的爱便与兼爱相等。如非这样,"己欲立而立人,己欲达而达人",岂不成了废话? 即以墨家的兼爱为言,也是人人不可不有此存心,却非事事都毫无选择地施以同等的爱。如非这样,墨子也就不必率其弟子,独急宋国之难而与攻城者为敌了! 因而谈到八德中的爱字,无论为仁爱,为兼爱,都可借而发挥爱字的精神,并且是不相抵触的。

国父说:"古时最讲爱字的莫过于墨子,墨子所讲的兼爱与耶稣所讲博爱是一样的。古时在政治一方面所讲爱的道理,有所谓爱民如子,有所谓仁民爱物，无论对于什么事，都是用爱字去包括；所以古人对于仁爱，究竟是怎么样实行，便可以知道。"又说"中外交通之后，一般人便以中国人所讲的仁爱不及外国人；因为外国人在中国设立学校，开办医院，来教育中国人、救济中国人，都是为实行仁爱的。照这样实行一方面讲起来，仁爱的好道德，中国现在似乎还不如外国；中国所以不如外国的原故，不过是中国人对仁爱没有外国人那样实行，但是仁爱还是中国的旧道德，我们要学外国，只要学他们那样实行，把仁爱恢复起来，要去发扬光大，便是中国固有的精神"。可知仁爱、兼爱同样是爱字的注脚。中国人的"爱"德，可说一方面受了儒家仁爱的熏陶，一方面受了墨家兼爱的影响，对人民以爱存心，同时对物以爱为美，"民，吾同胞；物，吾与也"便是。

仁、爱既联为一词，彼此间的关系可想而知。我虽把仁字的为德为用已有解释，但在其中仍然含有爱字的隐义，呼之欲出。今专就爱字的为德为用来看，同样有一个仁字的观念，远远地站在前面。不过大体说来，(1)"仁"字的主要对象是"人"是"民"，其对"万物"只是"仁及"，乃借用的意思，因而爱字便被用在对物方面。"爱惜物力"，"爱护花木"，可视为人的爱德，却不能说是人的仁道。这是仁与爱的显著区别。(2)"亲亲"乃"仁之端也"，仁的重心是在"仁民"，非仅"亲亲"，单就"亲亲"的本身而言，自然侧重这个爱字。换句话说，仁是受义理的衡量，爱是受情感的支配，于是因爱而发仁，因仁而有义，"情爱""仁义"之称，本此。(3)讲爱道如撇开"仁"字不谈，倒是与恕字极有关系。因为恕道是仁的消极作用，单言爱字就想到"己所不欲，勿施于人"的恕道上去。总而言之，爱字和仁字虽结有不解之缘，但也可为单独的观察，那就是除了爱物的"爱"以外，便是亲亲的爱和恕道的爱。至于泛爱的爱，在儒家还是一本于仁，可以说是仁民的爱了。

两千余年来的中国古代法，无疑地是受了儒家思想的洗礼甚深，所以虽言"泛爱众",却是爱人与恶人并举,而且法律与宗教不同的地方也就在这里。然而民既是同胞,物既是同侪,即在恶不仁的事例中,依然有一个爱字单纯地流露出来,这就表现出兼爱、博爱的精神来,而与桀黠成性、暴虐为政的匪帮作风有所不同。兼爱、博爱不仅像儒家的泛爱,以亲亲为端,就是墨子也以不爱人之父,人亦不爱己之父,为其兼爱说的出发点,便有"兼相爱"的话。所以中国古代法,不特为了仁民而要从亲亲起,且认为必先有了亲亲的爱,然后乃有泛爱的爱,因而在律文上就把握这点,制出"亲属容隐""亲属窃盗"的特殊条款来。

"亲属容隐"的承认是维持人类自然的爱、天性的爱。孔子说:"父为子隐,子为父隐",孟子说:"瞽瞍杀人,舜窃负而逃之",这并不是私,乃是天性方面的自然律,如无绝对的必要,应当尽可能地予以维持。虽以重视刑政的汉宣帝,且下诏曰:"父子之亲,夫妇之道,天性也。虽有祸患,犹蒙死而存之。诚爱结于心,仁厚之至也,岂能违之哉?自今子首匿父母,妻匿夫,孙匿大父母皆勿坐"。就是说,彼此间原有其相爱之道,便不以藏匿犯人而论罪。唐明清律更扩大亲属容隐的范围,竭力发挥爱字的效用。唐明律承认同居大功以上亲、外祖父母、外孙,并孙之妇、夫之兄弟之妻有罪相为隐,部曲奴婢为主隐,皆勿论。不仅直接藏匿犯罪人如此,即漏泄其事及通报消息,致令犯罪人隐匿逃避了,也是无罪。清律上更认为"亲族容隐,皆得免罪,所以重人伦,厚风俗也。凡得相容隐之法,先论其情之亲疏,再论其服之轻重。同财共居之亲属,皆情之最亲者也。大功以上之亲属,服之重者也。外祖父等又服轻而情亲者也,彼此犯罪皆得为容隐。其奴婢雇工人于家以恩义相联属,故无论同居、异居皆得为之容隐"。旧律方面这一类的规定,在纯法律的立场上看,似不妥当,而且范围也失于广泛。但如认为道德是法律的灵魂,其父攘羊,而强其子证之,毕竟不合人情;而子孙图卸罪责,置其父祖于罪戾,存心也毋乃太忍。所以古代法为保全亲属间自然之爱,就本乎"亲亲"之义承认了亲属容隐的免罪事例。

"亲属窃盗"在古代法上系指不同门户、不共财产的宗亲及外姻等的亲属互相犯窃罪而言。若系同门共财的亲属,情爱结于一心,财物浑然一体,纵有专用物品,绝非视同私有。在这共同共有的情形下,自然没有相窃相盗的事实发生。惟各居的亲属既然别财,也就不能无彼此的分别,然究以有一个自然的爱或亲谊之爱存在亲属关系中,彼此犯了窃盗罪,纵系仍按凡人窃盗计赃,依然各按服制——期亲、大功、小功、缌麻、无服——分别减等,不严加处治。反而言之,若亲属杀伤、亲属奸淫、亲属强卖、亲属略诱,正因其违背自然的爱,反乎天理之常,便也不能不严加惩办了。不过亲属间的爱德固然应当提倡,但对这自然的爱、天性的爱的发挥,倘无一定限度,也或不免以私害公;因而古代法上就创设亲属回避制度,预为防范。明《吏命》"亲属回避"之条"凡内外管属衙门官吏,有系父子、兄弟、叔侄者皆须从卑回避"。清例"督抚两司及统辖全省道员有本族及外姻至亲,俱令回避都省","祖孙父子、胞伯叔兄弟,无论官阶大小,不准同官一省","同祖兄弟及例应回避之姻亲族,同在一府为丞佐、牧令等官,俱以别府之缺调补,试用人员亦不准同在一府当差",均系著例。这是为了防止过度发挥亲属间的爱,以免"仁民之爱"受了创伤,不得不然。

"三纵三宥"是仁道的表现,其中含有爱的成分,固不必说。而历代相传迄今尚为采用的自首制度,因其犯罪知悔,而许其改过自新,不加罪刑,或减其刑,可以说是恕道的表现,也为爱的精神所笼罩。假如没有这个爱字,犯罪既然属实,自应依法论罪科刑,何必分出"自首"与"发觉"的情形而有其异。换句话说,犯罪人知悔而自首,这是可爱的行为,自应予以可爱的恕道,减免其罪刑。"既道极厥辜,时乃不可杀",便成了恕道立法的原则。不特全罪自首免罪或减刑,即讯问一罪而自首余罪,亦同"首法"。不特在官司自首为有效,即窃物诈财而向财主首露其情,也同样有效,比现代法自首的范围更为广泛。所以古律上的"首法",可说是尽量为恕道的运用,而对可与为善的人,以"爱"出之。同时自首且不限于本人,凡子孙不应告言父祖,除谋叛、大逆等罪外,告而得实,父祖同自首法。所以然者,就因为律上承认亲属有相为容隐的权利与义务,子孙干名犯义,告言父祖,这是不合于亲亲之道,漠视了亲属间自然的爱、天性的爱,便对被告者施以自首的恕道。

从对自首所施的恕道的爱,而想到对"三纵三宥"所施的仁道的爱,又有一个问题在我脑海中泛滥,那就是与纵宥相类似的"八议"问题。辽曾缩减"八议""三纵"为"八纵",可知其然。那么,"八议"与这个"爱"字有没有关系呢?按"八议"创始于《周礼》的"八辟",历代各律皆宗其说,虽不合于现代立法的精神,而且多少损害科刑的平等原则;秦尚法治,贵贱同罪,也就不采此制。但站在爱字的观点上,却不能说完全失当。其中的"议亲""议故",诚然是偏袒皇帝之私;"议贵",诚然是重视官爵之尊。对于法律的平等关系似乎不大适合,姑且不说。但如议贤、议能、议功、议勤,甚至于议宾,便不能说毫无道理。何谓"贤"?指有大德行的人而言,就是说,贤人君子,其言行可为法则的便是;议贤不过表示对这一类的人有所爱惜罢了!何谓"能"?指有大才业的人而言,就是说,能整军旅,治政事,为朝廷的辅助,作人伦的师范便是;议能也不过表示对这一类的人有所珍爱罢了!何谓"功"?指有大功勋的人而言,就是说,能斩将搴旗,摧锋万里,或率众来归,宁济一时,匡济艰难,铭功太常便是;因为要爱惜这一类的人,所以议功。何谓"勤"?指有大勤劳的人而言,就是说,大将吏恪守官次,夙夜在公,或出使绝域,经涉险艰便是。因为要珍爱这一类的人,所以议勤。何谓"宾"?指承先代之后为国宾者而言,像宋杞对于周室,安乐公刘禅对于晋室便是;其所以议宾也是含有一个爱悦的意思在内。其所谓"议",并不是在罪刑上绝对逍遥法外,无非以爱为怀而加以慎重的意思。其犯死罪,均应条录所犯及应议之状奏请裁可,该管官司不许擅自勾问或处断;但犯十恶之罪,实无恕之理,便不在此限。其犯流罪以下的,依法只减一等而已!这在今日,以特赦济法律之穷,以缓刑救法律之严,无八议的名称,有八议的实质,探求其所以然,不能说不和爱贤、爱能、爱功、爱勤甚或爱宾有其关系。

古代法在"爱"字方面表现得最欠缺的地方,是在囚系、刑讯两事。就囚系而言,收狱既漫无准则,轻罪重罪同系;而又滥施桎梏,极失仁道。兼以酷吏恶役,变本加厉,肆其淫威;于是国法之外有狱法,公刑之外有私刑。真是人间地狱,惨酷无情,一点温暖的气氛都没有,还说得上什么爱?就刑讯而言,为求口供,严刑榜掠,皮破肉飞,流血无止,于是善良者或因刑逼而为诬服,凶恶者或玩刑无供,终得免罪,这不特失去了公平,而且三木之下,也断途了爱的生命。话虽如此,可是历代贤明的皇帝,循良的有司,倒也曾本于爱的存心,对此有所注意,录囚恤刑的事例也不少。只是除恶未尽,过时复张,不免为中国古代法留下与"爱"德相反的污点。

然若就拘拷制度的光明面看,像汉宣帝痛饥寒瘐死之系,南齐制病囚诊治之法,都可说是发源于一个"爱"字。唐更注意其事,在律上规定"凡囚应请给衣食医药而不请给,及应听家人入视而不听,应脱去枷锁杻而不脱去者,杖六十,以故致死者徒一年。即减窃囚食,笞五十;以故致死者绞"。宋,开宝二年、绍兴五年,均有诏勅恤囚,令当值刑官经常检视刑狱,医药卫生均所注意,轻系小罪,给食贫囚。明,虐待囚人有罪,且为狱官、狱卒的责任,官吏知而不举,与同罪;且曾广设惠民药局,疗治囚人;因病,许家人入视,脱械锁。清律一如明旧,顺治八年且定矜恤狱囚之例,日给仓米一升,冬给棉衣一袭,夜给灯油,病给医药,并酌宽刑典,非法凌辱者一体治罪。不过历代的恤囚虽系事实,并或载在律令,可惜恶役为奸,滥用职权,遂不免使"爱"字蒙上污垢。其在刑讯亦系如此情形,贤君循吏屡欲发挥爱字的精神,却抵不住酷吏的严峻为法,一扫而光。然而,施爱恤囚,施爱慎刑,毕竟是一条正路,虽荆棘满道,而贤君循吏终不为其屈伏,正系此故。

十八

说到现在的法律,因已经走入民主世纪,人人都是皇帝,人人都是子民,"爱民如子"的话虽觉古老点,而"爱人如己"的话,却足以表示其意义。如何做到爱人如己呢?从根本上说,就是一切政治的设施和私人的行动都要根据法律或为法律所允许而后可。我不愿人之以力而服我也,吾亦不以力服人;我不欲人之以非法加诸我也,吾亦无加诸人。但法律何能有这力量?因为法律是由人民的代表,本于人民的公共意念而立;也就是自己爱惜自己,限制了自己广泛的自由,并负担种种义所当为的任务。因而凡是增加人民的负担或课责人民的义务,都须由代表人民的立法机关制定法律,才能有效。我"宪法"上更说得明白,人民有"依法"纳税的义务,人民有"依法"服兵役的义务,而且为了防止妨害他人自由、避免紧急危难、维持社会秩序或增进公共利益所必要的时候,还可"用法律限制""宪法"所列举的各项自由。由人民自己的代表来为全国人民立下共同遵守的法律,便没有先天地特对谁爱、特对谁不爱的道理。于是施政机关所加予人民的限制或课责,以它为则,更系从爱人如己的理则,而使爱民如子的理论现代化。所以古代从"仁政"的号召下面露出一个"爱"字,今日从"法治"的原则下,同样可看出一个"爱"字。

"爱"字透过法律而为每个人所承受的,不用说,是属于各种含有保护性的法律。譬如说,有关国民经济的法律,便使人民从经济方面受到国家的爱;有关社会安全的法律,便使人民从农工与保健方面受到国家与社会的爱。其在"工厂法"上对女工、童工既采积极性的保护，而对工人的福利更不许工厂主忽视；其在"矿场法"上并严禁童工、女工在坑内作工，而有结核病等的患病人和病后尚未复原的人，都不许其在坑内外工作。这些规定和其他种种社会立法，就政策的性质而言，是仁政；就惠及于各个份子而言，是泛爱。这种泛爱的火焰是燃在许多事类的法律方面，说起来，真是汗牛充栋，罄竹难书。像"海商法"上船长于不甚危害其船舶、船员、旅客的范围内，对于淹没或其他危难之人应尽力救助，倘不救助便处三年以下有期徒刑或拘役。又船舶碰撞后，各碰撞船舶的船长，于不甚危害其船舶、船员或旅客的范围内，对于他船舶、船员及旅客应尽力救助，如不救助便处五年以下有期徒刑。这是对于任何遭遇海难者的爱护，而课船长以救助的责任。像"保险法"上规定该法的强制规定，不得以契约变更之，但有利于被保险人者不在此限；又，以十四岁以下的未成年人或心神丧失或精神耗弱之人为被保险人而订立的死亡保险契约无效，保险人或要保人故意违反这样规定，处一年以下有期徒刑、拘役或五百元以下罚金。这是对于被保险人或未成年人的爱护，使其得变更法律的强制规定或强令保险人、要保人有遵守的义务。其他种种保护弱者的法律或条款，都可说含有爱及于人的精神。推而言之，像"专利法"规定化学品、饮食品及嗜好品、医药品及其调和品，不得专利；因为这些物品与大众的利益密切相关，若对发明家示以特爱，便对大众失其泛爱。又，发明品的使命违反法律的，或系妨害公共秩序、善良风俗或卫生物品，也不得专利；因为这些物品不合于社会的利益，若许其专利，便系以私爱而牺牲公爱了。

不过古代法既对贤、能、功、勤、宾方面有其特殊之爱，在事理上亦说得通，现代法也不少含有这种精神。像"学位授予法""著作权法"就不失为爱"贤"的表示；像"专利法"对发明、新型及新式样者予以奖励及保护，就不失为爱"能"的表示；像"勋章条例""国葬条例"就不失为爱

"功"的表示;像"公务员抚恤法""公务员进修条例"就不失为爱"勤"的表示。这里所说的"能",虽不是八议中的能,而所说的"功"却是包括八议中的"能"在内,八议中的"能"就是今日所称的特殊功勋的意思。至于现代依国际法,外国使节等等享有治外法权,也就不失为爱"宾"的表示了。这种特殊的爱,仍然是本于公的立场,示以殊荣。换句话说,人人能努力,人人都有份,而邦国往来又系互惠平等,自然不是一种私爱、一种偏爱。这以外,曲全社会上有地位的人,正是健全社会的一法,对其在无关紧要的地方,与以偏爱,也是必要。像"违警罚法"上规定:"罚役以与公共利益有关之劳役为限,于违警地或必要处所为之,并应注意违警人之身份及体力。"体力不说,身份似乎是偏爱,然如明代对臣子往往廷杖从事,并由太监掌刑,使士大夫丧尽廉耻,明亡于闯王而尽节者甚少,即系此故,倘早对士大夫有所偏爱,养其廉耻,重其名节,当不致此。

然而法律上对人民所表示的爱,其特别显著的地方还是在刑事法方面。"刑法"上规定"犯罪之情状可悯恕者,得酌量减轻其刑",这种悯恕就是爱的表现。其未发觉之罪因自首而受裁判者,除有特别规定者外,得减轻其刑。所谓特别规定,像"惩治叛乱条例"第九条规定,犯该条例之罪而自首者,得不起诉或减轻免除其刑。这些都可说是由恕道而表示的爱。至于缓刑假释也不失为爱的表现。尤其在"惩治叛乱条例""惩治汉奸条例"各该第八条,"惩治贪污条例"第九条,均有没收犯罪人全部财产的规定,但同时各应酌留其家属必需的生活费。这种情形,在民事之"强制执行法"第五十二条上也有类似的规定:"查封时应酌留债务人及其家属二个月间生活所必需之物"。其期间还可本于债务人的家庭状况,延长到一个月以上三个月以下。这些,又足以说明虽在严厉的处置犯罪人或债务人方面,依然有爱的雨露降下,得庆其生。至于监所法规的实施,不特发挥仁道到了极点,且对爱道更能充分表现,一洗数千年来爱与囹圄无缘的污迹。像"监狱行刑法"所规定的"天灾地变,在监内无法防避时,得将受刑人护送于相当处所,不及护送时得暂行解散","监房工场于极寒时得设暖具,病房之暖具及使用时间由监狱长官定之",……都是爱字的直接指示。其入于仁的范围,随同而见爱的施与,已详前述,不必再及。总而言之,现代法律支配下的监所,虽然不是天堂,却也不是过去的牢狱,它有温暖,它有仁爱。

倘再就现代法关于亲亲的爱、爱物的爱的规定,加以观察,更是不胜枚举。"民法"亲属编充分表现了"亲亲而仁民"的"亲亲"精神,把一"仁"字发挥很力,已如前述,其中当然含有爱字的成分在内。然专就爱字的本身来说,像婚约应由男女当事人自行订定,婚约不得请求强迫履行,无非是尊重男女间真正的爱情而然。像重婚,与人通奸,不堪同居的虐待,意图杀害或恶意遗弃在继续状态中,都可作为请求裁判离婚的理由,无非因其恩爱既缺自可离异而然。像对未成年人的监护,以其父母居先,必其父母不能行使监护或已死亡而又未指定监护人时候,才另有法定顺序定其监护人,无非因父母子女的亲爱更甚于其他亲属而然。像扶养义务的负担和扶养权利的享受,其以直系血亲卑亲属和直系血亲尊亲属居第一顺序,且以亲等近者居先,也是同样道理。其在继承编中所规定的继承顺序,仍然本于同一理由,而以直系血亲卑亲属为先,父母次之,兄弟姊妹又次之,祖父母更次之。且特别在直系血亲卑亲属方面,可以代位继承,这就是过去所谓"承重孙"的制度;而配偶的情感恩爱更深,衡情度理,就让他或她在每一顺序的继承人中而有其应继份。不特此也,而且"被继承人生前继续扶养之人,应由亲属会议,依其所受扶养之程度及其他关系,酌给遗产",依样是为完成死亡者生前的爱而然。

"亲属容隐"的良好制度,现代法也承认了。"刑法"第一六七条规定"配偶,五亲等内之血亲或三亲等内之姻亲,图利犯人或依法逮捕拘禁之脱逃人，而犯第一百六十四条或第一百六十五条之罪者减轻或免除其刑”。所谓第一百六十四条的罪是指藏匿犯人或脱逃人，或使之隐避，或为顶替而言。所谓第一百六十五条的罪是指伪造、变造、湮灭或隐匿关系他人刑事被告案件的证据或使用伪造、变造的证据而言。这种亲属容隐的爱德，古今原无所异，只有灭绝人性的匪帮才不这样。至于亲属相盗相窃而减除罪刑的旧例，现行“刑法”在“窃盗罪”“侵占罪”的规定中也同样承认了。凡直系血亲、配偶，或同财共居的亲属以及其他五亲等内的血统，三亲等内姻亲之间犯各该章所规定的罪，必须告诉乃论；而且在直系血亲、配偶，或同财共居的亲属间，犯了各该章的罪，并得免除其刑。其理由固然由于亲属间犯各该项的罪，对社会秩序并无重大影响，而且家庭的财产界限，每难区分，不能不如此，然其根本关系还是由于自然的爱所维系，彼此之间吃些亏，也无伤乎大雅，故不与一般窃盗、一般侵占相提并论。然而在亲属间既有特别亲密的爱，为防止其过度发展，以私害公，因而现代法上对于历代沿用的回避制度虽因时代关系，将回避本籍一点勾销，并因必要而加入职务回避一点外，对于亲属回避仍然承认；不过仅就每一件事应为回避时，始在有关的法律中规定。像“民事诉讼法”第三十二条规定，推事为该诉讼事件当事人配偶、前配偶，或未婚配偶，或为当事人七亲等内的血亲或五亲等内的姻亲，或曾有这项关系的，或现为或曾为该诉讼事件的法定代理人，或家长家属的，都应自行回避，不得执行职务。像“律师法”第三十五条规定，律师与法院院长或首席检察官有配偶、五亲等内血亲或三亲等内姻亲之关系者，不得在该法院登录，若和办理案件的推事检察官有这样的亲属关系就其案件应行回避，类似这种规定的例子随处可见，不必详举，而其立法原意，都不外慎防“爱”的过度发展，反而对于别人不爱。

至于“爱物”的爱，若直接对物而言，“违警罚法”上有一个显著的规定，那就是第六十六条第六款“虐待动物不听劝阻者”，要处三日以下拘留，或二十元以下罚锾或罚役。这和外国法对于倒提鸡鸭者有罚，对于踹踏猫犬者有罚，同样表示一个对物之爱。即以狩猎而论，虽系合于游息的目的并或属于正当的职业，但为了珍爱各种动物，仍须依法而为。依现行"狩猎法"的规定，凡是所列有益禾稼林木的鸟兽或珍奇鸟兽除供学术上的研究并呈经主管机关特许者外，不得狩猎，所列可供食用或用品的鸟兽，原则上也只能以每年十一月一日起至翌年二月底止为狩猎期间，俾有一种限制而使各该鸟兽得保持相当数目并因之而传种繁殖。惟有对伤害人畜的鸟兽，有害禾稼林木的鸟兽得随时狩猎，仅在有保护的必要时，才可由当地警察机关布告停止狩猎。因为这两类鸟兽是害鸟害兽，倘对其施以同等的爱，便是对人畜不爱，自然不可。这以外，对其狩猎所用的方法，仍只以猎枪为限，若要用其他的枪支，或炸药、毒药、陷阱、纵火等方法，须经核准并先期牌示；这当然系为公众的安全而设，但如炸药、毒药、纵火等等的猛烈方法，其使用却因此而受限制，也可说是施爱于各该鸟兽了。其在"渔业法"上并授权"行政官署"得发布命令，保护水产动植物的繁殖。像关于水产动植物采捕的限制或禁止，像关于投放有害水产动植物物品的限制或禁止，像关于采取或除去水产动植物繁殖上所必要保护各物的限制与禁止都是。这也可说是对水产动植物的繁殖，强制一般人对其分与以爱。

　　除"渔业法"对于水产植物的保护外，"森林法"上对于森林亦设有保护的规定，虽不能说向森林直接发出爱心，然因种种缘由却间接对森林看出了珍爱的心情。像为预防水害、风害、潮害，或为涵养水源，或为防止沙土崩坏及飞沙、坠石、泮冰、颓雪等害，或为国防上、公共卫生上，或为航行目标，或便利渔业，或为保有名胜古迹风景，而在所必要的情形下，编成了保安林，非经主管机关核准，就不得在保安林砍伐，或伤害竹木、牧放牲畜，或为土石草皮树根的采取或采掘。同时主管机关对于保安林的所有人并得限制或禁止其使用收益，或指定其经营或保护的方法。其一般森林也都设有森林警察,并由乡镇保甲长协助而尽保护之责,这是对森林为物的珍爱,也是"爱"德的一种形态,和在公园内不攀折花木视为公德所关,虽范围广狭不同,而其意义则一。其放火烧毁他人的森林,固然要处三年以上十年以下有期徒刑,即放火烧毁自己的森林,仍要处二年以下有期徒刑、拘役或一千元以下罚金,因而烧毁他人的森林,便改处一年以上五年以下有期徒刑。其失火烧毁他人的森林固然要处二年以下有期徒刑、拘役或一千元以下罚金,即失火烧毁自己的森林,因而烧毁他人的森林者,仍要处一年以下有期徒刑、拘役或六百元以下罚金。这样严格地施以保护,自然不容对森林不加爱惜!此外像"违警罚法"第五十四条第四款"于房屋近傍或山林田野无故焚火者",第五十七条第五款"毁损路灯道旁树木,或其他为公众设备之物尚非故意者",第六十七条第二款"于公园或其他游览处所,攀折花果草木者",第七十七条第五款"擅自采折他人竹木、菜果、花卉尚未构成犯罪者",第七十八条第五款"践踏他人之田园或纵入牲畜者",都认为是违警,分别处断。这不特是对物的爱,而且每款中都牵涉林木、花草方面。吾人固不宗仰"不除窗前草"的迂阔想法或高超想法,然对于生物的爱护或爱惜,纵然为了人类自己,这种爱德依然值得提倡。

　　"违警罚法"是与每个人日常生活最为密切的一种法律,它把对物的爱规定得很详细,除了前面所引的条文外,还有许多事例。像第六十七条第一款"于公共建筑物或其他游览处所,任意贴涂画刻有碍观瞻者",第七十一条第三款"于道路或公共处所任意便溺者",第七十八条第一款"无故毁损他人之住宅题志、店铺招牌,或其他正常之告白或标志者",同条第二款"于他人之车船房屋或其他建筑物,任意张贴或涂抹画刻者",这些都是因损害公众或个人,以致不爱其物,既无公德,又害私德,便均认为违警,分别处罚。然而"违警罚法"上所要求一般人实践爱德的对象,甚为广泛,除了对物之爱,并有对人之爱,对己之爱。像第五十四条第五款"疏纵疯人或危险兽虫奔突道路或闯入公私建筑物者",有罚;像第六十九条第四款"开业之医生或助产士无故不应招请,或应招请,而无故迟延者",有罚;这是责其对人施爱,免生灾凶。像第六十四条第八款"于非公共场所,或非公众得出入之场所,赌博财物者",有罚;像第六十五条第五款"于道路、公共场所,或公众得出入之场所,任意裸体或为放荡之姿势者",有罚;这是责其对己自爱,免致瑕玷。据此,更知爱的为德,效用深远,每一类的违警事项,都可说是和这个爱字有其直接、间接的关系。今后如何更使一切爱德法律化,实在是国家方面施政治民,个人方面应事接物所取以为据的急务。

十九

　　其次,说八德中"信"与法律的关系。仍依例从头由"信"说起。按《集韵·正韵》《说文》解释这个"信"字,就其根本意义而言,不出乎"诚也""悫也""不差爽也""不疑也"几个注脚,而"诚"字尤为其要。《礼记·乐记》"著诚去伪"也就是信,"诚信""信实"的为名便出于此。由"诚"来看这个"信"字,首须"言之有实",朴而不浮,所谓"人言为信"者是。因而"信"字的古文写法,便是从人从口的"㐰"字,表示信是由口的说话而见。话如何能有实呢? 必须实践其言而验之于行,不然,与"巧言"与"諛辞"即无区别。但如行而有素,不改常道,虽谨于言,仍旧算有信道,这是信字的引申意义。言有实、行能践,其推动力的所在便是"诚",然后乃能养成"谨而信"的品德,取得董仲舒等所说"仁、义、礼、智、信"五常中一个地位。"不疑不欺,诚动于表",固然是"信"了,但因"事上竭诚"为忠,并可推用于对一切人的忠,是"忠"字也和"诚"字有关,于是经书里屡以"忠""信"两字连用在一起,就是这个道理。"忠"与"信"的区别,依朱子解释"发己自尽为忠,循物无违为信",其实"忠"字的重点放在"诚表于行"上,"信"字的重点放在"诚表于言"上而已。因为"言有实"贵在"行能践",换句话说"言而有信"自然"行而为忠",所以君子有九思,"言思忠"便是其一。孟子对"信"字也有解释,答浩生不害"乐正子何人也"之问,说道"善人也,信人也",并称"可欲之为善,有诸己之谓信"。朱注"诚善于身之谓信",仍然重视一个诚字,而孟子所谓"信人"也就是诚实人的意思。所以八德中虽然没有提到诚字,然因"诚者物之终始,不诚无物,故君子以诚为贵",可说是八德的总动力,而"忠"与"信"更是"诚"的显著表现。信既为诚动于表,而不诚即为无物,所以《论语》上说:"人而无信,不知其可也,大车无𫐐,小车无𫐄,其何以行之哉"? 倘再依《礼记·缁衣》上说:"言有物而行有格,是则生则不可夺志,死则不可夺名",是又推广了"信"的效用,而为"成仁取义"的桥梁。

以"悫"字解释"信"字,仍然是一个"诚"字的意思。因为"悫"字的本义是"质实也","谨愿也",与诚字可以互训;"端悫不贰"就成为常用的语辞。荀子说:"庸言必信之,庸行必慎之,畏法流俗而不敢以其所独甚,若是则可谓悫士矣。"悫士与信人均系以诚为德,可以为悫,可以为信。以"不差爽"解释信字,依然是"诚"字的引申义。于是事物的依期而至,无差错者都以"信"称,像"风信""潮信"不用说了,而如"信鸟""信炮""信水"的"信"也都这个意思。事物的确实可靠,无错误者,同以"信"称,像"印信""符信"不用说了,而如"信史""信牌""信誓""信使"的"信"仍都是这个意思。且因言语以为说,书契以为据,又称书契曰信,这又引申而将书札称为书信,简称曰"信"。至于以"不疑"解释"信"字,同样是"诚"字的意思,而阐述的范围更为深广。

单就"不疑"而观,有些是属于自信的,有些是属于互信的。在自信方面可说是"守其所见而无所疑",像《论语》上"执德不弘,信道不笃,焉能为有,焉能为无"的"信"字便是。它如佛家所创的"深信三宝而钦仰之"的"信仰",一般所称在某一范围内有确定见解的"信条",都系同义。这些,完全要靠道德的修养,而出于自觉乃然。在互信方面可说是"以诚为见而无所疑",欲取得别人的信从,必先自己立信。《吕氏春秋》"师道尊则言信矣",师立其道而示信,弟子也就信其言而从之,这就是互信的一个例子。所以《论语》上记载,曾子以"与朋友交而不信乎"为每日三省之一,子夏以"与朋友交言而有信"为"虽未学,吾必谓之学也"之一。然而这还是个人私生活上,彼此须守信道,推而在为治或施政上,更要靠这个"信"字来维持。换句话说,不仅"信则人任焉",而且"信则民任焉"。《论语》上载子夏说"君子信而后劳其民,未信则以为厉己也;信而后谏,未信则以为谤己也",也就是《中庸》上所说"不信民弗从"的意思。孔子答子贡问政,以"足食足兵民信之矣"为说;倘不得已而去之,孔子认为先去兵,后去食,"自古皆有死,民无信不立";充分表示"信"字效用的伟大,所以"言而民莫不信"便成了很好的现象。《大学》上说"与国人交,止于信",就是一个总注脚。今日社会上所说的"信任""信托""信用"等等话头,都是从互信的意义而出的。

　　然而无论为自信、为互信,既与他人处在同一社会关系中,针对这个信字的事物,当然要有一个尺度标准,既不是盲目的迷信,也不是无理的妄信。我国过去把这个尺度标准放在一个义字上,所以"信义"两字往往连为一辞。孔子说:"君子义以为质,礼以行之,孙以出之,信以成之。君子哉!""义"是制事之本,故以为质,行于礼,出于逊,而成于信;可知信的本源在于义,而义的告成在于信。因而《左传》上就有"信以行义,义以守命,……信不可知,义无所立"的话,若以义比作今日所说的共信,那么,共信建立后,一切自信互信都可说为共信而努力了。孔子又说:"信近于义,言可复也。"这个信指约信而言,谓必须以义为本,乃合乎事之宜,自有实践的可能;倘失其宜,便会爽约,无由保其信德。荀子也说:"君子养心,莫善于诚,致诚则无他事矣,惟仁之为守,惟义之为行。"诚既可与信互训,致诚也可说是致信,虽曰"惟义之为行",实即"惟义之是在",换句话说,就是以义而为行信的尺度标准了。譬如说,"其父攘羊,其子证之",固然是信了,但这种信却非"义"之所许。譬如说,"尾生守信,抱桥而死",固然是信了,但以义衡量,并非信,只是"痴",只是"愚"。倘从"隐恶扬善"和"与人自新"的恕道去看,离开"义"字而专讲信,也就不免失之于"绞",失之于"狠"。尤其有关军国大事,变化多端,岂可拘泥于小信细行,以"硁硁然小人哉"为法,致偾国事而败机宜?孟子说:"大人者,言不必信,行不必果,惟义所在",可称千古名言。"信则民任焉","言而民莫不信",仍然是"惟义所在"的信乃能如此。失其义,存其言,固无以取信于人;持其义,隐其言,反可以见谅于人,这又是信道运用的一个界限。不过话又说回来,凡是为义所许的信,不特在个人品德上非常重视,而且在公众利益上同样珍贵。不特道德方面对这个信字有所企求,而且在法律方面对这个信字有所保障,古今均然,并无异致。

自汉以后的中国法律逐渐走入"礼刑合一"之途,出于礼而入于刑,道德中的信道也就为法律所支持,信与法律的关系很显然地表现在古代法上。然因中国律统的肇始与建立,远在春秋战国时代的郑铸刑书,晋铸刑鼎,李悝著《法经》,商鞅为秦变法,而管仲、慎到、申不害、尹文、韩非诸法家先后著书立说,为法学而鼓吹,为法制而努力,欲以法治代替儒家的人治和德治,其重点还是寄托在一个"信"字上而已。儒家推崇贤哲政治,为政以德,有如北辰,居其所而众星拱之,故其所贵者"言而民莫不信","与国人交止于信"。所以郑铸刑书,叔向便以"先王议事以制,不为刑辟"为说,这是儒家的一种看法。晋铸刑鼎,孔子又以"民在鼎矣,何以尊贵"为叹,其实由法家看来,正需要将民的信心寄在刑鼎所铸的法条之上,使"万事皆归于一,百度皆准于法";而因"君臣上下贵贱从法",更亦不需乎有所"尊贵"。儒法两家的持论虽不相同,但人治也好,法治也好,都离不开这个"信"字的运用,由此可见不谈法律则已,如谈法律而想到中国古代法,即和这个"信"字有了密切关系。法家从法的方面而示其信,在法家的著述里很可找出许多资料,且不必说,单以商鞅为秦变法而观,像徙木示信,像刑太子的师傅,不难看出信在法律方面的效力。同时,商鞅相秦,改法为律,这个"律"字,原为六律六吕之律,所以定音乐的声调,故借而为定罪的名称。且律吕之律一变而为度量衡标准之称,如今日的所谓"原器"是。因度量衡受法于律,积黍以盈,无锱铢爽;度的长短,衡的轻重,量的多寡,都从此取正,所以对"处刑不容有丝毫之差"的依据,就称作律。那么,律的所以为名也就是"不差爽"的"信"了。"请君入瓮"和"作茧自缚"的事,原系一种悲剧,然却是"法"表现在"信"的方面。所以儒家以礼为主、以刑为辅的见解,就是想从根本上防止"讼则凶"的结果。惟既不得已而涉及刑,那也只有依法除恶,免得徒善不足为政,而社会上一般信道的维持更须在最后以法律为道德的武器了。

最能影响法律对人民信用的,莫过于法官的违法失职;古代法课责法官的责任极为严厉,就是这个道理。秦《法经》、汉《九章》在《囚律》中为法官责任的规定;魏于《囚律》外,创立《断狱》一目,后世宗之,颇少改动;皆对法官有所课责。秦遣"治狱不直"者筑长城;汉对"故纵,故不直"的断狱,往往论死。唐律对"故出入人罪"严加处治,出入全罪以全罪论,由轻入重时以所剩论;即失出失入仍有处分,失于入各减三等,失于出各减五等;明清律大致相同。因而"故勘故禁平人"均有专条,处以重刑;"枉勘枉禁"同样不许其存在,而《礼记·月令》更称:"仲秋,命有司申严百刑,毋或枉挠",枉挠即曲解法令而为不法处置的意思。严行课责法官的责任诚然有许多原因存在,而为维持法律的尊严和信誉,便不能不先从这一道大门做起。所以古代法虽以"六赃"并称,而"枉法赃"与"监守盗"最为严重,此非仅以贪污为恶,而影响法律信誉或不能守信,更是应受重典的主要原因。甚至不枉法赃,虽受贿赂而未枉法,然法的信誉仍不免因此受有影响,依样不能免于刑责。

　　古代法对于"信"字的支持,因为"出礼入刑"的关系,当然从制裁不信方面而知其旨。若积极的奖励信道,那倒是政事方面的措施,不在法的范围以内。这个奖励属于"赏",这个制裁属于"罚",其本身也都是以一个"信"字为主。《韩非子》上说:"赏莫如厚而'信',使民利之;罚莫如重而'必',使民畏之";俗称"信赏必罚",话即出此。"信赏"是要做到真能奖励之"积极的信","必罚"是要做到真能制裁之"消极的不信"。然而也有例外,那就是"自首"和"自觉举"的免罪减刑,因为犯罪人能说实话,够得上一个"信"字,便本于"爱德"和"恕道",不再一例制裁,也可说是一种赏劝了。至于制裁"不信"的法条,秦《法经》、汉《九章》皆规定在《贼律》中,曹魏制律始将有关"诈伪"事项独成一篇,称作《诈伪律》,历代未改。诈、伪、冒、虚、假都系信的反面;所以《诈伪》篇的制定可说是对于"不信"的制裁,而其他律内各篇或别种法令内,由不信而引起的惩处为例还是很多。兹将历代有关这一类的罪名,从诈、伪、冒、虚、假等字方面,举出几个例子,借以为证。

　　对于"不信"的制裁,(1)以"诈"字为其罪名的,如《唐律·诈伪》篇有"诈为官文书增减""诈称官所捕人""诈假官假与人官""诈诱人犯罪""诈陷人死伤""诈疾病有所避""诈疾死伤不实""诈言死失""诈除去官户奴婢""诈乘驿马""诈欺官私取物"各条;如明清律有"诈传诏旨""诈为制书""诈称内使等官""诈假官""诈教诱人犯法""诈疾死伤避事""诈欺官私取财"各条均是。此外,明清律在《人命》篇"庸医杀人"条内,对于诈疗取财更加严治,凡故违本方并以诈心疗人疾病,而增轻作重乘危以取财物者,计赃准窃论,因而致死者斩。这对于"不信"的惩处更为显然。其以(2)"诈冒"并言为罪名的,计在《唐律·诈伪》篇中"诈冒官司",明清律《户役》篇有"诈冒脱免",《关津》篇有"诈冒给路引"各条,仍都是维持一个"信"字不得不然。对于"不信"的制裁(3)以"伪"字为其罪名的，如《唐律·诈伪》篇有"伪造皇帝八宝""伪写官文书印""伪写宫殿门符"各条；如《明律·诈伪》篇有"伪造宝钞""伪造诸衙门印信，及历日、符验、夜巡铜牌、茶盐引"各条；如《清律》及例有"伪造印信时宪书""伪造金银"各条均是。对于"不信"的制裁，(4)以"冒"字为其罪名的，如《唐律·名例》篇的"冒哀求仕"条，如《元典章》的"冒椿"，于官文书内捏造事实于其上，如明清律《仓库》篇的"冒支官粮"，《营造》篇的"冒破物料"，《户役》篇的"冒认良人"，以及《清律·关津》篇"私越冒度关津"条的"冒名"均是。至于(5)以"假"字为"不信"的罪名的，如《唐律·名例》篇的"假与人官"——谓所司假授人官或伪拟，或假作曹司判补，如清《六部处分则例·户属盘查》篇的"假捏亏空"——谓捏词将亏累虚报均是。(6)以"虚"字为"不信"的罪名的，如《元典章·典卖》篇的"虚钱实契"，如明清律《仓库》篇的"虚出通关朱钞"，均足以证明信在古代法上是居于如何的地位了。

二十

说到现在的法律，其与"信"字的关系更为密切。首先感觉的是法的信誉的扩大。这因为法治与民主互为表里，取信于法较取信于人尤为重要；即值贤哲当位的时候，"言而民莫不信"，依然不能轻视了依法为治的信誉。那么，一方面在法律的本身上，总得使其性能与内容，纳天理，顺人情，适应时代的需要，符合社会的愿望，先立其可信之道，自易收众信之果。一方面每个人都应知法、尊法、守法，就成了现社会的普遍要求。知从何生，生于信；尊从何起，起于信；守从何成，成于信。因而法治能否著有成效，还是以道德方面的"信"为其基础，我国在春秋时代，各国最讲究一个"信"字，这在《左传》上很可看出。因为重视国际道德的"信",不少地方使国际规律的"礼"得以维持,所以背盟违誓就成了极可耻的事情。今日国际社会何独不然,在国际间最能守信的国家也是最能守国际法的国家,否则公约也好、条约也好,纵然签字批准,只是一张纸,还有什么拘束? 其在国内同样是能置信于法,也就能知法、尊法、守法,完成法治的任务。倘对法律无信心,不特违法犯禁者多,而且不免发生许多脱法弄法的事情,那更是对法不信之尤者。

次而感觉的是现代把信道积极推用到法律上去,这因为现代的范围和种类超过往昔,不仅以治众的刑书为限,也就不仅专以制裁不信而支持信道了。

"人而无信,不知其可也";人而有信,便如大车有輗,小车有軏,可以畅行无阻。况在人事关系复杂的今日,信用经济发达的今日,每个人都应树立其信用,取得别人的信任,社会和经济才能滋长向荣。这固然厚望于道德的世界劝导,而法律方面的扶助支持同为重要。谁都知道,现代法律尊重每个人的人格权,而构成人格权的要素十有二种;其中,人的信用权与自由权、名誉权等等居于同等地位。虽说没有自由,信用便难自主;没有名誉,信用也就消失。然而信用昭著,诚实无欺,更能显示其自由,增强其名誉;其对人的所以为人之重要性不难看出,世以"信誉"连称便系此故。原来,信用权就是保全并维持自己在社会上所已取得的地位的价值之一种权利。其信用的建立乃人格者积年累月从诚实和辛劳中而得,一方面充实了自己的人格,一方面提高了自己的名誉,当然不许别人侵害而要彼此尊重,免得影响了每个人人格权的健全。尤其个人在业务上的信用,在交易上的信用,现代法律更为加紧的保护,因而信用不仅重在个人平日的声名,同时附带于商号权而表现,且推广而表现在法人的信用方面,并或把信用由人的身上寄在物上。

现代法对有关信用的规定为类甚多,不胜枚举。就其大者举例以言,像"民法"债编第二一九条"行使债权,履行债务应依诚实及信用方法",便是往来交易上一个总的原则。买卖可以赊欠,这是信用买卖;借款不用抵押,这是信用借款;委任他人以该他人的名义及其计算,供给信用于第三人,这是信用委任;合伙人或无限责任股东可以自己在商界的素望列名为合伙人或股东,这是信用出资;要保险人以其信用为保险的标的,这是信用保险。凡此,乃社会上所习见的事情,而为法律所许,且直接有其法律上的根据。至于为合作社法规所扶持的信用合作社,更系中小产业者为谋借贷上的便利,依据共同储蓄及相互间的信用,而组成的一种金融机关了。其在今日信用经济阶段中,法律更须配合这种情势而助其发展,银行法规的制定,证券条款的建立,以及"交易所法"等等的存在,无不因重视信用的关系而然。尤其一部"票据法",虽说支票为支付证券,汇票本票为信用证券,然支票仍可用背书或交付方法而流通。因而一切"票据法"上的票据可说都是"人的信用证券化",法律对其规定的目的,即在发展票据的流通性,这又是把信用寄托在物上了。其他像股份有限公司,也是信用在物而不在人,所以称作资合公司或物的公司,而与信用在人的无限公司,称作人合公司不同。再说,债务不用保证而用抵押或质的办法担保,那又是把信用由人而移于物了。所以债编的"保证",物权编的"质权""抵押权",也都可以说是有关信用的规定事项。

信用,由他人方面而言,便是信任、信托。国际法上大使、公使到任必递国书(Credentials),这国书又称作信任状(Letter of Credence),便是信任为称的最显见者。其次国内法上的委任契约的订立,代理权的授与,以及各种委托书的发出,都可说由于信任的关系而然。其依信用而委托以财产的,特别称作"信托"(Trust),广义言之,有法定信托、任意信托、民事信托、商事信托、个人信托、团体信托、契约信托、遗言信托等类，"银行法"特设"信托公司"一章，凡以信托方法收受运用或经理款项及财产者为信托公司。换句话说，他是依法律的规定代行运用他人的款项或为财产的管理或处分的一种营业，在自己是以信示人，在他人是信而有托。这以外，为法律所许而用"信托"字样者，如"信托行为"、如"信托存款"、如"信托背书"等等皆是。总之，时在今日，信用制度发达，信托已成为经济上最重要的行为，法律系应社会的需要而生，便不能不针对这种事实，助长其发展，防止其流弊了。

人既贵有信用，而为法律所保障，当不许其受有侵害，因而在法律上，对于这种侵害，便有了救济的方法。以人格权方面的信用权而论，如被别人侵害，在民事关系上就是人格权的一种侵害，依"民法"第十八条第一项的规定，自可请求法院除去其侵害。倘系关于营业上或交易上的信用，更不许有何侵害，而必予以纠正。譬如说，"商业登记法"上即规定在同一县市内"已登记之商号，如有他人冒用，或以类似之商号为不正当竞争者，该商号之当事人得请求停止其使用，如有损害并得请求赔偿；于同一县市使用他人已登记之商号而营同一业务者，推定其为不正当竞争"。这在一方面因可认为是商号权的侵害，但就不正常竞争一点而观，也是信用权的侵害，不特可请求停止其侵害，并可为损害赔偿的请求。

民事法上不仅对于信用权的侵害予以救济，且在法律关系的本身上，往往为督促关系人的建立信用，而有种种规定。这些事例，真是举不完的。譬如说，在买卖关系中，出卖人应担保第三人就买卖的标的物对于买受人不得主张任何权利；出卖人应担保所移转的标的物无灭失或减少其价值的瑕疵，亦无灭失或减少其通常价值或契约预定效用的瑕疵；出卖人应担保其物在危险移转时具有所保证的品值。譬如说，在租赁关系中，承租人不依约定方法为租赁物的使用收益，经出租人阻止而仍继续这样做,出租人得终止契约;承租人未得出租人承诺擅将全部房屋转租于他人,出租人得终止契约。譬如说,在公司关系中,无限公司方面非股东而有可以令人信其为股东的,对于善意第三人应负与股东同一的责任;两合公司方面有限责任股东,如有令人信其为无限责任股东的行为的,对于善意第三人负无限责任股东的责任。像这类的事例,都系从法律关系的效力方面,使不守信用的行为,多少知有警惕。

　　同样,各种有关人民权利的行政法规,也每每从效力或处罚方面督促人民守其信用,为例也是很多。譬如说,"商业登记法"第二十一条第一项规定"在同一县市不得用他人已登记之商号名称为同一之登记";"商标法"第二条内规定,有欺罔公众之虞的,或相同或近似世所共知他人之标章使用于同一商品的,均不得作为商标呈请注册;"公司法"第十五条第一项规定"公司设立登记后,如发现其设立登记或其他登记事情,有违法或虚伪情事时,经法院裁判后,通知'中央主管官署'撤销其登记"。这些,都可说是为防止或免除他人对不信者的误信,故不能使其从行政权的作用方面取得鱼目混珠的效力。又,"户籍法"第五十四条规定"声请人为不实之呈报者,处五十元以下罚锾";"工会法"第五十八条内规定,工会理事对于所列一定条款的事项,不为呈报或为虚伪的呈报,处以罚锾;"所得税法"第一四七条规定"公司或合作社负责人对于资本额之申请登记有虚伪不实者,主管征收机关应处以少报数额一倍之罚锾"。这些都可说是对于有关虚伪不实的行为,从行政罚方面督促其自己改善。不过在这一类的法条方面,倒是多数倾向于课负责人以刑事责任,像"公司法"上规定公司负责人为虚伪登记时,得各科一千元以下罚金,情节重大者得各科一年以下有期徒刑、拘役或二千元以下罚金;像"交易所法"上规定伪造交易所的公定市价而公告之者,处一年以下有期徒刑,或三千元以下罚金;像"户籍法"上规定意图加害他人为诈伪之声请者,处六月以下有期徒刑、拘役或三百元以下罚金;像"著作权法"上规定注册时呈报不实者,处二百元以下罚金(并得注销其注册);像"专利法"上规定伪造有专利权之发明品者,处三年以下有期徒刑、拘役或并科五千元以下罚金,其仿造或窃用其方式者,处二年以下有期徒刑、拘役或并科一千元以下罚金,即明知为伪造或仿造之发明品而贩卖或意图贩卖而陈列或自外国输入,仍处以一年以下有期徒刑、拘役或一千元以下罚金。这些例证,在刑事以外的法律,其罚则方面俯拾即是,可说对于"信"字的支持,无往不在,又在必要时对于不信者无不课以刑责。

然而对于不信者的制裁,除民事关系从效力方面而为制裁者外,若言行政罚也不能忘记了"违警罚法";若言刑罚,更不能忘记了普通"刑法"和"陆海空军刑法"。先就"违警罚法"而言:(1)像"散布谣言足以影响公安之安宁者","经官署定价之物品加价贩卖者","于影响社会公安之重大犯罪,可得预防之际,知情而不举报者",这虽系妨害安宁秩序的违警,而其致过之由却在不信。(2)像"妖言惑众,或散布此类文字图画或物品者","于通衢(叫化或)故装残废行乞不听禁止者",这虽系妨害风俗的违警,而其致罚之由仍在不信。(3)像"以邪术或其他不正常方法医治病伤者","开业之医师、助产士无故不应招请或应招请而无故迟延者",这虽系妨害卫生的违警,而其致责之由同在不信。(4)像"向警察官署诬告他人违警者","关于他人违警向警察官署为虚伪之证言或通译者","藏匿违警人或使之隐避者","因曲庇违警人,伪造、变造、湮灭或隐匿其证据者",这是诬告伪证及湮灭证据的违警,更是与信字直接有关的违警了。

次就普通"刑法"而言。对于不信的处刑条款,最明显的是(1)"妨害信用罪",凡"散布流言或以诈术损害他人之信用者处二年以下有期徒刑、拘役或科或并科一千元以下罚金"。这是直接对于侵害别人人格权里的信用权,而予以刑事制裁的规定。(2)"诈欺及背信罪",凡"意图为自己或第三人不法之所有,以诈术使人将本人或第三人之物交付者",是为诈欺;"为他人处理事务,意图为自己或第三人不法之利益或损害他人之利益,而为违背任务之行为,致生损害于他人之财产或其他利益者",是谓背信。诈欺背信均各依其情节分别处刑,且罚及未遂犯。(3)"伪证及诬告罪",凡"于执行审判职务之公署审判时,或于检察官侦查时,供前或供后具结而为虚伪陈述者",是谓伪证;"意图他人受刑事或惩戒处分而向该管公务员诬告者",是谓诬告,均分别处七年以下有期徒刑。像这一类的罪例,还有其他许多条款分别规定。(4)"藏匿人犯罪及湮灭证据罪",凡"藏匿犯人或依法逮捕拘禁之脱逃人或使之隐避者",或意图如此而顶替者,是谓藏匿人犯,以其不信,要处刑。凡"伪造、变造或隐匿关系他人刑事被告案件之证据,或使用伪造、变造之证据者",是谓湮灭证据,以其不信,也要处刑。(5)"伪造货币罪",譬如说,"意图供行使之用而伪造、变造通用之货币、纸币、银行券者"或行使之者,或"意图供行使之用而收集或交付于人者","意图供行使之用而减损通用货币之分量者",或"行使减损分量之通用货币或意图供行使之用而收集或交付于人者",都因其妨害货币的信用分别处刑,这与古代法的伪造宝钞、伪造金银的罪例用意相同。(6)"伪造有价证券罪",凡"意图供行使之用,而伪造、变造邮票、印花税票、公债票、公司股票、船票、火车票、电车票或其他往来客票或其他有价证券者,或行使之者,或意图供行使之用而收集或交付于人者",均因其妨害有价证券的信用,分别情形予以处刑。(7)"伪造度量衡罪",凡"意图供行使之用而制造违背定程之度量衡或变更度量衡之定程者","意图供行使之用而贩卖违背定程之度量衡者"或"行使违背定程之度量衡者",均因其妨害了可以为信的物的信用,自然要分别处刑。(8)"伪造文书印文罪",譬如说,伪造、变造公私文书,足以生损害于公众或他人者;伪造、变造护照、旅券、免许证,及关于品行能力服务或其他相类之证书介绍书,足以生损害于公众或他人者;公务员或从事业务之人,明知为不实之事项,而登载于公务上所掌公文书或其业务上作成之文书,足以生损害于公众或他人者;是谓伪造文书。伪造或盗用印章、印文或署押,足以生损害于公众或他人者;伪造公印或公印文者,或盗用公印或公印文,足以生损害于公众或他人者;是谓伪造印文,对于公私的信用妨害更著,古代法上既已严治其罪,今日更自同然。这以外,如在(9)"妨害公务罪"里,"对于依考试法举行之考试,以诈术或其他非法之方法,使其发生不正确之结果者";"毁弃损坏或隐匿公务员职务上掌管或委托第三人掌管之文书图画物品或致令不堪用者",都可说与信字有关而要处刑。如(10)"妨害投票罪"里,"以诈术或其他非法之方法,使投票发生不正确之结果或变造投票之结果者",固然是不信,而一切妨害投票的行为仍然是侵害了投票的信用。如(11)"妨害秩序罪"里,冒充公务员或外国公务员而行使其职权者,或"公然冒用公务员服饰、徽章或官衔者",这与古代法上假冒职官相同,也因不信而要处刑。如(12)"妨害风化罪"里,"以诈术使妇女误信为自己配偶而听从其奸淫者",这当然是不信,要处刑。如(13)"妨害婚姻及家庭罪"里,"以诈术缔结无效或得撤销之婚姻,因而致婚姻无效之裁判,或撤销婚姻之裁判确定者"以及其他利诱的罪行,仍然是不信,同要处刑。如(14)"妨害农工商罪"里,"意图欺骗他人而伪造或仿造已登记之商标、商号者";"明知为伪造、仿造之商标、商号之货物而贩卖,或意图贩卖而陈列,或自外国输入者";"意图欺骗他人而就商品之原产国或品质,为虚伪之标记或其他表示者";或"明知为虚伪标记一类的商品而贩卖,或意图贩卖而陈列或自外国输入者";这更是对于交易场所上必有的一种刑事制裁,而免危害了信用经济的社会安全。其实全部刑法牵涉"信"字的地方实在太广泛了。以"妨害国交罪"而论,也可说是求信于邻邦;以"渎职罪"而论,也可说求信于公众;以"脱逃罪"而论,也可说求信于刑罚,以"亵渎祀典罪"而论,也可说求信于宗仰;以"赌博罪"而论,也可说求信于品格;以"窃盗罪"而论,也可说求信于操守;以侵占而论,也可说求信于职守。所以对于不信者或有害于公私的信者就有刑事的制裁。这是过去"民无信不立""人无信不可"的道理,用现代的话来说,就是社会生活上所必须的事物——"信"——了。

刑法虽系对于不信者或有害于公私的信者,使其分别负有刑责,已如上述。然犯罪人倘能知悔,而为自首、自白者,法律上也或减免其刑。换句话说,虽因不信等情而犯罪,但于犯罪后,再能本于"信"道而自首、自白,即可取得国家之"爱",以"恕"行之。"刑法"第六十二条说"对于未发觉之罪自首而受裁判者,减轻其刑,但有特别规定者依其规定",所以有时候还可免除其刑。而"犯罪后之态度",且为科刑的一个标准,这态度,就有利于犯罪人而言,知悔、说实话,便是重要表现的一端。其中,"犯伪证及诬告罪",依"刑法"第一七二条规定于所虚伪陈述或所诬告的案件,裁判惩戒或处分确定前自白者,并得减轻或免除其刑。犯"湮灭证据罪",依"刑法"第一六六条规定,于他人刑事被告案件裁判确定前自白者,也得减轻或免除其刑。这些,都是在制裁不信中依然奖励犯罪人守信的一种处理。

再就"陆海空军刑法"而言:像"叛乱罪"中,意图利敌"扣留文电或诈传命令通报或报告,或为虚伪之命令通报或报告者";"擅权罪"中,"私立名目勒收捐税者";"辱职罪"中,"缺额不报或得枪不缴者","购买军火或其他军用物品浮报价目者","意图冒领经费浮报名额者";"逃亡罪"中,"无故离去职役或不就职役者";"违背职守罪"中,"欺蒙哨兵通过哨所者";都可说直接间接与"信"字有关。尤其"诈伪罪"一章,像"关于军事上为虚伪之命令通报或报告,或诈传命令通报或报告者";像"意图免除兵役,伪为疾病或自毁伤身体或为其他诈伪之行为者";像"在乡军人意图免召集或在军中意图免从军或避危险之勤务,而伪为疾病自毁伤身体或为其他诈伪之行为者";像"军医伪证军人之身体强弱或其疾病者";像"冒用陆海空军制服、徽章或构造谣言,以淆惑听闻者";均系直接侵害或影响"信"道的事例,故分别予以惩处。其余各种特别治罪条例中,无论为军事、非军事,对于不信的制裁仍多,不必枚举。

然而话又说回来,守信固系常经,保密仍系守信;信必近于义,言始可复,而不能不与义为比。反乎义的言行,断不可假借一个"信"字强使其直言无隐或以"无事不可告人"的个人道德相绳。在人格权方面,固然尊重信用权,同样尊重秘密权,盖如否认了人的秘密权,反或对个人权益不利,或拘束其自由,或影响其名誉,更或妨碍其信用,所以就成为人格权的一种,宪法上且对于秘密通信、秘密投票加以保障。侵害了个人的秘密权,依法可以请求法院除去其侵害;"会计师法"上且规定"会计师未得公务机关或委托人许可,不得宣布业务上所得之秘密";其实不仅会计师如此,在个人与个人的关系上,谁都有保守他人秘密的义务,这可从"刑法"上"妨害秘密罪"的规定看出。凡"无故开拆或隐匿他人之封缄信函或其他封缄文书者";"医师、药师、药商、助产士、宗教师、律师、辩护人、公证人、会计师或其他业务上佐理人,或曾任此等职务之人,无故泄露因业务知悉或持有之他人秘密者";"依法令或契约有守因业务知悉或持有工商秘密之义务,而无故泄露之者";"公务员或曾任公务员之人,无故泄露因职务知悉或持有他人之工商秘密者";均分别处刑。因为这种秘密的保守,乃是守信的另一方面的表现,也是"以信行义"的道理。反而言之,最无信义的人也最容易泄露应为他人保守的秘密。

　　关于国家的机密更应绝对保守,"公务员服务法"上说"公务员有绝对保守政府机关机密之义务,对于机密事件,无论是否主管事务均不得泄露,退职后亦同",必如是才能够得上一个"信"字。因而在"外患罪""渎职罪"中都有泄露秘密的规定。尤其"军机防护法"对于泄露军事上机密种种犯罪的处置极为严厉。

儒家法学的价值论

今年司法节我发表了一篇文章，题目是"孔子应为司法界的祖师"。读者看了，也许认为是新奇之论，并非真正如此。因为国人心目中，总觉得在"六家"或"九流"内，儒家与法家分道扬镳，各行其是，如何能抹煞法家的地位，独尊儒家宗师的孔子？实则不然，法家能否独立地成为一家一流，首有疑问。管仲的"四维论"等等学说，原与儒说为近；商鞅初到秦，原系以王道说秦孝公，而申不害既尽心于黄老的学问，韩非又承教于荀卿的门墙；所以胡适先生的《中国哲学史》上便以"所谓法家"为称了。法家的集团并非科班，师弟一脉相承，乃是草台戏、江湖班，被人凑在一起开锣演出而已！法家本身尚无祖师，谁也不能为后世司法界的祖师，甚为显然。

再退一步说，纵然承认法家的地位存在，但中国法学的发轫，绝非法家所独占。蒋维乔先生的《中国哲学史大纲》，把儒家与法家合在一起，称作"人为主义派"，颇有见地。儒法两家的立场都是要尽人事而求治平，所不同者一用柔道，一用刚道；一尚王道，一尚霸道罢了。柔道的表现为礼，可说是世界最古的自然法学派了。刚道的表现为刑，可说是历史最远的命令法学派了。儒家重礼，礼乃无文字的信条，追溯今日政事法、民事法于古代，舍礼莫求；同时儒家也不否认刑的价值，仅在不得已时而用之，所谓"刑法者所以威不行德法者也"。法家重刑，刑乃威吓的手段，而以信赏必罚为策，徙木可以示信，偶语即能弃市，步过六尺者有罚，弃灰于道者受刑，法为神圣，人为草芥，把这个治众的刑事法看得非常重要。其他的政事法、民事法都不管了。那么，就法学的领域而言，儒家法学是掌握法学的全面性，要实现"刑期于无刑"的最高理想；法家法学是领会法学的部分性，只限于"以杀止杀"的残酷境界。我们今日诚然要讲"法治"，但却非专讲"刑治"，试问"器小"的管仲，急功的商鞅，不得其志下狱而死的韩非，具五刑夷三族而死的李斯，谁配做司法界的祖师？

又退百步言，法家虽偏重刑事法，毕竟在人为法方面立有功劳。自赵盾开始"正法罪"，造法令以后，郑铸刑书，晋铸刑鼎，降至魏李悝撰次诸国法，著《法经》六篇；将过去"有法而无典，有刑而无书"的阶段结束了。且商鞅相秦，改法为律，建立中国二千余年的律统，清亡乃断。据此，似乎法家仍然是我国过去法制圈内的中心人物，安得抹煞其地位？须知刑书的制作固非儒家所创，律统的元始乃系法家所为；然而自汉以后，刑书成为明刑弼教的工具，律统的支持者并不是法家而是儒家了。

秦最重法，秦亡也最速。汉世引为殷鉴，纵然"汉家自有制度，本以霸"，却不能不以"王道杂之"。所以萧何虽制定《九章律》，使律统延续下来，稍后即有儒家叔孙通制定《傍章律》，补助律的所不及，当然以儒说为归，首致儒家法学在实际上有其应用，减少了法家律统的唯一尊严。兼以文帝醉心黄老之治，自然轻视法术；武帝罢黜百家之学，独然推崇儒说，法家学无所用，自难再鸣。而且前世法家的个人结局每甚悲惨，作法不免自毙，重刑不免自缚，即在汉世亦有"请君入瓮"的故事。一般学人大有"谈法色变"之感，谁敢再强调"恶法亦法"的必然性呢？这惟有从现实的律文上而为注释，世传其业；我曾称其为"律家"的便是。

反之，儒家法学不特未尝见衰，且取法家地位而代之，经义折狱由这时起，直至南朝未绝，而大儒董仲舒更是其中的能手，这纯然是自然法、正义法的实际运用；而在注解律令方面大儒郑玄、马融都参与其间，使礼刑合一，不有所偏。于是向以律家著名的陈宠父子也要喊出"出礼入刑"的千古名言了。《晋律》除张斐的律注外,有经学家杜预的律注并行于世;《北魏律》由崔浩、高允等撰写,高允就是宗承董仲舒公羊学派的学人,《北周律》采取经书的语调,内容可想而知;《陈律》亦极重视清议,意在弼教甚为显然。唐由长孙无忌制定《律疏》,集礼刑合一的大成,后世遵奉而无疑。明太祖制定《明律》时,召儒臣及刑官为其讲解律文,日进二十条,刑官不过为其说明立法技术问题,至于立法精神,何故需要此条,如何予以论罪的说明,便是儒臣的责任。所以自汉以后,律统虽在,律义全非,律的地位如故,律的灵魂却非属于法家,而系儒家所有。因而在抗战期间西南联大某位教授就干脆说道,自汉以后,中国的法家就是儒家了。

中国固有法系既受了儒家法学的灌溉培养而逐渐长成,不特在律的方面充分表现明刑弼教的精神,而且在律以外,又有许多无字的信条,非成文的规范,安定了社会,支配了人生,一言以蔽之,就是"礼"。那么,谈起中国固有法系的特征,就不能把儒家法学丢在脑后;而中国固有法系在世界各大法系的林中,所独树的一帜,也是儒家法学的象征,才会有卓尔不群的光辉。这些特征,像以人文主义为据的"政教中心"及"仁恕精神",以民本主义为据的"扶弱政策"及"社会本位",都是儒家法学的精义所在。其他,无论在政事法、民事法、刑事法方面都脱离不了"家庭制度"的关系,这又是儒家"天下之本在国,国之本在家"的道理;民事在乡里调解,轻微的刑事亦然,而且劝人最好不打官司,打起官司来,非重罪不处徒刑,极力"减轻讼累",使人民不为诉讼所苦,这又是儒家"讼则凶"及"听讼吾犹人也,必也使无讼乎"的道理。此外,因为"礼者事之宜也,协诸义而协,虽先王未之有,可以义起也",而又"天下之情无穷,律不足以周事情",于是在法制上既极尽"灵活运用"的能事,兼有今日英美法系及欧陆法系之长。并因国家之败由官邪也,冤狱之成由有司也。不特历代重视官吏赃罪,且课"法官责任",凡故出入、失出入，及逾限不决者，均有应得的罪罚，甚为严厉。灵活运用不使人民含冤于形式条文之下，法官负责，不使掌握论罪科刑工具的人，随心所欲，造成冤狱。一切一切都和儒家法学有关。从而言之，在中国固有法系中，若洗去儒家法学的色泽，这个法系，岂仅暗淡无光，简直要卷旗收兵，根本没有中国固有法系的番号！

迄今，中国固有法系的光荣似成陈迹，为受欧美法学熏陶的法学家所不屑道。然国犹是中国也，民犹是中华民族也，固有文化、固有道德既不可废，固有法系又曷可轻视？儒家的最高政治理想是不变，而在"以进大同"的途径中，原不否认这个"变"字，那么，取中国固有法系的不变精神，变而为适合时代的中国本位新法系，却是自认为中国法学界应有的责任。因为今后的工业社会，固然不同于过去的农业社会，但无论为工业社会、为农业社会，总是人的社会，总是中华民族构成的社会，那么，人与人的关系，中国人与其社会的关系，始终一脉相承，不可分离，除非你脱胎换骨变成外国人罢了，然而那就不是原本用汉文写出姓名的你了！即令是外国人，但儒家法学既以人文主义为依据，也有一部分的道理，是对任何一个人都有裨益的。

何况从法学的基本认识来看，儒家是世界最早的自然法学派，一部《易经》全是自然法的道理；且又严夷夏之辨，重视民族的兴替，并宗承先王宪则，万变不离其宗，多少还有历史法学派的精神；而人与人之间互负道德上、法律上的义务，抑强扶弱为其本色，使民意成为天意，自然法的根源存于民心，又可说具有社会法学派的旨趣。同时，潜心解律工作，复在注释法学派中占了一席。因而儒家法学的本质既非纯粹的经验法学，也不是纯粹的理论法学，实具有综合法学的特质，而为中外古今法学界的一颗巨星。

说到综合法学方面，也就是每个国人心目中"情、理、法"三事并举的道理。这是法学的全貌而非限于一隅，偏而不备。情就是人情，非

"情面"之情,乃"情理"之情,一切善良风俗及人类常情都是"情"的表现。儒家的"致中和""择中庸",就是从"情"字上着眼;所以酷吏矫情立异,刀笔吏忘情弄法,便不为儒家所喜。"理"就是天理,就是自然而然的条理法或正义法,乃人为法的灵魂所在,制法既不可违反,用法更不应漠视。儒家的"尊天命""顺民心"就是从"理"字上着眼。所以暴政下的严刑峻法,伤天害理,有如古代的肉刑,隋明两代的廷杖,以及明代锦衣卫、东厂、西厂法外的刑罚也都为儒家所不直。法就是国法,是制定法。在儒家看来,必须德之而弗从,化之而弗变,德礼之所不格,于是乎用刑矣。可知情与理是正本清源的事情,儒家归之于礼,因而有"礼者禁于将然之前"的话;法在过去仅以刑为其对象,乃逼使其从善,只是一种治标的手段,所以有"法者禁于已然以后"的话。

也许有人说,我这种看法不免将法律论与道德论糅杂在一起了。姑无论法律与道德既不是异源异流,各有领域,也不是同源异流,最后分家,乃是同质异态,一个本质,两个概念,可说法律是道德的甲胄,道德是法律的宝藏,谈法学也就绝对不能离开道德,离开了道德的法律便是自己为王,而与人生脱节了。这且不说,即以现今法学的对象而观,正规条文见之于"法",具有法的效力不用说了;习惯出之于"情",在一定情形下,依样承认其法的效力;而法理当然是"理",民事上固然要在法无明文,且无习惯时,依据法理为断,就是在刑事上论罪科刑仍然有一个理,"刑法"第五十七条等等规定,就是这个"理"字的实际运用。所以"情、理、法"虽是一句通俗的话,实在是综合法学的要点所在,儒家法学是早已注意到了。

儒家法学是中国固有法系的灵魂,是今后中国本位新法系的生命,是吾人所倡综合法学的前驱。我尊孔子为我国司法界的祖师,不仅在自由心证的审判心理上不可离儒家的中庸法则,就是在全部法学方面也是应以儒家为尊,不容怀疑的。

儒家法学的义务观

　　"儒家法学"这个名词，我已在本刊解释过了。儒家与法家在我国学术史上应同属"人为主义派"，而与老庄的"自然主义派"对立。不过儒家主张柔道，法家主张刚道；儒家崇礼尚仁，法家尊刑贵霸，是其不同罢了。从而儒家并非不言法，只是法非以刑为限；在刑以外，更有禁于未然的法，那就是"礼"。礼乐不兴，则刑罚不中；化之而弗变，德之而弗从，出乎礼者入乎刑；就是以礼为本，以刑为辅，要人们自动地守法，而非被动地畏法。所以儒家对于"义务"的看法，首先与法家不同，法家的义务观，无论他们是主张"不为君欲变其令，令尊于君"，或是主张"不服王令，犯国禁，乱上制者罪死勿赦"，都是"万事皆归于一，百度皆准于法"，都是以法律为最终目的，以黎庶为法律刍狗。故其责于人们的义务，不外服役于法律而尽的责任。因为"王言即法"，"君命曰令"，实际上无非对君主所负的片面义务而已！这和西洋古代处在义务本位阶段的法律下，人民只对于王公贵族或僧侣有其义务完全一样。儒家的义务观，义务不是被迫而来，乃系自动发出，彼此相互之间各负有义务，并不是片面的谁负义务、谁不负义务。父慈子孝，兄友弟恭，夫贤妻顺，朋友之交相互以信，以及君使臣以礼，臣事君以忠，正名定分，原本各有其义务的。义务就是义所当为的一种任务，拿现代的话来解释，道德上义所当为的，是道德的义务；法律上义所当为的，是法律的义务。拿过去的话来解释，礼是义的仪表，义是礼的实质，义所当为的任务，在法的观点上也就是礼所当为的任务了。

　　儒家法学的义务观,不特与法家的义务观异致,并与西洋处在权利本位下的法律见解不同。我国自清末变法后,采用西说,提到义务就想到权利,甚或仅重视权利而忘记了义务。总以为权利与义务是对立的名词,不然便认为是一事的两方面说法。这只是"用夷变夏"后的天经地义,并不是儒家法学的金科玉律。儒家自孔子讲"仁",子思讲"诚",孟子讲"义",荀子讲"礼",董仲舒讲"天人合一",迄于宋明的理学,无不讨厌这个"权"字、"利"字,权利连用只是指争权夺利而言。其实这种看法,自尧、舜、禹、汤、文、武、周公以降均然,故孔子能集先圣大成创立儒宗,与中华民族的精神息息相关。

　　西洋人对于权利的说法,当然有其历史的背景,不得不然;但最要的一点还是由于他们特别重视人与物的关系,而将人与人的关系轻视了。重视人与物的关系,自不免将其对物的管领支配力量,引申而为对人的任何权利主张。可说完全以自己的权能与利益为出发点,进而求取他人的尊重并责其履行义务。反而言之,自己所以要尽义务,也就由于他人对自己有合法的权利而然。于是父子邂逅于饭店,便各会其账,因为儿子没有代替父亲开钱的义务;岳婿邂逅于戏院,便各买其票,因为丈人没有揩油女婿的权利。夫妻情深如海,也得有一个财产制,各立疆界。继承与遗嘱更脱离不了财产的关系,身份继承绝无其事,临终遗言成为废话。这些完全是以人与物的关系为主,冷酷无情,唯利是图。

　　重视人与人的关系是以人为主而有同类意识的存在,这就是孔子所说的"仁"。"仁者人也,合而言之,道也",人的所以为人的道理在此。一切求之于己,施之于人,物的地位并不重要。而且"己所不欲,勿施于人","己欲立而立人,己欲达而达人";杀身成仁,舍生取义,完全由自己站在为人的道理上,对他人尽其义务做起。彼此皆然,并无例外,不讲权利而权利的效果见之,其力量更是非常广大无边!孔子以"克己复礼"为望,以"正名""齐礼"为说,礼就是在刑以外要人们自动遵守的准绳,而有今日政事法、民事法的大部分在内。所以儒家的义务观,与法家相比,固然不是片面的义务,而系互负的义务;与西洋法学相比,倒是单纯的义务,而非与权利相对立或彼此混同的义务。

不错!复礼既要克己,在个人方面自然不免要吃点亏,而难占得便宜。晋朝有一位学老,要调和礼刑对立的论战,便说刑是以礼加人,礼是以刑责己,的确是这样的。人们如能自动地吃亏,这是礼让的表现,还有什么不必要的争执呢?儒家诚然不像墨徒"见侮不辱,救民之斗"的懦弱态度,而有"唯仁人能爱人能恶人"的勇敢精神,但常须"躬自厚而薄责于人",对己严,对人宽,律己以忠,待人以恕,"义"之所在,"务"之为急,"富贵不能淫,威武不能屈,贫贱不能移",权利的观念可说一扫而空,四维八德乃有着落。在个人修养上算是负道德上的义务,在礼度遵循上就是负法律上的义务。

近代西洋的法学也知道,权利本位的看法不免有害于社会的全体利益,便进入社会本位的看法。认为个人固可主张其权利,但与社会大众有妨碍时,宁可牺牲个人的权利,不可影响社会的利益。因其要人们对社会负有义务,所以又称作新义务本位。儒家的义务观以五伦划分国家社会里彼此互负义务的五个圈子,很近于近代的社会本位看法。所不同的只是单纯的义务观念,在义务以外,不再另有一个权利观念存在罢了!不过话又说回来,儒家法学的义务观,陈义说理固然很高,可以减免争夺的祸端,可以发现人生的真谛。无如西洋法学已席卷世界,成为骄子,大非已然,不可挽回。我们也在清末变法以后,受其支配。莫能独异。如今,除以国家的法益、社会的法益特别属于个人的权利外,惟有加重道德上义务的负担,补救法律上权利的缺陷。国父说"人生以服务为目的,不以夺取为目的";"大家要立志作大事,不要存心作大官",就是以义务为本位,而要每个人所自勉了(1959年孔子诞辰急就之作)。

天理·国法·人情

一

一般人衡量是非曲直的标准,恒以情、理、法为说,情是人情,理是天理,法是国法。这在刻薄寡恩的唯法主义者看来,或由只知有此不知有彼的耳食者流看来,总都认为情、理、法一类话是常人的通俗见解,不可强调,不宜重视,以免影响建立法治的精神。老实说,真能适应人类生活需要的法律,不特不是孤立的,而且是从平易中见其真谛。一部《易经》的宇宙大道理,既以平易的事例,证实阴阳变化的法则;一部《中庸》的人生大道理,亦以平易的理解,启示"中和诚明"的工夫。那么,为人类日常生活不可须臾离开的法律,岂可超越情、理以外,自成一个独立体系而使万事万物皆为其服役吗?诚然!在过去纯尚人治的国家社会里,每以"人情"的运用,不免影响了"国法"的尊严地位;然而王道不外乎人情,法律不出乎人生。我们如能把"人情"由第一位移到第三位,使"国法"不为"人情"所屈,便不能认为情、理、法的话是毫无价值可言。

天理是什么?好像是空泛而难捉摸的,其实不然。法学家所说的正义法、自然法、社会法就是中国人所说的天理。根据正义法说,法律必须合于正义的目的,而为道德律所支配,乃为正则,乃非恶法。像铁幕内的"法律",伤天害理,恃暴残民,便为天理所不容。根据自然法说,从天命于人的良知上所体会出的规律,如人不应随个人意愿杀伤他人之类即是,从而刑法就有杀人罪、伤害罪的规定;反之,像幼稚民族的内部法、强盗团体的信条,以杀伤无辜为功为赏,也就为天理所不容。根据社会法说,法律是适应社会公众的要求而制定,不应与社会律背道而驰,倘以法律为万灵膏,不务刑教而务刑杀,这就是秦皇隋炀的法律,这就是恺撒亨利的法律,依样为天理所不容。这个天理,至少由各家学说看来,是普遍地、永恒地蕴藏在亘古迄今全人类的人性之中,从个人良知或公众意志上宣示出来,不受个人或少数人下意识的私情或偏见的影响,而为无人可以改变、可以歪曲的准则。1926 年,邵飘萍被北洋军阀张宗昌绑至天桥行刑时,仰首高呼"天! 天!"而饮弹;在毕命一刹那间求直于天理而使北洋军阀自食其果。看史上志士仁人的浩气、正气都是所钟毓的灵秀,这就是当代法律不以天理为准则的反映。

人情是什么? 好像是很偏私而与法治精神抵触的,其实不然。法学家所说的习惯法以及经验法则上的事理,就是中国人所说的人情。习惯,只须不违反公安良俗,只须未由法律以明文另为规定其他准则,都有法律的效力。习惯不是某个人的成品,而是多人的惯行;纵有创举在先,要必合乎人情,乃能蔚为风尚。倘得人情之正,更自风行而无阻。事理为事物当然之理,离开了人,便没有事物,离开了人也就没有经验。事物之理和经验法则还都不是从人情中酝酿而成、孕育而出吗? 何况这个人情,如若属于私情偏见,向为社会所不齿,而世之所重视者乃为情理一事,尤其为与天理无违的情理一事。因为谁都是人,人当然有人之性,人当然有人之情。所以圣人依人性而制礼,缘人情而作仪,在道德律上如此,在法律上更应如此。儒家是"亲亲而仁民,仁民而爱物",并非"拂人之性"而为说;"泛爱众而亲仁""老吾老以及人之老,幼吾幼以及人之幼",也是根据人情而立言。所以儒家的法律观? 便不否认人情的因素。

国法是什么？就是法学家所说的制定法或成文法。依正常的道理而言，有其制定的来龙，有其成文的去脉，上须顺应天理，下须顾及人情，绝不是高悬在情理以外，强使理为法屈，情为法夺的。法律并非立法者凭着个人见解，成为其意识上的创造物。假使想要制定什么法律就能制定什么法律，这只是秦皇隋炀的梦想，这只是恺撒亨利的奢望！虽在"王言即法"时代，而有道明君的修定法律，依然不废与乾坤同运的天理，与日月合明的人情。若有不如此的，"有势者去，众以为殃"。所以天理、国法、人情，实在是三位一体，实在都属于法的范围。没有天理的国法乃恶政下的乱法，没有人情的国法乃霸道下的酷法，都不算是助长人类生活向上而有益于国家社会的法律。

二

人生于宇宙之内，不能外宇宙而独存；法用于社会之中，不能外社会而孤立。宇宙万物有其自然律，社会集体有其社会律，人类公私生活有其道德律。律是什么，就是秩序，就是准则，也就是法，也就是理。"理"，原指纹理而言，准之为则，成为秩序，俨然法的理象。天地不毁，日月不坠，都得力于一个"理"字。万物贤能的配合有"物理"，大地事态的因果有"地理"，数字图形的窥测有"数理"，器官系统的探索有"生理"，推而如"心理"，如"医理"，如"病理"，如"哲理"，如"文理"，如"政理"，如"伦理"，莫有不从"因缘果报"的关系中求其变化，求其运用。"即物穷理"，说穿了，不过是得求一个秩序，求得一个准则而已！然而这秩序、这准则，虽随各类事物而表现，但均在宇宙之内，为人类所研讨，均在社会之中，为人类所悟察。当非各自为政，毫无连系，独自成其为理，独自成为其法。

天理是理，国法人情也是理；国法是法，天理人情也是法。天理人情的认定,如就法的立场而言,虽各派法学家各有其偏重之点,总都是法的一部分,已见前述,不必再赘。如就理的立场而言,因为天地之间人为灵,宇宙之内人为贵;应从人的方面而求天理是在,不应从天的方面而求其理是在,虽然宇宙万物各有其理,但在人生方面、人事方面仍然以人类所体会、所维护的天理为主。天理是从人类的良知发出,认为在人类社会而要做人不可欠缺的规律,这就是人类公私生活的道德律了。所谓社会律者,也就是每一个社会里公众生活的道德而已!这个理,在人生和人事方面是一切范畴的范畴,任何特殊性质的范畴都不应反于其道,独自其理。好比在广大无量的大宇宙系统中,虽有太阳系、银河系各自成其系统,但仍互相配合联系,为大宇宙系统中的分支系统而不相紊。所以天理这个理就成了国法的摇篮,就成了人情的冶器。

国法、人情是天理分散在特殊部门的各别表现,一如表现在政理、伦理方面然。国法的理特称之为法理,人情的理特称之为情理,并包括事理在内。"法虽不善,犹愈于无法",这是与天理不相符合的法理,是功利主义者,是讲霸道的法理,而非每个人良知上所愿接受的法理。因为既知其为恶,何不变其为善,乃仍抱着"恶法亦法"的见解,显然欲以法律为达特殊目的工具,作为罗网,使其仅有惩治犯罪的消极作用,而将律条原有助长人类社会生活向上的积极旨趣抛出九天以外,当然看不见天理了。次之,法理纵未直接与天理挑战,反其使命,然若保境自守,在牛角尖的小天地内,钻来钻去,纵然把法理研究得精微奥妙,神乎其事,不过为法学家的学术游艺罢了。可是这种形式观的法理,却要支配人类社会的实际生活,其结果被认为"并无理由"的败诉或论罪,便非真在实质的法理上通不过,往往系为形式的法理所扼,不能求直了。一般人在"法"字以外,要喊出一个"理"字,就是认为法理与天理应有呼应,法理总得在天理范畴以内求其精微,不宜在天理范畴以外,求其奥妙！

　　说到人情，同样须受天理的陶冶，情乃得其和，事乃得其当，这就
是世所公认的情理与事理，仍然在天理范畴的限度内而自有其范畴。
因为违反道德律的私情偏见，已为天理否认，也就根本不能以情理、
事理为称了。这且不言，要说的是：情理、事理与法理的配合关系。
人是天地间万物之灵，固然异于禽兽，却也并非超人；法是社会内生
活之宝，固然同有其理，却也离不开人。人受自然律的支配，于理性
之外不能没有情感，无情感的人类等于一群魔鬼。正心诚意不过使
情感得其中，得其和，倘无"中和"的"大本"是在，正心诚意也只成了
一句空话。所以温情、热泪、忠忱、义愤都是情理上的正常现象，而事
理的基点也是寄托在这里。并因人就是人，虽因时代的延绵不断地
进化，但在当时当代的阶段中其作为、其惯行，大体上都有一个相当
的标准与界限，这就是所谓常情，也就是事理的一类，不容抹煞、不容
忽视。法虽孕育于社会律，而经公权力的制定或承认，成为法典或律
条，然而社会是人类的社会，公权力是社会公众交付于国家的权力，
任凭如何安排，法理总是与情理、事理互相配合不应脱节的。惟如不
以社会律为准，或在运用上忘了人的所以为人的自然律，好像法律专
是人对人类以外的火星人而设，也就失去了法律的正常作用了。一
般人在"法"字以外，要喊出一个"情"字，就是认为法理与情理、事理
应为配合，法理总得在不逆情理之下求其精微，并须在不背事理之中
求其奥妙！

三

　　尽管由刻薄寡恩的唯法主义者看来，或由只知有此不知有彼的耳
食者流看来，认为情、理、法一类话是常人的通俗见解。但在实际上，不

仅法学家以正义法——与制定法、习惯法并称,即在现代各民主国家的法律内,也是情、理、法三者同重,我国古代为有道明君所颁行的法令同样如此。只有纳粹国家崇拜的强者法说,以及我国过去法家倡导的命令法说,才不这样,而使所谓国法孤立在天理人情以外了。

"文以载道,刑以弼教",这虽是两句旧话,且为五四时代青年人攻击的目标。但文字并非为了游戏存在,刑罚并非为了威吓而宣施。纵然道也教也因时代环境的关系,重点难强其同。若说文不载道,刑不弼教,不知文有何用,刑有何贵,我真想不通的。尤其从人类良知上所体会的天理,从人类理性上所获得的天理,既为一切社会生活的根源,而法律又是社会生活的规律,自然要以它为依归的。这就是所谓"天命之谓性,率性之谓道,修道之谓教",而法律也就是教的一端。现代民主国家的法律,尊重个人的人格,为人权的保障,珍贵全民的意志,为民权的维护。在社会本位之下仍不废个人本位,在个人本位之中仍偏向社会本位。权利行使应有界限,契约自由应有限制,建立诚实信用方法,承认无过失赔偿制度,以及很久远地就认为杀人、伤害、遗弃、堕胎、强盗、放火有罪。这不是天理的指示,还是什么?尤其在刑事法方面,早已不采报复主义,除元凶大恶处以死刑,使其与社会离开外,而对受刑人的处遇,直把监狱视同感化处所,使其知悔向上,适于社会生活,以全天地好生之德,以尽民吾同胞之义,这不是天理的指示,还是什么?也许有人会说我头脑冬烘,竟在原子时代而谈天理。殊不知科学尽管进步,而在地球上人与人的关系仍然是人的生活,而非神的生活,一切要遵守人类共同认定的秩序与准则。天理乃一切范畴的范畴,安排已当,莫能推翻,岂可不谈,岂可不讲!

王道不外乎人情,法律不出乎人生,这是我常写出的惯语。因为人是社会生活的主体,法是社会生活的规律。质言之,法是由人所立;并非由法所立;法是为人而立,并非为法而立,这须首先认识清楚,方不致假法图私、舞文弄法。凡不近人情、大拂人情的法律，都失去了法律的所以为法律的道理。父母有教养子女的权利义务，一定亲属相互间有受扶养与扶养的权利义务，直系血亲卑亲属先于父母而居于继承人第一顺序，不背公安良俗的习惯在法律认许下有其效力。这些都是本于人情而见于法律规定的。尤其在刑事法上，童骏之人、疯狂之人犯罪不罚；老耄之人、精神耗弱之人，犯罪减轻其刑；正当防卫、紧急避难的行为，虽过当而仍得减轻其刑或免除其刑。犯罪情状可以悯恕，犯罪知悔而为自首，都不必强置重典，罚如其罪。这不是本于人情而立法条，还是什么？亲属容隐，自古已然，便利脱逃或藏匿人犯，在一定的亲属范围内，既有明文规定减轻或免除其刑，而一定亲属间犯的窃盗罪、侵占罪更须告诉乃论，且得免除其刑。至于一般人犯"刑法"第六十一条所列各款的罪，检察官并得参酌"刑法"第五十七条所列事项，认为以不起诉为适当的话，也就得为不起诉的处分。这不是本于人情而立法条，又是什么？也许有人会说我思想落伍，竟在法治时代而谈人情。殊不知法治尽管修明，而法律关系毕竟是人与人的关系，既不能将人论为万物，又不能将人升为超人，也就不能逆人之情、拂人之性，撇开情理与事理，专以与人生脱节的法理是尚。我辈都是人类的一员，法律又是由人而设、为人而设，只要是经过天理陶冶的人情，得情理之正，处事理之常，岂可不谈，岂可不讲！

　　现代民主国家的法律，明明以情、理、法同重，而一般人却仍在"法"字以外，喊出"情理"两字，这不必即系法律本身有何缺陷，乃是一部分行用法律者每不注意法律的全盘精神，善为运用，只知握紧单一的条文，硬板板地实用起来，虽对法理说得通，却不见得合于天理，适乎人情。因而我认为一般人说出情、理、法一类话，是有相当的价值，不可视作通俗见解而忽之。至少也能从平易处看清法的全貌，使法律勿为注释法学派的法理所笼罩，而迈步走进自己固有的园地去！

法理·政理·事理

国家既类似有机体的发展,政治更是众人之事的管理;其存在的目的与价值,又为保障民族的生存,维护全民的幸福,并进而促进人类向上的生活,以参天地之化育。于是与国家与政治直接、间接有关的事物,虽可分门别类地设施或研究,但彼此之间仍有其全般性,仍有其联系性。不可独偏一蠡,各自为策,而忘记了它是这个有机体的一部;更不可特囿一域,各求其是,而忘记了它是管理众人之事的一环。

有国家,有政治,必有法律;国无法则亡,政无法则乱,这原系不争的事理。然而国家的使命并非专为法律而存在,政治的天责也非特为法律而负荷;法律不过是国家生活的骨干,是政治生活的支柱而已。徒有骨干而无脑髓神经与血肉,便也不成其为体躯;徒有支柱而无梁栋瓦盖与门窗,便也不成其为建筑。所以单就法律而言,骨干须求其健,支柱必求其正,这是属于法理的范围。若就全部体躯或建筑而言,必须彼此互相配合,恰得其当,乃有其用,乃显其效,这是属于政理与事理的范围。法理并不是"万病一针"的灵药,法理总得配合政理、事理,才是"菩手回春"的神医。

从法理与政理来看:我过去曾说过"承平时期法理重于政理,非常时期政理重于法理";这句话或会引起他人误会,现在不要提它。但"立法系以政理支配法理,司法系以法理支配政治",却不能认为是我的偏见。这就是说,有如何的立国精神,有如何的大政方针,就应有与其配合的法律。"恶法亦法",这是司法者的守则,但在立法者既知其为

"恶"，就应修改或废止，不能给为逃避责任的口实。反而言之，在司法方面，固然于运用法律时候要配合国策，但其所遵守者是法理，也只能在法理之下配合国策，一方面于法有据，一方面于政无违，这就是法理支配政理了。但只注重了法理，以形式为上，忘记了政理，不顾全局，却也非宜。

从法理与事理来看：王道不外乎人情，法律不外乎生活，必须适于国民的需求，行得通，做得到，才不成为具文或为恶法。所以在立法方面除了以政理支配法理外，还要与事理相照应才行；立法者制定法条不以审查表决的内勤工作为贵，并以沐风栉雨的外勤考察是尚无非想从事理方面下一番工夫罢了。其在司法方面，事理更属要紧，辨别供词，审酌证据，以及量刑轻重，都是要熟悉事理，方能引用法条，恰得其当。尽管精于法理，说来头头是道，但如昧于事理，便或格格不入，也就不免失去法律为国家而效用的精神，为政治而凭借的作用了。

事物纵系两样，道理并无二致；同中虽然有异，异中仍须求同。器官固各有其专长，但不能独自为物；机件固各有其特用，但不能各自有成。余于法理、政理、事理亦作如是观。

法身·法相·法力

从法治、人治的配合问题上，想到法律与道德的认识问题。法律与道德诚然不是一个概念，视为同物，但也绝不是体用为别，类似形影；更不是旗鼓相当，宛若泾渭；如以同源异流为说，那只是法律与宗教的区别；如以合流别源为说，那只是法律与技术的关系。据我看来，法律与道德是同其质、异其态，借用佛家的话，好比只有一个法身，却有二重法相，随同法相所发挥的法力也就有所不同。

从法身说，法律与道德原无不同，同是社会生活的规律，同是社会生活心理力所表现的规律，同是经社会生活主体制定或承认的规律，同是由社会力或公权力强行的规律。从法相说，这是由本质上显示的现象，有属于道德的，有属于法律的，要视时代与环境的需要缓急而有变幻。从法力说，这是由现象上显示的效力，有的是道德的约束，有的是法律的制裁。就因法律与道德在法相、法力方面各有不同，于是它们虽系同一事物，却从禁人为恶及劝人为善的许多例证上成为两个不同的概念。

不过，我这一种观察，是有一个前提的：所谓法律并不限于制定法，连习惯法，甚至正义法都在其内。所谓道德，并不限于个人的道德，连社会的道德，公众的道德都在其内。历来对于法律与道德这个问题的观察，把重点放在制定法与个人德行方面，所以只能见其偏而不能见其全，只能见其法相、法力的异态而不能见其法身的同一。从而对于法律、道德相资为用，并行不悖，便不易从其根源上说出一个究竟的道理来。

　　因为法律与道德在本质上是同一法身，随着时代与环境的需要，它可用严肃的法相显示法律的法力，也可用慈和的法相显示道德的法力。不特此也，原本是慈和的法相，而因化之弗能从，更可一变而为严肃的法相；原本是法律的法力，而因诛之无其要，又可一变而为道德的法力。惟在沿革上，法律的法相、法力，就其范围而言，每较道德的法相、法力为狭，而逐渐扩展至今日法治时代，许多道德的法相、法力，以及许多新规律在过去应属于道德的法相、法力，都转变而为法律的法相、法力了，我曾经说："法律是道德的甲胄，道德是法律的宝藏"，即本于此。

　　从上所说，我主张研究法律学的，应该有"法律伦理学"的科目，同样研究伦理学的，也应该有"伦理法律学"的科目。这个见解也不是完全出于臆说，"政治地理学"和"地理政治学"的创设，便是一个先例。

理论法学与经验法学

一

　　法学虽是社会科学的一个部门,但其涵义并不简单,一如医学的分科分系研究,在整个医学体系里,各成为一个"小天地",而有其精微的理论及宝贵的经验存在。关于法学的应用功效,在科系上已经各专一长,不易强同,而在法学之基本的研究方面,也有理论法学与经验法学的分庭抗礼。重视理论法学的人,仅把法律哲学视同研究的锁钥,普通所谓法理学,其至法律思想史等课程也都属于这一类;重视经验法学的人,便把法律史学视同修习的桥梁,普通所谓法制史,甚至罗马法、英美法、比较法等课程也都属于这一类。

　　就侧重法律哲学方面的见解而言,认为每一区域、每一时代的法律之制定,均有一种思想为其前驱:有神权思想而后有宗教化的法律,如各民族古代法是;有封建思想而后有封建化的法律,如欧洲中古的法律是;有自由主义思想而后有个人本位的法律,如法国大革命后的法律是;有社会主义思想而后有社会本位的法律,如现代各国的法律是。故能明了法律思想的变迁及趋势,对于法律的研究即可探知源流而有取舍,乃不致如无源之水随地而涸,如无根之木遇风即倒。

　　其特甚者,更认为凡在思想上为正确而可行的制度,不问现在情况如何,即应本于革命精神,不妨对现行法律的更改为一种突变,所谓"革命的立法"便是。本来,一般人均以法律应随社会实际情况而制定,不能无中生有,但思想的普遍存在也就是社会情况的一端,根据新而普遍的思想制定新法律,不能说没有必要。譬如:现行"民法"毅然废除宗祧继承,并承认女子有继承权;这和数千年来的社会习惯极不相合,但现代思潮上既讨厌宗法制度的存在,又以男女地位应该绝对平等,便不留恋旧情,大胆地引导社会走上合理的途径,若候社会有变,然后改制,不知又在何日了。譬如:训政时期,为整理财政而有超然主计制度的创举,为强化人事行政而有人事管理制度的独立,这虽反于故习,但在一般人心目中,均觉得应如此做,便如此做了。虽在创制之初,困难重重,终因勇气不衰,逐渐改进,乃能发展到今日的成绩。前立法院制定海商法时候,曾复航业公会函里有几句话:"一切习惯只能保存良好无害者,而不能悉予仍因,若其不加轻重之权衡,则且无立法之必要,而航业亦将无进展之可言。"同样,在票据法案说明书里也说:"习惯之应保存者固不能一笔抹煞,习惯之应改良者亦不能曲予迁就。"对习惯如此,对过去法制亦然,这不啻说明了理论法学的重要性,轻视了法律史学的研究。古人说"礼虽先王未之有,可以义起也";根据这一派学者的见解,得易其言曰:"制虽过去未之有,可以法创也"。

就侧重法律史学方面的见解而言,认为任何法律制度并非凭空而来,"泉自冷时冷起,峰从飞处飞来",实在不足确答事实的真相。须知"前事不忘,后事之师",能鉴往才能知来,能温故方能知新。从而集多少的成例,聚百千的旧典,自会从其中寻出新的规律,作为制定法律的南针,这就是对法学为基本研究的根源所在。换句话说,现行法律制度乃法制史上较后的一个阶段,除了"启下"的工夫外,并有"承上"的作用。所以对现行法律制度的研究,欲洁其要,通其变,发其微,存其真,如不以法律史学为重心,便无由见诸应用,得到效果。

其特甚者,更认为法律哲学与法律思想虽能影响现行法制,但不必都能这样,且不必都能为有效的影响。譬如:用公职候选人考试以补救考试制度的弊端,原系政治思想上一大发明,而我们制定宪法时,却受阻于环境,竟未制成条文,共期遵行。再如:旧公司法采取节制个人资本的思想,限制大股东的权益,扶持小股东的地位;殆抗战结果,亟需工业化,欲吸收内外国人资本,奖励其从事公司的组织,便不能不有新公司法上一反其道而行;并从旧公司法施行后的经验觉得非这样做不可,所以就变通地办了。那么,如要推进现行法制之实际的效能,完成现行法制之灵活的运用,当以经验为可贵,不必专尚学理而无成就;就不啻说明了经验法学的重要性,轻视了法律哲学的研究。近人说,"历史之进展,有若水波相逐,其起灭皆非偶然",根据这一派学者的见解,得易其言曰:"法律之进化,有若水波相逐,其承继实所当然"!

二

两派学者的见解,固各有其理由,后学之士专从其一而为法学之基本的研究,都会有其造诣成为名家。然如在今日医学方面,因分科分系精细,虽各能神乎其技,但已感觉到从业者只注意了"病"而忘记了"病人",从而新医学的趋势便走向各科系的联系关系上去,裨能达到分工合作的目的。在法学方面同样应该如此,假若有人想,在法学界争得一个全才地位,从"法律专家""法律通家"进而为"法律学家",就其研究的方向说,似乎应以理论法学与经验法学并重,乃不囿于一隅,这或者可说就是"综合法学"的方向了。

为什么说专就理论法学或经验法学而为研究,在个人的造诣上各能有其成就?这好比演绎法、归纳法的分道扬镳一样,倘能善于运用。自然各有其相当的效果表现出来;尤其在新事物的创始或发见,使用某一方法,都不会没有成绩。理论法学最善用演绎法而为原理、原则的创始，把它用在每个有关法律的事物上去。经验法学最善用归纳法而为定理、定则的发现，把它用作各该有关法律的编制上去。试以国际法的建立而言：当时欧洲大陆正是自然法学派盛行时候，格劳秀斯（Grotius）①以新颖的自然法理论，认为各国应和平相处，互相尊重主权，遂成为国际法这一学问的始祖；可说是理论法学的赐与。同时，在英伦三岛，向来重视惯例，邹奇（Zouch）②从各种旧的事例中，寻出国际法的准则，打下了国际法方面成法派的天下，可说是经验法学的恩典。在国际法这一学问方面有了不同其道的两大主流乘时而兴，然后才有折衷派、新成法派的同汇合流，使国际法这一学问奠定了今日的基础。论功行赏，理论法学与经验法学确系各占一席，难分上下。

为什么又说理论法学与经验法学应该并重，不可囿于一隅呢？这并不是绝对出于求全求善的视法，老实说，理论与经验不只是互有联系，且往往交错而不可分。理论固为事实之母，但不佐以经验，终成空谈。海市蜃楼何尝不奇妙，可惜都是虚境；镜花水月何尝不美丽，可惜都是幻景！经验固系改进之本，但不符于理想，终无生气。画匠绘壁何尝不精细，可惜并无神韵；泥匠塑像何尝不类似，可惜仍是糟胚！这总得"你中有我，我中有你，你才不落空，我才有所凭"，然后理论法学与经验法学乃能互有妙用，各显神通。再进一步来看它俩往往交错而不可分的情形：譬如欧洲大陆的法律思想，必须溯源于罗马法家，但罗马法家思想的来源却以《十二铜表法》为最早的依据，以《查士丁尼法典》③为最完备的法律，这类事物的研究却是经验法学的范围了。譬如英国的"光荣革命"乃既成事实，为求得在公法关系上的根据，洛克（Locke）便有"革命正当论"的写作，为民主思想立下信条，而"光荣革命"的主持

---

①　原文为"谷罗秀斯"，按今通译"格劳秀斯"改之。

②　原文为"曹区"，按今通译"邹奇"改之。

③　原文为《优帝法典》，按今通译《查士丁尼法典》改之。

人克伦威尔(Cromwell)也必有其个人的思想来源。这些因果的研究,又是理论法学的范围了。即以中国事例而观,宗祧继承的废除,女子继承权的承认,表面上似属创举,而为推翻宗法社会思想及维持男女平权思想所致。然在外国早已成为通例,可说是吾人各该思想的所本。且在我国过去《律书》《礼书》方面,宗法制度逐渐失真,久已到了支离破碎的境界,一举而推翻之,原系蜕变的结果,非即突变的殊功。女子在明清律上固不得承祀祖宗,且不得入为嗣女,然在财产继承方面,嫡妇守志,在未为夫立嗣以前,仍得"合承夫分";户绝财产果无同宗祀穆相当之人承继,便归亲女承受。民间习惯也认为"儿一半,女一角,外孙来了分口锅",可知女子继承仍有所本,并非绝对为由新思想而产生的新法律。何况因果关系中,还有一个"缘"字存在;这就是说,从理论上而得到的因果律,倘有事实方面之"缘"加入,有此因却不必即有此果,也可说是理论受了经验的改变。同样果报关系中,还有一个"力"字存在,这就是说,从经验上而得到果报律,如有理论方面之"力"加入,有此果却不必即有此报,也可说经验受了理论的影响。

不过话又说回来:因为学问的境界无边,个人的精力有限,要想在法学界成一综合法学家的全才,恰如其分,却也不是容易的事,也许只是一个理想,故在综合法学方面仍不免各有偏重之点。然无论如何,深于理论法学的人对于法律哲学固为宝物,却也不宜轻视经验法学方面的法制史实。因为思想而不见诸实用,而不影响实际事物,乃是玄想,乃是空谈,何贵乎有此思想? 有此理论? 深于经验法学的人对于法律史学固为珍品,却也不能忽略法律哲学方面的法律思想。因为无思想为其前驱的法制,等于缀补成衣,或装点为像,非属恶法乱制,即属具文,又何贵乎有此史实;有此经验? 若再降而次之,徒以理论法学视作门面,虚有其表而无其实,或以法律史学视作货品,堆积如山竟无交易;都是走入极端,不足以言"学",又何足以言"法"?

法治的外缘与内涵

　　法治只是政治现象的一隅,司法更是法治现象的一环。仅倾心于法治而不顾及他事,很难收法治的功效而使法治现象合理化。仅课责于司法而不重视外因,很难达到司法使命而使法治现象健全化。法治对于管理众人的事,并非万病一针的药,在法治的外缘上还有许多"婚姻关系"同时存在。司法对于管理众人的事的法治,也非只此一家的店,在法治的内涵上还有许多"昆仲的关系"同地光临。那么,法治的外缘与内涵,又是些什么?

　　关于管理众人的事所用的方法,过去曾有两种对立的主张:一个是"人存政举,人亡政息"的人治,一个是"王子犯法与庶民同罪"的法治。但"国皆有法而无使法必行之法",行法的人不好,好法也要变成坏法,这就归结到"有治人无治法"的论断。反而言之,不要说五百年乃有王者兴,而众人的事的管理却难中断;且"人心惟危,道心惟微",没有一个衡量是非,并须实现其效果的客观标准,也不容易将众人的事管理得好,这又归结到"有治法无治人"的答案。所以人治与法治应该相辅而行,不可偏废其一。有了好人,当然会有好法,有了好法也能造就好人,人固非为法而生,法却能为人所有,这是无可置疑的。据此,在法治的外缘上已有人治与之表里相亲了。

　　不过,要政治现象不断地走上理想的境界,我觉得在法治、人治以外,管理众人的事还得注意到礼治和器治两种方法。庆赏的礼节、祭奠的大典、国际的礼貌,固然是礼治的任务,然尤莫重于"礼者事之宜也,协诸义而协,虽先王未之有,可以义起也"。因为时代开展,社会进步,有许多新事实不能萧规曹随,必须改弦更张。所以在立法方面不能不有新的创作,在行政方面不能不有新的先例,在司法方面不能不有新的判解。这些,都是以礼行义或以义行礼的道理,不是拘守旧有条文,力避扩张解释所能奏效。至于器治的"器"字,是从"形而上者谓之道,形而下者谓之器"而来,也就是科学之治,当今科学时代,对于众人的事的管理,尤不能不采用这种方法。譬如说,证物真伪的鉴定,尸体解剖的检验,都要信科学的方法,即如法司问案,也应该以录音与笔录并用,而在语言不通的对话之间,不经过通译,而直接利用翻译的耳机听话,岂不更为确实可信?这样,较以法治补救人治的不足,又进一步并使法治也得到真实的效果。据此,在法治的外缘上除人治外,还有礼治、器治两位"亲属"相互依赖,使管理众人的方法,骥足而四,乃能负千钧之重,达万里之程。假令不同时并重依人为治、依礼为治、依器为治的三种方法,单靠依法为治的方法,对于众人的事的管理总是有缺陷而难圆满的。

单就法治现象来说,在法治的内涵上也不是专靠司法一木独支大厦。法治大厦的巍然存在是有四个大柱合力支持,并有全部础石奠定它的根基。这四个大柱:第一是立法,过去王言即法,君命曰令,已经不合时代而淘汰了。今日,由全国人民选出代表立法,显见法律是国民总意的表现;立法者也只能顺应全国人民的需要而立法,不能单凭个人意识而创作。恶法亦法,后法优于前法的话,不是立法者的金科玉律。既知其为恶,何以不来改善?既知前法不合需要,何以不予废止?从而立法方面如有偏见或疏失的地方,也就首先影响了法治的精神。第二是行法,这系指广义的行政部门所应负的任务而言,他们依据法律,执行庶政,而其自由裁量的领域,依然是法律开放给他们的。所以行政命令无论是规程、是规则、是细则、是办法,都不能违反法律,抵触法律或变更法律。从而行法方面如有主见或差错的地方，也就容易影响了法治的精神。第三是司法，或则处理民刑事件，或则受诉行政事件，都应依法而为，不可造次。广义的司法是包括军法在内，现役军人固应受军事审判，非现役军人而在戒严地域犯有一定的罪名，也应受军事审判，这都是本于宪法和法律的规定而然。司法贵直不贵曲，尚正不尚偏，最忌受任何外力的干扰，受任何主观的支配。从而司法方面如有成见或违误的地方，也就继续影响了法治的精神。第四是明法，这是指任何解释法律，阐明法律，或评判法律望其改进的任务而言。有权的明法者是大法官，有职的明法者是公设辩护人，而律师、专科以上学校的法学教授，以及社会上负有盛名的法律通家、法律学家、法律专家都负有明法者的责任。要是明法者稍不注意而偏差，甚或立奇说、唱异调，也就不免影响法治方面的正确观念和其精神。立法、行法、司法、明法四个大柱，各有岗位，必须通力合作，才可使这座大厦与国家同其命运，永远地发出万丈光芒！

然而最要紧的还是奠定法治大厦根基的全部础石；那就是说，全国人民不问性别、宗教、党派和官民、贫富都得守法。立法者的立法须遵守一定的立法程序，行法者的行法须遵守法定的处务程序，司法者的司法须遵守确实的诉讼程序，明法者的明法，像大法官有其会议规则，像公设辩护人和律师都有其应遵守的法规章则。这些均系支持法治大厦四个大柱本身任务上应守的法是不用说了。推而任何一个人在其依法行使政府权或公民权的时候，固然立在治者的地位，但除此以外，同时具有被治者的身份，那就是人民的守法义务了。多数人都很守法，自然减少了司法方面的讼源，防止了行法方面的困扰，避免了立法方面的法条滋章，帮助了明法方面的积极建树。而且能守法的人必然是修身立德、知礼明义的人，其智慧才能更足以济世，并不用来济恶。不特有益于法治，还是人治、礼治、器治各种管理众人的事的方法，为其实施上起码的条件。至于全国人民必须守法的基本原理和其对于个人的利害关系,那又是另一方面的问题,不必详明于此。然而正因全国人民应该先天地守法,不容其不作为法治大厦的础石,这更系建立理想国家的必然现象了。

论法律与宗教的连系性

一

文化是人类有意识的创造而延续而光大而交流的一种形象。有人类的存在，就有文化的产生，乃系以整体姿态表现于人类社会之中。无论宗教、道德、礼仪、习俗、技术、政治、经济、法律等等都是文化的一部分。分别观之，固各有其相当领域，无非出于主观上、想象上的区别；全般观之，殊难见其显然疆界，这是由于客观上、事实上的统一。从而人类文化的某一部分，既均为整体文化的构成分子，而非孤立存在，彼此之间自然有其声息相通的地方，原不仅法律与宗教得为连系性的探讨，即与其他构成人类文化的各部分仍属同然。法律与宗教就其主观上说：一个是经由具有公权力者的制定或承认的事物，其最后的是非曲直裁判，除行政处分外，都是司法部门处理，各级法院就是保卫法律的重要堡垒。一个是精神王国统治下的各种组合，其构成分子除了各人本其国籍是在，仍受国法的支配以外，分别加入各该种组合，另自具有宗教徒的身份。做礼拜、做弥撒、讲经、设醮、参禅、打坐，各自有其例行的功课；而教堂、寺院、庵观就是宣扬宗教的重要营盘。再就法律与宗教的想象上说：一个是规范人们的行为，造意必须出之于口，见之于行，方得绳之以法；我国儒家虽讲诛心主义，乃是道德方面的观点，并非法律方面的含义。其在法律方面所用的制裁既系出于维持公安、保护良俗而然；且系由于公权力之发动，而见其效用。一个是规范人们的心灵，不仅过问人们的行为善恶，而且一念之差、一贪之微，就要对神负责，受良心的制裁。然而神是宽大的，只要知悔改过，依然可升天堂，不入地狱。这与法律重在处治既已着手实施的犯罪行为，不以事后知悔免罪为宥，有所不同。据此，法律与宗教在其主观上、想象上显然分庭相抗，但就客观上、事实上观察，却另有其互相连系的地方，不一而足。

<h1 style="text-align:center">二</h1>

　　法律与道德是同源而异流的。这因古代民智未开，一切归之于神，不仅法律如此，就是政治、道德、礼仪、习俗等等，无一而不受神的支配。慢说像"塔布"（Taboo）信仰，系合宗教观念与道德、法律观为一；像"奥提耳"（Ordeal）审判，系合宗教观念与政治、法律观念为一"；其决斗及他种自力执行也系于神前或托神意而为之。且古代各法系更受宗教的洗礼，法条与教条混同为一。像希伯来法系的《摩西法典》，即系以摩西"十诚"为基础；印度法系的《摩奴法典》①，即系以婆罗门教的教规为蓝本；他如埃及法系、伊斯兰法系的法律同样为宗教化，更属昭著。除了欧洲中古的寺院法弥满宗教的气氛不计，即罗马法系在查帝时代，宗教与法律依然同属一格。像法学家乌尔比安（Ulpianus）②在其《法学阶梯》中就说"法学是神事与人事的关系以及研究如何符合正义的学问"。所以在"泰西法律"与宗教的正式分道扬镳，乃是政教分离以后的事情。

　　若说到我国法律的起源也是经过神权阶段，多少含有宗教化的色彩。旧称"国家大事，惟祀与戎"，无异说明古代除了对内的神事，对外

---

　　①　原文为《马努法典》，按今通译《摩奴法典》改之。

　　②　原文为"乌尔比央"，按今通译"乌尔比安"改之。

的戎事以外，就再没有大事；那么，政治与法律等等都包括在神事以内可知。先以为刑事法起源的"法"字为例。"法"古作"灋"，《说文》云："灋，刑也，平之如水，从水；廌所以触不直者去之，从去"。廌为灵物，神意所托，能触不直者去之，其判断是非，便是神的指示，不可有违。再以现代政事法、民事法是在的"礼"字为例；礼本出于祭仪，《说文》云："履也，所以祀神致福也，从示，从豊，豊亦声"；又"豊，行礼之器，从豆，象形"。这不是与宗教形态为合吗！惟在中国古代，是因种种关系，却早于"泰西国家"脱离了神权支配，而归于自然法象的范畴，从而中国固有法系的形成，便不为神事所操纵，特以人事为依归，这就好像中国固有法系未曾受过宗教化的影响似的。

三

然而近代以来的法律，纵与宗教分离，各立门户，两不相犯。但因初创阶段既是同居共炊彼此不分，那么，至少在法律独自成家立业以后，就难免将宗教方面的余泽由其享受，将宗教方面的芳香为其吸收，这便是法律与宗教的连系性确在了。例如，公司法上的公司制度，两合公司为最早发生的公司形态。初在欧洲古代，海上贸易发达，有所谓"康孟达"（Commanda）契约，航海家有勇气，无资财，便出人出力；资本家有资财，怕危难，便出钱出货，两相凑合，经营海上贸易事业，所负责任便有无限、有限之分，成为今日两合公司之来源。其所以普遍仿行于欧陆各国，而将原来命名"康孟达"公司的两合公司延续于今日的原因，无非受寺院法的影响而然。按照寺院法的宣示，一方面禁止借本营商，一方面禁止放债生息；于是商业家想经商而苦于不能借债，充作资本；资本家不愿亲自营商而苦于资本呆滞，不能放债生息。为逃避寺院法的限制，惟有利用两合公司的组织形态，而得其便，这便使海上的"康孟达"公司成为永久的两合公司了。他如寺院法的亲属的亲等计算方式与罗马法的计算不尽为同;各国立法例也有采用其计算方式的,我民律草案亦然。以外,国际法上承认罗马教宗为国际法的主体。欧洲也有国家承认其国教的法律性,同样是法律与宗教连系性的例证。而在一般法律中,像宣誓制度的承认,亵渎祀典的治罪,礼拜日停工休假,否则便加付工资;我"宣誓条例""刑法"分则、"工厂法"都有明文规定。

　　至于宗教的力量有助于法律的效果发生,更是很多,"监狱行刑法"及"羁押条例"中的教诲师既以改善受刑人或在押人的品德为主要目的,最好由宗教徒担任是极适当的措施。说到出狱人保护会的组织,也似乎以教会或教徒为中心人物,免得为德不终,又再跌入法网。因为使犯有罪过的人们,确能忏悔向上,宗教的力量更甚于道德的力量。美国有一故事值得提出:有一犯人被捕受讯,矢口不吐其实,翌晨再讯,全盘道出;间其所以,答称渠系教徒,不应说谎,愧对上帝,彻夜不眠,为解除精神上痛苦,只有实说认罪罢了。其实宗教被人称为"出于迷信",殊不知信之深便是迷,不特不应诽议,而且是有益于世道人心的事。从而要使全国上下都有守法的精神,最好把宗教方面的信心迷念借用过来,使每个人都是迷信法律的忠实信徒,还有不守法的人吗?还有不能做到刑措不用的境界吗?十几年前我曾发表了"律师与牧师"一篇文章,深愿律师同道,以牧师的心情办理当事人委托的案件,纵使不能完全做到,却也不可无此存心。推而如推检的办案,诚然不能比就教堂的讲"道",寺院的说"法",似乎也可在不违反法定的职责方面,将牧师的精神多少吸收一点,总是有利于被告的。若像"国立故宫博物院"里陈列一位皇帝手批臣子的奏折上说"满脸横肉,看来就不是一个好东西",这就显系偏颇的主见,苦煞了被告,绝对不为宗教精神所容,而亦法治精神难宥的。

四

　　法律与宗教的连系性，除上面所说种种外，我还有一种看法，想把法学美化，并与神学打成一片，也就是我在法律哲学上的尝试而与"法律与宗教的连系性"这个问题同样有其关系。说起法律原不限于制定的条文法，连同承认的习惯法，采用的判解法等等都在内的。倘如再把法学的范围扩大起来，一切社会律、道德律，甚至于宇宙律、自然律都应该包括在"法"的范围之中，宗教律自然不在其外，这是就宇宙万物、人类万事的整体观察而如此。那么，宗教规范等等压根儿就与法律规范是同一血缘。也就是唯一无二的同源的血缘，对于这同一血缘各种规范得总称之为"法"、为"律"。就全般规范本身所表现的纵面现象上看来是有系统的、是有秩序的、是有层次的、是有因果的；就全般规范本身所表现的横面现象上看来是有平衡性的、是有调和性的、是有协同性的、是有中庸性的。要是没有系统秩序的排列便是"乱"，"乱"必生争；要是没有层次因果的联络便是"荒"，"荒"必难安。那么，也就不能成其是"法"、是"律"。要是失去平衡调和的性能便是"偏"，"偏"即不平；要是失去协同中庸的情景，便是"私"，"私"即有屈。那么，更是不能见其为"法"、为"律"。防乱止争，塞荒求安，不偏而能得其平允，不私而能免有冤屈，这是规范本身的神圣使命，同样是"法"、是"律"与为"法"、为"律"的广大效能。我曾说了两句大话"使法律与乾坤同寿，以章条与日月合光"。诚然想抬高法律的身价，其实宇宙乾坤、日月星辰依然是在宇宙律、自然律范围之内，属于所谓"先天而天弗违"的规范了。如此圆满的体系，如此调整的风格，在其纵横的现象上充分显示美的观念，使人们能欣赏体会，所以我历年来主张的美化法学就是想从美学目标上探讨法学的究竟罢了。然而若从这种规范本身上来说，全般规范非限于社会律、道德律等事,当然不能归于人力所致,至多不过观天象、顺自然而仿为之,仍难探索命名为"法"、为"律"的规范本身之根源。宇宙律、自然律乃"先天而天弗违"的事物。换言之,完整体事的安排,调整协和的创造是与天地同来,总必由有一类似"造物主"的渊泉是在。惟因在人类今日知识尚属有限的阶段,只可"神而明之"称其为神。我虽不是任何宗教徒,却承认宗教家所说的"神的存在"。他们说"神虽不能证明其有,但也不能证明其无",他们固然重在本于"禁神如神在"的信心而然,老实说,在事物起源的追寻方面,不归之于神又将如何解答这些问题? 所以我从法学、美学方面研究美化法学之外,又想与神学打成一片,以探寻包括一切规范本身来源的法学真相。那么法律与宗教在这一点上也发生了连系的关系,不过这只是我个人的见解罢了!

不必深玄落理障　条条法律为人生

一

"天地，万物父母，惟人万物之灵。"这就是说：没有天地，便没有万物的存在，我们人类更是无影无踪了。然如没有人类，纵使有高明博厚的天地，有繁杂奇异的万物，这既不是人的宇宙，也不是人的世界，那又何能体念天地之德，称誉万物之用呢？惟其有天地，有万物，复有人类，而我们又都是人类一员，所以我们就说"天地之大，人为贵，万物之中，人为灵"。

我们人类自远祖以来，迄于今后亿万世子子孙孙，不特继续战胜自然、征服自然，并且逐渐发现自然、利用自然。在无穷尽、无穷大的宇宙间，使我们无量众、无量数的人类，得于各人的生存期内，依时序推进演变而获得其康乐向上的生活。因此，谈"文化"，先天地认为它是指人类生活的方式而言，谈"社会"，先天地认为它是指人类生活的连系而言。不错！万有生物中，如鸟作巢、蛛织网，既系一种造作，不能说它们没有最简陋的"文化"，蜂有后、鸭有队，既非单独活动，不能说它们没有最单纯的"社会"。然而这既非我们人类的造作与连系，且此种表现在它们中，也系永生如此，并无进步，于是文化与社会的意志便为我们人类独自擅有。推而如政治、如经济、如学术、如教育以及自然科学方面所列指一切事类的研究，既都是人类精神或活动所表现的形态或方向，而其目的所在，一言以蔽之曰："为了人生"；换句话说，为了人类康乐向上的生活而然。大而言之，就是为了人类，近而言之，就是为了全民，正系与人类获取康乐向上的生活之目的，密切配合。

法律是政治的骨干，法律是经济的管壁，法律是文教的堡垒，法律是道德的甲胄，同样是为人类康乐向上的生活而努力，其不应与人生脱节更系当然。中庸说，"道不远人，人之为道而远人，不可以为道"，法律也不外于人生，人如视法律远离人生，也就非人类所需要的法律了。世界法学中曾有一支恶澜逆流，像操阶级法说或强者法说的恶学者，竟谓法律为一个阶级压迫另一阶级的工具，或一个特殊集团利用为钳制人民的工具，使法律与武力混同为一、对人生背道而驰，这只是纳粹的所谓法律，当然不足道也！

居于世界上几个主流的法学派，无论其为宗教方面的法学派、新旧自然法学派、历史法学派、社会法学派都把法律最后的目的，放在维护人类生活的向上和增进人类生活的康乐方面，不过其所由之道各有差别罢了！但如分析法学派对于法律的见解诚然奠定了法律的统一性和安定性，有其不可磨灭的功绩，而且对于现代实证法学树立下应为遵守的章法。然若过分严守其说，不知变通，纯在条文字句间翻筋斗，纵翻了十万八千里，还不出如来的掌心，这就不免落入理障，也就不免与人生的需求有了距离。所以分析法学派虽在法学上赢得地位，自成一家，而因做到尽头，便把法律高悬在人生以外，就不能不由其他接近人生的学派取而代之。"不必深玄落理障"，分析法学派对这句话是不接受的："条条法律为人生"，分析法学派对这句话是忘记了的。

二

法律不应与人生脱节，这是一个大的原则，无可否认。但在法律的表现上,却由于时代环境及其他种种因素的不同,致人类各地区、各部分对于法律的认识与制作有其所异。学者所倡"国民精神法院",虽不能解释法律的通性,却能表彰法律的特性。每一法系、每一时代所表现的法律,总必与各该法系时代下的国民生活相适应;而这种国民生活,一方面是受时代环境的影响,一方面是受历史势力的支配,这就是说,中国人需要有配合中国人生活的法律,外国人需要有配合外国人生活的法律,不可漠视国情,见异思迁,长了他人的志气,忘了自己的本分。

提到中国以前法学的进展演变,倒也经过了儒法两家多年的论战,终于造成"礼刑合一"的局面,奠定了中国法系的基础。礼刑应否合一,是儒法之争,是王道、霸道之争,也可以说是法律应否配合人生之争。法家认为"万事皆归于一,百度皆准于法"认为"使民以法禁,而不以廉止"的唯法主义,可说是世界上最古的分析法学派。他们以法为神圣不可侵犯的事物,"法而不议"是其根本信条,"法虽不善犹愈于无法"是其绝对主张,我国律统的创立,固不能否认法家的贡献,而秦政百失,独有一得,就是以法而强,以法而兴。但不顾德教,专务刑杀,毕竟和人生的需求不甚符合。所以一方面有"徙木示信"的盛事,一方面便有"指鹿为马"的奇闻;一方面有加刑世子师傅的酷政,一方面便有作法自毙而遭车裂的惨报。秦最重法,而秦之亡也亦最速,这并不是法有何害,乃是法律不能配合人生,便发生一种不可挽救的副作用了。

儒家呢? 为政以德,齐民以礼,礼的一部分即系后世民事法、政事法的表现;同时亦不反对刑治,认为"出于礼者入于刑","刑法者所以威不行德法者",而"士制百姓于刑之中,以教祗德",更导刑事法于正当的用途;本于"天理",本于"人情",而为"国法"的认识。老实说来,儒家不仅是世界上最早的自然法学派,而且是最早的社会法学派,宜乎美国最高法院的世界法学家像上,就有孔子的石刻。自汉以后,儒家一变而为法家,入虎穴,取虎子,使法律以天理人情所表现的礼仪伦常为依归,可说与人生的需求融为一体。换句话说，法律是助长人类向上的生活，达到康乐的境界，不是离开人生独自成一理论体系而与人生对立的事物。这是中国法系的法律观，也是中华民族的法律观。

清末，因受列强压迫的刺激，无论在高谈"洋务"时期，或"时务"时期，恒认为外国的文物制度比中国优胜，甚至于外国月亮也是好的。法律专家同样领受了外国的法律知识，欲在中国试用。以人之长，攻我之短，是诚应有的改革，但不从数千年来与人民生活息息相关的中国法系上改弦更张，竟截然一斩，弃若敝屣，连固有法系适合时代的优点也未能保留下来。一切法理既系因袭外国的，许多条文也是抄袭外国的，这些法理和条文虽和外国的人民生活形影相随，却和中国的人民生活扞格不入，万不可生剥活吞地移过来。像某次民律草案采用德国的"土地债务"制度，中国人做梦也没有想到这回事居然要表现在法律条文上，预望人民有所遵守，我真不知当初的起草人究何一误至此。

三

国民政府成立后，虽以符合国情的三民主义为立法最高准绳，求与人生有所配合，且亦尽力于此。然数十年来的舶来气氛，积重难返，既尚围绕在学者专家的座前，要彻底建立中国本位新法系的话，也就非一时所能成功。不错！在现行法律中，为训政时期所制定者，如"民法"物权编对于民间习惯相当承认，如"民法"亲属编对于赘婿家制予以采纳，如民事诉讼的重视调解、和解，如刑事法规相当承认亲属容隐皆是；但说到密切配合中国的人民生活实况，分量究嫌不够。以政事法为例而说，旧制，官吏不得在任所购买田宅，不得由人民为现任官立功德牌，长官不得向属官介绍人员，且不得在员额以外，增添人员，违者负有刑责；这比现行的"公务员服务法"不是更切合人民需求吗？以民事法为例而说，宗祧继承诚然要不得，但立祀子而承祭，岂能说是与人生不合而就是毒药吗？以刑事法为例而说，谋杀伤与故杀伤的区别，误杀伤与过失杀伤的划分，戏杀伤与斗杀伤的分析，都是本于情理，使其锱铢不爽，能说这故意杀人、过失杀人、轻伤害、重伤害、因伤致死的分类为无价值吗？今既对中国本位新法系不易建立，惟求其制定法律，司理法律，不落理障，不偏形式，当可逐渐收到法律为人生而存在的功效。

使法律与人生密切配合，在立法者与司法者之间，第一步当然是由立法者负担这种重任。法律并不是立法者意识上的创造品，想制定如何的法律就制定如何的法律，而是一般人就公众利害上需要这种法律，才由立法者凭其智慧，为全盘打算而制定该种法律。分析法学派每以法律为主权者的命令，不顾及国情民俗的需求，这是绝对错误的。纳粹国家的法律、铁幕区域的法律，更把法律视同少数人有意识的创作，怎能不与广众人群的生活脱节。民主国家的立法，向由人民选出的代表组织国会，兼为立法机关，就是因为任何种法律都与全民的生活息息相关，便由他们的代表握有立法的大权。其更民主而符合人生的，既有地方自治团体的自治立法，又有创制权、复决权的运用，于是任何一种法律既非无的放矢，等于具文，亦非无的而射，反于人生。这因为人民代表系从各阶层、各地方而来，富有历史的传统意识，熟知全民的生活习惯，便能将社会上一般人所需求的，写成法律条文而实施。他们虽不必是法律内行，但另有法律专家为技术上的协助，却也尽了他们立法的职责。

反而言之，倘若立法者个个都是学富五车的专家，就不免有两种顾虑存在。一种顾虑是专家对于外国法律的知识，真够称得上"博士"，对于海事法、捕获法、涉外民事法律适用法……这一类具有国际性的法律之制定，自然得心应手，不会故步自封。但对其他性质的法律，也就不免将外国法律移植而来。以前由各专家所制定的法律，多少还是留着外国法律的影子。有许多条文迄今二十余年来还未用过一次，而如民刑事诉讼法上有不少语句，也很难懂，如"期日，在法院内开之"，这不用说是直接翻译外国法律条文所致。另一种顾虑是专家对于法律学识也真够称得上"权威"，但因大家各有一套不平凡的理论，且既非人民的代表又无选民监督其后，持论发言更无牺牲之点。于是你坚持你的观点，他固执他的见解，纵然不致议论多而成功少（修订法律馆的无成绩，便是这个原因），但是最后所得的结论，依然是远离人生的"理论法律"，而非配合人生的"实用法律"。

四

话分两头，司法者负有实用法律的责任，不能对法律有出有入，对案件有枉有纵；"恶法立法"虽不应出诸立法者之口，却是司法者在其职务上一个重要的守则。那么，要法律配合人生的话，似乎与司法者无干；并且还有人说"立法要宽，司法要严"，就是要司法者忠于法律易于实用罢了。然而这种观察，仍只是一种"官话"，未能深切了解法律实用的真谛。我们知道审理案件，既有所谓法律审、事实审的为称，可见法理以外，并重事理，必以事实求合法律乃为有据，而事实的认定，本于证据由法官自由心证，这就牵涉人生问题了。譬如说，审判刑事等案件，被告虽有犯罪嫌疑，并非即为犯罪者，倘主观上认为被告即负刑责所经讯问不过为证实其罪而已，这就不免唯法为尊了。倘主观上认为被告仅有犯罪嫌疑，并非即为有罪，而由其尽量辩解，提出反证，这就是配合人生的审理了。除此以外，因国人一般法律常识不足，法院所设的诉讼辅导机构裁判书正本上对于上诉抗告期间的指示，通俗称之曰"便民"，实际上也就是使法律配合人生的一端了。

然而司法方面使法律配合人生，更有大于前所述者：因为法律的条文甚简,事态的变化无穷,每一条文的适用对象,无殊万千;必探讨法律的真义,适应社会的情势,便有了司法解释;为活用法律于实际案件,而最后取得第三审的确定判决,便有了司法判例。解释和判例的所以存在,原本是为适应人生的需求而然,是司法者补救立法者缺漏的最好机会,最忌落于理障,反于人生。我们历年来多数判解都可说达到这一目的。譬如说,"民法"亲属编规定,妻以其本姓冠以夫姓,赘夫以其本姓冠以妻姓;妻以夫之住所为住所,赘夫以妻之住所为住所;子女从父姓,赘夫之子女从母姓;系以"赘夫"与"妻"的地位同视,表示男女的平等,然有些条文只规定夫与妻的关系,竟忘记了妻与赘夫的关系,如果采形式主义为条文的适用,便妨害了"赘夫婚姻"的正常生活了。所以"院解字第一六五四号解释"对"民法"第一零五二条第四款就解释道,赘夫对妻直系尊亲为虐待,致不堪共同生活时,亦得请求离婚。不受条文文字的拘束。譬如说,在一般人普通知识上,什么是撤销婚姻,什么是离婚,绝对分不清楚,错打官司是常有的事。但既应求便于民,自不宜绝对拘守形式,予以驳回,而必求其有所变通之道。像"院字第二四六八号解释",谓甲女与乙男均未达结婚年龄,由双方法定代理人主持结婚,如甲女以此为理由,向乙男提起离婚之诉,应认为依"民法"第九八九条提起撤销婚姻之诉。像"1933年上字第二二八一号判例",谓"原告以与被告结婚时,被告已先有配偶为理由,向法院求为使其婚姻关系消灭之判决者,自应认为依'民法'第九百九十二条请求撤销结婚。纵令误用离婚之名词,法院亦不得以其只能请求撤销结婚,不得请求离婚,驳回其诉"。这都是很能配合人生的判解。

反而言之,像"民法"第九百八十七条规定:"女子自婚姻关系消灭后,非逾六个月不得再行结婚,但于六个月内已分娩者不在此限"。其立法旨趣在妨止前后配偶间血统的紊乱,所以违反本条规定而结婚者,前夫和其直系血亲都有撤销权。那么如婚姻关系消灭,由于宣告死亡而然,亦即无此种顾虑可知。但综合"1944 年院字第二七七三号"及"1946 年院解字三二九三号"两个解释而观,依然须受停婚六个月的限制,不能说非落入理障而为形式主义了。又,"民法"第一千一百七十三条规定,继承人中有在继承开始前,因结婚分居或营业已从被继承人受有财产的赠与,除被继承人有反对的意思表示外,应在应继份中扣除其赠与价额云云。这是为了继承的公平而如此,若赠与价额超过其应继份,理应补偿出来,才能贯彻立法精神,更不可因此而抛弃继承即算了事。但 1942 年 11 月 19 日判例,却认为"抛弃其继承权者,已非得为同条所称之继承人,法律上亦无使其所受赠与失其效力之规定也"。这在纯文字的逻辑上虽可通,也或可说在纯法理上站得住,然如把"法律为人生而存在"的观念加入其中,这就有近于深玄而为不切于人生的见解了。

"不必深玄落理障,条条法律为人生",虽是我个人一种看法,但也有可以援引的言解。前日在某一个合议席上,一位医学界朋友说,前多日美国某医学家到我国演讲时,说现代医学,分科甚细,各为精深的研究;但就因此,各医师只会看"病",却忘记了"病人"云云。说到法学方面,同样有此情形的顾虑,倘谁看见了"法",专在法的理论内绕圈子,而忘记了法与人生的关系,也就是"只会看病而忘记了病人"。

二　法律史学类

研究中国法制史之耕耘与收获概述

一　引言

中国法制史课程为大专以上学校法律学系及史学系所必修或选修者。自国立京师大学堂（国立北京大学前身）开始至今各校皆然。余于1922年从程树德先生受教，虽以狭义之律、刑两篇为限，惟以向喜史学及经学之故，对于时已逝世之康宝忠先生所著《广义中国法制史》课本（朝阳大学讲义），每为涉猎不已。1923年暑假后在北平平民、中国[①]及1926年起在上海各大学授课及十余年来之写著，亦以经、史之学为主。1934年9月为上海商务印书馆写成《中国法制史》，列入大学丛书（以下简称"商务本"），此书后经日本学人西冈弘于日本昭和十四年译为日文，由东京岩波书店发行。书固由余写成，且开日本人翻译近代中国学人此类著作之创例（本人在商务印书馆所著之《中国婚姻史》，亦经日本学人藤泽卫彦于日本昭和十五年译为日文，由东京山本书店发行），但余担任中国法制史教授时，则在抗战军兴后，如北温泉复旦大学、南温泉中央政治学校及兴隆场朝阳学院是。胜利复员后在国立中央大学、私立上海法学院，来台后，在"国立台湾大学"、政治大学、中兴大学、军法学校、私立东吴法学院，均先后担任此一课程，由抗战授课起，至来台

[①]　此处应为"北平平民大学"、"中国大学"，原文中少了"大学"二字。

授课前期止，"商务本"无论是否书局供应困难，本人仅引以为参考资料，另在课余求有进矣，惟望日新又新，不受课本资料之拘束。适1964年春台湾三民书局发行"人文科学概要丛书"，另为其写成《中国法制史概要》（以下简称"三民本"）。后在各校授课，除政大"中国法制史研究"一课另有资料外，即以"三民本"为主要参考书，此因"三民本"诚以"概要"为称，但其内容实较"商务本"为富，且编法亦新颖。

"商务本"计分四篇：第一编"总论"为章有四，"中国法制之史的问题"一也，"中国法制之变的问题"二也，"中国法制之质的问题"三也，"中国法制之量的问题"四也。第二编"政治制度"为章有二，"中国法制中之组织法"一也，"中国法制中之选试法"二也。第三编"狱讼制度"为章有四，"诉审"一也，"刑名"二也，"科刑"三也，"肆赦"四也。第四编"经济制度"为章有二，"田制税制中之经济立法"一也，"商制币制中之经济统制"二也。"三民本"计分三编：第一编"总论"为章有四，"开宗明义"一也，"探源索流"二也，"固有法系"三也，"重要典籍"四也。第二编"各论"为章有六，"组织法规"一也，"人事法规"二也，"刑事法规"三也，"宗族制度"四也，"婚姻制度"五也，"食货制度"六也。第三编"后论"为章有二，"礼刑合一"一也，"今古相通"二也。除较"商务本"有所增加或修改者外，当时因宝岛资料不全，在民事方面，应有的宗法制度及继承制度，皆未撰写而补入之。

其在"商务本"及"三民本"以外，来台后"联合国'中华民国'同志会"曾举行中国文化讲座十数余次，余为最后一次。以"中国文化与中华法系"讲演稿登载该会发行之《大陆杂志》，此为余从中国文化方面而探索中国法制一种纪念。稍后法律学会约为中国固有法系专题之报告，乃于台湾疗养院病床上与谢冠生"院长"、查良鉴"部长"商定题目为"从中国文化本位上论中国法制及其形成发展并予以重新评价"，约七万余字，其性质实不啻"商务本"及"三民本"所写法制史之结论也。此一报告论文于 1969 年 4 月间经三民书局列入《中国文化与中国法系》一书出版(以下简称"三民新本"),与其合并订入者另有:"从中国法制史上看中国文化的四大精神""中国固有法系之简要造像""中国政制史上的民本思想""中国现行法制之史的观察""中华法系之回顾及其前瞻"等文。

余对研究中国法制史所为之耕耘诚如上述,然其有助于垦田、播种及锄草等事方面,实不止此而已。除在求学时代为商务印书馆所写之《中国古代婚姻史》,教书后为其所写《中国婚姻史》外,抗战前夕居正、洪兰友两先生为恢复中国本位新法系之提倡,余认为纵欲达此目的,必须对中国固有法系有其认识,决定在《中华法学杂志》撰写论文 10 篇(每月 1 篇)为入门之介绍。已写成"天道观念与中国固有法系之关系""儒家思想与中国固有法系之关系""家族制度与中国固有法系之关系"三篇。发刊后抗战军兴遂告终止。来台后,载在报章杂志有关法制史参考研究的论文如:"四维八德的法律论""儒家法学的价值观""儒家法学的义务观""无字天书的中国固有宪法""我国过去无'民法法典'之内在原因""我国往昔之婚律""我国现行法制之史的观察""军法起源与兵刑合一""条例之得名及其特质考""关于耕者有其田的史料提要""从史学观点上题'审考三十年'文""'中国法制史'外话"等文皆是,于此姑录《双晴室法律文章选集存目》以供参考,原文如下:

"'国立政治大学'法律研究所受教同学曾准备为余夫妻筹祝八十双庆及金婚纪念,推王文、陈枭两同学至各图书馆,将余二十余年来,在台各报章、杂志发表之法律文章抄录或影印而出,约百篇。经余将法律外论、法律杂文及法律书序三类舍去,存有法律哲学、法律史学、法律释论、法律实务四类,所余尚有法律教育一类,分别并入他类之中,总其名曰《双晴室法律文章选集》。……至于文稿既备，编目已竣，今仅为存目之刊，而不即为出版者！物价高涨，需要印书纸张及印工等费非微，虽有同学发起集资印行，内人认为生日与金婚乃自己的事，不必累及同学，遂作罢，俟个人有资力时再印不迟……。"

本文既系本人对研究中国法制史之耕耘与收获而言，其关于垦田、播种、锄草等及所投资本，所费劳力，所用技术方面，已在前述各段中详有所及。然则所收获之情况又若何？因中国法制史系为史之研究，欲采其收获而所得者，首不能不从史学方面求之，既非通史，而为法制史之专门史；次不能不从法学方面求之，且非东洋法制史或西洋法制史的范围，而特为中国法制史；更不能不从儒学方面求之。

二　从史学方面为中国法制史之研究

往事之经过称曰"史实"或"史事"，往事之记录称曰"史录"或"史料"，此在学术上皆不得称之为"史"也，盖史实必求其真，史料必去其伪，并需条其本末，系其终始，阐明其因袭变革之关系，是乃属于"史"的观察，而以"史学"称之。其中最关重要者，首为余在"商务本"第一章所列之"关于中国法制之史疑问题"。我国古代学者如刘知几、丘浚、崔述皆有所见，故如确为推测之言，而无证据，或确为设法之言，而难实验，均不应据以为史。梁启超所谓"贫多而失真，不如安少而阙疑"是，又若宋代罗泌《路史》所称盘古氏开天辟地及三皇五帝以前尚有九皇六十四民，唐代司马贞补《三皇本纪》，其采取秦代博士为诒始皇，乃有人皇氏及秦皇氏之伪说而来，其史实、史料自非史之所采。孔子曰："知之为知之，不知为不知，是知也。"孟子曰："尽信书则不如无书。"荀子曰："信信，信也，疑疑，亦信也。"皆足参考。此其一。

学者对史实、史料之研究，述之而为史，固须审慎为之。但其来源如系出自"传说"，而非以推测之词、设法之言为内容者，因上古文字未兴，结绳记事，既无记录可载，当难断非真实，对于史所疑者，固不必吹毛求疵，亦不宜存而不论。余晚年治史，舍弃五四时代偏于疑古之气息，改仿蔡元培校长"以美育代宗教"之思想，对于较为可信之最古传说，亦以信仰宗教之态度遇之。盖治史学者固以求真为实，亦以求善为优，伏羲、神农、黄帝十口（古）相传既久，早史已有记录，岂能有如顾颉刚误称大禹为虫之谬说。余本于以宗教代古史传说之信仰，并认为中华民族出于多源，皆有共同之祖先，除所谓汉人因与外族同婚杂居，赐姓改教，非属纯粹血统外，所谓满人来自东北，所谓蒙人起源于蒙古地区，而蒙古地区所居住的民族，本诸古代东夷文化，早于诸夏文化，以及东北原有各族，均与东夷有关，成为太昊伏羲氏之正支；所谓藏人当系舜帝窜三苗于三危之后裔，系以羊为图腾，五胡中之羯、羌即是，当系炎帝神农氏的别支；所谓苗人，与三苗不同，其源或为《汉书·南蛮传》所记载者，当系黄帝轩辕氏之别支，其考证当在"蒙藏委员会"藏书有所线索可寻。此其二。

史实、史料有因非属真实，存而不论者；有因出自传说，为达求善之旨趣，而可信以为实者，亦如上述。但在史学方面，尚有问题存在，即伪书是也。姚际恒著《古今伪书考》，顾实著《重订古今伪书考》，皆详载之。忆汉初经书有古文、今文之争，各以真伪为辩。西晋时，又有伪"古文尚书"出现，被认为伪而又伪者，然亦不能以后者之伪而即否认前者之必为伪也。在本文史学研究方面，亦有一例可举。清代汉学丛书中，载有战国时魏李悝所著《法经》一书，刑部尚书孙星衍为之序。书内载有僧尼及女道士等事，查佛教传入中土为东汉明帝时，道教创立于东汉末年，而女道士又为唐、宋两代盛事，且文体又不类似战国时代，当系后人模仿唐律伪著者。然在外籍学者，因此著作之伪，并连带而否认李悝撰次诸国法著《法经》六篇之非真，殊不知汉《九章律》系自秦《法经》六篇而有，李悝《法经》之内容，唐杜佑《通典》，亦恒论之，据此尽信书不如无书，不信书亦不能武断原书著作之非有其事也。从而治中国法制史学者，每以古代井田制度为夏、商、周重要之田制，此乃孟子对滕文公一种理想之建议，并非实际即如所云。余在所著《孟子政治哲学》中，已有其疑。而在史实上，仅王莽时代试行井田而败，满清入关，涮取民田，为旗族所有。按井田制度，由乡民八家耕种而由旗族一家收取佃租，行之不久亦废，盖在夏、商、周古代，地广人稀。观于梁惠王等向孟子请求"徕民"之说可知。《左传》且载有某国为鱼烂而亡，百姓皆去，仅有政府存在而已，不仅后代两行井田制度而失败，夏、商、周自无此制度。然则井田传说何由而起？或因黄河流域除宁夏外不能兴农灌溉，乃以掘井取水为贵，而法度由此产生。除刑字有"荆"字之写法外，谚语所称"井然有序""井井有条"皆与法度有关，可为佐证，此其三。

　　关于专门史之研究，向有问题研究法与时代研究法两种。余因采取后者而失之紊，不如采取前者而得之专。"商务本""三民本"皆用问题研究法，盖就一总题——中国法制分为若干子题，仍以时代各为叙述，并依众说而有涉猎，此专之所以见长也。若采时代研究法，亦应有其所忌者数事：既不应依朝代兴亡为断，因法制之史的变迁，有如流水，不可因朝代而突变也；又不应依或种标准为断，因清水长流不得以汽或油代替也。采用时代研究法时，须就法制总题本身因时代而重大变迁为之分期乃可，但如流水虽有源流可分，彼此必有脉络可寻，其衔接所在亦为治史学之所应注意者。余在"三民本"，对此问题略曰：

　　　　"中国法制经过之阶段，第一阶段起于太古而终于战国，可称之创始期。其中包括古之部落时代，西周之封建时代，春秋之霸政时代。若战国者，则此一期蜕变于次期之过程耳。第二阶段应起于秦而终于南北朝,可称之发达期。秦创统一之制,并用商鞅之法。汉晋虽有兴革,依然一系相承,直至陈并于隋,始觉有断。然同时北魏趁五胡之乱,据有中原,修律改制,虽亦求源于汉,但不直接效法魏、晋,遂立'北支'一系,隋唐承之,迄于明、清,多守旧制,故南北朝者,则亦此一期蜕变于次期之过程耳。第三阶段应起于隋而终于清,可称之确定期。唐代法制图集两汉、魏晋之大成,而为宋、金、元、明之矩矱,但其开始之功则应归之于隋,不得以隋之传祚甚短,而认其仅为承上也。宋、元、明、清既显然宗承唐代之法制,自不得因朝代之异而称其另为一因袭之时代也。至于清末之数十年,则又此一期蜕变于次期之过程耳。第四阶段则自民国起,可称之改革期,盖一变中国旧日法制之面目与精神,而与世界各国以俱新也。"

(详见附表甲)此其四。

知人当论其世,论世当知其时,不然即有时代错误,而失史之真实价值。我国古代律书向有注疏之例,如以某代律书而为其条文之解释,用作他代律书同似条文之参考,未为不可;若以之视为该同似条文之法定解释,殆亦有其失也。又史文所载或有失误,而经他书补正,亦不宜依己意而曲从旧书。此如唐律因修订关系,有《武德律》《贞观律》《永徽律》之别,其关于所谓开元律者,旧唐书有之,新唐书知其误而否定之。外籍学者或有他意,竟以《开元律》有其存在,即今所传之唐律是也,实则开元虽未修律,而对格式则有修改。唐之法律以"律令格式"连续为名而公布之,《唐律疏议》系高宗命长孙无忌依律文而撰述者。开元如另修律,必与疏议文句有所抵触,今非如此,可知疏议律本纵传自开元,而律文仍为《永徽律》之旧。此其五。

史学之研究,在耕耘方面,必须条其本末,系其终始,阐明其因袭变革之关系,已如前述,若仅以少数史实、史料为据,而忽略其中全部关系,则其所收获者或有问题,我国刑制,在西周(含)以前先王"议事以制不为刑辟",采取秘密法制度,至郑国子产铸刑书,后十余年,晋国铸刑鼎,乃开罪刑法定主义之先声。降至《唐律》,在《断狱》亦有条曰:"诸断罪,皆须具引律令格式正文,违者笞三十;若数事共条,止引所犯罪者听"。明、清律亦有类似的条文存在,然不能仅以此种史实及史料而认为我国自春秋以后即已采取罪刑法定主义矣。勿论两汉之"比附律令"及其魏晋六朝间之经义折狱,已为破坏罪刑法定主义之显例,降而如唐、宋之格式,南宋之断例,明之问刑条例,清律所附之例,与夫法外之刑,除历代刑讯外,隋、明廷仗皆与罪刑法定相距甚远。即在唐代律文方面,《杂律》有条曰:"诸不应得为而为之者,笞四十;事理重者杖八十"。明、清律亦有类同条文,所谓"不应得为而为"乃系授权法官个人认定,对被告为所欲为。刑为法定,罪从何来,与现行"刑法"第一条"行为之处罚,以行为时之法律有明文规定者,为限"之罪刑法定主义精神不符。此其六。

从史学领域内,为研究中国法制史之耕耘而所得之如上。实则史学规律广泛,除章学诚之《文史通义》及梁启超、朱希祖各自之《中国历史研究法》得为重要参考者外,如能再就李泰棻、柳诒征、缪凤林、罗香林、钱穆诸位之史学著作为涉猎之,则对中国法制史之收获,当更为丰盛,因篇幅关系从略。

三　从法学方面为中国法制史之研究

法制史的研究,固以史学为要,法学亦然。此与法医学之处理为同,亦如政治地理学或地理政治学,对于政治或地理学识不能偏视也。余在"三民本""开宗明义"章中除本于"美"的表达而为之"方法论"外,且本于"真"的本质而有之"认识论"及本于"善"的价值而有之"目的论",列于篇目篇次。"认识论"系阐明"何为法制",而属于"体"者。简言之,法制即法律制度之谓;详释之,则有"法律化的制度"及"法律与制度"之别。古人对此解释有狭、有广不一,今人对此认识有简、有繁各别,于是研究法制史者亦有广狭两派,姑置不论,余认为与其狭而失偏,不如广而得全。曾立界说曰:"为社会生活之轨范,经国家权力之认定,并具有强制之性质者,曰法;为社会生活之形象,经国家公众之维持,并具有规律之基础者,曰制。"法制史所称之法制对象,或保此二者而言。"目的论"系阐明"何故研究固有法制",而属于"用"者。余认为要点有四:一为中国固有法制与中国文化之关系,盖法制为文化之产物,而以维持固有文化之支柱也;二为中国固有法制与中国法系之关系,盖论世知时,而求不忘有其前事之师也;三为中国固有法制与中国现典之关系,盖温故以求知新,推陈有所出新也;四为中国固有法制与中国学人之关系,盖为国人责任所在,而以独善其美者也。此其一。

有关中国法制之质的问题,余在"商务本"仅以儒家思想等三事为说,不足有采。另在"三民本"首有改变,略称:

　　"因中国文化之创立延续,乃逐渐而有中国固有法系之形成,否则中国固有法系即无其使命是在矣。然从中国法系方面,求其与中国文化之关系,可素描焉,可透视焉。素描结果,得知中国法系受中国文化熏陶,而表现于外之特征,显然与其他法系有其异致。透视结果,兼知中国法系与中国文化融和为一体,而蕴藏于内之本质,随之而使中国法系之特征有所附丽。凡研究中国法系者,莫不注意中国法系之特征,但对于中国法系之本质,往往不甚深求,最多认为本质所在既为中国文化,则中国法系之本质,亦为中国法系之特征。"

其在研究方法上，显与前异，此其二。

由上述透视方法，而得结果有二。一为"中国固有法系源于神权而无宗教化色彩"，二为"中国固有法系源于天意而有自然法精神"。因无宗教化色彩，中国固有法系自不受宗教化气氛之影响，而无欧洲各种宗教活动及寺院法支配时代的经过。但法制既属源于神权，虽上帝与人民无心灵上之交响，终因天子"祭天地"之故，或为君主之惟一天神，所谓"奉天承运"者是。国有灾难，则对天负责，下罪己诏。因其无宗教性，而天神又变为自然法方面之天道、天则，"天听自我民听，天视自我民视，天明畏，自我民明威"。显以民为主，"民之所欲天必从之"，于是天生民而立之君，君主非如法国路易十四以"朕即上帝"自许，为所欲为，实乃代理天意治理人民。依据法理，代理人对其本人负责，本人有权可变更其行为或撤销其代理，故汤武革命以顺乎天而应乎人为说。此其三。

由前述素描方法，而得知结果有八："礼教中心""义务本位""家族观点""保育设施""崇尚仁恕""减轻讼累""灵活运用"及"审断有责"。另在"中国固有法系之简要造像"一文则简述其特质为六，即："中国固有法系之神采为人文主义，并具有自然法像之意念""中国固有法系之资质为义务本位，并具有社会本位之色彩""中国固有法系之容貌为礼教中心，并具有仁道、恕道之光芒""中国固有法系之筋脉为家族观念，并具有尊卑歧视之情景""中国固有法系之胸襟为弭讼至上，并具有扶弱抑强之设想""中国固有法系之心愿为审断负责，并具有灵活运用之倾向"是。复在"从中国法制史上看中国文化的四大精神"一文中缩之为四，即："天下为公的人文主义""互负义务的伦理基础""亲亲仁民的家族观念""扶弱抑强的民本思想"是。最后在"三民新本"首篇论文中，关于"中国传统文化固有法系具有何种发展情态"一题下，曾分为六，即："因义务本位而无民法法典之存在""因礼教中心而有天下为公之趋

向""因民本思想而无民权制度之产生""因开明君权而有保育政策之立
法""因家族制度而无个人地位之尊重""因泛文主义而有灵活运用之效
果"是。此其四。

法制为史,其在"法"之具体对象方面,往时类多倾向法家之言,偏
重于"刑"。观于刑部、刑书之称,秋曹、秋审之谓可知。然依《大戴礼
记·盛德》篇:"礼度,德法也;刑法者,所以威不行德法者也。"德法之
"礼",非尽为"法"。然古昔政事法及民事法均皆于"礼"见之,故"刑"之
外又有"礼"之存在,此礼刑对立之事实,礼刑合一之史料,累见于史乘
者也。余又因国父"中国过去所行者为一权宪法"之启示,而又鉴于《国
语》"赏善罚恶,国之宪法"之古语,以及史乘所谓成宪、宪章、宪典、宪司
云云,而知中国过去在"刑""礼"之外,又有"宪"之观念存在,现代认宪
法为国家百年根本组织大法,均得在中国史乘上求得之。以国家百年
大法而言,中国往昔已有无字天书之实质宪法存在;以国家组织大法而
言,中国往昔并有篇章俱备之形式宪法存在。所谓无字天书之实质宪
法,即柔性宪法,早于英国大宪章时代而见。举其史例,一为历代所
守之先王成宪,例如君位继承法采取嫡长子继承制度,唐代玄武门之
变,明代靖难之兴,无非因唐高祖立长子建成为太子,明太祖传位于嫡
长孙,各皆均守先王成宪使然是也。一为当代所守之祖宗遗志,例如汉
高祖遗命非刘氏者不王,明太祖遗命子孙不得设立丞相及修改明律是
也。所谓篇章俱备之形式宪法,即刚性宪法,独于各国行政法典而见
之,日儒中村进午曾有其评,因行政法规最初系与宪法合并而论故也。
不仅兴于《唐六典》《元典章》《通志》《明清会典》,且《乾隆会典》序曰:
"以典章会要为义,所载必经久常行之制,兹编于国家大经大法,官司所
守,朝野所遵,皆总括纲要,勒为完书。"不啻为现代宪法之说明也。此
其五。

法制为史,其在"制"之具体对象方面,得从国体(国之组织形态)、

政体（政之组织形态）两端而论。前者较为单纯，秦废封建改行郡县，国家形态成为"单一"，与封建或联邦有异。两汉之郡，三国之州，唐之道，宋之路，元明清之省即属如是，故民国以后联省自治之说不容于世，现行宪法为"省县自治通则"之认定，即所以防止依省县自治以达"分治合作"之实，而破坏单一国家组织之形态也。后者应为详陈，而知"统一"之道。盖中华民族成于多元，非由一族同化他族，乃由多族融化而成一族。各族部落林立，禹会诸侯于涂山，执玉帛者万国，可知其盛。此皆所谓群侯，另有元侯以统一之。尧舜禅让而为元侯，夏商世袭而为元侯。周行封建制度，封旧国建新国，以宗法制度而统一同姓之国，以婚姻制度而统一异姓之国。故封建制度虽非单一国家，实为统一政府也。平王东迁，王纲失坠，五霸（齐、宋、晋、吴、越）尊王攘夷，为统一象征。孔子修鲁国春秋，首以春王正月为首，《公羊传》曰"何言乎王正月，大一统也"。亦统一为尚。战国七雄并立，孟子谓："天子乌乎定，曰定于一"，虽非由不嗜杀人者能一之，六国为秦所并而由汉继续之，后在三国、西晋、五代等朝，史实上虽非统一，而法理上则有正统之认定。正统者一个中国之主体，其他皆属僭国或叛逆团体。三国虽有蜀为正统、魏为正统之争，而皆不失此义。西晋、五胡乱华，五代十六国并存，各皆称王称帝，然为正统而在法律上为统一国家者为西晋，则为梁、唐、晋、汉、周是也。其间南北朝对立二百余年。南朝固以正统自处，屡兴北伐之师，并有侨郡之设，终因南朝各代不能庄敬自强，而由隋朝统一。唐兴于北，无人敢言正统，迨宋司马光《资治通鉴》直以南朝为正统，而以北朝为叛逆。中国历史纪年唯见南朝而无北朝，隋文帝改元，为陈宣帝太建十三年，而陈灭于隋为开皇八年，此八年仅见陈史不见隋史，观于中国历代大事表可知也。此其六。

　　从法学领域内，为研究中国法制史之耕耘，而所得之如上。实则法学在中国史上已有所谓"法家者流"存在，如管仲、子产、慎到、尹文、商鞅、申不害、韩非、李斯……等。如对其史实或史籍而涉猎之，则对中国法制史之收获，当更为丰盛。除散见于其他各段者外，唯因法家诸子学说仅以秦前为盛，且其所论，亦有现代法学所通者，故从略。

四　从儒学方面为中国法制史之研究

　　研究法制史而以中国为论，除涉猎史学、法学有如前述外，其特重者，应为与中国文化最有关系之儒学。儒学亦称经学，论其起源，当以孔子为始。论其实质，应视为中国文化之代表者。人称中国过去以农立国，乃系就经济关系所言；其在文化方面应称以儒立国，孔子系集先圣之大成，而为尧、舜、禹、汤、文、武、周公继承人物，以"圣之时者也"为称。从而古人已有"六经皆史也"之言，余亦续有"五礼皆法也"之说。盖六经除《乐经》久佚外，书经即《尚书》列有尧典、舜典及夏、商、周各种文献。《春秋》为鲁史，并涉及王朝与他国，另有三传（左传、公羊、谷梁），两者皆史无疑也。《易经》或称《周易》，史实、史料见于易"传"。《诗经》简称为《诗》，六义（赋、比、兴、风、雅、颂）各有史实、史料为见。《礼经》或即《仪礼》，当指宫廷、士大夫或有庶人行礼仪式之程序而言，亦为史之可参考者也。至于"五礼皆法"之说，如有关家世及继承之规律，则见于吉礼中之祭礼；有关亲系及亲等之规律，则见于凶礼中之丧礼；有关成年及结婚之规律，则见于嘉礼中之冠礼、婚礼；有关于军事规律及和平规律，则在军礼及宾礼中有其所见者是。此其一。

　　中国固有法系之创始，不能不归功于法家；中国固有法系之形成，不能不推重于儒家。法家造就其体躯，儒家赋与其灵魂。缘法家以法为目的，特别重刑，而以霸道出之；儒家以礼为规范，积极于化，而以王道任之。刑礼分庭，刚柔对立，此最初之不同道也。迨晋国赵盾正法罪，郑国子产铸刑书，魏国李悝著《法经》，商鞅受之以相秦，改法为律，而使法得其势创立律统。秦欲以虎狼之势,恃法以吞诸侯;诸侯亦争霸称雄,而简法重刑,免受此威。故在春秋战国时代,不仅有法学之盛,亦有法务之强也。儒家对此既成事实,莫可否认,虽孟子已有"徒善不足以为政"之叹,荀子更强化礼治,欲为法治之代替,遂不能不改弦更张,以礼刑合一之形态,而变更法之本质,视法律为道德而服役,出礼乃入于刑,明刑又所以弼教也。盖认为刑罚之目的并非"以杀止杀",而系"刑期于无刑",另有礼治德化之目的在焉,故中国固有之中心人物,世皆称孔子,而不称悝、鞅或申、韩也。此其二。

法学及法务虽兴于春秋战国,但列国言法终为秦所并吞,秦废封建亦仅二世而亡,而法之不可恃也如此。又如商鞅作法自毙,韩非下狱而死,李斯受五刑夷三族,及唐代周兴①亦受请君入瓮结果,学人不敢再步法家后尘可知,是故两汉礼刑合一之道渐通,既无法家,仅有解释律文之律家,而法学亦扩大为律学之进展。不仅两汉、魏晋各有世袭之律家存在,及在儒学方面,除叔孙通定"朝仪"及制《傍章律》,董仲舒等《春秋折狱》外,叔孙宣、郭令卿、马融、郑玄等儒家对解律亦各为章句,十有余家,共七百七十三万二千二百余言。魏受汉禅,虽一度禁独用儒家章句,而集律学大成之《唐律疏议》,仍独以儒说为宗,可知其盛。两汉以后学者言法治律,皆受儒学之洗礼。尤其在后代,以经义为内容之科举取士,更所然也。律学虽自东晋以后再衰,然亦有严法特出者在。例如,世所误称之法家如诸葛亮、王安石、张居正皆属此例。观于诸葛亮之《出师表》、王安石之《万言书》、张居正之《上神宗疏》,皆以儒学为本,可知也。此其三。

律学所以自东晋而衰者,因南朝崇尚清谈,不重名法,谈经史者谓之俗士,道律例者谓之俗吏。降而唐尚词章、宋尚理学、明尚制艺、清尚

---

① 此处原文误写为"汉代周通",本书出版时,予以改正。

考据，律学更被沦为小道矣。然除秦法经、汉九章各律以后，北朝元魏因公羊学派，崔浩、高允舍弃两支律之继承，直接以汉为宗，而有北齐律，隋开皇律，唐、金、明、清各律之存在，完成律统之壮观。其间亦有不名"律"，而称"刑统"者，于五代及两宋见之。此律统虽在形式上由清末最后变法，将清律例改为"现行刑律"而止，余有"新制律统表"足以参证。但"现行刑律"入民国后改称现行律，凡关民事方面之解释、判例皆宗之，所以然者，皆因其内容本于儒说者伙也。他如清末之《公司律》，施行至 1914 年，由《公司条例》代之；清末之《商人通例》施行至抗战初期，由《商业登记法》代之；又所以旁证律统变化、蜕变情形也。此其四。

儒学传至宋代，而成为理学，又被称为道学、性理学；与两汉至五代儒学内经学之阶段，不无稍别，故特以宋学称之。理学之内涵，除儒学外，有老学、佛学。老庄之学兴于战国，西汉文景之世仍然，固因汉武罢黜百家，独尊儒术，而有其衰。然自张鲁创立道教后，所以遵奉老聃为远祖，老学又因之而兴。宋周敦颐撰《太极图说》，张载之《正蒙》《东铭》《西铭》《理窟》《易说》等深得老学之要。司马光虽为儒学正宗，而亦不免受理学影响，观其反对王安石变法，致王安石书，其中虽多引孔子云云，而实以老学无为而无不为之道为主。原书可供参考，兹从略。佛学自东汉传入佛教后，分有各宗。虽哲理分立，要皆以明心见性为本，显与老学气氛有相投者，故为宋代理学所收。苏轼反对王安石变法，余固不敢认其与佛学有关，然观其与高僧佛印等之往来甚切，至少亦宜认为经受理学熏陶而有佛学之因素在焉。王安石为宋之强盛而变法，苟能得儒学正宗司马光、苏轼弼佐，不致为吕惠卿等所乘，使周礼乱宋之讥起；北宋当不必为金人所陷，南宋之亡亦或迟于帝昺时代也。因两宋以衰弱亡国，法制不备，仕宦平日袖手言身性，临危一死报君王，无补实际。于是王船山、颜习斋、顾炎武、黄梨洲先后以实学为务，尚法崇制，为儒学在理学阶段外,又为新阶段之开始。适西学于明代徐光启后传入中国,或其所受之影响是在。迨后因鸦片战争失败于外人坚甲利兵,复因太平天国之役,戈登洋枪队在上海之胜利,于是前人之实学,又转入"洋务"阶段。继因甲午战争失败,再变而为"时务"阶段,以变法改制为尚,"百日维新"可证。后因义和团之乱、八国联军之危,清廷更耽于革命之势力,遂于壬寅年再次托名变法,张之洞以"中学为本、西学为用"称之。此其五。

儒学对中国法制所贡献者以出礼而入于刑、明刑所以弼教为显,于是外籍甚或国内新学各派,皆以法律、道德混淆不分,为中国固有法系之病,实则不然。盖法律既非孤立于国家、社会以外,本身即非一种目的,不过为达国家隆盛、社会安全及人民福利之一种手段耳。法律、道德之关系乃系一个本质、两个概念,国家、社会、人民之需要道德为本而治者,则归之于道德;需要法律为辅而治者,则归之于法律;易言之,法律与道德无非一个"法身"两个"法相",需要庄严相时则以法律出之,需要慈和相时则以道德出之,从而在发挥"法力"上即有不同,是故法律者武装其身之道德也,道德者解除武装之法律也。法律以道德为宝藏,道德以法律为甲胄;亦即法律为道德而服役,道德为法律而立命也。此其六。

从儒学领域内,为研究中国法制史之耕耘,而所得之如上。实则国父学说融会中西,并集中国道统之大成,其发明三民主义、五权宪法,向为国人所敬仰,又为外人所钦佩。依其学说,而为中国法制史之研究,则其所收获者,当更为丰盛。惜余年已八五,力不从心,当有望于后之来者,为此神圣工作也。

五　附表

本文除第一项外,由第二项至第四项每项皆有结语,互为呼应,自已不必另为全文总结,为顾全属文体裁计,特附两表以为之殿。

附表甲:中国法制演进时代总表(公元前 2698——公元 1912 年)

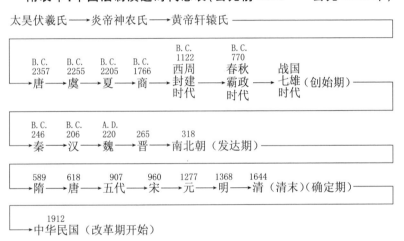

注:一、本表为便于排版,与原阶梯式略微有异。

　　二、燧人氏、有巢氏,当非传说中之不可信者,因世系不详,未能入表。

附表乙:新制律统表

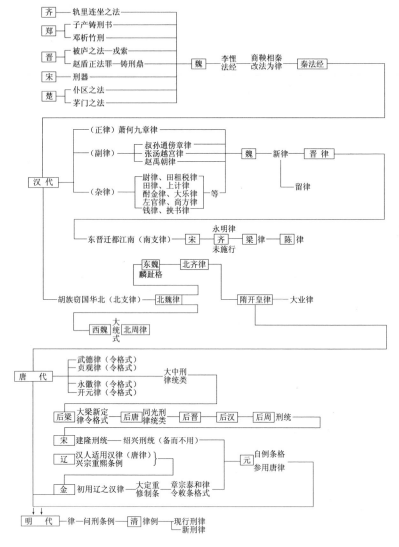

注:一、先师程树德,亡友徐道邻均有律表,见《九朝律考》及《中国法制史论略》,惜一则过
　　　简,一则唐后各律有缺,故重编列新表。
　　二、表内秦法经以前之"□"系指春秋战国之国名,其在以后之"□"系指各王朝之名。
　　三、唐"律令格式"合并颁行,开元以"敕"入"格"而为之,并为修律之实。

中国文化与中华法系

我写的"从中国文化本位上论中国法制及其形成发展并予以重新评价"文长约七万字，共分六部分，第一部分到第三部分是从中国文化本位上论中国法制，第四部分是说明中国法制的形成，第五部分说明中国法制的发展，第六部分是要重新评价。现分述如下。

第一部分，本来文化可以从整体相方面来看，也可从各别相方面来看，从整体相方面来看，人类创造文化，只有人类能根据他的经验来解决问题，发扬文明，日新又新，造成今日的文化世界。从各别相方面来看，文化多少是具有民族性的，所以文化可说是各民族在他共同生活上不断努力的结果，而由他的子孙承受并应当发扬光大之遗传共业。法制可说是文化中主要的一部门，因而有怎样的民族文化就产生怎样的法系，以及它所表现的法制。反言之，法制多少总有点强制性，它也附着一种责任，要支持它的民族生命或维护它的民族文化的责任。中国传统的文化是什么，我们姑且不说，它的形成及发展，其原因何来，其经过安在，如今，专就中国文化的本身来说，我有四句话，中国文化是以人类幸福为领域，以伦理道德为基础，重视个人对社会的义务，轻视个人对事物的权利。详细解释，就是中国过去所谓的"治国平天下"的道理。"天下"虽不是指全世界的人类而言，但其努力的方向是全世界，因而所有的幸福是要以全人类的幸福为基础。同时并根据人类的人性、人情而发现的人伦之序、道德之行，可说是有亲亲之义、有中庸之德、有忠恕之道。亲亲之义当然是孝，由孝而推及一切，所谓"亲亲而仁民，仁民而爱物"。所谓中庸之德,是执其两端而用其中,并不是模棱两可,是根据时代,根据环境,恰到好处,这就是"君子而时中"的道理。所谓忠恕之道,是尽己以救世,推己以及人,这样一个文化的重心,当然直接影响到法制方面。虽然在历史上也许有小小的逆流;但这只是主流中的一个迴澜,不足以代表中国的文化,不足以代表中国的法制。

第二部分,中国传统文化与中国法制是如何共同推进的? 这里可分三段:(1)从中国文化构成方面看它们共同推进的情形,亦即中国文化与中国法制共同所涵的要素问题;(2)从中国文化的创序上看它们共同的推进,亦即从时间方面来看它们共同推进的情形;(3)从中国法系的延展上看它们共同推进的情形,亦即从空间方面而为如此的观察。因时间关系,无法一一说明,只有作个综合的论断。因为文化时时在推进中,时时在吸收其他文化中,有的学者说文化并不是存在而是一种演变,中国文化在构成上是多元的,自始至终是吸收外来的文化,融合外来的文化而成中华民族的文化。中国文化在世界上已有五千年以上的历史,专就法制来看,以商鞅变法说起,到现在也有二千三百余年了。在空间的问题上,中国并不是拿武力与文化相对抗,外国人说大帝国的成立就是文化的衰落,但中国并非如此。中国经汉唐两个大帝国,文化法制推进很远。以法制方面说,我国过去唐朝跟日本并没有战争,而日本采取唐朝的文化法制,这是很明显的事实。我在这一段有个说法,我说从多元性来说,群性的程度愈强愈浓,则法制的效验愈有价值;演变的时空愈久愈远,则法制的价值愈为扩大。

第三部分,是说明中国文化下之法制,除刑制刑书外应为如何整体观察,我也分为三点:刑、礼、宪。关于:"刑"的部分是外国人最注意的,我在书面报告上已详为分析,因时间的关系现在单讲"礼"和"宪"的部分。

"礼",简单说起来,礼之兴起是因祭祀的仪式而然,后来变为西周的礼治,儒家克己复礼,使礼改变其质,自天子以至于庶人都要受礼的约束,将其范围扩大的主因就是把礼与仪分开。《左传》昭公五年、二十五年都有明文可据。其中左昭二十五年,子太叔见赵简子,赵简子问揖让周旋之礼,子太叔就说你所问的是仪,不是礼。《礼记》上说"礼之所尊,尊其义也,失其义,陈其数,祝史之事也"。儒家认为礼以义起,所谓"礼也者,义之实也,协诸义而协,虽先王未之有。可以义起也"。这是说礼与仪有别而与义相通,因而过去一部分的民事法、政事法都是见之于礼的。但是这里有一个问题,我们不能说礼就是法,三十年前我个人是这个主张,我说礼是广义之法,可是到现在我只能说如认为宇宙律、自然律、生理律都是法,"礼便是最广义之法",如把法的范围缩小起来,礼便不能说全部都是法。最初我想古人所谓"出于礼而入于刑",这个礼当然是法,"出于礼而不入于刑",当然不是法。最近三年来我又有一个想法,"出于礼而不入于刑"的,不一定完全不是法,有一部分是法,有一部分不是法。我们晓得现在法律的规定,有命令的规定,有效力的规定,效力的规定你遵守不遵守可以自由,但是要取得法律上的效力,则非遵守不可。所以过去有一句话:"聘则为妻,奔则为妾",经过六礼的程序就是妻,不经过六礼的程序私奔的为妾,这个礼也就是法。宋朝以后,女子有抱灵牌结婚的,表示终身只嫁一夫,因宋重视名教,认为"饿死事小,失节事大",甚至以贞节牌坊来奖励守节,但是对于寡妇再嫁者,法律又不能不承认其有配偶身份,所以这不能视为法,可说是道德律了。在仪的方面来说,明清律里的《礼律》上对于"祭祀""仪制"是重视的,违反规定的要处罚,但是除了影响义的部分的礼仪外,并①加以干涉。譬如刘姥姥进大观园闹了许多笑话,也不过是大家笑笑而已,所以这个礼仪部分也不能算是法。

---

①　此处疑少一"不"字,似应为"并不加以干涉"。

关于宪的部分，我们总是认为过去只有律，只有礼，没有宪。可是国父给我们一个启示，国父说中国过去行的是一权宪法，司法、行政、立法集于君主一身便是。我们就想到所谓宪法最初的意义是以立法权限制行政权，到现在视宪法为国家根本组织大法。我们中国古时有没有这两个意义呢？《国语》上有所谓"赏善除恶，国之宪法"一句，《晋书》有所谓"稽古宪章，大厘制度"，这个和《尚书说命》之"鉴于先王成宪，其永无愆"是一个实质的宪法。从这个"宪"字来说，君权是受了两种限制，我把它叫作"无字天书"。一种就是先王成宪，先王成宪是过去君主所信守的，虽然朝代更换，大家也不敢违反。譬如过去王位的继承是嫡长子，因而以汉高祖之英明，安有不知预防吕后祸国之理，但仍以无能之惠帝为太子。以晋武帝之雄略，安有不知其子惠帝之愚蠢，但仍立其为太子。唐高祖得秦王之力而有天下，竟以长子建成为太子，明太祖明知燕王棣之兵力强大，但仍不能不传位给皇长孙建文帝，这都可说是先王成宪，不敢违反。第二是对祖宗遗命方面不敢违反的。譬如汉高祖平定异姓诸王乱后，曾称非刘氏者不得王，因而诸吕受诛，便是根据这个号召。宋太祖遗命，不应妄杀士大夫，故苏轼系狱而免于戮，北宋之以沙门岛为谪流之地区，当本于此。明太祖有"祖训"，宣示后代子孙不得擅自修改《明律》，在《明律》以后有《问刑条例》问世，表示这是辅助法律而非破坏法律。同时在杀了胡惟庸后不许后代子孙设立丞相，因此以后才有内阁、内相的制度出现。清朝以异族入主中国，而祖宗遗制依然不废，其所定的太监不能擅出都门一步，故太监安德海奉东太后之命南下买办绸缎，西太后密命山东巡抚丁宝桢中途拿获而就地正法，这是关于无字天书的祖宗遗命依然为君主大权之限制。

说到根本大法，中国现代的行政法典是由唐朝的六典起，日本学者织田万认为这是世界最早而最久之行政法法典。以后的《明清会典》更为重要，《乾隆会典》御制序并认为会典是经久长行之制，也可说是宪法之一部分了。

第四部分，所谓中国文化支配下的固有法系的形成因素，我也分三段来说：(1)中国固有法系创于神权阶段而无宗教化之色彩，这与中国文化的起源有其关系，中国文化的起源最大主流在黄河流域各大平原，举目一望，天无涯地无边，所以胸襟豁达，气象万千，绝不拒人于千里之外。因而各民族互相融合，大家各守各的习惯，各守各的本分，各民族有各自之神，在诸神并存之下而法律又是统一性的，怎么能在法律上形成宗教化，有人也许要问，各民族有共同信仰的天神，那么天为何不能成为一个宗教？我们首先要知道天神不是独存的，是与各神并存的，故天神不能成为宗教。同时，天神，我们称之为上帝，与外国所称的"God"不同，那是超人类而存在的神，我们所称的天神为上帝，是政治上世运兴替之命名，为皇、为帝、为王、为霸、为雄，所以称天神为上帝，为皇矣上帝，依然具有人世间政治的意味。同时只有天子可以祭天地，至多天地是天子的宗教，而与一般人断绝心灵上的交往，没有感应。天子是上帝的代理人，非所谓"朕即上帝"。而且中国文化发展的平原上四季分明，秩序井然，人民勤劳便可温饱，人民懒惰便受饥寒，不是靠天吃饭，也就无求于神，因此就难有宗教化色彩。(2)中国过去是直接的天意政治，后来变为间接的天意政治，可说在春秋时代而确定，认为所谓天道、天理就是现在所谓的自然法，老子说"人法地，地法天，天法道，道法自然"，他以自然法为本体而反对人为法的存在。儒家是以自然法的原理、原则归之于礼，这个天道、天理也与西洋过去所说的自然法不同。西洋的卢梭、霍布斯、洛克、格劳秀斯、普芬道夫他们各有各的见解。中国的自然法是由天说起而归之于人民，汤武革命是顺乎天而应乎人，《诗经》说"永言孝思，孝思维则"，因为大家都讲孝道，这孝道就成了天则。(3)中国固有法系由于礼刑合一，没有法家固然是没有中国法系，没有儒家也可说没有中国法系。因中国法系之建立是由法家创造其体格,由儒家赋予其灵魂,儒家原本主张先王议事以制,不为刑僻,试观郑铸《刑书》,晋铸刑鼎,叔向及孔子首先反对,他们都是反对罪刑法定主义者,这是礼刑对立的阶段。可是事实上春秋战国各国都有法,而后秦又变法统一,灭了六国并为律统的建立。这种既成事实,儒家自难反对到底,于是入虎穴取虎子,使律变其质,成为行礼的工具。同时又因六国虽都讲法而结果乃被秦灭,秦也讲法仅二世而亡,尤其法家讲法往往作法自毙,遂不免谈法而色变,到后来法家亦崇礼,是为礼刑合一。所以到汉朝以后可说是儒家化身而为法理家,法家接收儒说洗礼而为刑政家,诸葛亮、王安石、张居正都是世人称之为严刑峻法的法家,然而在诸葛亮的《出师表》中可以看出儒家的道理,王安石之变法方法,也在实行《周礼》遗制,张居正在神宗继位后身为首辅,亦劝帝遵守祖宗旧制,乃是讲的礼,可说这是受儒说洗礼后之刑政家的一种显例。

第五部分,是谈中国传统文化对于其固有法系之存在,具有如何发展情态,我们知道中国传统文化以农业社会为背景,但始终把握人文主义、理性主义及民本思想、集团思想,绝不放松一步。因而所谓天理、国法、人情并重,凝为一体。到今天虽然在工业社会,但除了专为农业社会特有之需要外,其他仍可适用,在这方面我把他分为六点:(1)因义务本位而无民法法典之存在;(2)因礼教中心而有天下为公之趋向;(3)因民本思想而无民权制度之产生;(4)因开明君权而有保育政策之立法;(5)因家族制度而无个人地位之尊重;(6)因泛文主义而有灵活运用之效果,现在分别说:

就第一个论题而说:中国向无民法法典的原因,从表面上看,因为有礼的存在,一切民事关系都归之于礼,例如因冠礼而知成年制度,因婚礼而知婚姻制度,因丧礼而知亲属制度,因祭礼而知继承制度等等都是。但其内在的原因却是由于义务本位的观念所致,而与权利观念两不相容。权必有其所争,利必有其所夺,求之于人而不责之于己,如何能与义之所在,务之为急,相提并论?换句话说,只是重视了人与物的关系,以自己为主人,不特要支配身外之物,而且要支配自己以外的他人,这是中国文化的因素上不容有的观念。义务是重视人与人的关系,各尽其责,各守其分,也就是忠恕之道,而以礼义表现出来。过去所说的五伦,并不是陈腐的冬烘思想,乃是将人类分为五个伦次,互有其义务存在,君礼臣忠,父慈子孝,兄友弟恭,夫良妇顺,朋友之交相互以信,并未偏重某一方面的片面义务,所以与欧洲古代的义务本位就不相同,而含有社会公益的精神在内。礼乃其表面上的现象,义乃其实质上的内容,所以礼因义而起,民事法就纳入礼的范围之内。近代的民法法典,初以权利观念为其重心,令虽进入社会本位时代,仍不能脱离权利观念。中国过去视权利为争权夺利的简称,而以"义所当为的一种任务",为社会上人与人相处不变的道理,当然不容许有民法法典或民事实体法观念的存在。这是受时代环境的影响,不能拿现代的眼光去衡量的。

就第二个论题而说:中国传统文化向以人类幸福为领域,从而发生"天下"的观念;并以伦理道德为基础,从而发生人伦的化育。民族精神所向往的是大同之世,民族精神所暂安的是小康之世,所以"礼义以为纪……示民有常",非仅为一国一代而然,乃为全人类而然,修齐治平的道理,也就蕴藏在这里了。世称中国为礼教之邦,实含有天下为公的观念在内,不外从礼教方面,训练人类各有高尚的人格,由小康阶段一步一步走到大同境界。在礼教中心的本身上,一为出礼入刑,所以维持礼的效用;一为明刑弼教,所以改善刑的目的。既禁止于未然,并教之于已然,双管齐下,礼刑并重,"以建民国,以进大同",就是一个很好的注脚。同时既以全人类的幸福为存心,本乎人情人性,而教之于礼与义。于是无处不以发扬正义为主张,无时不以提倡理性为信条。最初的"报虐以威",是为了拯救生灵涂炭而然,以后的"以德报怨"又所以厚爱生灵命运而然。从而为维护天下的大义，不能无大刑的存在；大司马以九伐之法正邦国可证。为保全群伦的幸福，不能无矜恤的措施；三纵三宥、自首、自觉举各种制度的存在可证。

就第三个论题而说：民本思想的孕育，首见于《尚书·五子之歌》："民为邦本，本固邦宁"。贾谊书《大政篇》"闻之于政也，民无不以为本也；国以为本，君以为本，吏以为本；故国以民为安危，君以民为威侮，吏以民为贵贱，此之谓民无不为本也"，类此之言，不一而足。故民本思想不外：国既为民而有，政亦为民而施，自成一种体系。其与现代民主政治所不同的，不外缺乏民治方面的民权制度而已。民本思想也是由于天道观念而来，天听自我民听，天视自我民视，天民合而为一，君民均各有其责任。所以君主不仅畏民，且须贵民；不仅重民，且须安民；不仅养民，且须教民。一切都由君主为民安排好了，民不必自为其政自可取得幸福，又何乐而不为？因民本思想的存在，历史上也就不必提出民权口号而与君权对抗起来，像周厉王为民所逐，仍由周召二公共和为主。汉高祖、明太祖都是平民革命的成功者，依然不能走入民治的阶段，就是由这个背景而然。在欧洲民主制度发生以前，中国早有民本思想的存在，未必不是人民生活上的一种幸福。而欧洲民主思想的起源，无非出于暴君政治的反动，故其最初发展的重心，仅在民治方面，到了美国林肯时代，才以民有、民治、民享为民主制度的内容，而完成政治上民主的使命。因为中国过去有的是民本思想，缺的是民治观念，其对法制的影响，不外立法成为君子的专有权，守宪并非人民的共有品。

就第四个论题而说：开明君权与民本思想原为一事的两方面，所以开明君权也是由天道观念而来。认为君民一体，本于相需互存的道理，设君正所以为民，无民又何能有君？古人所说的"先民"，往往系指"先王"而言，可见君民是一体的。《荀子·大略篇》云："天之生民非为君也，天之立君以为民也"；董仲舒亦有言曰："天之生民非为君也，而君立者以为民也,故其德足以守众民者,天与之,其德足以贼害民者,天夺之"。天生民而立之君,既成定论,君权当然有其限制,要走上开明的道路,违反这种限制的,便被称之为暴君或昏君。不仅"无字天书"的先王成宪及祖宗遗命,束缚了君主的自由行动,并在政府组织方面没有谏官,以纠正君主的过错,与御史台不同。御史为君主的耳目,谏官为君主的警钟;自宋以后,君权稍张,故御史的地位渐高,谏官的地位渐落,可为明证。因君权的开明,所以重视保育政策的立法,保育政策与矜恤政策称有不同。保育政策以养化为本,具有积极的性质;矜恤政策以仁恕为心,属于消极的性质。说到保育政策事类繁多,归纳起来,不外抑强、扶弱两种目的而已。在抑强方面:社会上势力最强大的莫如官吏,从而对于法官断狱,命其负有严重责任,对于官吏犯赃有其严重处罚。他如禁止假势请托,禁止长官滥用私人,禁止官吏租住民房,不许为现任官立碑,都是压制官吏的势焰。其次,势力强大的便是强梁兼并及财富集中于少数人之手。于是在法制方面,有限田、占田、均田、班田等等制度的发现。而管榷政策的实施,使商人不能抬头。"管"就是现代的经济统制,"榷"就是现代的专卖独占。同时对外贸易又系采取国营政策,中国过去不能走入资本社会,这是一个主要原因。在扶弱方面:当时认为最弱小的莫如妇女,所以魏晋时代,妇女科罚皆减其半。而如清律并规定,妇女犯罪除犯奸及死罪外,均不收押,责付本夫收管;没有丈夫的,责付有服亲属及邻里收管。其次视为弱小的为贫民,除平籴之法及市易之法等等救济外,而如清律又有违禁取利之条规定:"凡私放钱债及典当财物每月取利不得过三分,年月虽多,不过一本一利,违者笞四十,以余利计赃,重者坐赃论罪,止杖一百……",都是很显著的例子。

就第五个论题而说:因家族制度的重要便无个人地位的可言,这是中国过去社会的一种特色。我们中国最早的社会组织是族、是宗,到了春秋以后才是家。所谓修身齐家并不是为家而齐家,乃是为治国平天下而齐家。所谓五伦,除君臣之义、朋友之交外,涉及家族者即有其三,父子也、夫妇也、兄弟也。因为天子以天下为家,而普天之下莫非王土,率土之滨莫非王臣,故君臣之义也是一种家族化,朋友之间相互以信,有如兄弟,含有家族关系的意味。原来中国过去的生活是一种集团生活,不是前人所说中国人是一盘散沙。每一个人生下来都吸收在家庭生活圈子里了,从这种集团生活关系来看,我把它分为国家家族化、家族政治化;再从个人地位方面来看,我把它分为个人家族化、家族名教化。在国家家族化方面,《尚书·泰誓》云:"惟天地万物父母,惟人万物之灵,亶聪明作元后,元后作民父母";《洪范》云:"天子作民父母,以为天下王"。君就是天子,是天的儿子,所以君能为民父母,甚至于州县官也被称为父母官,现在所谓祖国,同样是因为家庭的关系而然。从而国家政治的出发点,便是爱民如子,不特是民本思想的一种表现,而是保卫政策的一种依据,一切法制措施,都不能远离这个关系。在家族政治化,《论语》上说得好,"孝乎惟孝,友于兄弟,施于有政,是亦为政",而家规、家范、家训等等也就是家族的法律。同时,一个家庭是由家长率领而负有公法上的责任。明清律的脱漏户口及欠纳钱粮,都是以家长是问,可说家庭成了一个小的国家。在个人家族化方面,所以无辜之个人每因家族关系而入罪受罚,如族诛、门诛、妇女没为官奴婢,都是最显著的例子。有罪之人每因家族关系而减免被宥,如亲老留养而不执行其刑,以及个人轻微犯罪,罪坐家长等等都是,甚至于纯粹个人的事情,因为家族的关系,就变成了家族的事情,如婚姻,本是男女个人的关系,过去却视同合两姓之好,上以承祖宗,下以繁子孙,便将男女个人的关系轻视了。从而过去所谓离婚也是指断绝两姓之好而言,历史上曾有一个故事,儿媳已死,母家犯了重罪,便将媳尸掘出途同母家,称为离婚,便是一个很显著的例子。对于男女个人的关系,称为嫁娶,其离婚仅称之为"离",两愿离婚也仅称之为"两愿离"或"和离"。而所谓"七出三不去"的条件,多半与家族制度有关。因之在过去,结婚除"成妻之礼"以外,特别重视"成妇之礼",三日庙见便是把结婚的事要向祖宗报告了,其他如继承制度等等,都是脱离不了家族制度的范围。在家族名教化方面,因为个人的地位融化在家制范围以内,一切名教的关系,大半都赖家族而维持了。在"十恶不赦"的大罪中,慢说谋反、谋大逆、谋叛的犯罪,都满门犯抄,而要一家大小负其责任。又在"十恶"中,由于家族关系而表现出来的,共有四个半的罪名。其中"恶逆"是指殴及谋杀祖父母、父母,夫之祖父母、父母……等等而言。"不孝"是指告言咒骂祖父母、父母,夫之祖父母、父母……等等而言。"不睦"是指谋杀及卖缌麻以上亲,殴告大及大功以上尊长、小功亲属而言。"内乱"是指奸小功以上亲、父祖妾及与之和者而言。至于闻夫丧匿不举哀,若作乐释服从吉及改嫁,也是属于"不义"的一种事项。总而言之,因集团生活关系而使国家家族化、家族政治化;因个人地位不显而使个人家族化、家族名教化。从上面所说的便可略知一切了。

就第六个论题而说:因泛文主义而有灵活运用之效果。我原来没有注意这个"泛"字,张金鉴先生有一篇文章"中国法制之特质及演进",文中有曰:"中国历代律法系统为成文法乎,抑为不成文法乎? 对此均不易作答。各朝为治均有巨帙成文的法典以为刑赏依据,然散见流行之礼俗又常与律文有相同的效力,是成文而不成文,不成文而成文,无以名之。姑曰泛文主义。""泛文"一语当能见其真相,不过我觉得用"泛"字比较更清楚一点,可以说包括英美法系与大陆法系,裁其所长而互补其所短,颇能达灵活运用的功效。我将灵活运用之效果分为两段:第一是泛文主义之纵断面及横断面;从纵断面而观察之,例如汉代之经义折狱,盛极一时,至南北朝犹在,隋唐以后即绝迹无闻。律令之比附,汉代成为定则,唐律有法定之比附,宋代以后则禁止妄为比附,必须取旨乃可。又如典始于唐,而有明清的会典;格式始于北朝,唐宋极盛,自元以后即不存在。类此之事,得一一为纵断面的观察。从横断面观察之,当然要把各种法律分类,就其与法制最有关系之典籍而言,可得约为之三大类,一为较有成文性之典籍:律、令、典。二为具有命令性之典籍:敕、格、式。三为富有伸缩性之典籍:科、比、例。若再就每一朝代逐次说明其法制的种类,那又是横断面而兼纵断面的观察了。第二,泛文主义之新问题及旧问题:新问题就是罪刑法定主义问题,中国过去是不是罪刑法定主义,学者颇有争论,据我个人看来,有些地方想走上罪刑法定主义的道路,但在泛文主义的趋势下,这条路是没走得通。旧问题就是明轻明重问题,唐律里面是有的,宋朝以后就不行了,宋朝必须得到皇帝的批准才可以,所以明清律和唐律是不相同的。

第六部分,是重新评价的问题,本来分为三段:(1)中外学者对中国法系之批评;(2)建立中国本位新法系之商榷;(3)现行法制所受旧法制之影响。为了节省时间起见,将最后一段暂且不说,如今先说中外学者对于中国法系之批评,各有见地,为说不一,有的认为优点,有的认为缺点的,而如抗战期间西南联大法律系主任蔡框衡先生的批评,认为中国古代法正与欧洲古代法相同,都是受有时代环境的影响,无所谓优,无所谓劣,就我看来,文化既多少带有民族性,便不能把各法系的特征一笔抹煞。我把他们的批评分成形式与实质两方面的批评,其中好的批评姑且不说,其有误会的批评,也只各举出一点为其解释一番,在形式方面,他们说中国过去只有公法,没有私法云云,殊不知中国过去一方面是礼教为中心而慎其始,一方面以家族为重点而求其化,个人间之关系,既有家规、家范之约束,又有乡老里正之劝解,纯然本于现代所谓私法自治之原则而然,自无重视私法关系之存在。在实质方面我也举出一点,他们说中国过去,法律与道德不分云云,过去所谓出礼入刑、明刑弼教,似乎法律、道德混而为一了,事实上,这种说法是唯法主义的想法。法律并不是立于国家社会以外,而成为一个超乎一切的独立体,梅仲协先生说得好，法律与道德之关系，乃系一个本质，两个概念而已。我自己认为法律与道德无非一个"法身"，两个"法相"，因而发生两不相同的法力，社会上、政治上需要庄严相时，就用法律表现出来，需要慈和相时，就用道德表现出来。因而我个人可以这样说，法律是武装其身的道德，道德是解除武装的法律，法律以道德为宝藏，道德以法律为甲胄；亦即法律为道德而服役，道德为法律而立命。明明是道德问题，定在法律里面，就不是道德而是法律条文了。在十年前我写的"四维八德法律论"对四维八德——礼、义、廉、耻；忠、孝、仁、爱、信、义、和、平各就其命名上作了一番解释。并将古代律及现行法所包含的四维八德的条文，分别举出来做了详细的说明，学法律的人，不少认为我是守旧复古，但我并不接受这种批评，因为他们对法律载上了权力不变的"皇冠"，而与国家、社会脱离关系。关于建立中国本位新法系之商榷者，这个主张我在三十年前也曾经赞成的，唯因欧美法制形态在近世以来，事实上已成为天之骄子，我国自清末变法，即已入其势力范围，现在要把它根本推翻，事实上是不可能的，而且在我个人的看法，法系为称，乃系过去民族文化未能扩大交流时代的产物，今后法律应该慢慢走上统一之道，尤其以前事法国际化为甚。我个人虽然主张三民主义条文化、五权宪法典章化，并不是为建立中国本位新法系而张本，如能将国父在法律方面，综合古今中外学说而创造之三民主义五权宪法精神，因势利导灌注于"现行法令"之中，达成法律更新的使命。别的国家亦可采取中国法制进步精神，即不奢言建立中国法系本位，而事实上这个精神已经达到了。

（1967 年 6 月 10 日于"中华法学协会"与"中华文化学院"法律研究所联合举办之中国法制研讨会发表。）

中国固有法系与中国文化

一　引言——文化与法律

人类创造文化，无人类即无文化。这当然是我们人类所说的文化。所以过去学者译"Civilization"为文化，而释其义为"生活的样式"（life mode），今通称为"生活方式"。虽然没有说出"人类"两字，心目中总有一个人类观念存在。因为单纯以生活方式为文化的解释，那么，鸟作巢而栖息，蛛结网而觅食，蜂造窝而酿蜜，蚁掘穴而群居，有工作、有组织，不亦是生活方式吗？然而不能说它是文化！文化在现宇宙中，只是为万物之灵的人类所持有，其在心理上的起源，对于自然不特有刺激、有反应，并且经过深切的"惊奇"而求得一种妥当的安排；或不断地"发生困难之感"，不断地求其解决。若说刺激反应，甚至于仅对"存在"的简单惊奇，动物同样是有的，但因不能有妥当的安排和不断的努力解决问题，并其他种种关系，因而文化和人类就结了不解之缘，"只此一家，别无分店"。

为文化下一个确切的定义，颇不容易，各人有各人的看法，这和对于民主（democracy）这个名词下定义一样的困难。但就其整体相而观，譬如说，文化是人类生活方式的整体；文化是人类精神活动的成就；文化是人类精神努力创造出来的价值；文化是社会的人生，是立体的人生，是人类全部历史。这些都是本座谈会各位先生所提出的。以外，依

《易经·贲卦·彖辞》，文化就是"文明以止，人文也，……观乎人文，以化成天下"。所谓人文，指的诗、书、礼、乐及人伦的伦序，圣人"观人文以教化天下，天下成其礼俗"便是。依一般人通常见解，文化就是"人类从野蛮以至于文明，其努力所得的成绩，而表现政治、法律、道德、艺术、学术及风俗习惯等之综合体"。再就其各别相而观：文化是民族团体精神的成就；文化是每一个人生活圈(life cycle)对其生活方式的表现；文化是各民族在精神上不断努力的结果，而由其子孙接受并发扬光大的遗传基业。然而无论如何为说，人类独据有文化的园地，而将其他动物排除于外，在其创造、延续、发扬光大或复兴方面却是有几个基本条件的。这不特看出法律成了文化现象之一，而且是非有不可的表现。就这几个基本条件来说：

（甲）文化不是出自个性，而系创自群性；不是天才个人所能独创，而是大多数人不断努力的结果。这就和鸟作巢、蛛结网的个体行动不同。大思想家的创宗立说，必直接、间接有其所承，大科学家的发明器物也必直接、间接有其所取。孔子祖述尧舜，宪章文武，并与贤士大夫游，才能集大成而创立儒宗。瓦特(James Watt)发明蒸汽机，牛顿(Isaac Neuton)发现地心吸力，绝不是毫无前人的影响，只看见壶里水开、苹果落地，就会有这样的成效；而且其思想、其发明，若无多数人的领悟传播，也不能成为文化的主要部分而有助于人生。文化既然是多数人努力的结果，必须有了社会，彼此共同相处，才能达到这个目的。因社会的产生并不断地发展下去，法律便应运而起，不问其形式，不问其内容，不问其为禁令，不问其为约制，法律的核心总是社会生活的规律，而为社会心理力所表现的。所以有些学者，就说"有社会即有法"，或者说法先于国家而存在，当然有这种法的社会，虽然不是国家，却是多少有公权力存在的社会，如氏族、如部落是。

（乙）文化不是处在静止的状态，是在动的状态中求其发展，纵有回澜也可望其复兴。所以有人说文化不是一种"存在",其本身乃是一种"演变"。倘若不能演变而衰微、而静止,便成了死的文化,也就失了人生的价值。这和蜂群居而酿蜜,蚁群居而生活,万古不变的情形也不相同。这种变动虽然不像自然方面有一定不移的规范、有确定无二的路线,但其动而能不忘其本,变而能广收其效,虽在被动中,还得同时要靠变动中的法律,与其配合为其支柱。否则一般文化有变动的迹象而法不变,这便是恶法,只有我国法家和西欧分析法学派说它是"胜于无法"。反之,一般文化尚在慢慢演变中,而法突然变到簇新的地步,也是不行。王莽的变法、洪秀全的建制,都归失败,就是这个缘故。总而言之,在文化的演变中,也须要有演变的法律助其演变。

有人说,教育是担负了保持文化、延续文化等等责任,实则法律也同样有这种责任。因为没有演变的法律扶助文化的演变,这种变动都是不易成功。况且教育之所以能达其功效,也是靠了法律能维持社会秩序,乃可弦歌不辍,避免了最后一课的不幸。以教育、学术等等与经济、政治、法律作一个比喻,更见得法律及一般文化在其进展中有密切的关系。教育好比文化的脑髓神经,没有它们,全身失灵,等于肉偶;经济好比血液循环,没有它,滋养无着,衰弱不堪。政治、法律好比体躯,乃是脑髓神经和血液循环所托的部分;而政治仍只算是皮肉,法律才是骨干,同样是不可或缺的。一个人只有体躯而无生命灵魂,自然不行,但是体躯,尤其骨干而不健全或有异状,也就影响了其他部分在其效能上的表现。

除了上述的人类文化两个基本要件藉知法律对于一般文化的作用外,从文化的本身而言,尚有一种状态不可忽略,那就是文化与法系的关系了。什么状态呢?有如下面所说:

(丙)文化不是以某一个生活圈为中心而延展于全人类,也不是开始即系有意识地为人类全面性的集中发展,多少是具有民族性的。虽然在最初的神权阶段，各民族的文化似乎大同小异，然而这种同，既非由于共谋，且各有其本色，更非即向同一道路发展，故仍各有其民族性。必须由各民族的文化相交流。乃可逐步融合而建立人类的共同文化。这是人类分布于全球各部分，受了自然环境影响及彼此相互模仿，致与他部分人经久隔离的事实。然而有人说，文化是人性的发展，没有东西的根本差别。就人类文化的本身而言，当然如此。因为各民族文化的内容，虽然如何不同，都是人类所创造，都是人类的文化，自然"人的所以为人"有其共同之固有点，然后才可以交流，才可以彼此吸收。一如中国文化始终是中国文化，然因时间的不同，也不妨有殷文化、周文化、秦汉文化和唐宋文化等等区别。那么在人类发展的事实上既系分区而居、分族而处，形成了许多民族，各民族也都各有其自动的单独创造文化的能力，渐次发展演变，各自成其体系。依前所述法律是社会的安定力，是随着文化的演变而演变，以助长文化的演变。文化既多少具有民族性，而在同一民族生活的单位上，自然也不能离开法律，甚或藉法律的力量而使其文化传播甚远，一如由文化的传播而将法律的精神传播他处一样。因而在国际法以外，各有其国内法；在世人梦想的"世界私法"以外仍各有其国内私法。并因文化的表现于法律方面，初则各树立其民族生活单位的规律，继则彼此间的规律亦或交流而融合，于是就有所谓法系的建立。一个法系对于另一个法系而言，仍然多少带有民族性在内，尤其是由众多民族构成一个大的民族生活单位，而自创立的法系如是；或一个大的民族而分成数个生活单位而属于同一法系如是。所以一个法系广被于多数国家，也可以说是有助于各该国家彼此间为文化上的交流，逐渐收取融合之效。

二　中国固有法系的基础

法律对于一般文化的建立和发展,虽然有其极大的作用,然而法律毕竟是文化的一部分,在一个民族生活单位的文化所指示的整个趋势之下,它也不能反其道而行。如若不是这样的法律,其法律也就不能扶持其文化,甚或摧残了固有的文化。因而在一个社会、一个民族团体,有某种文化,便形成某种法律。最好的立法并不是凭着自己的意识创造某种法律,只是凭着自己的智慧选择出某种法律是民族所需要的,是社会所期望的。各种法律的分布在全世界,也就是表明了民族文化的不同,或在众异中而有其小同。同时,某一法系的昌明,至少可说某一体系的文化在法律的表现上有其优势。反之,某一法系的衰弱,若在其固有的一个民族生活单位方面,也可说是其固有的一般文化走向消沉之道。所以提到中国固有法系便不能不谈到中国文化,由中国固有文化而为中国法系的观察,乃为探本追源之论。中国文化如何影响到中国固有法系,而中国固有法系如何对中国文化起其反应,这是后话,暂且慢说。现在单从时间、空间及与时空均有关系的构成元素方面,已足看出为中国固有法系基础的中国文化与中国法系的关系了。

(甲)就时间而言,中国文化为世界上最早创造的文化之一,并非由他处移来,而系创自本土。过去学者认为中国文化是外来的,为说颇多,莫衷一是。然而都不免有两个普遍的疏忽:一个是种族播迁问题和民族形成问题混为一谈,竟认为中国文化是外来的;一个是把外来文化这个支流误认为是中国文化的主流,假使有这回事的话。中国文化创自本土,不特英人洛斯(G. Ross)、罗素(Russel)、威尔斯(H. G. Wells)、法人罗苏弥(L. Rossomy)等承认;而且自从辽宁沙锅屯,山东城子崖、山西荆村、西阴村,河南仰韶村,甘肃齐家坪等地有关于新石器时代器物的发掘,而推知当时居民的生活方式,更为中国文化独立发展的有力证据。在此期间,如系一散漫而毫无组织的生活,当然没有什么法律。然至迟在苗黎时代,根据《尚书·吕刑》所说,"苗民弗用灵,制以刑,惟作五虐之刑曰法;杀戮无辜,爰始淫为劓、刵、椓、黥";可知五刑之用早在尧舜以前。到了尧舜的有史时代,依《尚书》所载"象以典刑,流宥五刑,鞭作官刑,扑作教刑,金作赎刑",而舜除命契作司徒敬敷五教外,并命皋陶作士以典五刑。本来,法律在各民族中,其发达的次序,都是刑事法先于民事法、政事法,中国在神权阶段中自亦不能例外。这些事实可说是中国固有法系的源始,而与中国文化显然可见地发生关系已在五千年以前。至近以尧为计,其即位在西元前 2357 年,距今也有4309 年的历史。倘再退后若干年,认为春秋时代,郑国铸《刑书》,晋国铸刑鼎,将刑事法向人民公布出来,关闭了秘密法时代的门,而来计算其时间:一个是在西元前 533 年,距今为 2485 年;一个是在西元前 512年,距今也有 2464 年。更退而以李悝撰次诸国法,制《法经》六篇为中国有成文刑事法法典之首,以之为计,时在周威烈王十九年,当西元前407 年,距今仍有 2359 年。这都不算,单以历代律统的建立开始而言即周显王十年,秦孝公四年,商鞅受李悝的《法经》以相秦这一年,乃西元前 359 年马其顿王腓力王二世即位的时候,距今依然有 2311 年的历史。可知中国固有法系由其创始至于建立,最晚距今为二千三百余年,推而上之,可有五千年之久,虽然不及中国文化整体延绵的时间,但在世界各法系中,却最具有悠久的历史。这也由于过去中国文化的坚韧不拔,外夷侵入中国,甚至据中国全土而有之,仍然承受中国文化,自亦维持中国法系。即以辽论,虽设制有南面、北面的不同,而仍不舍唐律的采用,其南面政制一如中国之旧,即可知之。

　　(乙)就空间而言,中国文化的本质,一方面具有天下一家的情调,一方面富有和平共处的精神,"送往迎来,嘉善而矜不能",以柔远人,

"继绝世,举废国,治乱持危,朝聘以时,厚往以薄来",以怀诸侯。所以中国文化虽发扬于本土,而在国家兴盛时,环我而在的民族,都自动地吸收中国文化,沐浴其中。这就是所谓"以德服人,衷心服而诚服也"。即有时利用武力建立一个帝国,其文化仍是自然的发展,不专凭藉这个武力而为文化的侵略。所以汤因比(Arnold Tynboee)说,"一个大帝国的建立,往往是文化衰落的象征"。这在欧洲有其例,却不能用在中国文化方面。譬如说汉唐两个大帝国的建立,中国文化不特未曾衰落,且更显著。因为他们的征伐,是安抚其民,而非利其土地,如能降服,便可宽容;甚至用和亲政策,与其修好,绝不使用暴力,以怨报怨。即在法律上如唐律规定化外人相犯条"化外人同类自相犯者各依本俗法,异类相犯者以法律论",这虽不合于现在的法理,但中国人不愿强使外族承受中国文物,可说是一种宽宏大度。其所以能聚各族于一炉,逐渐形成一个伟大的民族,为固有文化加以新血液,正因帝国的建立有助于文化的发展,这是中国文化的特异处。既然如此,因而中国固有法系的力量,一方面经久在中国本土树立数千年卓尔不群的精神,一方面在有些时候也就先后发展在域外各地。但中国文化既无侵略性,而文化的被外族吸收又未尝以武力随其后,而法律总多少有些硬性,尤其刑事法为然。于是中国法系在域外的使用地域,也就此较中国文化其他部分为狭。然屈指计之,依然东至朝鲜、日本、琉球,西至西域各地,南至中南半岛,而北方各族在中国建立朝代的,如辽、金、元、清,也早在其南下以前,多少采用汉法以治汉人了。其中朝鲜及其以前的高句丽、新罗、百济,不特采用中国法系,并为日本采取中国法系的桥梁。日本在明治维新以前,采用汉法,更为显著,如《近江朝廷律令》《大宝律令》等都是。琉球向来没有刑书,乃于乾隆四十年参酌清律和自己向有的例,编成《科律》,施用于全岛。安南采用中国法系自汉已然,而以黎氏一朝的律令,更形成中国法系发展到南部的国家。唐在盛的时候,所设北庭都护府,治北庭;安西都护府,治龟兹,可见西域各地承受过中国法系。又设安北都护府,治金山;单于都护府,治云中,并可证明塞北各部分承受过中国法系。这又是中国法系,在东亚各地有其特别光荣的例证。

(丙)就元素而言,文化的起源,虽有多元说与一元说的争论,但文化的延续,因其具有吸收性,更不能不采多元说。中国文化在其起源上即为多元,且不是以某一部族的文化为主体,而吸收他族文化。因为中国的文化最早形态就是华夏民族的华夏文化,而华夏民族并非由一部族为主而逐渐扩大,乃系融合各部族而交错其文化,形成早期的华夏民族的华夏文化。我固不愿在这种里多举各种史事为据,但大体说来,古籍上“元后”“群后”的称谓,四岳万国的记载,以及关节语和孤立语的杂见古代人名、事名,即可证其出多元。今人论史,或以燧人、伏羲为海岱民族,炎帝、神农为江汉民族,黄帝、颛顼为河洛民族,虽不一定即可如此分类。但南北各部族的文化,绝非出于一型,可从史实中而推知之。自黄帝与炎帝阪泉一战而后,姬、姜两姓同地杂居,世为婚姻,其他各族,融合于此两族系统之内,亦或先后渐次形成华夏文化的系统。至于海岱民族,纵另有其源,但其文化自成体系,乃一事实。华夏民族对外族命名,每有虫、犬、羊、豸的边旁,如蛮、狄、羌、貊等称,独对东夷,以人持其弓为喻,相当尊敬,便知其然。有人谓殷即东夷一支,殷周文化两代,是华夏文化中又有夷的一部分的成分。并据钱穆《中国文化史导论》称,洛水流域的夏部族向北渡黄河而与汾水流域的虞部族接触,后来又由定居渭水下流的周部族与其接触,三族文化很早地就融成一体。那么,殷周文化的汇合,又可说东西两部族的融合了。然无论是南北两文化体系的融化,或东西两文化体系的合流,夏的为言,并非如章太炎所说,谓发源于汉水,实乃自称其为“人”,如夏字古写为“嫛”,像人也。因为出自多元,便有诸夏之称。“华”字也不是章太炎所说的起源于华山,乃系文明的意思,既有华夏之称,可简称为“夏”,也可简称为“华”,

与中国两字相通，便有了中夏、中华之称。华夏文化创立后，由周至秦，更与东夷文化、荆蛮文化、吴越文化、北狄文化、西戎文化互相融合成为秦汉统一后的汉族文化。自汉以后，匈奴、东胡、南蛮、百越、氐、羌渐次加入汉族的队伍。中经五胡乱华的结果，又接收了鲜卑、柔然等族的文化，构成了隋唐时代中华民族的再次形成，而增加了文化方面的新血液。唐又吸收了西域各邦的文化，而宋代并将印度佛教的文化吸入儒说之内。契丹、女真、蒙古、满洲入据中国，加入中国文化圈不算，明代西方基督教东来，又与西方的文化开始接触而至今日。总之，始终多元的中国文化，影响到中国固有的法系方面，无论其创始、其建立、其延续，也是同样情形。

为中国法系最原始的刑事法，依前所述，至少在最初有两个来源。一个是苗民所创的五虐之刑，一个是唐虞所创的流、放、窜、殛，另有鞭、扑、赎三种轻刑。五虐之刑最初在北方部族使用，是专对异族而设，《吕刑》所谓"报虐以威"是。《舜典》并载舜命皋陶的话"蛮夷猾夏，寇贼奸宄，汝作士，五刑有服"，是很好的证明。到了周代尚有"刑不上大夫"的话。在最初，大夫都是同族，自然不用五刑的；只有臣民，大半都是异族，便作了五刑的对象了。所以"德以柔中国，刑以威四夷"就成了两种名言。刑既对异族而用，那么，掌刑的官便是士，士不是"理官"而是有武力的官，对于成群结伙的异族，便须用兵，这就是古人所说的"虞时，兵刑之官合为一"，而兵便成了"大刑"。《国语》载臧文仲的话"大刑用甲兵，其次用斧钺，中刑用锯，其次用钻凿，薄刑用鞭扑"，依然以用兵为大刑。所以《史记·律书》《汉书·刑法志》都以兵事为首；可说是对于史事，据实而言。再说，夏对刑官已有了"司寇"的名称，周更然。秦汉称刑官之长为廷尉，都多少带些历史上的气味。然既以大刑为用兵，而有征讨的事情，军队必须有纪律，《易经》上所谓"师出以律，失律凶也"，对同族的用刑，或者渐从军法开始。后来因各族融化而繁，同时贵族也或降在皂隶,刑便普遍地适用于一般人。"流、放、宥、殛",指的是"遣之远去""放置之于此""驱逐禁锢之"及"拘囚困苦之"而言,如《舜典》所称"流共工于幽州,放驩兜于崇山,宥三苗于三危,殛鲧于羽山"是。对于异族,虽不完全使用五刑,对于同族却只限于"流宥五刑"。换句话说,同族犯了大罪,至多驱逐出境,"屏诸四夷,不与同中国",犯了小罪便是处以鞭、扑、赎三种轻刑。这两个来源的刑,一个是五虐之刑,一个是流、鞭、扑、赎,按照各民族刑事法的起源也很相合。有人说原始民族的刑事法往往有两个式样表现,一个是对外的"复仇",那就是"报虐以威"的用兵,一个是对内的"塔布"(Taboo),即依禁令或戒条,不可接近或触犯某一定的人或物,而竟违反了,初则认为必有灾殃降临,继则加以杀害,这和流宥的意义也很相近。

再进一步,而以律统的建立为说,是由商鞅受李悝的《法经》以相秦,为秦变法。李悝是魏文侯的先生,撰次诸国法,著《法经》六篇,是中国成文刑典的始页。既然是撰次诸国法,当然把各国的法汇集在内,郑国的刑书,晋国的刑鼎不算,至少还必参取晋文公所行的被庐之法,郑国邓析所编的竹刑。而楚国茆门之法、仆区之法,也许都是他当时的参考,其他吴越等法,自然也在内,只是我们现在不知其名罢了。所以这些诸国包括春秋战国时代的国家在内,各国有其国风,各国自然也各有其刑制,遂都被李悝集合起来,制出盗法、贼法、囚法、捕法、杂法、具法六篇,而由商鞅用在实践政治上去。李悝并不是法律思想家,而是一位法律事业家。商鞅把这《法经》用到秦国,虽然改法为律,但汉魏的人仍往往称之为"秦法经",便知其故。那么,在二千三百余年来律统的创立,也是以多元的内容而问世了。

商鞅在秦建立中国的律统,经汉律、魏律、晋律而光大。然到了南北朝分立,晋律行于南朝,刘宋仍用晋律;南齐有永明律,未施行,继而孕育成梁律、陈律,称作南支律。因陈亡国而南支律亡。但在北朝,北魏拓跋氏，异族入主中国，创立北魏律，虽曰直接宗承汉律，而北狄风尚不无多少存在。降而经北魏的《麟趾格》，而有《北齐律》，更系折衷魏晋之制，而使南北两律早在精神上融合。继之为隋《开皇律》，为唐律，其内容仍然是各族文化的综合体。只有由两魏系统下而有的《北周律》，隋《大业律》是继南支律而夭折了。唐承隋祚为中华民族的第三次大融合，使中国文化呈现新的形态而发展，故唐律也是集各族的精神而形成。后来五代异族朝代和辽、金、元能直接、间接宗承唐律，这也未尝不是一个原故。

后来到了明朝，中国过去的古律，大半都已佚失，只有唐以后的刑书，还有保留者在。明太祖三次订律，唐律是重要的参考不用说了。至于是否参考了辽的条例，金的《皇统律》《明昌律》《泰和律》，也不必在这里作一个肯定的答案。但明既继元而兴，元代的条格，倒是直接的资料。当然对其有所斟酌损益。观于明律的分目，不少与元条格相同，即可知之。这又是中国律统第三次的变化，仍然是一个综合性的。满清入关虽然把明律改变为清律，但《盛京定例》等与之并行。而律中删去唐律中的私习天文条，又所以容纳西洋文化，而应时势的需要所致。

如上所说，像这样一个历史最悠久，存在最广泛，而内容又最充实、最复杂的伟大法系，如凭个人之力，真要研究起来，可说穷年累月而不能尽；如要全般地描写出来，也是要费很久的时间，不是三言两语可以说完的。现在只能就大的轮廓上说明，中国文化如何影响到中国固有法系，而中国固有法系又如何对中国文化起其反应。

然而要把这两点分别出来，还有一个前提，那就是对于中国固有法系全貌的认识问题；而且在这一问题的报告里，也可从另一角度上，总括地看出中国固有法系与中国文化相互间的关系。

三　中国固有法系的全貌

　　一般人谈起中国固有法系,总是想到汉律、唐律、清律方面去,尤其外国学者对中国法系的认识是这样的。因而不少人说,中国过去只有威吓为性的刑罚,没有法治可言。但是一个国家立国数千年,专靠刑罚能为治吗? 当然不是! 又有人说,儒家是主张德治、礼治和人治的,是反对法治的。其实儒家仅是反对法家的刑治,却主张为刑治之本的法治,那就是《大戴礼记》所谓以礼度为内容的"德法"了。所以儒家不仅是伦理学家、教育学家,同时还是最伟大的法学家,而且自汉之兴,他们更变为实际的法律家。一般人对中国法系的误解,乃是只见其偏而不见其全所致。偏在哪里呢? 就是重视了刑而忘记了礼;甚或仅仅重视了律而忘了其他的刑。第一个原因是以古人之误而忽略了礼的部分,第二个原因是本于今人的主观而忽略了刑的全部。

　　(甲)礼不是仅有的节文,实含有另一形式的法在内,其后演变而为典章制度。然在古人心目中,总是把法律的法认为是刑,孟子所谓"徒法不足以自行",这个法便是刑。《易经》上说:"利用刑人,以正法也"即是。即在法家,虽然像管子称尺寸、绳墨、衡石、斗斛等等为法;虽然像尹文子以不变之法、平准之法、齐俗之法、治众之法为法的四种形式,然其实际上所重视的还是治众之法。所以李悝就干脆把所撰的刑典称作《法经》。商鞅倒是了不得的人物,既然以"法"字用广义,那么,就索性改"法"为"律",为什么改为"律"字而不改为其他的字? 有人说律就是音乐上"六律六吕"的"律",律所以正音乐的声调,亦犹刑书正罪的轻重一样。有人说律是度量衡的标准,即今日度量衡法上的"原器",是计算长短、多少、轻重的度量衡,在其本身更有一个统一而确定的标准,彼此不差丝毫,这和刑罚治罪而求其平一样,所以把刑书称作律。

又有人说古代竹制的器物称律,刑书每每写在竹简上,如郑国邓析的竹刑是,所以商鞅改法为律。我想这些解释都不过"律"字的含义,而商鞅改法为律的本意只求其把刑书的名称有别于广义之法,或者称为过去既然有"师出以律"的话,就把这一部分刑法的名称,用作全部刑书的称谓,而且还有前述的种种参证,或不失为改法为律的所以然。虽然如此,但在事实上一般人以刑为法的观念,终是不能澄清,并创出法律的名词来。早期以"法""律"两字通用的是《韩非子·饰邪》篇"人臣又以徒取舍法律而言先王"即是。其后,《急就章》上也说,"皋陶造狱,法律存也",《后汉书》上引张敞上疏"皋陶谟虞,造法律",《唐律》上也说"化外人……异类相犯者依法律论"。这"法""律"两字在过去仍然是偏重刑罚。为什么会有这种观念呢?这因为过去一般人对于法律的见解与今不同。我们知道今日法律,有些是命令的规定,让你如此做而不做,便有了具体的制裁;或者是刑罚的制裁;或者是行政上的制裁;或者是"违警罚法"上的制裁;或者是法律所许的民事关系上的制裁,不一而足。一种是效力的规定,能这样做,便取得法律上的效力;不这样做也行,但是没有法律上的效力可言。"民法"第九八二条规定,"结婚,应有公开之仪式及二人以上的证人"。遵照这条做,一男一女便变为一夫一妻的配偶,不照这样做,虽同居多年,儿女成群,始终是一男一女,不能禁他人称其为"姘"。但在古代的人,总觉得法律的"法"应该是有具体制裁的,而且以刑罚的制裁为主;必须犯罪才有法律。所以儒家一派的人便不主张专靠刑罚"逼"人为善,就把礼和法分开,而主张自动地去做。拿今日的眼光去看,礼在这一个观点上,大部分是一种实质的法律,然而儒家却不承认礼中含有的法。法家一流把刑律视为君主治国的杀手锏,"万事皆归于一,百度皆准于法",更是持这偏狭的见解。幸而法家随秦之亡而衰落,由儒家入虎穴,取虎子而代替了法家的地位,在霸道之中杂以王道,因礼刑合一的结果,而使刑罚走入正途。因而谈中国固有法系，我们实不能偏重了形式上的"刑律"，忘记了实质上的"德法"。换句话说，我们应当站在现代的法律观点上，从实质方面认定古代法的全貌，不能因辞害义，只把刑律视作中国固有法系在其内容上的整体。这不是为古人穿摩登衣裳，而是将古人的衣着为现代化的发现罢了。

"礼"在中国固有法系的观点上，除去其为道德的规律及当代社会意识的结晶以外，就是最早的政事法和民事法。换句话说，礼在儒家的心目中，范围很广，固然不限于政事法、民事法的部分，然求古代的政事法、民事法，却非求之于礼不可。从这一观点来说，首先应当注意的地方，礼并不限于繁冗的仪式或琐碎的礼节，徒有其表，这是"仪"不是"礼"，古人分别得很清楚，《左传》上并有例证。礼重在礼之义、礼之质，不重在礼之容、礼之文。《礼器》上说"礼之所尊，尊其义也；失其义，陈其数，祝史事也"。因而礼在一方面固然不能轻视其形式上应有的仪文，一方面更应重视其在实质上所含的义理。孔子以礼齐民，荀子以礼定分，而更说道"绳者直之至，衡者平之至，规矩者方圆之至，礼者人道之极也"；又说"礼者，人主之所以为群臣寸、尺、寻、丈检式也"。这和法家的法并没有大的区别，不过一个是不尚刑的"法"，一个是重刑的"法"罢了。因而《周官》一书，虽记载天子的设官分职，各统其属，各述治其事，等于今日各机关组织法的性质，便称作《周礼》；太史公述三代以降政制的损益变迁，等于今日所说的法制，便称作《礼书》；推而孔子屡次所说的夏礼、殷礼，也不外乎各该代的政事法之类。他如朝礼、觐礼、聘礼、军礼、宾礼等等，虽不一定全部等于今日的政事法，然求今日有关的政事法也必须求之于这种种的礼。尤其以"宾礼祝邦国"更近于今日的国际法。《左传》更对古代各邦间的国际法发挥得很详，其所谓"信"，固然是"国际道德"；其所谓"敬"，固然是"国际仪貌"；其所谓"义"，固然是"国际公理"；而其所谓"礼"，便是"国际规律"。像"兵交，使在其间，礼也"一类的话,又不啻今日的战时国际法了。倘再说到民事法方面,因冠礼而知成年制度,因笄礼而知许嫁年龄,因婚礼而知婚姻关系,因祭礼而知家族组织,因丧礼而知亲系与亲等,实在就是一部不成文的民事法。也许有人要说,这是道德,不是法律;刑律中所规定的这一类的制度,才是法,不是礼,所以中国古代民刑不分的话,这也是一根据。那么,就要问,今日已经有了民法,但刑法中牵涉到民事的部分,如遗弃,如妨害婚姻,如妨害家庭……等等,实在很多,难道也是民刑不分吗?古代虽没有民法的名称,但有礼以当之,实质彼此相同,只不过名称有异而已!

这个为古代政事法、民事法所在的礼,在秦汉以后,也有一部分渐次以成文法的形式出现。像唐宋两代存事制的"令",隋宋两代立政事的"格",历代树体制的"式",梁陈两代申政事的"科",唐、元、明、清定组织的"典",不必每代都属于律的补充法,或代律而用之。它如汉朝的《汉仪》;晋朝的《尚书十二条》《刑史六条》;宋朝的《绍兴贡举法》《绍兴监学法》;明朝的《祖训》《诸司职掌》《礼仪定式》《教民榜文》;清朝的《赋役全书》《漕运全书》,举不胜举,更是与刑无关,却是与礼有合。倘若把礼和这些形式上的典章制度摒诸中国固有法系对象之外,那么,中国固有法系的体相,也就贫弱得太可怜了。

(乙)刑非仅限于律,历代均有其他各种刑书及刑制为其化身。然而在今人心目中不无一种疏忽,提起中国固有法系,往往只想到律,至多想到正式的刑书,如隋唐的律令格式是。律固然在各期中居于正统的地位,但其实际的效力并不如今日想象那么大,皇帝另外有方法变更它。这在今人看来,是皇帝的权力破坏了法律,的确是一种不好的现象。然而知人应当论世,而且与中国过去的文化有关。不是随便的一刀,就可把令人所视的毒瘤,在古人身上割去。明白说来,就是在古代立法、司法、行政最后的决定权都在君主手里。然而他却不是个个都当然的如桀、纣、杨广一类人物。倘若如此，也就没有"汤武革命顺乎天而应乎人"和"闻诛一夫纣矣，未闻弑君也"一类的话留在史迹上了。法家以法律为君主造淫威，只是韩非、李斯几个人，其他法家也是主张"法为天子与天下所共"，"君臣上下贵贱皆守法"。儒墨各家对于君主制度，是要贤哲在位，认为君主代天牧民，非其人而当其位必败天事，故虽有其位，苟无其德，也就不许他制礼作乐。这个君主的存在，由于一般民智未开，而又要维持一个统一的局面，自有其时势上的需要，一切权力便归了他。同时由于民本主义的发达，"民为邦本"的"民有"，"政以为民"的"民享"，都很发达到相当地步，而国家在"有道明君"的时候，得以安宁下去。正因如此，"政由民出"的"民治"观念始终没有。平民虽可"革命"，或则仍让公卿摄政，如周厉王被人民所逐而由周召二公共和为政（一说是共伯和摄政）便是；或则取而代之，如汉、明两代的建立即是。君主既然全权在握，至少在宰相得人的时候而有最后的决定权，并不完全就有什么大害。所以历代的正律都是由他派大臣撰拟，请准后施行；明太祖就亲自参加订律。而"前主所是制为律，后主所是疏为令"以及临时因事而上请所得的"敕"一类的刑典，都是各该时代正式的刑律。因为皇帝是握有立法权，并握有司法权的。这种事实在客观的价值如何，乃另一问题，而在"王言即法"时代，为中国法系全貌的探讨，便不能以我们现代的主张而改更了过去的事实。然而君主既掌握一切大权，似乎是站在法律以外了，要是如此，依前所说，也就根本没有好皇帝、坏皇帝的区别了。因为君主纵然不受"刑律"的支配，但却要受"德法"的支配，"德法"就是礼。拿今日国家根本组织大法的宪法来比拟，君主因须守礼，仍须遵守不成文的宪章。哪一个好皇帝敢违反先王的成宪呢？敢破坏了天下所公认的宪则呢？至少也不敢违反本朝的祖制，违反祖制便是不孝，便是不德。明太祖不许子孙修改明律，不许设宰相，有明一代只有《问刑条例》补律的不足，只有实质上等于内相的翰林院入值的内阁学士。清代也重视祖制，人人都知道的。本于这种无文字信条的限制，好皇帝也不敢违反众议公论而创出恶法来。那么，研究刑律，也还得笼罩一切刑罚而观，不能把一切出于君主口中的，都认为是行政权侵害了立法权或司法权，像现代人所想象的。这也不是说古人的衣着式样很好，只是说在他那一大套衣着上彼此是互相配合的。

我们先就"律"的本身而言，已足看出"刑"的部门的复繁情形。汉律特指萧何的《九章律》，以外叔孙通的《傍章》十八篇，乃系《汉仪》，可以不计，但还有张汤的《越宫律》，赵禹的《朝律》，另外并有酎酒、上计、左官、钱、田各种"杂律"不下十几种。汉以后的律虽没有这样复杂，但又有了两个事实，却要注意：一是有些朝代没有律，像三国时代，只有《魏律》，而吴蜀均系以科代律；南朝、宋无律，齐虽有《永明律》未颁行。唐到宣宗时又将一切刑律分类为门，称为《大中刑律统类》，以后就变成"刑统"之名。后周及两宋都以刑统代律。实则备而不用。自唐之末经过五代迄宋，皇帝的诏敕便代替了律。宋神宗就干脆把"律令格式"改为"敕令格式"。辽有条例而无律，金于中途才有律的颁布，而元代更只是以一时的条格为治而已。二是每朝的律，或数次修订，前后不太一致，这当然以后所修订的为准。但古代律每有注，也可得法律上的拘束力。《汉律》，各家的注解繁多；到了《魏律》，化繁为简；《晋律》，杜预、张裴两家律注并行；唐有《武德律》《贞观律》《永徽律》《开元律》，不知其间有多大修改，但《唐律疏义》与律文有时不符，这虽然是《永徽律》，而律文或系《贞观律》之旧。明清各律均有官家之注。就拿律来研究已不是一件容易的事，何况汉在各律之外，还有"后主疏以为令"的"令"，有特别治罪的"科"，有比附律令的"比"和其决事比。唐在律以外，有"一断以律"的"令""格"，而"格"实在就是"敕"的经久可行者。宋在"敕令格式"以外有"断例"和"指挥"；明清以律例并称，以律生例，以例起例，超过了律的数量，不知多少。因而仅把历代的"律"作为中国固有法系的园地,虽然认为不失一个小天地,然而仍是坐井观天,不能达到小的应有境界。

四　中国固有法系的形成

因中国文化的创立延续,乃逐渐而有中国固有法系的形成。离开中国文化,自不能说明中国法系的使命所在。然在中国法系方面,求其与中国文化的关系,可素描、可透视。素描的结果,便知中国法系受中国文化的熏陶,而表现于外的特征,显然与其他法系有其异致。透视的结果,兼知中国法系与中国文化融和为一体而蕴藏于内的本质,随之而使中国法系的特征有所附丽。凡研究中国法系的人,莫不注意中国法系的特征,但对于中国法系的本质,往往不愿深求,最多认为本质所在,就是中国文化;而中国法系的本质,也就是中国法系的特征。诚然中国法系是中国文化部分的表现,没有中国文化也就根本没有中国法系。然而一个法系除具有文化方面的通性外,还具有法律方面的特性。这特性,只有在所谓"不法者内部法"(Law among outlaw)或认为法律是万能的场合,可不受一般文化的影响而单独存在。但民族生活单位内的法律既构成一独立体系,法律本身所具有的特性,就不免受一般文化的影响,向着同一的道路而走。纵然在人类的素质上遇有某种原因,可能与其他法系同其发展,但就实际上观察,毕竟各有其异致,这是由于各民族生活单位的文化不尽相同的关系。中国固有法系的法律,一方面无论刑或礼起源都在四千年前,并且一样经过神权阶段,然而却未留着宗教的色彩。一方面很快地跃过了像欧洲神权法说和其所支配的法律的时代,即与自然法发生了不解之缘,一切都是以中国文化为其园地而如此。因无宗教化的法律,早就重视"人情";因有自然法的灵魂,早就重视"天理"。国人到今天仍以天理、人情、国法并称,可知这种意念之深,而天理与人情也是与礼有关的事情。

(甲)中国固有法系源于神权而无宗教色彩。谁都知道,初民社会都受到神权的支配。这因为民智未开,对于自然的力量,不免受其慑伏,至少也要发生一种被动的惊异。因而各民族文化的发育,莫有不经过这神权阶段,所以初民社会的氏族,莫不各有其神,于是族长一面为政治上的统治者,一面即全族的主祀者,显然逐渐创立各种宗教而延续下去。然而也有因其他种种原因,其文化的初期虽为神权的空气所笼罩,却到后来并未带有强烈的宗教气氛。依前所述,法律既是文化的一部分,所以一个法系的第一页,若必须从初民社会的时代写起,可以说普遍地都受过神权的洗礼,因为这是人类进化史上的公例,任何文化的原始创制,谁也不能逃出这神权的圈子;尤其在多少具有组织性的事类方面如此。像最古发生的埃及法系,其早期法律与宗教关联甚密,往往不能区分。像三千数百年前创立的希伯来法系,始终是在宗教化中,而摩西(Moses)的《十诫》(*ten commandments*),说它是教条也可,说它是法律也可。像近三千年前成立的印度法系,婆罗门教徒所奉的《摩奴法典》(*Laws of Manu*)也是神权为说。四个阶级的划分,便以婆罗门(Brahman)的教徒居首,战士次之,工人又次之,奴隶最下。其后约在两千年前的阿育王(King Asoka)①即位,以佛教为国教,有诏令四十条刻于石柱,可说是一种佛教化的法律。这且不言,即专就刑罚的原始而论,前所述的"塔布",侵犯了神圣的人物,便有了这种犯罪;甚至复仇也有多少是起于神圣人物的侵害而然。再就当时的审判而论:凡人民有争执,教主祭司有审判权,而称系由神判定其是非曲直。所用的方法如决斗(wager of battle),如"奥其耳"(ordeal)都是。决斗乃原被告决斗

---

① 原文为"亚溯迦王",按今通译"阿育王"改之。

于天神之前，理直的人经神的保佑，自然战胜理曲的人。"奥其耳"乃在天神面前为一种试验，能胜此试验的人，便宣告无罪。其方法有种种：或投犯罪人于急流中，浮身而出者无罪，有罪便灭顶而死；或以烧红的铁，烙犯人的身体，三日后不见灼痕者为直；或以热水使被告探之，不伤者胜。现代多少幼稚民族，还是用着这种原始的审判法。

中国文化的起源很古，当然不能没有神权这一阶段，据古代史籍传说，各部族均各有其神，并有共同的神称作"天"，或"上帝"。所以中国古代社会的组织，不特兵刑合一，而且政教合一。族长、酋长握祭祀、战事、刑罚三权于一身，凡"先圣之后，各姓之后，皆任其使，而供其职"，主祀的人物男的称作"觋"，女的称作"巫"。这种巫觋政治，可说是一种神权政治。尧舜时代设官分职，重在理民，似乎澄清了这一空气，然孔子称大禹"致孝乎鬼神"。殷人尚鬼更为事实，不仅巫咸为巫，并有人疑及伊尹也是觋；而周人曾经承其余绪，以土、谷两神的"社稷"为国家的称谓。"社"乃后土的神，用以配天，"稷"实为谷神。周人自认稷为其始祖，也来配天。因而可说中国自殷以前，在文化的表现上，含有宗教方面的色彩很盛。为中国固有法系的两大骨干——"刑"与"礼"就在此环境中露出头角，当然也不免有了这种色彩。（1）以最初专为刑而用的"法"字来说，过去有几个写法，或写作"灋"，或写作"佱"，胡适之先生认为由"佱"字演变而为"灋"字，其实并非如此。"灋"字从水，从廌去。《说文》上解释"法"，"刑也，平之如水，从水；廌所以触不直者去之，从廌去"。廌即解廌，据说文云"兽也，似山牛一角，古者决狱，令触不直"。这绝不像张揖说"解豸似鹿而一角，人君刑罚得中，则生于朝廷，主触不直者"，实在是古人决定是非曲直，必须假名于神，把廌认为是一种神物，这和他族最古的审判，以水试验，以火试验，可说是类似的作法。（2）以较后而出现的"礼"字为说。最初兵刑合一的时候，只知报虐以威求其自保，刑事法是肇始了。然正因神权的空气浓厚，便在祭祀方面慢慢地孕育出礼，但不必即有民事法的发现，这或连政事法也不必有。因为这时候在同族间所营的群的生活，或沿袭由自然生活时代所传下的意态，或本于对自然界的一点信仰做其事情，所谓"不识不知，顺帝之则"而已。既没有是非的观念，又没有善恶的区别。做的顺利，做下去；做的不顺利，变个样儿做，也没有人讲话。纵认为有规范，也不是统一而确定的规范。在此情形下，拿什么标准批评别人做得对与不对呢？一个人改样做了，别人改样来做，至多只算"效法的法"，并不含有墨子所说的"中效则是也，不中效则非也"的意思。所以在礼形成以前，这种无绝对是非标准的群的生活中，法既专对兵刑而言，其余的行动表现，无以名之，惟有强言之曰"俗"。然既神权为治，祭祀是重，最初的祭当系顺乎自然而无成规，但在神道设教的情形下，总必有一种表示诚敬的仪式慢慢出来，"礼"的胚胎便隐藏在这里。再往以后，设教而主祀的巫觋，为着权威的建立与维持，便不免以祸福的说法为祭仪的确定，表示出依着所示的祭仪而行的，便会得福，不然就会遭殃；有了祸福的结果，便有了是非的选择。这种确定的祭仪当然不是想这样做便这样做，而是必须这样做才行。所以现代学者追溯到礼的来源，都说始于殷的祭仪，这不过因殷世卜祭已有确实材料可考，才这样说。其实祭并不以殷为始，其起源必然很早。不过在其他事物方面还是依样照俗而做，除了对神的信仰一点外，尚无绝对的是非标准支配。《说文》上说"礼，履也，所以事神致福也"，《礼记·祭仪》上说"礼有五经，莫重于祭"，《要义》上说"夫礼，重于祭祀"，都是表明了礼与祭的关系，而确定了礼之来源出于祭仪，遂与神权有其密切连系，不可分割。

　　为中国法系最早来源的"刑"与"礼"，既然都是从神权气氛中孕育而成，但其发展滋生，却脱离了宗教的色彩，又是什么原因呢？总括地说，当然由于中国文化，不在宗教方面特别发展，法律当然随之而不能宗教化。但中国文化所以不走向宗教途径者，从表面上看来，是因华夏民族与其文化,出自多元,而彼此胸襟都很阔大,对于所会合的各族文化,兼容并收,仍任各族的信仰同存,因而就有了多神,自然不能形成宗教。法律是比较有统一性的,也就不能把各族的信仰规定到法律上去。然而对于共同信仰的天神,何以在中国法系上仍然没有留下宗教性的色彩呢? 这有几个重要原因:第一个原因是华夏文化摇篮的中原一带,在地理上是一片平原,举目四望,天无涯而地无边;在气候上是春夏秋冬,四时分明,很有其秩序,初民对于自然虽然有所惊异畏惧,却不如他族之甚。最初对于天神固然是赫赫在上,如有其人,所谓天威、天罚、天讨、天诛等等,显然是直接的天意政治。然既称天为"帝"、为"上帝",即多少带有几分人情味。这个天神,统治一切,连君主也在其内。像《书经》上伊尹告太甲曰……"呜呼,天难谌,命靡常,常厥德,保厥位,厥德匪常,九有以亡";召公告成王曰"呜呼,皇天上帝改厥之子"。天子只是上帝的代理人,不是上帝的代表者。迨后民智渐开,更倾于人事的磨炼,无需乎用宗教来维持一切,于是抽象的天意观念,渐露头角,将一具有意识的人格神,蜕变而为人事上的自然神,当虞夏时代,即有这种观念,天叙有典,天秩有礼的话头都有了。不过当时仍与直接的天意政治观念同时存在,逐渐取得了最后胜利。先秦诸子中,也只有墨家的"尊天明鬼",具有宗教的情调,然而他们的主要目的还是以"尚同"而齐民,以"兼爱"而兼利。因而刑罚的为用也就脱离了神而为了人。《书经》上说"汤武革命顺乎天而应乎人",仍以应乎人为主,应乎人即所以顺乎天,这种天就不是直接支配政治的天,也就直接管理人民的天,也就不能构成一个以上帝为主的"精神王国"。还有另一个原因,祭仪到了西周变成了划分封建等级的标准,《经书》①上说"天子祭天地,诸侯祭山川,大夫祭五祀,士祭其先",又说"王用享于西山,小人弗克"。祭的本

---

① 此处似应为《礼记》。

身也有了等级。天地只有天子来祭，鲁以周公之后，特别许其祭天成为荣典。到了后世，也只有皇帝祭天地，谁若郑重其事地祭起天地来，就等于谋王篡位。天既为天子所专祀，而成为天子个人的宗教，对于一般人断绝了天、人两种人格者心灵上的交感，这个以天为主的宗教就很难形成。周初这种"礼不下庶人"的礼，在贵族中已经脱离了祭天地的仪，而按其祭的等级，做其应做的事情。到了东周，王纲失坠，礼治破坏，而民间因幽厉之变对直接天治的信念也有怀疑，在《诗经》上记载得很明白。儒家虽打算复西周之礼而不可，但对礼却发生了新的解释。首先把"礼"和"仪"分开。尽管礼在祭仪方面有等级，而在礼的义方面，仍各有其所表示的仪，由天子至于庶人都要守礼，这就成统一而确定的规范。孔子主张齐之以礼，《礼记》上"礼，众之纪也"，便完全脱离了宗教化的气氛。以后各代皇帝虽有封禅郊社的典礼，且遇有灾变还要罪己，这不过君主个人托治于天，以实其天与、天授、天宪、天机的话而已。至于两汉的崇信方士，六朝的崇奉佛法，唐代的推崇道家，均未纯以宗教为视，且或归入哲学的范围内，与中国法系的本质并无直接的影响。其最有关系者却是：

（乙）中国固有法系源起于天意而有自然法的精神。就法律和法学的普遍的趋势而言，神权法说和受其洗礼的法律发生在先，自然法说和因之而成的法律发生在后；分析法学派的理论和实例，又在其后，以后再经演进而到现代的社会法学派和社会本位的法律。就中国情形来说，最早当然是神权法，继之而有抽象的天意政治的自然法。法家兴起，秦用其说，俨然分析法学派在中国出现。从法学和法律的进展次序上看，很和一般情形相似。然其不同的地方，就是自然法的观念发生特起，而又在法家失败后仍然支配了中国法系的法律。因为抽象的天，其对天不外乎《诗经》所说"维天之载，无声无臭，仪刑文王，万邦作孚"；文王以天为则，而取信于万邦而已。这也就是箕子所陈的"洪范九畴"，虽说天赐于禹，实为治天下的大法，其目有九，乃将人格化的神一变而为哲学上的自然论，即"天道"观念是。所谓"不识不知，顺帝之则"，所谓"天生烝民，有物有则，民之秉彝，好是懿德"，都是这个道理。尤其在《易经》中所说的天，均非有意识的人格神，而为阴阳变化的自然规律。故曰"夫圣人者与天地合其德，与日月合其明，与四时合其序，与鬼神合其吉凶；先天而天弗违，后天而奉天时。天且弗违而况于人乎，况于鬼神乎？"这虽推崇圣哲，但天人浑一之道却见于此。圣人是谁呢？就是说一个先知先觉者，而能知自然的规律所在，为"人定法"的所本。然而西洋学者曾攻击自然法学派，谓这并不是普遍的原理，应为客观的存在，乃系真理，人多少有其主观，如何而能知之？倘谓系由直觉知之，便是可以意会而不可以言传，别人又怎能知？结果所谓自然法者仍系学者脑髓的武断而已！这在中国过去的所谓天道、天则、天典、天秩等等，虽系先知先觉者所领悟，却不是学者的武断。因为这是出于"以先知觉后知，以先觉觉后觉"所得的共同结果，像《诗经》所说"永言思孝，孝思永则"，大家都讲孝，孝便成了永久的法则，并不是哪一个人能单独创造出自然法来。何况"天听自我民听，天视自我民视"，"天明畏自我民明威"，民意即天意就成了千古不移之论。到了现代，社会法学派虽然很盛，也有学者主张重兴自然法学说，实则我国过去的自然法观念已经含有社会法的意念在内，不是纯然学者脑筋内的产物。儒家固然是中华民族中的正统思想，它所以能取得这一地位，正因其能代表一般人的思想，所以在法系中输入自然法的观念，并以天人合一为说，就是这个原因。其实在其他各家依然有这种观念在内。老子的"人法地，地法天，天法道，道法自然"，不用说了；墨子虽以天为有意识的天，而尚同、兼爱、节用、非攻等等理论的本身，仍然是自然法的性质。即以法家的管子为言，也不否认自然法的为用，因而有人就以管子的思想含有儒法两家的思想在内。惟其如此，儒家所主张的礼刑合一，所称许的明刑弼教，才能实现出来。因为礼教都是宗承自然法而存在的。

五　中国固有法系的特征

中国固有文化无庸否认为农业社会的文化，然无论为某一社会的文化，总是本于中华民族精神而表现的文化。它虽然在文明上莫离乎农业社会的基础，然在文化的本身上却始终把握着人文主义、民本思想而不曾放松一点。因而在中国法系的本质上虽有"国法"，而仍同时重视"天理"，重视"人情"，表现出来多少特征。这特征不能完全拿今日的眼光批评其优劣，因为它为适合当时的需要而产生的。所以有人说，任何法系的法律没有根本上优劣的不同，所不同者只是时代，只是地域而已！不过话又说回来，若是本于人之所以为人的意义所在，国家之所以立，及民族之所以成的精神所在，那却是历万古而不应当变更的。然后一个民族生活单位的文化，一个自成体系的法律，才有其灵魂，才有其使命。如今，且把中国法系的特征，作一简单的描写。这只是认识而不是评价。

（甲）礼教中心。为中国法系中心思想的儒家学说，最重视礼教。所谓"道之以政，齐之以刑，民勉而无耻；道之以德，齐之以礼，有耻且格"，德与礼是致王道之本，大家能自动地尊礼而行，便可以能用刑罚。[①] 故《易经》上说"讼则凶"，孔子说"听讼吾犹人也，必也使无讼乎"，这是儒家的最高理想，即在道家虽不主张人为的礼教，但也反对法令的滋彰，而主张其"无为而治"。然而事实上，一个社会不能没有法，也不能刑措不用，于是儒家认为第二步不得已的办法乃可用刑，使法律为道德而服役，所谓"士制百姓于刑之中，以教祗德"便是。兼以法家创

---

① 此处似少了一"不"字，似应为"便可以能不用刑罚"。

立律统，到了秦汉已成为既定的事实，后儒也就深入律中，使法律礼教化。因而儒家承认刑罚的存在不过是"明刑弼教""出礼入刑"一番道理。《孔子家语》上说"化之弗变，德之弗从，伤义以败俗，于是乎用刑矣"；《大戴礼》上说"礼度，德法也；刑法者所以威不行德法者也"，《清通志·刑法略》上说"德礼之所不格，则刑以治之"，均系此义。因而过去儒家与法家之争，王道、霸道之争，无非一"礼"与"刑"之争而已。自汉以后，法家衰而儒家盛，礼刑合而为一，刑之所禁必为礼之所不容，礼之所许，亦必为刑之所不禁，这就是《礼记》所谓"礼者禁于将然之前，法者禁于已然之后"。礼以德教为主，法以礼教为务，四维八德均可于刑律内求得其迹，法律与道德十足显示其同质异态的体相。

（乙）义务本位。礼教之本在于人伦，所谓之天下的达道有五，君臣、父子、夫妇、兄弟、朋友之交。彼此间互有其情分，各有其义务。礼是实践道德上义所当为的一种任务，希望其自动地实现出来；刑是以法律强制其实现义所当为的任务，所以法字既有"伦"的意思，而要人人实现这一义务，因而"德"字的解释，就成了"范天下之不一归而于一"。这和罗马法系以权利为本位，迥乎不同。以权利为本位就是以个人为本位，特别重视人与物的关系；以义务为本位，可说是以社会为本位，特别重视人与人的关系。今日世界法学的趋势已进入社会本位时代，有人称作新义务本位时代。中国法系的义务本位，因其非如埃及、希伯来、印度等法系的宗教化的法律，而君权又受天道观念和民本主义的限制，因而这种义务本位，就很接近今日的社会本位理论，不像他族最早在法律上所采的义务本位，完全不合现代的时宜。

（丙）家族观点。中国向以为社会组织的单位，文化方面受客观制度的影响很深。在宗法关系上，本于尊祖之道而敬宗，本于敬宗之道而敬族。在治国道理，"身修而后家齐，家齐而后国治，国治而后天下平"；"天下之本在国，国之本在家，家之本在身"；其修身的目的在于齐家，齐家乃是治平的本源。在天则系统上，像《易·家人卦》云"家人，女正位乎内，男正位乎外，男女正，天下之大义也；家人有严君焉，父母之谓也；父父、子子、兄兄、弟弟、夫夫、妇妇，而家道正，正家而天下正"。在哲理运用上，如《中庸》云"君子之道造端乎夫妇，及其至也，察乎天地"。因而数千年间中国的社会组织，个人的地位不显，家族的观点居先，中国法系的精神就与此种现象有所呼应。

先从政事法方面而观。第一，为视家户为编组的单位。《周礼》乡遂之制，汉唐乡里之制，元的社法，清的保甲，无不如此。第二，为政令的所托。设官方面有户曹、户房、户部等等；律令方面有户律、拾户律①、户令等等；校察方面，唐的所谓户帐法，明的所谓户籍等等皆是。它如赋税、丁役、兵役，考选的准据也均与族、与家、与户有关。第三，使家长具公法的责任。唐、明、清律均有处罚家长的明文，使其统率家人对国家尽其责任。第四，拟国家为家族的扩大，所以"国"与"家"连贯而称"国家"，推用齐家之道而治国，因而古人便称其所属之国为"父母国"，皇帝也以"子庶民"为治国大经之一。于是家族国家化、国家家族化，在政令上充分表示出来。

再从民事法方面而观。这虽然应该求之于"礼"，然在"律"中也可充分看出。第一，从同居的制中看出家族制度。譬如说，父母在，子孙不得别财异籍，这是维持大家庭制度而然。第二，从亲属的制中看出家族制度。譬如说，丧服的轻重就可看出宗亲、外亲、妻亲的关系，以及在家族中父子、兄弟、夫妇彼此间的责任关系。第三，从婚姻的制中看出家族制度。譬如说，宋明庶人四十以上无子，依礼、依法均可纳妾。唐律，婚嫁违律，祖父母、父母主婚，须负责任；倘系期亲尊长主婚，主婚者为首男女为从便是。第四，从继承的制中看出家族制度。譬如说，宗

---

① 　此处疑为"括户律"。

桃继承不许异姓乱宗,不许女子承祭祀,而立嫡违法更构成犯罪便是。

并从刑事法方面而观,第一,在刑名上,所谓"族诛""宫""入宫""没籍",都与家族制度有关。第二,在坐罪上,或以家族关系而缘坐,或以尊长对卑幼的犯罪而独坐尊长,或以有同居关系而不坐其罪均是。第三,在科刑上,恶逆及不孝科刑最重,不贞不睦也都问罪均是。第四,在宥赦上,以亲老而缓刑,以亲老而留养,以为亲复仇而赦罪均是。

总而言之,家族观点在中国法系中确系一重要因素,不能否认。这当然与农业社会最有关系,但国家的组织单位,却非个人而系家族,虽不能谓无流弊,然仍有其效能。

(丁)养化设施。这是本于民本思想而建立的法律。有人称为抑强扶弱的法律。像田地方面的禁止强梁兼并,商业方面的严防私人资本集中而以管榷政策,贸易为国营法令的所本。律中并严治官吏的犯罪,而防其扰民。唐、明、清律且禁止扶势请托,不许亲贵入仕,禁止长官援引私人,禁止官吏租住民房,禁止为现任官立碑;这些都是抑强的法律。反而言之,如法律上的保护囚徒,清例上的负债人果属贫困可折扣偿还,以及历代各种女子之不从坐,又不失为保护弱者的法律。这以外,在养化的另一方面,那就是对于刑律所采的态度,《书经》上说"刑期于无刑",《孔子家语》上说"圣人之设防也,贵其不用也;制五刑而不用,所以为至治",便是明证。所以中国法系的刑律,到了儒家手里,便认为刑罚是对犯人所施行的防御手段,而保护国家社会的安宁,不是威吓,不是报复。既然是这个目的,因而唐、明、清律,对于乡邻遇盗或杀人,告而不救助者;或追捕罪人,力不能制,向道路行人求助,有力而不助者;知谋反大逆而不告发者,都分别治罪,完全是根据这个观念而然。

(戊)仁恕精神。仁道、恕道在中国固有道德中占着重要地位,法律上也极端表现出来。幼弱、老耄、愚蠢犯罪,或免其刑,或减其刑,或赦其罪,称作"三纵"。不识、遗忘、过失往往减轻其刑,称作"三宥"。这些都是仁道的表示。八议中的议贤、议能、议勤、议亲也可说是与仁爱之道有关。尤其本于劝人为善的信条,凡犯罪知悔,往往许其改过自新,为恕道的表现,这有自首与觉举两种情形:(1)《书经·康诰》上说"既道极厥辜,时乃不可杀",这是自首减刑的始源。《汉律》称作"自告",《魏新律》始称"自首"。唐律,自首不限于本人,凡子孙不应告言父祖,告而属实,父祖同自首法。又自首不限于经官司为之,凡盗或诈取人的财物,而于财主首露者与向官司自首有同一效力。"自首者原其罪,其轻罪虽发,而首重罪者,免其重罪,即因问所劾之事而别言他罪亦如之。"总之,儒家主诛心之论,犯罪人现已知悔,自然不必再严其刑了。(2)觉举乃唐律对于官吏公务失错,许其自首而免罪之称,唐以后称作"检举"。"凡公事失错自觉举者,原其罪;应连坐者,一人自觉举,余人亦原之;但断罪失错已行决者不用此律。"觉举限于罪的未发而言,故径免其罪,所以没有"自首知人之将告而自首者减二等"的情形。明、清律同。

　　(己)灵活运用。本于中国文化而表现的事物,既具有中庸之德,且具有极大的伸缩性。有人说,中国的国情数千年不变,至少变得太慢,这话并不平允。说中国没有由农业社会变到工业社会,这是对的。然在农业社会却也极其变化。不特法家主张法律应当变,像商鞅说"是以圣人苟可以强国,不法其故;苟可以利民,不循其礼";像韩非子说"法与时转则治,治与世宜则有功"都是。即在儒家,孔子也主张"齐一变至于鲁,鲁一变至于道";所谓中庸仍然是"君子而时中"。首在礼的方面,有一个原则,"礼者事之宜也,协诸义而协,虽先王未之有,可以义起也"。次在律的方面,虽为历代刑书的正统,精心制定,奠定了法律的安定性;然因其不易变更,且条文有限,正如宋神宗所谓"天下之情无穷,律不足以周事情",于是历代在律以外既有各种成文形式的刑书,并有种种的判例。凡后主所是者不必即疏为令,其在汉代的比附律令,奇请它比,尽其变化的能事。且由两汉至于六朝并以《经义折狱》，董仲舒应劭均有这一类的著作，把自然法或修理法适用到极点。观黄霸断三男共娶一女而争二子案，隽不疑断太子真伪案即知。《晋律》并用张、杜两家律注，各求其宜，而比附断事，直至隋兴，未曾少衰。唐宋君主权力日增，虽严禁臣士妄自比附，然除事实上仍有比附外，而君主临时的敕却占了重要地位。唐并以经久可行的敕，编而为格；五代及宋，敕并取律的地位而代之。五代及宋又均有所谓"指挥"，系刑部、大理临时而发，等于今日的解释例。最显著的，还有南宋的断例、元的条格、明清的例，都是律外的判例性质。所以中国法系并不像欧陆法系以成文法为主，同时兼有英美法的精神。其在适用上，有律者不用例，有例者不得比附律文以闻。总之，一方面尊重法律的安定性，一方面又且有法律灵活运用的功效。

（庚）减轻讼累。今人谓中国法系的法律，民刑不分，这是未知中国法系的全貌所致。民事法归于礼，刑事法归于律，显然两事。即以争端而言，《周礼》所谓"争财曰讼，争罪曰狱"，亦有其区别。凡关于婚姻、田土、钱债的事而不涉及刑罚的，乡里即可调处，明并在乡间设申明亭，以布告理屈的姓名，藉收社会制裁的作用。其有拆毁申明亭的行为，便认为犯罪。然若调处不成，而归官司处理，总有一方理屈，纵然律无明文，令无禁制，但律上却有一个概括的规定，就是"不应为而为者"要受笞刑。这条文虽然流弊甚大，可是对于防止好讼成习的不良现象，倒有多少帮助，而减轻了人民的讼累，伸张了乡里调处的功效。至于司法与行政不分的话，也只是最上一层的君主，最下一层的州县如此。中层像刑部掌刑政，大理掌审判，御史掌行政诉讼，三法司各有职分，并未完全混淆。且自明以后，布政司便掌民政，按察司便掌刑政和审判，省的一级司法与行政的分合也与州县不同。

（辛）法官责任。法官断狱，失出、失入均负相当责任，这是慎重刑狱的当然结果。秦治狱不直者筑长城。汉出罪为故纵,入罪为故不直,轻的免官,重的弃市。唐故意出入人罪若出入全罪时,以全罪论,由轻入重时,以所剩论;过失出入人罪时,失于入各减三等,失于出各减五等。宋法尚宽仁,重视失入,轻视失出,明法律规定与唐的大同小异。同时各律对于法官将犯人淹禁不决也课以责任。自汉迄唐,因已注意法官迅速定谳,然其责任尚不明显。自宋迄元,确定其决狱听讼的时限,责任乃渐建立。自明迄清,律文对此设有专条,逾限不决,即可处法官以笞刑。

其他尚有多少特征,不能一一备举,而每一子目的内容,也是非常复繁,更非现在所能周详报告的。

六 余 言

对于中国固有法系的认识和其与中国文化的关系,虽然如上所述,其实不过一个粗枝大叶的报告而已。既未能详及秋毫之末,也或遗漏了舆薪一类的形象,而且未涉及如何建立中国本位新法系问题,故不敢提出正式的结论。因为要下结论,须有批评,那便是中国固有法系的评价问题,必须把握现在,预计将来,而对中国固有法系重新作一番估价,也就涉及中国法系的重建问题,当然非今日谈话的时间所许可。何况这一问题,个人仍在缜密研究之中,虽系刍荛之言,仍不敢贸然提出向诸位先生请教。不过也有几句话,偶然想到,无妨说在下面,姑且作为本报告的尾声。

(甲)从建立中国本位新法系方面来说。虽然说要创造一个新法系然仍以中国为本位,那么,实际上就是中国固有法系的更新重建,仍然与中华民族所表现的中国文化一脉相承,不能另起炉灶。因为陌生的法律绝不能有助于固有文化的延续光大,而固有文化也断不会为陌生的法律的表现；彼此是互存互助、休戚相共。所以要建立中国本位新法系，至少要注意两件事情，不能丝毫疏忽。

小而言之，是要注意法系本身的资料和对其分析的结果，这莫离乎《中庸》上的老话"致广大而尽精微，极高明而道中庸，温故以知新，敦厚以崇礼"。那就是对于中国固有法系要有一番精密的研究检讨，不是囫囵吞枣地说它什么都是，或说它什么都非。必须根据中华民族在现阶段和其未来的需要，重新评价。所谓"是"乃是对我们现在的"是"，当然要保留，要光大；"非"乃是对我们现在的"非"，当然要废弃，要改变。绝不是以个人主观的见解，或表面的观察，而提出是非标准的问题，忽略了史实的真相，曲解了法系的内容。所以我个人主张建设中国本位新法系，总得老老实实地先从研究中国固有法系入手。不然，雷声大，雨点小，这个新法系始终也是建立不起来的。不特要研究中国固有法系的内容，而且在现行法律里有多少是要暗合于古律，如离婚条件与古代"七出"不无相合的地方便是；有多少是中国固有的，如自首减刑之类便是；有多少是名同而实异的，如"离婚""缓刑"之称便是。倘能费一番工夫两相对照，帮助建立中国本位新法系的工作实在很大。

大而言之，更要同时注意中国文化在现阶段及其未来应有如何的动态，应为如何的变化，以求与其适应而不脱节。关于中国文化变动的指标，不必我们去探寻，国父遗教里已经告知了我们。我们不是人云亦云地推崇遗教，因为中国文化演变到现阶段，遗教会融会贯通古今中外的哲理上、政理上、事理上各种大道理，为我们定了一个前进的方向，我们不能再加犹豫迟疑而退回原路，而走了迂路，甚或离开遗教而走入错路。原来中国文化数千年来的演变，就学术思想而论，有三次最大的融合：第一次在两汉时代，百子争鸣的时代过去了，九流的分歧不显了。儒家兼理法家的任务，又有阴阳五行的主张，而墨家的兼爱、道家的知足，本来都与儒说有共同的了解，也被儒说吸收了。到这时候，大家虽崇尚儒说,但实际上已经融合了诸家的思想,而影响了整个的中华民族性。第二次在两宋时代,因为魏晋六朝,佛法西来,中国思想界又发生新的变化,多少与黄老之学结合,而构成西晋的清谈,对于言政事者,固以"俗吏"称之,对于说经书者也以"俗生"称之。到了唐世又起波动,唐虽以托籍于老子之后,崇奉道家,但对于佛说不特儒家如韩愈等力为排斥,而且有政府加以压力,如唐武宗的故事便是。演变而至两宋,儒释道的思想,经邵雍、张载、程朱等的努力,遂融合而为理学。第三次融合即在今日。国父遗教集大成。这因为明代基督教文化输入后,直至清季,"欧风美雨"不断而来,有些人盲目守旧,势不可拒而欲拒之,有些人违心从新,总以为外国的月亮也比中国好,这两个系统的文化如何融合而使中国文化有其新生命,遗教便是我们的指标,便是我们建立中国本位新法系的南针。

(乙)从法学研究和从事法律工作方面来说。即不以建立中国本位新法系为说,单就法学研究和实际从事有关法律工作而看,其中如商事法的部分固然因中国过去重农轻商,只有压迫商人之法,很少保护商事之法,而且商事法和民事法比较起来,是富有国际性的,这一部分的法暂且不谈。但如政事法、民事法、刑事法既为中国的法律,为中华民族所用,当然有参酌旧法的必要,至少也得先有一番研究。明法者的学人固然担负重要责任,立法者的人们同样应当注意这事,即行法者、司法者对于中国古代法的研究也不能说毫无关系。

试先就立法者而言。中国古代的律令典章固多佚失,但自唐以后尚可搜寻多种。仅以律言,今存者有唐、明、清律,唐以上有程树德的《九朝律考》。其律,思虑周密,论断深刻,而用语尤为确定严谨。看张裴的《晋律表》,长孙无忌的《唐律疏义》及明清律注即可知之。学者著作中,如明人王樵的《读律私笺》,雷梦麟的《读律琐言》,应廷育的《读律管窥》;清人刘衡的《读律心得》,王明德的《读律佩觽》,杨崇绪的《读律提纲》,梁他山的《读律琯朗》,宗继增的《读律一得歌》等等,更成为一种专门学问,在在可作现代立法者和其他明法者的参考。且遇古今均可存在的某一事类,为其制定法律,古今均可适用,还是古律上因经过数千年的递嬗,往往比现在制定的法律周密;虽然时代不同,但在制定该法时,仍有参考的必要。如现行的"公务员服务法"的内容虽然比"官吏服务规程"周密得多,然比较古律上对于官吏的约束依然简陋得多。像现任官不得在治地买田,不得许人立碑,不得向属官荐人,不得对官署员数超额假冒,都可以说是公务员服务应当遵守的规律,岂可一律视同废料而不加以珍视?

再就行法者而言。依样有注意中国固有法系内容的必要。在这里不说空话,举两个实例就可看出。抗战中,对于糖、烟草、火柴及盐的采用专卖政策,因系创办,曾集合专家学者研究很久,这不能说不是慎重从事。我曾看到其研究纲目,对于外国制度极为详尽,但未对中国过去的管榷政策加以研讨,其实春秋战国时候齐管山海之利,秦有盐铁之榷,早已开始了经济管制或专卖。自汉以后直至清世,均行这个政策,除盐、铁外,历代有酒专卖、茶专卖,范围不一;而宋又有香专卖,金又有醋专卖。其利弊得失,必有不少之点可作今世专卖的参考,古人走错的路,后人可以不再走了。抗战中对于专卖而外,又有田赋征实。中国过去,原系征收实物,所谓"粟米之征"便是。因有种种流弊乃将"本色"改收"折色",抗战中为军食、民食,不能不征实。施行者理宜了解过去流弊何在而预为防之,但都未作这样准备,即实施之。两年后,遇见一位粮政局长,他说"办了两年的粮政,才把这其中的弊病摸清,今后可以改善了"。但听其所说弊病,也就是过去所见的弊病,早能温故,自可知新,何必待至两年以后?

更就司法者而言。同样以一个事实为例,而知推事的审判案件往往在古律上对其有所帮助。复员后,南京有某甲在旅馆中把其爱人刺伤十余刀而死。推事审问这案，所争执的关键是杀人的那把刀，是旅馆原有的切西瓜刀，还是凶犯带到旅馆的刀。我知道这是对于定刑有关系，而凶犯的罪名不论如何，总是故意杀人，不是过失杀人，也不是因他罪而致死。然在古律的六杀中，并不是一个简单的故意杀人问题。杀人的刀若是由凶犯带来，那是构成"谋杀"罪名，就是说预谋杀人。"谋诸心"是独犯，"谋诸口"是共同犯。杀人的刀若是旅馆切西瓜的，那只是构成"故杀"罪名，就是说临时起意杀人，像仇人见面，分外眼红，而有了杀人行为。其余的四杀为斗殴杀、过失杀、误杀、戏杀，虽然和现代刑法的分类不同，却自成一个系统，而有其独见之处。其精微之点，丝毫不苟，对于今日的审判实务并不是全无帮助。

总而言之，无论为建设中国本位新法系，或在法学研究及法律实务上能得更多的助益，中国固有法系，非毫无一顾的价值。惟在吾人本于国父遗教所示的方向，如何就其内容，审慎地认定其是非而已！遗教昭示我们，一方面恢复固有的道德、固有的智识、固有的能力；一方面对于西洋文化，迎头赶上。这就看出温故而知新，崇新并非忘旧的道理。因而我个人末了还有一点浅见附缀在这里。就是说，对制定法的忠诚遵守而言"法治"，这不特是现代各民主国家的通例，而且儒家在礼中所宣示的政事法、民事法，今日已多半条文化了。对习惯法、条理法的运用自如而言"礼治"，礼是事之宜、事之理，善良风俗由此而生，因事制宜由此而见，这是成文法以外的不成文法。对守法崇礼的人们特别重视，由其发展法与礼的功能而言"人治"，人如不善，良法或变恶法，人如不仁，有礼等于无礼；"有治人而后有治法"也罢，"有治法而后有治人"也罢，总是离不开人。然而同时为了现代国家的存在条件，为了适应原子科学的时代，还得在制定法上、在社会风气上、在个人兴趣上注意一个管理事物的规律。那就是迎头赶上的科学之治，本于"形而上者谓之道，形而下者谓之器"的说法，可说是"器治"。中国固有法系的内容，不能完全配合现代的地方，除了涉及国际性的规律，如前所说的商事法外，最显著的就是没有科学的气氛散布在礼刑方面和士君子的脑海里。这当然是受了农业社会一般文化的支配，但在今日立国，期望其工业化，虽应保留中国固有法系的真值，却也不能讳疾忌医，除法治外，只重视礼治、人治而忽略了器治！

从中国法制史上看
中国文化的四大精神

一 总说

文化为人类所创造，由野蛮以至于文明，其继续努力获得的成绩，而表现于政治、法律、经济、教育、伦理、学科、艺术、风俗习惯等等方面的综合体便是，这系就文化的整体相而为观察的。其实文化的价值是重在其各别相上的表现，那就是说文化为每一民族中的个人在其生活圈内对于生活方式一致的表现。也可说文化为各民族在其共同生活活动上不断努力的成果，而由其子孙承受并应发扬光大的遗传共业了。所以民族文化无异是一个民族国家立国精神所在，其所孕育而成的政治、法律、经济、教育、伦理、学科、艺术、风俗习惯等等现象，彼此莫不息息相关，其与法律方面有重要因缘的法制，不过所表现的一端罢了。那么，在一个民族国家里，有如何的文化，当然产生如何的法制，如影随形，如响从声，乃系经常之道，不能远离。反而言之，一个民族国家的法制，虽为其民族文化孕育而成，但法制为民族国家生活中的骨干，也负有支持其民族生命、维护其民族文化的责任了。彼此之间不仅互有因果关系，且在其结构因素上、在其时间经过上、在其空间延展上，更应具有共同推进的使命。倘一个民族国家的法制与其文化脱节，这个国家的文化便是名存实亡；而其法制也非该民族国家的文化所要求的类型了。所以在一般情形下，一方面固得从民族文化的本身上看出其所孕育的法制外在特质，一方面也得从该民族国家的法制上看出其所宗承的文化内在精神。

本人曾于去年六月间为"中国法制研讨会议"提出专题报告，题为"从中国文化本位上论中国法制及其形成发展并予以重新评价"，共分六节，除"前言""后论"外，一为"中国传统文化对于其固有法系之支配，究属如何共同推进"，一为"中国传统文化下之法制除刑书刑制外应为如何整体观察"，一为"中国传统文化对于其固有法系之产生具有如何形成因素"，一为"中国传统文化对于其固有法系之存在具有如何发展情态"；约七万余言，载入行将出版的《中国法制史论集》。这是从中国文化本身的认识，以阐述其所支配的过去法制在各方面如何受其洗礼，而存在起来，而形成起来，而发展起来，并在其中对于固有法系的发展情态作了一番分析，那就是说"因义务本位而无民法法典之存在，因礼教中心而有天下为公之趋向，因民本思想而无民权制度之产生，因开明君权而有保育政策之立法，因家族制度而无个人地位之尊重，因泛文主义而有灵活运用之效果"，这当然是进一步的观察了。然无论如何终是由中国文化本身上对中国过去法制为其观察，故能巨细不遗地说了下去。

今选本题"从中国法制史上看中国文化的四大精神"，可说是专从中国过去法制方面，就其所负支持民族生命，维护民族文化的责任所在，用以证明中国文化的基本精神所在。本来，数千年间，中国法制的形成发展，早已具有卓尔不群的精神，被誉为中国法系而在世界各大法系中独树一帜。本人也曾在《军法学报》上为它造像一次，那就是说"中国固有法系之神采为人文主义，并具有自然法象之意念；中国固有法系之资质为义务本位，并具有社会本位之色彩；中国固有法系之容貌为礼教中心，并具有仁道、恕道之光芒；中国固有法系之筋脉为家族观念，并具有尊卑歧视之情景；中国固有法系之胸襟为弭讼至上，并具有扶弱抑强之设想；中国固有法系之心愿为审断负责，并具有灵活运用之趋向"。那么，从中国法系的特质上而为素描一番也可看出其蕴藏于内的中国文化的大概情形。不过试为钩玄提要起见，现在只有举出四大精神而言，这就是：天下为公的人文主义，互负义务的伦理基础，仁民爱物的家族观念，扶弱抑强的民本思想了。

二　天下为公的人文主义

古代各法系的产生，莫不起源于神权观念，中国法系自难例外。先以最初专为刑罚而用的"法"字来看，法古作"灋"，说文云"刑也，平之如水从水；灋所以触不直者去之，从廌去"；廌为神物，用来决定是非曲直，以求其平罢了。再以较后由祭仪演变而象征民事法、政事法的"礼"字来看，说文云"礼，履也，所以事神致福也，从示，从豊，亦声"；又"豊，行礼之器也，从豆象形"，也是与神权经过有其关系。然古代各法系，类多滞留于神权阶段，且或永为宗教化者，如巴比伦法系，如希伯来法系，如埃及法系，如印度法系，如伊斯兰法系，莫不同然。中国固有法系却迅速脱离了神权气氛，而为人文主义的充分表现。"法"既别写而为"佱"，有求其公正的意思；"刑"又演变而为"荆"、为"型"，有为尺度楷模的意思。礼也一变而为西周封建制度所利用，成为划分封建等级的标准，再变而为儒家所借用，使其与"仪"分立，成为社会各方面的统一规范。换句话说，各种法制逐渐不以神祇为主，而以人事为归，化神秘的法则为实践的章法，这就为人文主义所笼罩了。

为什么能有这样形态的法制，当然系受了中华民族文化的孕育而然。因为中华民族出于多元，在文化方面也是彼此互相融合，逐渐扩大成为一个体系。各部族文化的主要发源地为黄河流域各大平原，所谓黄土文化是，举目一望，天无涯，地无边，居息于此者，胸襟阔大，气象万千，和平共处，绝不拒人于千里之外。虽部族星罗棋布，均能敦睦结交，渐趋团结。各部族原各有其自己信仰的神，形成多神现象，彼此存在互不干涉。宗教本身原有排他性，其所信仰的真理，唯一而不可二，在上述情形之下，断难有宗敬情绪之产生。法制有其统一性，自易受其影响，于民智渐开之际，不再为神权阶段的保留，致有宗教化的条款，如《汉谟拉比法典》①或《摩奴法典》然。虽说各部族仍有共同信仰的天神，似可形成宗教上的天主，但既与多神并存，难自独尊。且最初认为天是具有意志的人格神，对其保留下来的观念，仅视为天子宗教上的神，只有天子在本分上得祭天地，与一般人完全断绝了心灵上的交响，更不能有宗教化的天神出现了。继而在一般人心目中又将具有意志人格的天神一变而为抽象的自然神，哲学上的神，所谓天道、天则、天理也，就成为自然法的代名词，越发难达于法制宗教化的境界。中国文化应否以无宗教气氛为憾，姑置不论，而在中国文化的认识上确系如此情形的。

　　再说，黄土文化的发源地，地势广阔，平坦通达，居民心情因而开展，养成泱泱大国的气概。而且四季分明，秩序井然，春发秋收，夏耘冬藏，勤而致富，懒而招贫；既不受制于"苍苍者天"的惊险画面，而成功、失败又取决于人事的勤惰及智愚关系。这又促进人文主义的抬头，而以自力更生为贵，所以《易经·贲卦》"象辞"就称"文明以止，人文也。……观乎人文以化成天下"。所谓人文，便是指诗书礼乐及人伦之序，故圣人"观人文以教化天下，天下成其礼俗"，这就是人文主义的效果是在了。惟须注意的，中国向日所说的人文主义，并非限于狭隘的一部族的人文，系以人类幸福为其范围，以天下为公为其居心，古人说的

---

　　①　原文为《罕穆拉比法典》，按今通译《汉谟拉比法典》改之。

"治国平天下"，虽其所指的天下非属今日的全球人类，而其努力的方向却在于此，正如《礼运》所载，孔子对大同世界的向往是。

天下为公观念的养成，实因中华民族的胸襟阔大，意志开展，其在文化方面最能兼容并收，充分表现其伟大使命。因中国文化系各部族、各民族的文化不断融合而成，在法制方面，也就显然具有这种现象。古代所谓"九刑"便是两个系统的刑罚，一为黎苗体系下的"五刑"——杀戮无辜、劓、刵、椓、黥；一为华夏体系下的流宥"五刑"，鞭作官刑、扑作教刑、金作赎刑。夏周皆华夏民族，商殷被视为东夷一支，殷因于夏礼，周因于殷礼，又系经过文化交流而形成的法制。迨后，由周至秦，李悝撰次诸国法，著《法经》六篇，商鞅受而相秦，建立中国二千余年的律统，其法制所表现的文化，除已吸收黎苗文化、东夷文化于华夏文化以外，不用说还有荆蛮文化、吴越文化、狄戎文化在内的。自汉至隋，姑且不说匈奴、南蛮、百越、氐、羌等渐次与汉族融合，而使法制受其影响。并因律分南北两支，鲜卑族创造的北支律由北魏律经北齐律、隋律而为唐律的来源。正因如此，足见中国文化与其法制，在其共同推进上都加入了新血缘。由唐至清，所输入的新血轮，如西域文化、契丹文化、女真文化、蒙古文化都多少有其因素归来，重新融合而成为一种新的体系，周虽旧邦，其命维新，即系此故。尤其唐、明、清律"化外人有犯"条，化外人同类自相犯者，各依本俗法，异类相犯者，以法律论。这虽与现代犯罪为采属地主义的原则不合，但其依"本俗法"的用意却是大公无私的胸襟了。又中国法系在过去的外延方面，东至朝鲜、日本、琉球，西至西域各地，南至中南半岛，北至蒙古满洲。其中虽有随兵力而及之者，但大部分是由于文化的延展而法制随之。例如朝鲜及其前身的高句丽、百济、新罗，不特自愿采取中国法系，并为日本宗承中国法系的桥梁。日本在明治维新以前，中国并未对其用何兵力，惟因仰慕中国文化而倾向中国法系，如《近江朝廷律令》《大宝律》等都是。琉球向无刑书，也在前清乾隆四十年参酌清律及本土旧例,颁制"科律"一种施行全岛。他如安南宗承中国法系自汉已然,而以黎氏一朝律令为著。契丹之辽、女真之金、满洲之清,在入据中国前已受中国法系的陶冶而有其表现,这都因为中国文化的本质具有天下一家的情调,并富有与他族和平共处的精神,故能"送往迎来,嘉善而矜不能",以柔远人;"继绝世,举废国,治乱持危,朝聘以时,厚往以迎来",以怀诸侯。因此而做到"以德服人",遂于法制的延展见之。

在天下为公的人文主义论题上,另有两事应为注意。一为中国法系向为泛文主义下的产物,说它是成文法系,却因临时设制,有例、有比、有指挥、有断案,殊难为比;谓其近于英美法系,仍因常法俱在,有律、有令、有刑统、有会典,更难并论。总括说来,是成文而不成文,不成文而成文,兼具欧陆法系与英美法系的优点,而补正其缺点,极尽灵活运用之妙,不受削足适履之苦,这就是因为过去法制所依据的。中国文化气象磅礴,包罗万象,尚其全而不尚其偏,求其通而不求其专,这固系中国文化的所短,而实中国文化的所长。其补救之道就是中庸之德,因为有一个天下为公的火炬照在前面,便就准此"执乎两端而用其中",依时间、空间做来恰到好处便是。一为中国法制在刑事法方面,并非如法家者流"以杀止杀",采取威吓主义,向系本于儒家精神"刑期于无刑",采用感化主义,所以出礼入刑,明刑弼教,都具有教育上的训导作用。刑罚只是一种手段,并非一种目的,其目的在使人人向善成为贤哲罢了。人人向善成为贤哲并不是终极的目的,只是先修其身,再进而齐家治国平天下了。所以"礼义以为纪……,示民有常",就我们向往的大同世界而言,不啻一种训政阶段,而使任何人都能享有大和平的幸福。换句话说,使现阶段中的每一个人,都能成为仁人君子,训其为大同世界的公民,而以教育培养之,以政治保卫之,以经济滋补之,以法律纠正之,以学术文艺陶冶之,这就是中国文化的终极目的。

三　互负义务的伦理基础

古代他民族的法系系以宗教色彩为其特征，中国固有法系既偏重人文主义，除天下为公的远大目的外，便是以伦理为基础，所谓礼教中心者是。说起固有法系的体躯固是法家所创造，而其灵魂却是儒家所赋与，这是由于礼刑合一的经过而然，姑且不论。单就出礼入刑方面来看，《荀子》所谓"礼以待善，刑以待不善"；《大戴礼记》所谓"礼度，德法也……。刑法者，所以威不行德法者也"；以及"礼之所容，必为刑之所不禁；礼之所禁，必为刑之所不容"；"礼禁未萌之前，法禁已然之后"一类的话，都是出礼入刑的注脚。从而如《元史·刑法志》就说"道之以德义而民弗从，则必律之以法；法复违焉，而刑辟之施，诚有不得已者"；《清通志·刑法略》也说"德礼之所不格，则刑以治之"就成了普遍的见解。再就"明刑弼教"方面来看，《尚书·大禹谟》所谓"明于五刑以弼五教"；《吕刑》所谓"士制百姓于刑之中，以教祗德"；都可说是"明刑弼教"的注脚。所以《隋书·刑法志序》说"礼义以为纲纪，养化以为本，明刑以为助"；《宋史·刑法志序》说"若刑以弼教，使之畏威远罪，导之以善尔"；又系一种见解了。至于过去以民事法、政事法归入礼的范围，多多少少是以人伦之序、人治之理，视其属于道德的行为，除自动而行外，并应以法律逼其就范的。因此之故，中外学者，每根据唯法主义的理论，认为中国过去法制，法律与道德不分，为中国法系的最大缺点，致难与近代各国法制比美云云。这不啻进而浅识了为中国过去法制来源的中国文化的价值，自应对其误解而澄清的。

法律并非孤立于国家社会以外而与民族精神脱离关系；其本身既非一种目的，不过为实现国家隆盛、社会安全及人类福利的一种手段罢了。那么，人伦之序、人治之理、人群之福，都是法律所向往的事物，而这些事物的性质是离不开道德范畴的。从而,道德与法律的关系乃系一个本质两个概念,国家社会需要道德而为治时,便归之于道德;需要法律而为治时,便归之于法律。两者既非异源异流,也非同源同流,更非同源异流,仍非异源同流,乃同质异态的一种事物而已!换句话说,道德与法律无非一个"法身"两个"法相",需要慈祥相时便露出道德的面孔,需要庄严相时便露出法律的面孔,从而在其发挥"法力"上也就有了绝大的不同。老实说来,法律乃武装其身的道德,道德乃解除武装的法律;法律以道德为宝藏,道德以法律为甲胄;更可说法律是为道德而服役,道德是为法律而立命。今后既应如此,何能独罪古代。学者预测第二十一世纪的法律当为新自然法时代,实证法所占的地位甚为微小,所谓自然法,其内容实与道德有密切关系,这在由中国文化孕育下的中国法系早已如此了。

　　无论为如何现象的研究,道德终是出于克己而要尽己推己,这就是所谓"忠恕之道",乃夫子之道所一贯者。尽己谓之忠,推己谓之恕,在中国过去法制上各有其充分的表现。"十恶"中的谋反、谋叛可说是不忠于国家社稷;谋大逆、大不敬可说是不忠于君主长上,而各公事失错、淹禁不决、监守自盗、属舍失火等情都可说是不忠于职守而要负有刑责不等。因为任何人出而治事都须尽己而为,这就是现代所说责任心了。若再说到推己的恕道,见于法制而最显著的便是自首制度。《尚书·康诰》"既道及厥辜,时乃不可杀"便是自首为例的开始。汉代称为"自告",唐、明、清律自首的范围皆较现代为广。其立法的理由并不像现代一般刑法学者认为犯人自首可减省官家追捕罪犯的时间及费用,故为自首的奖励云云。老实说,自首制度为中国过去所创用的措施,只是认为刑罚在于诛心,犯人既已自悔而首其罪,自无科罪或重刑的必要,就应予以饶恕。自首制度以外,因公事失错而承认的自觉举或检举的原宥,也是同样本于恕道而然。这种恕道过分的适用,那就是肆赦制度的所由发生。肆赦过繁如宋代的郊赦德音便是，当然与唯法主义的法治使命有其影响，然其起因于恕道却不容否认。惟有道明君及循吏的用法得中，纵严而不狂，纵宽而不失，便是善于运用恕道的能手了。

忠恕之道，求其在己，而不责之于人，可说是以义务为本位，一切由自己尽其忠，推其恕，来做分内义所当为的种种任务。义务本位在泰西各国原系早于权利本位而有，但其所谓义务，乃片面的义务，乃单方的义务，独对君主或教会而负之。这种义务负来，等于奴隶，徒增加个人的痛苦，难达社会的公平。于是民智渐开，抬高个人地位，平等自由成为天经地义，就一变而为权利本位。但权利本位的结果，个人权利只成全了少数人的财富集中，不免与社会公益抵触，遂又变为现代的社会本位，也可说是新义务本位，如限制契约自由的原则，承认无过失赔偿责任存在，对于权利的行使有其一定的取缔都是。但中国过去法制虽本于忠恕之道，而为克己之德，这种义务都是相互的，是共同的，每个人对于礼义都是从自己做起，过去无民法法典或民事实体法的原因，而用礼教以代之，就是因为民法以权利为本位与义务本位的观念是不相容的。今虽在社会本位的时代，依然是不能否认权利的基本观念的存在，不过个人权利与社会利益抵触时，暂且牺牲个人权利罢了。所以中国过去的民法不见于法制者，表面上是礼教中心的关系，而内在的原因乃因礼教所代表者系与权利观念两不相容的义务本位而然。所谓伦理基础，就是在人伦之序方面重视其相互间所负的义务。中国过去将社会的构成分子分为五类，君臣、父子、夫妇、兄弟、朋友之交的五伦，成为天下的达道。彼此之间各有其情分，互负以义务，君礼臣忠、父慈子孝、夫良妇顺、兄友弟恭、朋友有信，并非独课义务于某一特有的阶层。虽在法制上不无尊卑上下之别，失去绝对平等之气氛，然朋友一伦既无如此现象，君臣一伦乃君主政治下不能不有的纲纪；其他三伦都系本于人性而如此，本于身份而为然，现代法仍采用之，何能有咎于古？据以上所述种种，得知中国过去法制处处以伦理为其基础，以义务为其本位，法律既对民族生命、民族文化负有支持维护的责任，那么，中国文化一部分的重心置于此点，足以由此而证实了。

四　亲亲仁民的家族观念

中国固有法系是与家族制度结了不解之缘，无论在政的关系上、民的关系上、刑的关系上均系如此。本人在三十余年前曾为《中华法系杂志》写有"家族制度与中国固有法系之关系"专论，除"绪言""结论"外，分为"表现于政事法方面之家族观念""表现于民事法方面之家族观念""表现于刑事法方面之家族观念"三大部分。来台后，刊入"法学丛刊"，并收入于本人所著《中国法制史纲要》内。政事法方面的内容为"视家户为编组之单位"，"认家户为政令之所托"，"使家长具公法上之地位"，"拟国家为家族之扩大"。民事法方面的内容，系分别"就亲属关系方面""就婚姻关系方面""就同居关系方面""就继承关系方面"求出家族制度之显著表现。刑事法方面的内容，系分别"就刑名上""就坐罪上""就科刑上""就宥赦上"为家族制度的探索。继在前开"中国法制研讨会议"提出的报告中，关于"因家族制度而无个人地位之重要"一段内，分为两部分叙述：一为"集团生活上之家族制度"，包括"国家家族化""家族政治化"两种情形。一为"个人地位上之家族制度"，包括"个人家族化""家族名教化"两种情形。本人不惮其烦将过去所写中国法制史上的家族制度论文纲目，一一叙录于此者，因中国过去法制无处不与家族制度有关，苟将家族制度废去，中国过去法制也必大为改观。为篇幅计，不愿一一重加分析，故录旧作纲目，俾知家族制度在中国过去法制上的大概情形罢了。为什么能有这种情形呢？当然与中国文化的精神有其密切关系了。

　　中国过去法制所以弥漫家族气氛者,在文化上除以悠久的农业社会为背景外,并因其精神与天下为公的人文主义及互为义务的伦理基础有其因果关系。就此而观,自然重视集团生活而轻视个人地位。在集团生活方面次于全人类的"天下"者为国家,次于"国家"者便是"家族",所以就认为"身修而后家齐,家齐而后国治,国治而后天下平";也就是"天下之本在国,国之本在家,家之本在身"的说法。修齐治平原系一贯的道理,民虽为贵为本,仍必须受家族生活的洗礼,乃有其价值可言。观为天下达道的五伦,除君臣之义、朋友之交外,涉及家族者即有其三,父子、夫妇、兄弟便是。而所谓君臣之义又系家族观念的扩大,朋友之交也有类于兄弟之情,那么,人的伦类无往而不为家族观念所笼罩了。从而,一方面家族不外国家的缩小,一方面国家不外家族的扩大,互为体用,不可分离。就前者而言,如《易经》"家人"卦云"家人,女正位乎内,男正位乎外,天下之大义也;家人有严君焉,父母之谓也,父父子子,兄兄弟弟,夫夫妇妇而家道正,正家而天下正"。又《论语》谓"孝乎惟孝,友于兄弟,施于有政,是亦为政";《大学》谓"一家仁,一国兴仁,一家让,一国兴让,一人贪戾,一国作乱"都是。就后者而言,《尚书·泰誓》云"惟天地万物父母,惟人为万物之灵,亶聪明,作元后,元后作民父母";《洪范》云"天子作民父母,以为天下王",《独断》"天子无外,以天下为家也"都是。老实说来,每个人在其生活圈里对其文化所负的使命都是透过家族观念的培育而蕴藏于内,显示于外的。

　　天下为公的想法必须从家族的小圈子做起,这是本于人性、出于人情的结果。有天地然后有男女,有男女然后有夫妇,有夫妇然后有父子,有父子然后有君臣,有君臣然后有上下,而礼义乃有其所错综,故"君子之道造端乎夫妇,及其至也察乎天地"。夫妇生儿育女,人种得以延续,而在家族观念下便是"不孝有三,无后为大"。反而言之,儿女对于父母也应尽其孝道,儒家所谓"亲亲而仁民,仁民而爱物",系以亲亲开始，所以大同世界依然是要"老吾老以及人之老，幼吾幼以及人之幼"，推近而及远的。甚如墨家主张"兼爱"，也要说你若不爱他人的父，他人也就不爱你的父，还是以爱自己的父亲说起的。从而在法制上本于这种精神，就把所恶逆罪、不孝罪列在"十恶"内，遇赦不赦，过议不议；推而及于家族内其他人，也有不睦、内乱的重罪存在。慢说平民如此，君主更应以孝道治天下，历代君主虽无所守的成文宪法，但除信守先王成宪外，本朝的祖宗遗命，也是绝对不能违反，即为明例。今虽由农业社会进入工业社会，聚族而居，五世同堂的事实固难维持，法制自应有变，然尊祖、敬宗、收族的道理却不因工业社会即可一笔勾销的。

五　扶弱抑强的民本思想

中国过去法制对于"人"的身份是透过家族集团而以义务为其本位，排斥权利观念的存在。对于"民"的身份也是透过家族组织而认其为国之所本，但却否认其享有民权。《尚书·五子之歌》"皇祖有训，民可近，不可下；民惟邦本，本固邦宁"，这是民本一语的最早来源。他如贾谊《新书·大政篇》上"闻之于政也，民无不以为本也；国以为本，君以为本，吏以为本；故国以民为安危，君以民为威侮，吏以民为贵贱，此之谓民无不为本也"；刘勰《新论·贵农篇》"衣食者民之本也，民者国之本也，民恃衣食，犹鱼之须水；国之恃民，如人之依足，鱼无水不可以生，人无足不可以步，国失民亦不可以治"，均系这种看法。所以民本思想，只是具有现代"民有""民享"两个观念，并无民权观念在内，自不能有整个的民主思想早日出现。惟因民本思想的意味特重，故在中国古代遭受暴君专制的阶段，实较欧洲古代为短。试观《左襄十四年传》载师旷的话"天生民而立之君，使司牧之，勿使失性"。《孟子》说"民为贵，社稷次之，君为轻"，《荀子》说"天下之生民非为君也，天之立君以为民也"。这些道理在《管子》一书中写得极为彻底。《九守》篇上说"以天下之目视，则无不见也；以天下之耳听，则无不闻也；以天下之心虑，则无不知也"；民为本而可贵者在此。又《君臣》篇上说"夫民别而听之则愚，合而听之则圣，虽有汤武之德，复合于市人之言，是以明君顺人心，安情性，而发于众心之所聚；是以令出而不稽，刑设而不用，先王善与民为一体，与民为一体，则是以国守国，以民守民也"，民本、民贵的所以然者又在此。从而在政治上为开明君权的形成，在法律上有保育政策的法制，所施于民者便是与民同乐、与民同享，不仅"畏民"，而且"贵民"，不仅"重民"而且"安民"，不仅"养民"而且"教民"了。这种情形，可说在进入大同世界以前，而在小康世界不能不有的措施，依然与前开各种精神是相互有成的。

说到由民本思想而来的保育政策，是与矜恤政策有所不同。矜恤政策是出于恕道精神，乃消极的悯宥，并非积极方面的设施或主动的预防。因为既然以民为本，不仅国与民之间，君与民之间，要得其平而见其公，就是民与民之间，也要如此做的。所以保育政策的最大范围莫过于为保障社会安全而课有责任，不尽其责即受处罚，学者谓系采取干涉主义，如唐律"诸见火起，应告不告，应救不救……"，清律"凡知同伴人欲行谋害他人不即救护或阻挡者……"均受处罚都是。其次，最显而易见的保育立法，不外抑强以求其平，抶弱而见其公。先就抑强来看，社会上最有势力的莫如官吏，故官吏犯法皆严其罪，尤以贪赃受赇为甚。法官审断依法更有重大责任，故失故入，失出失入都有重罪的律条，已行决者，且不许其自为觉举而免其罪。这以外，历代各律又或禁止假势请托、禁止长官援引私人、禁止现任官辄自立碑、禁止迎送等等，不一而足。次于官吏的强者，如土地方面的强梁兼并，曾有限田、占田、均田、班田等制而为取缔；如商业方面的财富集中，而以管榷政策、贸易国营而为补救。再就扶弱来看，社会上力量最弱者莫如贫苦小民，如清律对于违禁取利的处罚,欠债以妻妾子女的准折有罪,都是有效的制裁办法。其在积极方面,如魏李悝所创的平籴法,汉武帝所创的均输平准法,宋神宗所创的市易法、青苗法等等都是。贫民以外的弱者,古代认为妇女不与男子平等,而居于弱者之列,在刑罚方面特加保护,魏老小女人当罚金杖皆令半之,南朝女子除赎罪皆半外,女妻姊妹不与叛逆者的父子同产男皆坐死罪的。清律上更载得明白,妇人犯罪除犯奸及死罪收禁外,其余杂犯责付本夫收管,无夫者责付有服亲属邻里保管,随衙听候,不许一概监禁;其他关于怀孕行刑也有宽典。至于在抑强的反面,因而受惠者也不失为扶弱的一道。

六　　结　论

从中国法制史上看出中国文化具有四大精神,已如前述。老实说,这只是就其重点而为观察,若论其彼此间的关系却是浑然一体,相互而成,足见中国文化的伟大了。所以中国文化系以人类幸福为领域,以伦理道德为基础,重视人人对社会的义务,轻视人人对事物的权利;本于人性,出于人情,守亲亲之义,尚中庸之德,达忠恕之道便是。不过文化乃人类生活活动的不断成就,时时在进步中,其本身为一种动的演变,并非静的"存在",中国文化的形成发展既系如此,今后因时代的前进求其不断更生,也当然如此。中国文化在过去虽重视人伦之序、人治之理,而所缺乏的是西洋的科学与民主,即应吸收,迎头赶上,而在复兴中国文化声中,同应重视,使中国文化更为发扬光大,这就与狭义的复古有别了。

"法"与"刑"之史的观察

把我国的"礼"字译成外国文,假若不用音译的话,便没有适当的字来看出"礼"的意义,因为"礼"的观念,是我民族独创的。反过来讲,把外国关于"Law"一类的字译成中国文,那就是"法",可是"法"的观念,是我和他民族共同有的。法家的说法,精辟深显,对于法的认识在大体上并不十分输于近代有名的法学家。法家而外,就是一般见解,也则认为"法"是"常"、是"则",含有广泛的意义。这和今日社会学派,认为法的来源,是社会生活规律的见解,相差原非过远。既然如此,我国往昔数千年间,为什么没有实现现代所说的法治式样,却又独树一帜呢?法家的法治势力,为儒家的礼治势力压倒,固然是一个重要原因,而法的本身发展途径,同样不失为一个决定因素。那么法的本身发展途径,又是如何?

(甲)法的本义为"刑",而原于"兵"

任何民族之法的起源,都是先刑事法,而后民事法;先有程序法而后实体法,我国自难外此通例。看法字之本义罢,《说文》作灋,解曰"刑也,平之如水,从水,廌所以触不直者云之,从廌去"。可知法字一面具有求平的意思,一面却指刑罚而言。原来廌即解廌,据《说文》说"兽也,似山牛一角,古者决讼令触不直"。张辑说"解廌似鹿而一角,人君刑罚得中,则生于朝廷,主触不直者"。所以《尔雅·释诂》就干脆以灋释廌,表示出法刑的关系。这因为初民并无律文决定是非曲直,惟取决于无意识的事物,"廌所触不直者而去之"的话,就做了灋字的构成部分。再看《易·蒙卦》"象传"的话,"利用刑人,以正法也",法和刑的关系更为显然,无非由于初民社会事情简单,除了祭祀斗争以外,最要紧的事情,便是对于破坏秩序的人,用刑罚加以制裁,这就是法的所由起。法既因刑而起,当然以刑为义,不用解字也能推知的。

法既是刑的另一名词,刑又从谁人而创立呢?据《事物纪原》卷十所说:"《尚书·吕刑》曰,蚩尤作五虐之刑曰法,至舜乃命皋陶作五刑也,《世本》曰伯夷作五刑,误矣。《吕氏春秋》又谓皋陶作刑也。"近人亦多据《吕刑》原文"苗民弗用灵,制以刑,惟作五虐之刑曰法,杀戮无辜,爰始淫为劓、刵、椓、黥";认为刑是苗民所创而我族袭用之。我族所以袭用此五虐为刑,不外"报虐以威",或"以牙还牙"的用意;因而最初的刑,就是专对异族而设,对于同族有罪的人是不用五刑的。《舜典》上载着舜令皋陶的话:"蛮夷猾夏,寇贼奸宄,汝作士,五刑有服",以刑作为御暴的工具,特对异族而施用的意思,活跃跃地现在纸上。春秋时候,仓葛就大胆地说道:"德以柔中国,刑以威四夷。"若论到刑的起源,实是一针见血的话。至于对同族有罪的人,"投诸四夷,以御魑魅","屏诸四夷,不与同中国",这算是顶大的制裁,《舜典》所说的"流共工于幽州,放驩兜于崇山",便是一例。这就是所谓"流宥五刑"了。流宥五刑既不是废五刑,易流刑;也不是五刑未废,仅对犯罪合于宥恕的改从流刑,实即后世"刑不上大夫"的意,大夫是贵族,也是同族,自然不用五刑的。放逐以下,为"鞭作官刑,扑作教刑,金作赎刑",官、教原都限同族,赎也只限于同族犯罪的人,异族对此更轻之制裁,越发是不能沾光。此外,还有"象以典刑"的事,无论其是否真为画像示辱,代替五刑,或与五刑并存,或根本没有这事,都不影响到五刑是专对异族而用的说法。不过话又说回来,五虐之刑,固然是刑罚,流鞭扑赎,甚至于画像示辱,依样是刑罚,虽有创作因袭的不同,虽有严峻宽轻的差别,终皆成为法的对象。舍刑而外,在当时也就无所谓法的存在。

　　法的对象既然为刑,并且由我族袭用苗民五虐之刑对付异族,这其间又可看出最初兵刑观念的合一。皋陶作士,是由于蛮夷猾夏而来,以刑御暴。实际上就是以兵御暴罢了,据《舜典》姚琮注:"或言帝王之世详于化而略于政,王者之世详于政而略于化,虞时兵刑之官合为一,而礼乐分为二,成周礼乐之官合为一,而兵刑分为二";理由虽不充分,但说明兵刑合一事实却非臆造。司马迁极有识力,通达古今事变,在《史记》律书上以兵事开始。班固写《汉书·刑法志》引为同调,也为"刑始于兵"留了一笔。不特在史实方面是这样,并且在古代刑官称谓上和刑罚的种类上,也染上了不少痕迹。夏、殷对于刑官已有司寇之名,周更然。为什么叫作司寇呢? 当然和兵刑合一的事有关。春秋时候的陈、楚,又把司寇叫作"司败",仍不免含有败敌而予以惩罚的意思。秦后更把司寇改作廷尉;尉原为武官或捕盗官之名,既称武官之首为大尉,又称刑官之长为廷尉,最古兵刑合一的余味,依然可见,这是一端。《国语》载有臧文仲的话:"大刑用甲兵,其次用斧钺,中刑用刀锯,其次用钻凿,薄刑用鞭扑";在刑罚的种类方面,依然以甲兵为大刑。《周礼》上说:"大司马以九伐之灋正邦国,冯弱犯寡则眚之,贼民害贤则伐之,暴内凌外则擅之,野荒民散则削之,负固不服则侵之,贼杀其亲则正之,放弑其君则残之,犯令凌政则杜之,内外乱,鸟兽行则灭之。"由古义言,即系大刑,并且为主兵的大司马执掌,这又是一端。

　　因五虐之刑专为异族而设,对同族另用放逐、鞭扑等法,这已使刑的范围扩大起来。因为异族逐渐顺服,处于我族之下,任何种刑也就不能绝对地分出对外、对内的界限,唯有泛然的适用,并且将对外而用的甲兵,称为大刑,这又使刑的适用扩大起来。虽然,在原则上,"刑不上大夫",但因军族间贵有纪纲,根据《易经·师卦》上说:"师出以律","失律凶也",这时候或系对大夫也可用之。果为事实的话,刑的适用范围,更不免日趋于广泛,但其事依样是始之于兵了。

(乙)法的别义为"常"而归于"律"

御暴而尚刑,因刑而有法。古人用"常"字解释"法"字,最初的意思,当非指一切规范之常,实系指"刑以正邪"之常。史称魏李悝撰次诸国法,著《法经》六篇,这本是刑典,既以法名而又视之为经,不难看出,"范天下之不一而归于一"的"常",就是"刑"了。于是进一步由"刑"字而引申出一个"荆"字的写法。大体说来,刑字指刭颈,指罚辜,指刑戮——这是"刑"的本意。"荆"字以刀从井,"刀"因含有刑罚的意思,"井"却为"常则"的解释——这是刑的别意。试观《周礼·司寇》"佐王刑邦国",《诗经》"我将"章"仪式刑文王之典",这些刑字的用法,都可以说从"荆"字方面的意义而来的。同时因"荆"字的意义更一变而为"型"字的意义,型为模型,指"铸器之法",那么,为人类行为模型的东西也可脱离"刑"的概念,而单独叫它作"法"。《易传》上说:"见乃谓之象,刑乃谓之器,制而用之谓之法";这里所谓法,就是"有物有则"的意义,拿现代语解释之,便是"自然法"。广泛的自然法的观念既从"法之为刑","法之为常"中透出的,为什么不能由此而扩大人为法的范围?此因同时儒家之"礼"的观念也逐渐成熟,为自然法内的表现,所以在人为法的方面,就很难发展了。像在春秋时候,郑铸刑书,叔向便以"先王议事以制,不为刑辟"为谏;晋铸刑鼎,孔子也以"民在鼎矣,何所尊贵"是叹,对此最狭义的刑法,并其成文的地位,都不想给,还能说到一切"治众之法"吗?

法家呢?那倒是不折不扣地想赖法而为治的人。《管子·七法》篇上曾说道,"尺寸也,绳墨也,规矩也,衡石也,斗斛也,角量也,谓之法"。对广义的法,已从客观方面而为解释。彼宗更于"不变之法""齐俗之法""平准之法"以外,特别重视关于庆赏刑罚的"治众之法"。所以李悝的《法经》能观诸实用,也就由于法家中的商鞅利用秦孝公"欲以虎狼之势,而吞诸侯"的机会,为彼宗立下一大功劳。到了汉朝,便由刀笔吏出身的萧何,益之为九章,树立起我国二千年间的律统。这一点,是法家为中国固有法系留下的史迹,同时也因此而为儒家的礼治树起有效的骨干。并因为法家把"法"字的涵义看得很广;依正当的用法,刑书只是法的一部分,绝不能泛称为法。所以商鞅受《法经》以相秦,便改法为律,把《法经》的盗法、贼法、囚法、捕法、杂法、具法,改为盗律、贼律、囚律、捕律、杂律、具律,表示出"法"和"刑"不是一种事物。虽然这个"律"字也有常意,但亦无可如之何了。

"法"与"礼"之史的观察

　　法家虽把一切规范认为是法，然而因种种关系所成就的，只有律和辅律的令，其结果法和刑仍旧不能断然分开。后汉张敞说："皋陶造法律"；《急就章》上也说："皋陶造狱，法律存也"；以"法"与"律"联用，不特看出法的重要对象，仍系处在刑书地位上的"律"罢了。徒善固不足以为政，徒"法"又何能以自行呢？这就不能不归功于"礼"的存在，礼由儒家看来，实为一切规范的总称，其规范的内容和作用，更较法家所认为的法而广泛、而显著。那么，礼的起源和变迁又是如何？

　　（甲）礼肇于"俗"而生于"祭"

　　在最初兵法合一时代，只有报虐以威的道理，求其自保，刑事法是肇始了。民事法，甚或政事法似乎在同时还不必即有，更谈不到斐然可观的礼制上去。因为这时候，在同族所营的群的生活，或系沿袭在自然时代所传下的意识，或本于对自然界一点信仰，做其事情，所谓"不识不知，顺帝之则"而已。既没有是非的观念，又没有善恶的区别，做的顺利做下去，要不顺利，变个样儿来做，也没有人讲话，纵认为有规范，也不是统一而确定的规范，拿什么标准批评别人做得对、做得不对呢？一个人改样做了，别人照所改的样儿来做，至多只称是效法的法，不含有"中效则是也，不中效者非也"的意思在内。像在婚姻方面，由群婚而趋于偶婚，由内婚而趋于外婚，由掠夺婚而趋于有偿婚，完全跟着环境的需要往前迈进。要是"礼"提前在这时候成立，那就不免把各地复杂的婚姻惯习，折衷于礼，按照聘娶婚姻的"六礼程序"，而有了对不对的批评了。像在政事方面,因婚姻的结果,王位的继承关系,或不免兄终弟及,然而不传弟而传子的例,依然存在,当时并没有人拥护这个,反对那个。等到礼成立了,不特要传子,并且要传嫡,为这传位的关系,不知闹出多少事情!在礼正式成立以前,这种无绝对是非标准的群的生活中,法既专对兵刑而言,其余的行动表现,吾无以名之,惟有强字之曰"俗"。

"俗"又因何而进化为"礼"呢?这是经过了古代祭仪和周初"礼制"的段落才达到儒家所创的礼,而具有统一规范的性质,与法家所说的法分庭相抗了。原来初民社会,除了斗争、刑狱以外,要紧的事就是祭祀。对外是兵刑合一,内部也是政教合一。部落之长是族长,同时并是一族的主祀者,以巫觋为称。最初的设祭,一切当系顺乎自然而无成规,但在神道设教的情形下,总必有一种表示诚敬的仪式慢慢出现,"礼"的胚胎便隐藏在这里。再往以后,设教的巫觋为着权势的建立与维持,更不免以祸福的说法,为祭仪的确定,表示出依着所示的祭仪而行的便会得福,不然就会遭殃。有了祸福的结果,便引起是非的选择。这种确定的祭仪,当然不是想这样做才做,乃是须这样做才做了。所以现代学者,追溯礼的来源,都说创于殷的祭仪,这不过因殷世卜祭已有确实材料可据,才这样说。其实祭如不始于殷,礼的胚胎也不必肇于殷世;虽然这时在其他事情方面还是依俗而进,未曾受有绝对标准的支配。礼的起源,无论在殷或在殷以前,终是和祭仪有关。后世学者对于礼的说明,含有这种意思的却也不少。《礼记·祭仪》:"礼有五经,莫重于祭";《昏义》"夫礼,重于祭祀";即系其证。《说文》并称:"礼,履也,所以事神致福也",更足表示礼和祭祀的关系。据此,由祭仪所在之礼,实质上不外礼之仪、礼之文、礼之容、礼之貌,对于礼之义、礼之质、礼之实、礼之节尚未发现。

因礼的起源仅指祭仪而言,祭仪的举行必以敬表现之,于是"敬"便为"礼之仪"的内容,含有严肃的意味。这一意味的射出,就为周初封建制度所吸收,由神秘的祭仪,一转身成了到分等级的标准,而为政治上利用品了。孔子说:"周因于殷礼",实在可以借用在这里。《礼记》有话:"天子祭天地,诸侯祭山川,大夫祭宗庙,士祭其先";在祭的本身上,也就有了阶级了。同时,把礼和刑的对立性,又明白表示出来,礼只是贵族的规范,对于农民等等便是兵刑处治,"礼不下庶人,刑不上大夫"的话,就由此发生。《荀子·富国》篇上说:"由士以上则必以礼乐节之,众庶百姓则必以法数制之",犹存有周初礼治的余意。《礼记》把礼解释为"众之纪也",单就周初说来,不过贵族方面是这样罢了。到了春秋时候,王室渐衰,诸侯称霸,臣弑其君,子弑其父,礼治发生根本的动摇。于是儒家就挺身而出,要人人克己复礼,并要正名,并要齐礼,视礼为致王道之本,而欲为周初礼治的恢复。然而这只是儒家初期的一种打算,其实礼在儒家的解释上已经变了质,既要把礼适用到一般人身上,一并特别重视礼之义,这便使礼变为国家、社会各方面统一的规范,与祭仪时代的礼,显然有别。

(乙)礼别于"仪"而归于"法"

礼之所以成为统一的规范,在消极的原因方面是不要使礼之文掩藏了礼之质,换句话说,就是使"仪"和"礼"不要混为一道。《礼记·礼器》上说,"礼之所尊,尊其义也,失其义也,陈其数,祝史之事也"。数是什么?就是仪,这并非先儒所重,乃是俗儒所认为重要的事情。仪和礼不同,《左传》上有两件事可以证明。一件是鲁侯如晋,自郊劳至于赠贿,无失礼,晋侯称其知礼。女叔齐就说这是"仪",不是"礼"。鲁侯奸大国之盟,凌虐小国,怎能算是知礼?一件是子太叔见赵简子,赵简子问揖让周旋之礼,子太叔也就答道,这是"仪",不是"礼"。礼既不以仪为重,自然要从仪之中而求其义,并且本于义的所在而为仪文的损益;如若专尚仪文,便失去礼的精神。所以在经书中,专记仪之事,叫作《仪礼》,另在《礼记》中有《昏义》《冠义》等篇,以抒其义。又如《明律》中的

《礼律》，分《祭祀》《仪制》两篇，乃关于违反礼之仪的制裁。若问违反礼之义的制裁何在？惟有答道，吏、户、兵、刑、工各律中，都有其事的。因为仪和礼是分开了，礼便成为国家社会统一的规范，除了其中一部分可认为是当代社会意识的结晶以外，另一部分是和现代政事法、民事法等等的精神相当，所以就无往而不及了。惟关于刑事法另有律以当之，而且在儒家看来是失于礼而入于刑，便不归在礼的范围。礼若是为仪所掩，其效用就难如此宏大显著。

礼之所以成为统一的规范，在积极的原因方面，当然是由于儒家学说之独尊，构成了我民族的精神之一。然而儒家又根据何种理由，而使礼有这种统一的规范之资格呢？在孔子对礼提出一个"节"字，一个"约"字，已含有规律的意味。《论语》"不以礼节之，亦不可行"，"博学于文，约之以礼"皆是。孔子又说："恭而无礼则劳，慎而无礼则葸，勇而无礼则乱，直而无礼则绞"；也不外表示出一切要处乎中道，而免"过犹不及"，更见其即是现律的意思。在孟子重视一个"义"字，这仍和礼有关，因为义是应时接物之宜的意思，"非其有而取之，非义也"。推而言之，也就不合于礼了。《礼运》上说："礼者，事之宜也，协诸义而协，则先王未之有，可以义取也"；又"治国不以礼，犹无耜而耕也，为礼不本于义，犹耕而弗种也"；和"礼以行义"，及"以义行礼"的话，可以互相表彰。《仲尼燕居》上并说："礼也者理也"；《乐记》上也说："礼也者，理之不可易者也"；无论礼是义、礼是理，在我国向日偏重自然法主义的情形下，礼的这样解释，更是具有规律之义。在荀子、孔子之"齐之以礼"中寻出一个分子，认为人性本恶不能无争，争则乱，先王恶其乱也，故制礼以分之，使人裁其事而各得其宜。于是"农分田而治，贾分货而贩，百工分事而劝，士大夫分职而听，建国诸侯之君分土而守，三公总方而议，则天子共己而已……是百王之所同也，而礼法之大分也"；礼以定分，更可看出。《礼运》上所说的"礼达而分定"就是很好的注脚。从"定分"的观点而说"礼",自必进一步认为"绳者直之至,衡者平之至,规矩者方圆之至,礼者人道之极也";"礼者,人主之所以为群臣寸、尺、寻、丈检式也";这就和法家的见解极为接近,无怪乎韩非能以荀子弟子而为法家的大师!

　　儒家既是认为"礼"是节制、约束的标准,是个人如何守分的标准,而又取事之所宜设为纲纪,这在名义上虽然不叫作法,实际上已经是法了。现代所说的法,认为是关于国家、人民各方面一切事物的根据,礼何独不然?《曲礼》上说:"教训正俗,非礼不备;分争辩讼,非礼不决,君臣上下,父子兄弟,非礼不定;官学事师,非礼不亲;班朝治军,莅官行法,非礼威严不行";便证明是现代所说的法,认为是要任何人都遵守的,礼又何独不然?《礼运》上载孔子的话:"礼义以为纪,……示民有常,如有不由此者,在势者去,众以为殃";就是说一般人不守礼,因被降罚,有胜位者不守礼也要为人摒弃,所以虽"君"也要"事臣以礼"了。现代所说的法,认为是要适合时代环境的需要,而作为社会生活的一种规律看;礼却又进一步,作为人类向上的整个生活的规律者,结果仍与社会的需要未曾绝缘。《汉书·礼乐志》上说:"人性有男女之情,妒忌之别,为制婚姻之礼;有交接长幼之序,为制乡饮之礼;有哀死思远之情,为制丧祭之礼;有尊尊敬上之心,为制朝觐之礼";这就是"礼以义起",也就是"缘人情而制礼,依人性而作仪"了。儒家把礼的地位推崇得和现代所说的法相等,所以就把成年制度表示在冠礼中,把婚姻制度表示在婚礼中,并在丧礼中表示第亲等和亲系,在祭礼中表示出宗教信仰和伦常,在军礼中表示出军法和战争法规,在宾礼中表示出国际和平法则;推而像《周礼》是纪制度的,《礼书》或《礼志》是纪各朝改物之仪的事情,也都以礼是称。礼是什么?就是广义的"法","律"也受其支配的。因而在我国往昔数千年间,由儒家立场看来,刑律以外,就没有法,有之,不问其为成文的、非成文的都是"礼"了。

"刑"与"礼"之史的观察

　　法的演变的结果成了律，已是既定的事实，任何人莫能推翻，这固然是儒家要为礼刑合一运动的一个原因。礼的演变的结果成了法，这个法乃是"禁于将然以前"的法。同时由儒家看来，却也不反对"禁于已然以后"的法之辅礼为治，这更是要以礼正律的基本原因。并且在以后的事实上因法家衰微、儒家得势，礼刑合一的局面，究竟由呐喊中而实地展开了，遂致我国数千年的律成了"明刑弼教"的工具。价值如何是另一问题，但"礼治"和"法治"的相互为用，却极显然。那么，礼刑合一运动的经过又是如何？

　　(甲)儒家重礼而视法为末节时代

　　这是儒家建树其主张，并和法家及霸道家争雄的经过。儒家的崇礼虽和法家的极端尚法相反，却亦和道家的绝对否认政刑的效力不同；这在儒家的本质上就伏下了礼刑合一的线索。道家主张无为而治，至多只法自然；不特反对人为法，而要"我无为而民自正"，并且对于法治也抱着"法令滋彰，盗贼多有""剖斗拆衡而民不争"的恶态度。儒家呢？不过认为"道之以政，齐之以刑，民免而无耻"仅是治标的办法，所以就不能不主张"道之以德，齐之以礼，有耻且格"的治本办法。这种见解，很和墨子所说"此岂刑不善哉？用刑则不善也"的话相同。儒家的最高理想，像《易经》上说"讼则凶"；《尚书》上"刑期于无刑"；《论语》上"听讼吾犹人也，必使无讼乎"；《孔子家话》上"圣人之设防，贵其不犯也，制五刑而不用，所以为至治"；都是以罕用刑措为可贵。然而在不得已时候，还是不能不用刑的。我们试分析儒家对于礼、刑的观点，不用说，儒家第一步办法，要是礼的效用发展，认为礼有失，罪便多有。《礼记·经解》上有话"婚姻之礼废，则夫妇之道苦，而淫辟之罪多矣；乡饮酒之礼废，则长幼之序失，而争斗之狱繁矣；丧祭之礼废，则臣子之恩薄，而倍生忘死者多矣；聘觐之礼废，则君臣之义失，诸侯之行恶，而倍畔侵凌之败起矣"。礼既废了，纵有刑罚，至多亦不过亡羊补牢的办法罢了！《大戴礼·盛德》篇更说得明白："刑罚之所从生有源，不务塞其源，而务刑杀之，是为民设陷以贼之。"所以"不教而杀"，在儒家看来，就"谓之暴"；教之道虽繁，而礼却是最要的一端。儒家第二步办法，是于不得已中才用刑来补礼，凡"化之弗变，德之弗从，伤义以败俗，于是乎用刑矣"；也就是"德礼之所不格，则刑以治之"。《盛德》篇对此同样说得明白："礼度，德法也，……刑罚者所以威不行德法者也。"可见儒家承认刑罚的存在，不过是"士制百姓于刑之中，以教祗德"的意思；在其全部观念上虽以礼刑合一为说，然而究系以礼为经，以刑为变。凡是崇法尚制的人，儒家对之一律归之于霸。

　　在霸道家以力服人，自然着重于兵刑；在法家更和儒说立在敌对的地位，"治古宜于德，治今宜于法"；礼的时代性根本被否认了。"法虽不善，犹愈于无法"；"万事皆归于一，百度皆准于法"；礼的存在地位，也根本被推翻了。"明主之治国也，使民以法禁，而不以廉止"，礼的最大效用，也同样地被勾销了。所以秦汉以前的王霸之争，在另一意义上，可说就是"礼刑合一与否"之争。

（乙）儒家谈法而谋礼正律时代

　　这是法家在实际政治上收了效果，儒家便用入穴取虎子的办法，而谋以礼正律的经过。因为在五霸七雄的时候，儒家纵然把礼治唱得如何高响，但实际的政治为了收取急效，大都在功利主义的进行中。战国以后，各国都渐次地有了刑典，虽孟子也要承认"徒善不足以为政"，然后才归结到"徒法何能以自行"的本意。各国的刑典为魏李悝所本,撰定《法经》六篇,商鞅受之相秦,韩非、李斯也都为秦所用,使秦为纯然依法为治的统一国家。降而至汉,律统延续不衰,宣帝且说道"汉家自有制度,本以霸王道集之,奈何纯任德教,用周政乎"? 这种既成事之莫可推翻,便是儒家不得不改法更张,放弃其纯然王道政治的理想,其结果惟有从法律的内部而求质的变化,达到礼刑合一的目的就得。儒家既不反对法律的存在,其学说和主张就很容易为当位者所重视。法家呢?也就因此见衰,而以礼正律的工作更得了政治上力量的支持。何况商鞅言法,自身不免车裂;李斯言法,及身不免族;韩非言法,得了下狱而死的结果;秦最重刑尚法,而秦亡国也最快。所以汉虽重霸,仍然不得不集以王道。因而早在武帝时候首罢黜百家,把儒家推到最高地位。法理深渊的法家,同时受其影响只有治律的专家世修其业,更是没有和儒家对等相敌的了。于是"出于礼而入于刑"一类的话,就在陈宠等人的言语中发现:"礼之所去,刑之所取,失礼则入刑",而为后世之所本。

儒家在汉,最为礼刑合一表现出来的事绩,可以归纳为数点:一点是叔孙通定《朝仪》,严君臣之分,到了孝惠帝时候,更由其定了许多"仪法",并据《晋书·刑法志》所载:"益律所不及,傍章十八篇,称傍章律"。叔孙通是儒家,《傍章律》的内容,当然以礼为归。汉武帝既推崇儒说,我想张汤的《越宫律》,赵禹的《朝律》也或一本于律。一点是王莽托古改制,自拟周公;对于《周礼》极表推崇;《周礼》中有三宥、三赦、八议的说法,莽取用之,为后世各律创立下最合于礼的先例;虽然不见得都合于现代精神。一点是儒臣用经义来折狱,像"吕步舒治淮南狱[①],以春秋之义正之,天子皆以为是","张汤为廷尉,以宽为奏谳掾,以古法义决疑狱,甚重之"皆是。他如董仲舒病老致仕,朝廷每有政议,派遣廷尉张

---

① 原文为"吕步淮南狱",此次出版时,根据《史记·儒林传》改之。

汤亲至陋巷,问其得失,结果著有春秋决狱二百三十二事,后汉应劭集经义折狱之事例而成一书,叫作《春秋折狱》,这种风气不特盛于两汉,并且延续到六朝末期。一点是儒家之后,也从事解律工作,像叔孙宣、郭令卿、马融、郑玄等,各为章句,十有余家,家数十万言,自然都是从礼的方面立说可知。凡此,皆是证明儒家改变态度后,不仅言礼,而且言法,并进而作了订律解例的事情。

魏受汉禅,下诏但用郑氏章句,不得杂用余家。这时虽然律家尚盛,但儒家的解律却成了正宗。晋文帝嫌魏室独取郑氏章句,失之太偏,乃命贾充等定晋律,然而注解《晋律》的,律家张斐以外,还有经学家杜预,两家注解并皆行世甚久。南齐尚书删定郎王植并合两解为一,称齐《永明律》,律家与儒家的见解,又融合为一了。其实在晋,儒家早已唱出礼刑相济的口号,认为"大道废焉,则刑礼俱错,大道行焉,则刑礼俱兴。不合而成,未之有也"。可见儒家的持论,又夺法家而有之,所以律统虽存,而法家却一蹶不振,律家更不能与之抗礼争胜。并且在东晋以后,南朝人士竞尚清谈,崇信佛说,以门第相炫,以帝王为轻;论经礼的被称为俗生,说法理的也成了俗吏。法家见衰,早成过去,律家不振也亦成定局,自无从再在解律方面争胜,其实胜利早属于儒家。北朝情形虽然不同,但仍偏重儒说。北魏定律数次,参加定律的高兑就是董仲舒一派的人物。《北齐律》列"重罪十条"为以后各代"十恶"的所始,儒家以刑正邪的观念更具体化。北周的《大律》,在文字上处处都要古化,内容的模仿周到,可想而知。这些成绩非仅属于儒家在新园地上的新收获,并因隋唐以后的各律,都是从北支律一系相承,也省了儒家多少重新开发的工作。

(丙)儒家战胜而律沦为小道时代

这是儒家达到了以礼正律的目的,而因种种原因,不能再有进展,律的地位便随而沦为小道的经过。唐继隋律,并集以前各律的大成,长孙无忌奉敕而撰律疏,人更莫能置议一辞,惟有沿其所定而遵守之,根本使律家不能再起,儒家连一个弱敌都没有了,还有争的什么? 同时,《唐律·名例》篇既明白表示道"以义制律",而律疏所述又最合于礼;兼以"令""格""式""典"之属其中又多礼之成文的表示,往日对于律的种种要求都已补充,自然要偃旗息鼓,退到词章科举的队伍里去。到了宋朝,君权既张,外患又深,儒家群起于理性的研讨,除了北宋的王安石变法略有生气外,谁都不重经世的学问;而且礼刑合一的局面已定,在儒家看来,也不需乎再说废话。元入主中国,汉人等于被弃,连正式的律都不要,只照着一时的条格行事,更是不容儒家置喙的了。明太祖光复中原,制定明律,命儒臣与刑官讲律意,日进二十条,仍不过作些解释的能事给君主听,并不能说到什么建树的! 清入关后,一本明律,除增加新之例外,对律并没有多大更改。同时君权更张,士庶箝口,并加以种族的成见,构成文字狱的网罗,把儒家都赶到旧书堆中,去作考据、训诂的工作。于是往日法学的盛况,再归消沉,后世律学的光辉,自难再见。儒家亦认礼刑合一已成了天经地义,落得少说话,免灾殃,对于律的事情更不过问,所表现出来的情形,仅律例的比附,由舞文弄法的刑名恶幕主持下去。律在这种情形下,怎能不沦为小道呢? 一直到了清末,改革的潮流,势如排山倒海地齐涌而来,首先激动了法律方面改革的波浪,不特在变法一事本身上有新旧派的一场恶斗,就是在实际起草新法案的时候,也有新旧主张的不同。无论谁是谁非,总算打破千余年来的沉闷空气,而为礼刑合一与否的最后一番论战了。其结果"明刑弼教"的极端守旧见解,虽然为沈家本派的主张动摇了。然而律义究竟未能绝对欧化,民国后,前大理院的判例也常常兼采唐律的精神,可见礼与刑的关系,却并不因清末的变化完全绝缘。

我国过去无"民法法典"之内在原因

我国过去数千年间,仅有成文的刑法法典,称之曰"律"或其他实质为同之名称("刑统""条格"等),并无今日所称"民法法典"或民事实体法之存在。论其原因,由于绝对无民事法概念而致此乎?抑由于学者所称民刑不分而始然乎?此皆皮相观察,非属探本之言。

民事、刑事之划分,首见于《周礼》,虽不必即有其制,但想象上实有其说。大司徒"以两造禁民讼,入束矢于朝,然后听之;以两剂禁民狱,入钧金,三日乃致于朝,然后听之"。郑注"讼谓以财货相告者",按即民事也;"狱谓相告以罪名者",按即刑事也;亦即所谓"争财曰讼,争罪曰狱",讼狱原自有别焉。虽后儒如孙诒让等认为讼与狱为通用之辞,无民事、刑事之别。但既有郑注之解释,即不能谓无民事法之概念也。从而大司徒"凡万民之不服教而有狱讼者,与有地治者听而断之,其附于刑者归于士";媒氏"凡男女之阴讼,听之于胜国之社,其附于刑者归于士",是民事、刑事又各有其分掌也。至于司市之"以质剂结信而止讼",遂师、遂大夫、县正之"听其治讼",乡师之"四时之田断其争禽之讼",墓大夫之"凡争墓地听其治讼",马质之"若有马讼则听之",是又偏于民事者也。然讼狱之划分,仅为《周礼》上爝火之明,甚或仅为汉儒之主张,其不能进而发展为民事实体法,致有民法法典之产生者,自不能纯然归责于无民事法概念之所致,必另有其原因也可知。

民刑不分之说应从程序法及实体法两方面观察之。所谓程序法上之民刑不分,即否认讼狱有其划分之论。谓小曰讼,婚姻田土之事属之；大曰狱，贼盗请赇之事属之，非因争财、争罪而别，乃由罪名大小而殊。但无论如何，两事在历代每有管辖或审级不同，各有诉讼上之相异。例如汉代，刑事审则由乡而县令而郡守而廷尉，乃四级审也；民事审则由乡而县令而郡守（或国相）而州刺史，虽亦为四级，其最后审则为州刺史，非廷尉也。又如唐代，刑事审，例由发生之县推断之，再上而州而刑部大理寺也；民事审，例由里正等审讯之，不服者申详于县令，再不服者申详于州刺史，不及于刑部大理寺也。且里正等以仲裁调解为主，而人民不敢告官，实际上仅兴讼于县而止。虽曰，婚姻田土之事，如经有司审理，依然在刑事范围之内，得为刑讯而判罪焉。惟管辖既不尽同，审级又非一致，纵非如今日民诉、刑诉之截然划分，亦不能谓无或然之区别。其在程序法上不能有民诉、刑诉之并立者，当然由于实体法上无民事、刑事划分之观念所致。此观念之所以无之者，与程序法上民刑不分无关，乃另有其内在原因，遂不能进而有民法法典或民事实体法之产生也。

　　所谓实体法上之民刑不分，则非事实问题，乃学者之错觉问题。盖谓程序法上之民刑不分，因事实认定之观点不同，犹可说也。此已不能谓我国过去无民法法典或民事实体法之原因是在，有如前述矣。若谓由于实体法之民刑不分，尤以清末变法删改清律例为现行刑律，而为民事实体法之准据，北政府大理院更奉现行律为断民事案件之准绳为据，认其为无民法法典或民事实体法之原因是在。实亦不然。今日刑法法典中同有牵涉民事者在，例如由重婚罪而知偶婚制之承认也，由遗弃罪而知扶养制之存在也，由侵占罪、窃盗罪、毁损罪而知物权保护之重要性也，由诈欺背信罪、妨害农工商罪而知债的关系之必然性也。苟舍民法法典于不论，何尝非民刑不分？所以不然者，因另有民法法典与之并存，遂不能以刑事法典中牵涉民事关系在内，即认为民事实体法合并于刑法法典内也。我国过去固无民法法典或民事实体法，仍有另一形态之礼,其中一部分实相当于民事实体法者在,即不能因律或刑统、条格之内容牵涉民事实体法,竟谓我国过去民刑不分,为无民法法典或民事实体法之一种主因,此大误也。

礼之在我国过去,除一部分属于礼仪、礼貌、礼俗、礼尚外,亦不专属于民事实体法之范围,有为政事法者,有为国际法者。王位继承之礼,设官分职之礼,皆政事法也;"兵交,使在其间,礼也"之礼,以及《左传》上对列国关系所称"礼也"之礼,皆国际法也。并于军礼中表示军法战律,于宾礼中表示外交规章,则又政事法与国际法之融合也。若专就相当于民事实体法者而言,例如以成年制度表示于冠礼,以婚姻制度表示于婚礼,并于丧礼中表示家族及亲属,于祭礼中表示宗法与伦常。故教训正俗,非礼不备,分争辩讼,非礼不决;父子兄弟非礼不定,夫妻姻娅非礼不亲。礼也者理也,理之不可易者也;民事实体法之精神备于是矣。礼之中或有道德律存在,然仅由个人自励而行者,至多受社会之制裁乃始如此。若"出乎礼而入于刑者"之礼受刑律之制裁,则具有法规性而非道德律矣。然则民国实体法之精神既已归于礼之范围,固可称其同时不必再有民法法典之产生焉。惟此,仍系知其然而未知其所以然也。所应追问者,何以不从民事实体法之观念正常发展,达于民法法典之创立阶段,独于刑法法典之外,另有礼之存在,而将民事实体法之精神容纳于内乎?此有说焉。

盖我国古昔文化,重视人与人之关系,以社会为本位,换言之,合于今日社会本位之义务本位是也。孔子之"仁",即社会人与人相处之道;孟子之"义",即自己行而有宜之谓;荀子之"分",即各守岗位而尽其责之谓。一切求之于己而不责之于人,己所不欲勿施于人,己欲立而立人,己欲达而达人,皆其引申之理。此即礼之观念所由起,而非今日来自罗马法系下之民法观念所能合流。故礼者履也,初虽为事神致福之实践,后即变为社会统一之规范,而以克己励己为其精神。人人负有对社会之义务,非如西洋古代专对君主或教宗而为片面义务之负担,实乃处于社会中相互负其义务也。过去所谓五伦——君臣、父子、兄弟、夫妇、朋友之交,从君礼臣忠、父慈子孝、兄友弟恭、夫良妇顺、朋友互信之道而观,充分表示彼此间互有其情分、各有其义务,一切民事关系皆本于此而然,所谓故缘人情而制礼,依人性而作仪焉。既尚乎克己而内省,励己而助世,又以恕道宽宥他人之罪过,以让道容忍他人之行为,故对于权利观念极为摒弃,权利也者争权夺利之谓,非民事关系之正常表现,亦即非属礼之所许也。

反之,罗马法系下之民法观念,系以权利为本位,无异以个人为本位,特别重视人与物之关系。物权之对物支配而为对世权,继承之不重视身份而重视财产继承权,固无论矣。即配偶之情、亲子之爱,仍各有其财产关系之问题存在。至于人与人间之行为不问涉及财产与否,统称为债之关系,非属于债,即无往来矣。是皆以个人之权利为出发点,而要求他人为义务之履行,此与我国过去之观念绝不相容。民法以权利观念为中心,开始即为权利能力之承认,随之而有各种权利义务之规定。实则在我国过去只主张人为万物之灵,天地之间人为贵,圣人与我同然,虽未言及人之权利能力,则已充分表示每一个人之人格性不容他人横加侵害也。盖人人皆能克己自励,课责于己,自无侵害他人之事,不必以权利能力为护符,不必以权利观念为主张,即可由修身齐家而达于治国平天下之目的焉。此我国过去于刑法法典外,将民事特别法之精神归之于礼,而无民法法典或民事实体法之所以然也(本文仅属于史事之观察,不涉及是非之评论,合并声明)。

我国家族制度之史的观察

一　绪言

　　我国社会向为家族本位的组织，且经儒家极力维持这一事实，越发蒂固根深，成为定制。于是个人的地位不显，家族的观念居先，中国固有法系的精神便与这一现象互相呼应，在世界法系中放一异彩！

　　中外学者告诉我们，人类的集团生活，始于群居野处知有母而不知有父的时代，自无所谓家族制度。但因私有制度逐步发育，婚姻制度渐次确定，家族的萌芽就在氏族内慢慢地透露出来。史称伏羲氏制嫁娶以俪皮为礼，伏羲氏是否为人名，抑为氏族名，虽有争论，而俪皮为礼的聘娶婚，也不必即为伏羲氏所创；但伏羲氏又称庖牺氏，总可认为是畜牧部落的开始，既有畜产以结婚姻，又因婚姻而成夫妇，"有夫妇然后为家"，这或系家族制度的最早来源。不过当时氏族的势力普遍强大，家族只是暗里修行，未居要津，直至周世乃成正果。

　　请看"家"字的注释罢！《说文》"家，居也；从豭，省声"；周伯温说"豕居之圈曰家，从'宀'，从'豕'，后人借为室家之家"，这与畜牧时代家或为畜牧的义相合。但在周以前，既系以族为主，家不居于重要地位，所以《六书故》就说"家作㝛，人所合也；从宀，三人聚'宀'下，家之义也；'㐁'，古族字，'㐁'伪为豕"，其实以家作㝛，重视其族，两义原可并存。当时，处于部落地位的族，各有其长，称作"群后"，位较尊的称作"元后"，唐、虞、夏、商均为部落政治，自成一族而居于元后地位，以外的群后各有其族。史称古时诸侯万国，汤时诸侯三千，周时诸侯一千八百，确如其教，也就是族的数目。尤其在殷虽然祭祖尊天，但王位继承却以兄终弟及为常，富有横的世代，漠视纵的家系，仍然维持氏族制度可以推知。

周于部落处在西隅，自后稷以后即已进入农业社会，而族外的聘娶婚又为周人所尚，家族制度的发展当较殷为甚。后来灭抚群后及殷，树立封建制度，创建统一王国，以婚姻关系维系异姓国间的情感，以宗法关系维系同姓国间的亲密；氏族制度由是发生重大变化，为家族制度铺下了一条平坦的前进道路。然因宗法关系临于其上，周初的家制较诸后来尚非十分重要。在同族内固然以家为组织单位，并有家长为家的代表，但同族间并不能赖家制而即亲密，仍须本于尊祖的意念而敬宗，本于敬宗的道理而收族。宗子掌理宗的事务，主祭祀、主婚姻、教族人，其权力在家长以上。所以周初设治，在同族间实以从宗合族属为要。天子统诸侯，诸侯统大宗，大宗率小宗，小宗率群弟，如纲在网，有条不紊，周因而称作"宗周"，鲁因而称作"宗国"，本于血统上的连系，巩固了兄弟国间在政治上的休戚相关。

春秋以后，王纲不振，宗法见衰，不特天子不能独处尊位，就是诸侯也渐失优势，赋税兵甲都把重心放在家制上，鲁有三家，晋有六家，都握有政治实权，便是明证；因家族地位的重要，"国家"一名就由此而产生了。不过话又说回来，自家制代替宗制而兴，宗法的形式虽不存在，宗法的精神却在家制方面时或存留，这又是家族两字联为一辞的缘故。譬如说，同宗共姓不得结婚，异姓子弟不得乱宗，宗亲丧服重于外亲，就是明证。总之，后世所说的"家族"，不外指示同一祖或父所出的家族，及其妻妾，并奴婢义子等附属分子的集合，而以家长统其家属，以尊长率其卑幼罢了。

至于把家称作"户"，这是确定于秦世。《史记》"徙天下之豪富于咸阳十二万户"，即此。原来，秦自孝公变法，"民有二男以上不分异者倍其赋"，那么，同一家族的人口，不必皆系同居，这便是户的由来。后世各律虽对别居没有禁制，但仅以"父母在，子孙不得别财异籍"为限。可知户的要义较家为狭，然亦不过在同居与否方面有这区别，且或为政治编组的名称。

我国家族制度的形成，虽有悠远的历史，但如没有学说方面的支持、政制方面的拥护，也许不会在中国固有法系中发出万丈的光芒！泰西各国的家族制度早不存在，不能说和其个人主义的学说绝对无关，便是显例。不错！我国过去也有倾向个人主义的学说，像《列子》上说"子孙非汝有，乃天地之委蜕也"，视子孙不是父母所有，不啻解除了家族关系的束缚，正与所称"父母全而生之，子全而归之"的学说针锋相对。无如我国数千年间，重视家族制度的儒家学说居于正统地位，其他思想均居闰系，自无若何力量。

儒家学说除极力维持家族制度的存在外，并进而发挥家族制度的效用，俾成为治国立政的方针。揭开经书来看，《易家人卦》"家人，女正位乎内，男正位乎外，男女正，天地之大义也；家人有严君焉，父母之谓也，父父、子子、兄兄、弟弟、夫夫、妇妇而家道正，正家而天下正矣"。《论语》"孝乎惟孝，友于兄弟，施于有政，是亦为政"；"齐景公问政于孔子，孔子对曰，君君、臣臣、父父、子子"。《大学》"欲治其国者先齐其家……家齐而后国治，国治而后天下平"；"所谓治国必先齐其家者，其家不可教而能教人者无之，故君子不出家而成教于国；孝者所以事君也，弟者所以事长也，慈者所以治众也"。《中庸》"郊社之福所以祀上帝也，宗庙之礼所以祀乎其先也，明乎郊社之礼，禘尝之义，治国者其如示诸掌乎"！这些话都是视家族制度为治国立政的大本所在。即如《孟子》虽有"民为贵，社稷次之，君为轻"的话，未把家族列入，衡量轻重。

但在实际上依然认为"民"是处在"家"之下,并非独立存在;所以说"人有恒言,皆曰天下国家,天下之本在国,国之本在家,家之本在身"。从而儒家所重视的个人修养,论其目的并非直接为国家造成良好的公民,乃使其修身而齐家,间接经由齐家而踏上治国平天下的途径。这以外,像《礼书》所说的"宗"道。后儒所说的"族"义,莫不和家族制度有关,更使家族本位的社会组织在其论点上得到了呐喊助势的力量。

二　从政事法上看家族制度

过去关于体国经野、设官分职的事情,诚然没有今日所说的宪法或行政法的称谓,由其表现出来,但既划归"礼"的范围,后世又有"令""典"一类东西,明示各种制度,也就有其所准据的"法"了。

家族观念表现于政事法上的,首为视家户为编组的单位,次为认家户为政令的所托,再为使家长具公法的责任;且在义理上,以家族无异国家的缩小,便又拟国家为家族的扩大。国家和家族的关系既然这样密切,所以"国""家"在最初用语上虽有区别——天子所治称作天下,诸系称作国,卿大夫称作家——但终连用,成一单独名词,用以指"国"。这因"国之本在家"已显示国与家不可分离,封建制度早废,而"国家"名称延用数千年,近仍如故,正由于合于事实,符于义理所致。

(甲)何以言视家户为编组的单位?请先看《周礼》上所讲的乡制、遂制,大司徒主乡,令五家为比,使之相保;五比为闾,使之相受;四闾为族,使之相葬;五族为党,使之相救;五党为州,使之相赒;五州为乡,使之相宾。遂人主遂,以五家为邻,五邻为里,四里为酂,五酂为鄙,五鄙为县,五县为遂,都有地域沟树之使,各掌其政令刑禁。这即视家为其编组的单位了。再看《国语》上所说管仲治齐,作内政而寄军令的话:制国,五家为轨,轨为之长,十轨为里,里有长;四里为连,连为之长,十连为乡，乡有良人。又，制鄙，三十家为邑，邑有司；十司为卒，卒有卒帅，十卒为乡，乡有乡帅；三乡为县，县有县帅；十县为属，属有大夫；五属故立五大夫，使各治一属，立五正，使各听一属。这又是视家为其编组的单位了。无论《周礼》《国语》的本身问题如何，要皆有其所本。试看商鞅相秦，以五家为伍，十家为什，一家有罪而同伍、同什的家不为纠发，便要连坐，就是视家为编组单位的显例。所以《荀子》也说"功赏相长也，五甲首而隶五家"。秦兴，确立郡县制度，地方组织以县为初级区域，然县以下的编组系统，不特秦世未曾改变五家为伍、十家为什的旧制，历代依样以家户为编组的起点。

汉，百家为里，里有里魁，民有什伍，善恶相告；十里为亭，亭有亭长，主捕盗贼；十亭为乡，有乡老、啬夫及乡佐、有秩等员，分掌教化，听讼和赋税等事。晋，百户为里，里有里正；刘宋，五家为伍，有伍长，二伍为什，有什长，二什为里，有里魁；北魏，二十五家为里，有里长，都是集里而成乡，以附于县。唐，依其"令"，百户为里，五里为乡；四家为邻，三家为保；宋，依熙宁三年敕，十家为一保，五十家为一大保；元，行社法，由五十家组织而成；明，编黄册，百有十户为里，推丁多者十人为之长，余十户为甲，甲各有首。降而至清，最初是令各乡村十家置一甲长，百家置一总甲；后来，以十家为牌，有牌头；十牌为甲，有甲长；十甲为保，有保正。凡此，不必一一问其编组的目的，是否积极地为了推崇乡治，使民自化，还是消极地教民各安生理，勿作非为，甚或专为重视赋役保甲而然。但其编组的方法都是以家户为其单位，却不容我们否认的。

这以外，周初封建，原为"分土"制度，降至战国已开"分民"的端倪，封君食税只以户计，《史记》"虞卿既以魏齐之故，不重万户侯卿相之印"，可证。自汉以后，赐封功臣，不以土地为准，惟以民户为依据，称作"户封"。那么，户又是后世"封国"方面的编组单位了。

（乙）何以言家户为政令的所托？《周礼·小司徒》"均土地以稽人

民而周知其数；土地家七人，可任也者家三人，中地家六人，可任也者二家五人，下地家五人，可任也者家二人”，这是授田任役以家为单位的。孟子“方里而井，井九百亩，其中为公田，八家各私百亩，同养公田”；“百亩之田勿夺其时，数口之家可以无饥矣”；而《尚书大传》也有古八家为邻的说法，在学者想象古代田制并拟推行所谓“仁政”，仍然是家为单位的。自汉代起，家户为政令的所托，更见显著。这有七事为证。

（一）先以律令为证——汉，萧何就《法经》增加户、兴、厂三篇，作律九章；由《汉律》《魏律》《晋律》迄于《北魏律》，“户”均独立成篇。《北齐律》将婚事附入，称作“婚户”；《北周律》改为“婚姻”和“户禁”两篇；《阴开皇律》以户在婚前，称“户婚”，唐律和《宋元刑书》皆然；明律分为户役、田宅、婚姻三篇，总称为“户律”，清同。至于历代“令”文，今多不存，然晋有户调令，隋、唐、金、明各有户令，其目尚能考知。我们知道，律所以一正罪名，令所以“存事制”，都有“户”名存在，家户地位的重要可想而知。

（二）次以设官为证——汉，公府有户曹掾，州郡为史，主持民户事；北齐，与功曹、仓曹同为参军；唐，在各府的称作户曹，其余称作司户；降而至清，府州县均有户房的设置。其在中央掌理户口赋役的官，吴曾置户部，自唐至清均设，为椿成“六部”之一。“户部”的职掌，相当于今日的“内政部”和“财政部”，但当时舍去“民政”“度支”的名称不用，却用一个“户”字为代表，其重视家户的地位自甚显然。

（三）又以校察为证——置户为编组的单位，如为保甲等目的而设，既已兼备校察的旨趣了。唐并于武德六年创行“户账法”，今天下户每岁一造账籍，开元十六年改敕诸户籍三年一造，实为现代户籍簿册的创造，其目的即在校察。又，武德六年同时令天下户，量资产定为三等；九年，改为九等；其后，复令三年一定为常式；依每户财产的数额，而定其贫富的等级，或为便于赋役而设，但既与户账法同时举行，仍不无含有校察的意思,也可说近于今日台湾的户税调查了。降而至明,每户给以户帖,书其乡贯、丁口、名岁,与清代所谓门牌,今日所谓户籍登记尤为类似。

(四)再以赋税为证——汉高祖初创"算赋",征取尚偏于"口",文帝因户口滋繁,令民自二十三岁以上始征,并减轻其数额;魏武帝以计亩而税与计户而征并重;晋武帝借授田策略,招纳流亡来归,每户既都授田,便不必履亩论税,只逐户征赋,称作"户调制"。南朝虽未计户授田,依然随户征税,南齐且分户为九等以定其税;且因为流亡南朝的北侨根本无田,更赖依户为计。隋及唐初,同样采这一办法,直至唐德宗时两税法行才废除户赋。

(五)并以丁役为证——丁役本系赋人民的力,但也和"户"有关,自六朝至隋唐,江淮人户有三丁的,必有一丁落发规避丁役。两税法行,虽免了力役之征,但庶人在官的杂役仍存。宋承唐末的流弊,行"差役"法,分户为九等著于籍上,四等量轻重给役,余免。王安石改募役法,使民得专心稼穑,而免役钱依然以户计算。"令当役之户,依等第,夏秋输钱免役"。同时,对于有产业物力而向来无役的,令出助役钱,仍系按户计算,如所谓坊郭等第户、官户、女户、军户是。金,征役必按版籍,先及富户,势均便以丁多寡,定甲乙,三代同居已旌门的,免差拨,三年后免杂役。元,募役法变而为"科差""丝料"的征取,各按其户的上下而科。明,除了以丁为计的徭役,上命非时的杂役外,并有以户为计的甲役;其避徭役的称作"逃户"。惟自一条鞭法行后,始有变更。清,地丁归一,独税田亩,丁役、丁税都不存在,然而户籍的编查却较前代减色不少。

(六)另以兵役为证——汉,一方面兵民不分,一方面另有"谪发"办法,贾人或父母、祖父母有市籍者皆在其列,是与家族有关了。五胡乱华兼用汉兵,以抽丁法编制,如石虎伐燕、五丁取三、四丁取二,符坚攻晋,十丁遣一,也系就家的丁口而计算了。宋,兼用乡兵,除由土民应募以外，也有从户籍中挑选出来的。元，临时征调仍多取自户籍；其以贫富为准，户出一人称作独户军，合二三户而出一人称作正户军，余为贴户军；士卒的家为富商大贾又取一人称作余丁军；其取诸侯将校家的子入军称作质子军。

（七）更以考选为证——汉，乡举里选既根据户口率定其员数；魏，行九品官人法，原系计人定品，以后一变而为按阀阅定品，只问其是否世族，不问其果否贤愚，于是上品无寒士，下品无高门，家族观念就影响了人才详判。晋，身有国封的人，起家多拜散骑侍郎，其秘书郎、著作郎也是甲族起家的官职，他人不能沾光。南齐，高帝欲以江谧掌选部，因其为寒人，特发明诏表示破格任用。原来，当时官有世胄，谱有世官，士大夫皆起于世旅，非皇帝所能任意派用。隋唐改用科举取士，渐变阀阅限制，直至五代，取士不问家世乃完全实现了。然积极的阀阅制度虽告结束，而消极的家世差别，如奴籍、贱民、杂户等等仍未见绝。其家户既不能与平民为伍，也就不能有进身的道路。虽在清代，已使杂户除籍与平民同列甲户，然身家不清的人，如倡优、皂隶及曾卖身为奴，其三世子孙仍不得应考做官。

总括说来，无论是"户"，是"家"，甚至于"族"，都和历代政令有多少关系。仅就此点，也足以证明中国固有法系方面家族观念的浓厚了。

（丙）何以言使家长具公法上的责任？家族制度下的家，家长是家的代表，家属仅受家长的支配，家族范围虽有广有狭，同居人口虽有多有少，究系所谓大家庭的结合，并非仅限于一夫一妻和其婴幼的同居。既使多人而营集团生活，又视这个集团为各种编组和政令所托的基础，从而在法律上对于一家首长地位的维持，使家长的家族制度久存下来，自系当然。在日本称家长作家督，即户主的意思，在我国汉代或称作户头，但家长的称谓却极普通。家长不特对内有监督家属、管治家财、处理家政等等的权利和义务，并且对外为一家代表，具有公法上的责任，使其统率家人，以尽人民对于国家的义务。这有四事为证。

（一）先以户籍义务为证——关于户籍事项，家长具有呈报义务。《唐律》"诸脱户者，家长徒三年，无课役者，家长减二等，女户又减三等"。什么是脱户？因为"率土黔庶，皆有籍书"，而家长故意脱漏家属的户籍，以图减免课役，这要重罚的，但一户的人，一人附籍，其余的人不附籍的，另从漏口之法。不过一俱户不籍，倘不由家长，也只罪其所由罪了。《明清律·户役》篇同有脱漏户口条文，处罚较轻。

（二）次以赋税事项为证——关于田粮事项，家长也有缴纳义务。《明清律·田宅》篇"凡欺隐田粮，脱漏版籍者，一亩至五亩笞四十，每五亩加一等，罪止一百；其田入官，所隐税粮依数征纳"；辑注"一户以内所有田粮，家长主之，所有钱财，家长专之"；是近代人民的纳税义务的一部分，其在往昔，实由家长负责。它如汉代，令人民得以律占租，即自认应纳的租税是。《汉书·昭帝纪注》，如谆引律："请当占租者，家长自各以其物占，占不以实，家长不身自书，皆罚金二斤，没入所不自占物……"。是纳税、报税的责任归于家长，自汉已然。

（三）又以刑事责任为证——一家人共同犯罪时，如非巨恶重罪，依唐律止坐家长，无造意随从的区别。这也是认家长为一家的表率，对国家所负守法义务特为加重。后文另有交代，这里暂且从略。

（四）再以女性家长为证——最早家长的设置仅限于男系，祖死父承，父死子述，所谓"果正位乎外"，"母，亲而不尊"是。且"夫妻持政，子无适从"，亦所以达"家无二主"的目的。然纯粹贯彻"牝鸡无晨，牝鸡之晨，惟家之索"的见解，不特女子终无为家长的机会。而且家无男丁的事实既莫能免，设置家长又不可无，于是汉唐便有女性户头或家长的事例。清，家长在原则上虽以家的男尊长充任，但女尊长也可取得准家长的地位。律文奴婢殴家长条注"不言家长之父母、祖父母者，盖统于一尊；祖在则祖为家长，父在则父为家长，若祖父或父不在而有祖母或母在时,则应同于家长"。所以有如是的变迁,实因一户一口,以家长为主,并对国家负有种种责任,自未便使无男丁的家口,处于散漫的地位,而脱落了整个机构的一环!

总括说来,家长实处于"国"与"家"中间的连系地位,且由卑属统御家事,对公私均不能尽其功能,故历代莫不重视家长的特殊身份,并以"家""户"设置家长或户头为必要了。

(丁)何以言拟国家为家族而扩大?在殷的氏族社会里,族长最尊,家仅有其雏形,所以"族"为贵而家为轻。在周的宗法社会里,天子以天下的大宗而居于上,家仅指卿大夫所治及天下民家而言,所以"宗"为主而家为副。若从历史的演进看,国家原非家的扩大,然因以族为贵的部落政治,既至周而告绝,举众族共奉一尊,成立后代国家的形式;以宗为主的宗法政治,既到春秋而见衰,往日"宗"与"族"的职务,就分别为"国"与"家"所掌了。于是在义理上,一方面视家族为国家的缩影,以严密基础组织;一方面拟国家为家族的扩大,以发挥广大效能,这当然是由于儒家学说促成的。看!"国"而与"家"联称,"家"而与"族"联称,便知其然。不过家族的"族",较古代氏族的"族",周代宗族的"族"为义很狭罢了!

既视家族为国家的缩影,所以父母称作"严君",家长称作"主",称作"尊",妾对其夫既称作"君",子自述其父也或称作"家君"。国事应统于一,家事亦同,《孔子家语·本命解》"天无二日,国无二君,家无二尊";《荀子·尊君篇》也说"君者国之隆也,父者家之隆也,隆一而治二而乱,自古及今,未有二隆争重而长久者";《礼记内则》"父母怒不说而挞之流血,不敢疾怨",这也就是《亢仓子·君道篇》"怒笞不可偃于家,刑罚不可偃于国"的意义。至于治家的道理,有"家约""家教""家诫""家训""家范""家规""家法"表示出之,养成各家族的"家风"或"门风";这和国家的有法度宪章,并因而养成"国性"或"国风"又有什么不同?

　　反过来说,家能如是而齐,那么,扩大其效果,必能国治而天下平,便又拟国家为家族的扩大了。在哲理上,如《论语》"其为人也孝悌,而好犯上者鲜矣！不好犯上而好作乱者未之有也"！《大学》"《诗》云,桃之夭夭,其叶蓁蓁,之子于归,宜其家人;宜其家人而后可以教国人。《诗》云,其仪不忒,正是四国;其为父子兄弟是法而后民之法也"。《孟子》"入以事其父兄,出以事其长上,可使制挺,以挞秦楚之坚甲利兵矣"！莫不本于"一家仁,一国兴仁;一家让,一国兴让;一人贪戾,一国作乱"的意义立说,而认为"家者国之则也"。明,丘濬说道"人人孝其亲,忠其君,尊夫圣人,则天下大治矣,否则大乱之道焉。然是三者,其根本起于一家,家积而国,国积而世,故尤严于不孝之罪"。为论颇为中肯,可例其余。这些道理便对国家政府的认识,发生了原子似的力量,为设治施政的基本精神。

　　除"国家"的得名而外,并视君主即国,天子且有"天家"的称号;蔡邕独断"天子无外,以天下为家"是。为抬高帝王的身份,往往仍以家族中人比拟;《春秋感精符》"人主与日月同明,四时合信,故父天母地,兄日弟月"是。君主既被视同人民之父,皇后也被视同人民之母;《汉书》"言继立民母",《春秋胡传》"天主所命而称王后,亦天下之母仪也"是。降而直接牧民的官司,向来也以父母官为称;王禹备诗"万家呼父母"是。从而己身所属的"国"又以"父母国"见称,《孟子》"迟迟吾行也,去父母国之道也"。

　　总括说来,国之本在家,家齐而后国治,所以认为国治与家治互相沟通,莫能偏重。宜乎往昔不特以"国"与"家"联称,且以"国"与"家"并举,使国家家族化、家族国家化,原有其家族本位的一套理论,而为中国固有法系所吸收了。

三　从民事法上看家族制度

往昔，一切准绳都归于礼，礼有所失，始入于刑。礼，可以说是广义的法，欲求民事方面的规范，舍礼殊难得其梗概。虽说早在春秋战国时代，晋郑秦各国纷纷制定刑书，商鞅且改法为律，然自儒家学说得势，律仅为辅礼而设，礼并未变更其广义的法的地位，不特政事法求之于此，民事法也是一样。然律既以"明刑弼教"为旨趣，且往往又以礼入律，于是律的内容，除直接为刑事的规范外，并可探知民事的规范的所指。看！民国成立后，刑事法虽以暂行新刑律为其依据，民事法却沿用清末现行律的有效部分，不因其前身为清律而即否定其为民事的规范，即一显证。所以对于中国固有法系中的家族制度，从表现在民事法方面加以研究，诚应以礼为主，同时仍不能不从律文里求其真相。在这一论题上，得就亲属关系、婚姻关系、同居关系、继承关系等等方面，看出家族制度的显著表现。

（甲）何以言就亲属关系里看出家族制度的显著表现？关于亲属的范围，依我们今日的见解，从血统源流上计算的，统统称作血亲，从婚姻连系上计算的，除配偶外，统统称作姻亲；直系亲、旁系亲虽须区别，但男系亲、女系亲的地位终属同一。至于亲等的计算，无论采用罗马法或寺院法，都有整然可循的系统和等级。我国往昔便不是这样，于亲属关系上附有家族制度的观念甚为浓厚，这有两事为证。

（一）先以亲属分类为证——亲属分类除《尔雅·释亲》作为亲属间的类名外，原为丧服的适用而设。丧服是亲属死后，与其有关系的人依其亲疏远近，在不同的丧期中所著不同制造的衣服；这是起于亲亲之道，并以尊尊之义加入，不仅表示了亲疏远近关系，并且饱含家族本位的意味。"服"的加隆或减杀，至不一致，所以和现代法的"亲等"似而不同。依《尔雅》所记,系从宗族、母党、妻党、婚姻四点上解释其相互间的称谓。宗族或称宗亲,乃就同一祖宗所出的亲属而言;母党或称外亲,乃就子女对母系的亲属而言;至于妻党系以夫对妻的亲属称谓为主,婚姻系以妻对夫的亲属称谓为主。后世分为宗亲、外亲、妻亲三类,依然表现其趋重家族本位的色彩。妻亲诚属今日所谓姻亲的一部分,但宗亲内容,既非等于今日所谓血亲,又非以同一祖宗所出的血统为限,妇对夫族的亲属关系也在其内。探其源由不外家族组织以男系为主,其自外姓而来的妇女,为家族的正式人员,便列为一类了。外亲内容,不限于《尔雅》的母党、凡姑、姊妹、女子子嫁出而生的亲属关系都在其内。虽系自女系方面计算,实因彼等自有其族其家,便列为一类了。

（二）次以丧服等级为证——就丧服的轻重等级方面而观,更与家族制度有其呼应:(1)在家族内,子以亲为尊,而亲亲的道理又"隆近而杀远",所以子为父加隆至斩衰三年;但因"夫妻持政,子无适从",依礼,母便亲而不尊,于是父卒为母服齐衰三年,父在为母杖期,至尊在,不敢伸其私尊,这是古制。唐以后,父虽在,仍为母终三年丧,《明孝慈录》再改为斩衰三年,才与父同。(2)在家族内,以传宗接代为主,所以不孝有三,无后为大,尤其往昔,嫡长子负这个责任特重,仪礼丧服便认为父对长子服斩衰三年,母为齐衰三年;《明孝慈录》虽改父母均为嫡子服齐衰不杖期与众子同,但尊长同为卑幼服丧,自不外乎家族观念使然。(3)在家族内,妻以夫为尊,因其"不贰尊",所以妇为其夫斩衰三年,对其舅姑只为期服,直至唐时始为三年丧服,明,子为父母同斩,妻亦同。(4)在家族内,妻贵而妾贱,妾的地位"仅有尊尊之义,而无亲亲之道",所以夫因至亲的关系,报妻以期,妾有儿子的报以缌麻,没儿子的也就不服,明以后,妾虽有儿子也不报服。且不特夫不为妾的母家有服,而妾除对妻服期,妻无报服外,更对妻的母家有服,其地位卑下可知。(5)在家族内,极防叔嫂混杂的行为,以免男女无别的嫌疑,因而"存其恩于娣姒,断其义于兄弟",所以叔嫂无服,娣姒有服,乃将叔嫂的关系推而远之。唐以外亲同爨尚服缌麻,乃为定服小功,明清同。(6)凡姑姊妹女及孙女在室,或已嫁被出而来归,因其仍为本族本家的一员,无论已服人或人服己,均与男子同;但出嫁而入他人的家,虽说"出者其本重"而仍有服,究竟以所入的家为主。既为夫氏的族有其所隆,即为自己的族不能无杀,所以在室为父服斩,出嫁便为夫服斩而为父服期了。(7)母与妻都是以嫁而入,依主名的关系定其位,依属位的原因定其服,虽异姓之间各有相当之服,这又是"入者其卒重"的道理,显然是由家族制度所影响。(8)子对于母党,本于父母的恩无别而有其服,然因尊祖弥重本族的关系,于是除了外祖父母以尊外,外亲的服均为缌麻,姨母以名加至小功而已! 至于夫与妻党,亦仅与妻的父母相报以缌,其他均为无服亲,这也是"服统于家",重视家族本位的观念所致。

　　总括说来,亲属分类既以家族观念为依据,而表现在服制方面的亲属关系,又充分显出与家族制度的连系,因而儒家认为"圣人之经纬万端皆从此始"。但在后世各律中,对于亲属间的犯罪问题,或减刑,或加重,或不论,又均以其丧服有无轻重为断,更非仅一个民事方面的问题罢了!

　　(乙)何以言就婚姻关系里看出家族制度的显著表现? 自周兴起,宗法社会既已成立,后世承其余势,重视家族组织。婚姻虽不能离开男女之身而行,但说到男女之身只称作"嫁娶",而"婚姻"所表示好合的事,却不外旧家族的扩大或延续,一夫一妻的新家庭并不因有婚姻的称谓而即成立。这有五事为证。

　　(一)先以二姓合好为证——《礼记·昏义》"昏礼者将合二姓之好,上以重宗庙而下以继后世也",显示婚姻的目的重在合二姓与繁子孙两端。就"合二姓"而言,这从"婚姻"的命名上即可看出。除称婚姻"谓嫁娶之礼"及"婿曰婚,妻曰姻"的解释以外,《尔雅·释亲》并说"婿之父为姻,妻之父为婚,妇之父母、婿之父母相谓为婚姻;妇之党为婚兄弟,婿之党为姻兄弟",而以"妇党称婚,婿党称姻"为解,充分表示婚姻与两族两姓的关系了。又,嫁女的家受了六礼,布席于庙以告祖先,这就是说,为一姓的祖先嫁其女嗣,非只父母个人嫁其所生的女儿。娶妇的家既告祖庙,又以祭祀用的素冕亲迎,并于夕施席于正寝,皆所以表示与祖先同此婚礼。换句话说,为族娶妇是重,为个人娶妻是轻,成妻的礼也就比成妇的礼减略;女不成妇而死,依古礼,归葬于女氏之党,尚不能认为家族的一员,即系此故。因婚姻重视合二姓之好,以广家族,因而魏晋南北朝便重视阀阅婚姻,唐宋律敕便禁止良贱为婚,不然,便非"门当户对",难与为偶!

(二)次以繁衍子孙为证——婚姻的第二个目的是"繁子孙",使居于客观地位的"男女构精,万物化生",一变而为继承本族血统,繁衍一家子孙的见解,这便为古代贵族方面借口,一娶多女广其胤嗣,媵妾之制由是而起。降至后世,像东汉明定皇子封王,正嫡称作"妃",并得置小夫人四十人;晋令,诸王郡公侯及官品令第一至第八,皆必置正妾如制;北魏元孝友请对于无子而不纳妾的人,科以不孝的罪;唐律既有妾的明文,又有媵的称谓;由宋到明,庶人年四十以上无子的,依礼、依律都得纳妾,同是一样的道理。

(三)又以嫁娶名称为证——孔颖达虽说"论其男女之身谓之嫁娶",然此嫁娶名称依然是家族化的。原来,"嫁谓女适夫家,娶谓男往取女":嫁就是家的意思,自家而出,以入夫家,因而"妇人谓嫁曰归";娶就是取女的意思,夫以妻为室,自必取女于其家,因而左桓六年文对"娶"就说"受室以归"。况在嫁娶之先,须待父母之命、媒妁之言,由纳采以至于亲迎,经过六礼程序,都是尊长主持,与现代视嫁娶为男女个人的事显然不同。婚姻的意志既由主婚人决定,婚姻的责任也就由主婚人负担。唐律"嫁娶诸违律,祖父母、父母主婚者,独坐主婚;若期亲尊长主婚者，主婚者为首，男女为从"，即系明证。

（四）再以各种故障为证——在婚姻的故障方面，譬如说，初时同姓不婚，继而同姓共宗不婚；初时外姻行辈不同，尚可通婚，继而唐永徽后类多禁婚；他如居尊亲丧不得嫁娶，犯者列入十恶以内；父母囚禁不得嫁娶，除奉亲命而行的以外，也为礼法所不容，都和家族观念有其关系。

（五）并以离婚事例为证——离婚在昔称作"绝婚"，即断绝二姓姻好的意思，南北朝时才有离婚用语，依然视为绝二姓的关系。若单就夫妻个人言，称作"离异"，或"离"，不用"婚"字。所以离婚后，夫妻个人关系仍继续的，有其例；夫妻一方死亡后，仍然可以离婚，也有其例。因离婚为男家专用权，女子又以夫的家为家，就男子说称作"休"，就女子之身说称作"出"，依礼、依律有所谓"七出三不去"的条件支配其事，这些条件大部分是和家族制度有关。至于离异后，无论何种情形均不得和夫的亲属通婚，何莫不然。

（丙）何以言就同居关系里看出家族制度的显著表现？"同居"这个名称，首见于礼仪丧服"同居继父"之文，《汉书·惠帝纪》也有这个用语，且汉律上已经用了。最古聚族而居，后世虽渐次缩小同居范围，使法律力量不及于广义的宗族之连带关系；且"共甑分炊饭，同铛各煮鱼"尤为习见的事；又，刘宋时代士大夫父母在而兄弟异居，庶人父子别产，八家而五，又见正牒；然民有二男以上的分异，究被视为人情之反，风俗之薄，并非礼的常则。所以在东汉，樊重三世共财，缪肜兄弟同居，蔡邕、韩元长亦同其事，济北氾幼春七世同居，家人无怨色；而唐张艺公九世同居，更被称为义门的表率。综计历代各史孝义、孝友传载此义门的事，《南史》十三人，《北史》十二人，《唐书》三十八人，《宋史》五十人，《元史》五人，《明史》二十六人，可知其盛。其在法律上固不限定若干世的同居，但一夫一妻的小家庭制，除秦世外多禁止其事。唐律，视"同籍期亲为一家"，疏称"同籍不限亲疏，期亲虽别居亦是"，那么，期亲虽在法律上认为系同一家族，但不必皆系同居，其同居的界限自较所谓义门者狭小。然而祖父母、父母及其子孙，无论由何人起意，都不得异其户籍。"诸祖父母、父母在，而子孙别居异财者，徒三年；若祖父母、父母令别籍……徒二年，子孙不坐"即是。明清律，大家族制度已有显著的变化，惟仍认为祖父母、父母在，子孙不得分财异籍，违者杖一百；其居父母丧而如此的，经期亲以上尊长亲告，杖八十；不过父母许令分析或奉遗命而行的，不在此限。至于同居的人既不限于亲桃，即无服者亦是，且如家伎、奴婢一类的人，也在同居的范围，所谓"家口""家人"均系指此。

现代法律，对于家族同居除用"同居"字样外，并以"共同生活"为称，而将"同居""别居"字样的重点用在夫妻的个人关系方面。本来，像《易·序卦》说"有天地然后有万物，有万物然后有男女，有男女然后有夫妇，有夫妇然后有父子……"，也就是郑注《周礼》"有夫妇然后有家"的另一说法；是认为夫妻为一家成立的基本单位，与今日"夫妻互负同居义务"，原甚接近。但因受家族制度的洗礼，夫妻的同居关系就被熔解在家族同居的炉火以内。因为往昔，妻以嫁而入夫家，这个"家"并不是夫个人的住所，乃系大家族的家。"嫁者家也，妇人外成，以适人为家"，一嫁即取得为妻为妇的两种身份；在妇的身份方面，嫁有其家，成为夫家族的一员，称作"同居"；在妻的身份方面，与夫的共同关系，特别称作"同室"。《诗经》"之子于归，宜其室家"；《孟子》"丈夫生而愿为之有室，女子生而愿为之有家"，"室"与"家"的区别正自分明，这在"同居"用语上又可看出今昔异致，追其根由，仍然不外家族制度的观念所致。

在家族同居生活中，公法上以家长居于最尊的地位，因而家长由尊长的最尊者充任；私法上妇有其夫，子有其父，卑幼有其尊长，又各负有一定的职责。关于夫权与亲权两端暂且不提，单就同居及尊长卑幼间的法律关系来看：唐律，同居有罪，得相互为隐，部曲奴婢为主隐者亦同，是乃维持同居情感而为的规定；明清律，卑幼与尊长同居共财，卑幼不得擅自使用，尊长应分财而不公，也与卑幼擅自用财同，是又认为家政统于尊长，家财总摄于尊长，不过家财仍属同居人的公物，而非尊长的私有，大家都是不得自由支配的。凡此，均系就同居的本身上立下许多限制，乃能维持久远，未即衰落。

　　（丁）何以言就继承关系里看出家族制度的显著表现？现代各国除日本兼采家督相续制度外，均系采财产继承制度，系以个人为主，且偏于权利继承，此从限定继承与继承抛弃的规定即知。我国往昔系采宗祧继承制度，财产继承附见于内，且系以义务为主，这完全是出于家族本位的观念而然。宗祧犹言宗庙，祧就是远祖的庙，《左传》"失守宗祧"是。所以宗祧继承不外以奉祖先的祭祀为目的，而由男系宗统继承罢了。最初是与宗法制度互相表里，"大宗者尊之统也，大宗者收族者也"，不可以绝，所以大宗无后，族人应以支子后大宗；小宗五世则还，其族统于大宗，所以无后可绝。至于使支子后大宗，而不以嫡子后大宗，因嫡子原本有承其祖祢祭祀而绵血食的义务，自不可为大宗后。宗法既衰，环境变更，殇与无后者已无袝食从祭的所在，且因毕生尽力经营的家户一旦告绝，自非人情所愿；因而人人各亲其亲，各祢其祢，凡无子的均可立嗣，并非以继其宗，而以传其家、续其户为目的了。历代本此见解，定礼制律，不过仍多少含有宗法的遗意，这有五事为证。

　　（一）先以立嫡违法为证——往昔，嫡子不得后大宗，女子不得承祭祀，兄终弟及也只殷世有这个例；于是在家户的延续方面，便采男系嫡长主义及直系卑属主义。唐律，"诸立嫡违法者徒一年，即嫡妻年五十以上无子者，得立庶以长，不以长者亦如之"。户令"无嫡子及有罪疾，立嫡孙；无嫡孙，以次立嫡子同母弟；无母弟，立庶子；无庶子，立嫡孙同母弟；无母弟，立庶孙"。《明清律·户役篇》也都有立嫡违法的条文。

　　（二）次以同宗相继为证——往昔，大宗无后，族人应以支子后大宗，《礼记·月令》"无子者，听养同宗于昭穆相当者"；于是在家户的延续方面,立嗣仍必取于同宗。《唐户令》既以月令的话为宗,元、明、清的条格或律均同。清例更有详细记载"无子者许令同宗昭穆相当之侄继承,先尽同父周亲,次及大功、小功缌麻,如俱无,方准择立远房及同姓为嗣"。因而立嗣虽系同宗,若尊卑或昭穆失序,不特在禁止之列,且使其子归宗,改立应继之人。

(三)又以异姓乱宗为证——往昔,鄫子以外孙为后,《春秋书》曰"莒人灭鄫",《左传》说"非其族类,神不歆其祀",《穀梁传》说"立异姓以莅祭祀,灭亡之道也";于是在家户的延续方面,异姓,养子即不能继承宗祧;且或禁止收养,惟女子以无继承资格,许之。唐律"养异姓男者徒一年,与者笞五十,其遗弃小儿年三岁以下,虽异姓听收养,即从其姓"。就是因为"异姓之男非我族类",便禁止收养,弃儿不收养即绝其命,乃是一个例外,然虽无子,也不得立为后嗣。明清律,乞养异姓的子,不改其姓及不立为嗣的,固不禁止;但以之乱宗的,杖六十,其以子与异姓的人为嗣的,罪同,其子归宗。

(四)再以一子兼祧为证——往昔为免户绝而以立后为尚,但如近亲无多丁,远房无支子,且禁止异姓乱宗,不得为后;那么,有时欲立后的或竟无后可立,又将如何处理?于是清高宗便定下"兼祧"的法,准其以一子兼祧两门,其结果,一人即可双娶嫡室,这又是家族本位下的继承问题,影响到婚姻问题的事例了。

(五)并以强制立嗣为证——无子立嗣,在一般情况下,虽系一任意法而非强行法,仅限于无子时听其立嗣罢了。所以唐律只禁止父母以子妄继人后的事例,对于一般无子而不立嗣的并无处罚明文。然因家户的延续系采男系及同宗主义,遇有女不外嫁或寡妇守志时,却又强其立嗣,这在清例中有其事。即,招婿养老的,仍立同宗应继的一人,承奉祭祀,家产均分,如未立继身死,从族长依例议立;妇人守志留夫家酌承继夫的财产,凭夫家族长择昭穆相当的人继嗣。所以在家户的组织方面,女系或异姓的人纵然存在,倘无男系的人即认为家户废绝,如不欲废绝,便应立同宗昭穆相当的人为后,在这一点上实含有宗法社会的余意,并灌注在家庭制度的精神方面,成为中国固有法系上的特征!

四 从刑事法上看家族制度

明刑所以弼教,制律所以辅礼,这是中国固有法系的特有精神。家族制度既在政事法、民事法是有其显著表现,已如前述。那么,在刑事法方面为家族制度所左右,正其当然的结果。家族制度显示在刑事法上的,其例甚繁,殊难一一枚举,然只以刑名、坐罪、科刑、宥赦为例,也可探索其梗概了。

(甲)何以言就刑名上为家族制度的探索?在死刑中有所谓"族诛",在体刑中有所谓"宫",在罚刑中有所谓"入官""没籍",都和家族制度有关。因而就有四事为证。

(一)先以族诛为证——《商书·汤誓》"予则孥戮汝",《泰誓》"罪人以族",是知孥戮族诛。古已有其事,惟文王治岐才有"罪人不孥"的仁政。秦最重法,当文公时,首定三族之诛,一人有罪,诛及三族,再重,或灭其宗,乃最广泛的死刑。武公诛三父等,二世腰斩李斯于市,都受了夷三族的处分,他如犯诽谤罪的也是族诛。汉初沿用这种苛政,大辟尚有夷三族的命令,彭越韩信首受此诛。吕后曾下令废除,然新垣平谋逆,仍然夷了三族。这就是律文"大逆不道,父母妻子同产无少长皆弃市"的适用。李陵降敌亦族其家,母弟妻子均不免。魏,谋反大逆仍施族诛而不定于律令,女虽免其婴戮于二门,而"既醮之妇从夫家之戮",依然如故。晋,减少族诛的罪名,但又明定于律,明帝时族诛始不及妇人,南朝同。然在北朝反更严厉,北魏初期,大逆,亲族男女无少长皆斩,且又立"门诛"名称,"一人为恶,殃及族门,蹉跌之间,即至夷灭";其后屡经更定,门诛条文由四而增至十三,最后增至十六。孝文帝时才改为:"谋大逆、族诛者降至同祖,三族者止一门,门诛者止一身"。隋虽废除孥戮的酷法,然杨玄感的罪死仍及于九族,唐律,"谋反大逆皆斩,子年十六以上皆绞,余不死",比较前代稍轻;然如常乐公主以赵环之故被杀,北景公主以柴令武之故赐死,因夫而受诛,虽贵为公主也不能免,其轻重完全看帝王的宽严是决。降而至明,太祖固以汉承秦旧,法太重,驳回夏恕恢复族诛的建议,但成祖竟诛卓敬以三族,诛方孝孺以十族,又是一个变局。按犯罪而族诛,不外仇视其家族之甚,斩草必须除根,免得死灰复燃;族诛而或及其妻,因系在家族结合中,夫妻为一体,一网打尽,免有遗误。

(二)次以宫刑为证——宫刑是男子割势,女子幽闭,次于死刑一等。原用于治男女不以义交的罪,汉景帝时,死罪欲腐者许之,自后便成定制。其用意不外斩其祀而免其死,以达灭门毁家的目的而已!北魏,凡犯门房之诛的,十四岁以下的男子免死,代以宫刑;北齐,惟宗室不加宫刑,后主且有关于宫刑的诏,到了隋,才把宫刑废除。然在辽时,对于从坐的男女,年未及十六岁的,治以宫刑,仍付为奴,尚一度见之。至于明清的宦官系出于应征而宫,与刑无关,但独子也不得入选。

(三)又以入官为证——入官本系一种从刑,乃犯罪没收其财产及赃物入官而言。惟旧例入官,不仅以财物为限,遇有重罪而免其族诛,或不设族诛的规定,其妻子家人或往往受入官的处分。汉"坐父兄没入官为奴",律已有明文;据《汉书·食货志》称"私铸作泉布者,与妻子没入为官奴婢",是"入官"又为主刑,妻子亦不能免。当代,官奴婢多至十余万数,都是男女从坐没入县官的。南北朝更张其势,凡犯重罪的,没有妻子入官,南朝多补叟官为奴婢,北朝多配舂,配掖庭,终身系身而不释,永不能与平民伍。唐宋,谋反大逆者斩,妻妾没官;辽,妻子没入官,或没入掖庭,或外赐臣下家为奴婢;自元以后,入官事例仍时有之。

（四）再以没籍为证——犯罪的家不得列于平民，虽子孙有所不免，即此。汉律，罪人妻子没为奴婢，黥面，子孙莫改，奴产子亦必赦而后始免奴籍。东汉初，赃吏子孙三世禁锢，不得发迹。北魏，犯蛊毒罪的男女皆斩，并焚其家；其犯重罪而不族诛的，男女配乐户、配驿户以示奴辱。北周，逆恶罪当流的，皆甄一房配为杂户。唐，反逆相坐，没其家为官奴婢，男十五以上配岭南为城奴，一免为番户，再免为杂户，三免为良人；番户就是罪人家属更番执役的户，杂户就是工乐杂户、太常乐人诸厮养。宋元以后，杂户为例甚多，男女自相为配，积资不得为官，明太祖所编的丐户，明成祖所编的山陕乐户皆是。明时，并对于盗犯，除在臂上刺字外，更扁其门曰"窃盗之家"，都是为惩罚犯罪人的家而设，便降其籍于不齿的地位。

（乙）何以言就坐罪上为家族制度的探索？依据家族制度的观念，而定其坐罪与否，又是我国往昔刑事法上的一种特征。这有三事为证。

（一）先以缘坐为证——因他人的犯罪而得罪，称作缘坐，又称作连坐，除广义的株连外，与家族有关的，可从两方面看出：（1）家与家的连坐，公羊僖十九年何休注"梁君隆刑峻法，一家犯罪，四家坐之"，可知春秋时代已有其事。《史记·商鞅传》"令民为什伍，而相收司连坐"是秦国又承其制。后世所行的保甲法即以互保连坐为其要点之一，宋王安石变法，凡同保犯强盗、杀人放火、强奸、略人、传习妖教、造畜蛊毒、知而不告的即坐其罪；其居停强盗三人，经三日，保邻虽不知情，也要课失察的罪。（2）亲属间的连坐，除所谓族诛、入官、没籍是连坐的显例外，再引申说来：秦法，一人有罪，并坐其家，《论衡》称"秦有收孥之法"即此。汉文帝虽一度废除收孥相坐律，但以后又恢复了；武帝时，曾以关东群盗妻子徙边的，为军卒妻，即其例。魏晋不改，死罪重者妻子皆以补兵；梁，劫盗的妻子补兵，反叛大逆，母妻姊妹，及应坐市者，妻子女妾同补奚官为奴婢。北朝，依《北史齐后主纪》"诸家缘坐，配流者所在令还"，亦有此事。谋反大逆，除本身斩，子年十六以上皆绞外，十五岁以下及"母女、妻妾、祖孙、兄弟、姊妹，其部曲、资财、田宅并没官"；……伯叔、父母、兄弟以下皆流，仅祖母、伯叔、姑、兄弟妻得免；故族诛的范围虽狭，连坐的范围仍广。元，内外大臣得罪就刑，妻妾断付他人，其后始废；文帝时，并诏罪人妻子勿役，止及一身，对于连坐稍有改变。然明清，夫配边区，妻妾同遣，依然视为定例，而谋反大逆，使其亲属连坐，始终如故，惟对于连坐人的论罪，不必皆至于死。

（二）次以独坐为证——独坐系对于家属或不坐其罪，而独坐其尊长是。唐律，共犯以造意为首，随从者减一等，然若家人共犯，止坐尊长；这就是说，祖父、伯叔、子孙、弟侄共犯，唯同居尊长独坐，卑幼无罪。若尊长在八十以上，十岁以下及笃疾，于法不坐者，归罪于次尊长。但如妇人尊长并男夫卑幼同犯，虽妇人造意仍以男夫独坐。此外，诸嫁娶违律，祖父母、父母主婚，独坐主婚；其男女被逼，若年十八以下及在室之女，也是独坐主婚；居父母丧而以女子与应嫁娶人，主嫁的杖一百，与不应嫁娶人更应重科；这又是在婚姻方面的犯罪而坐了。明清律略同，凡嫁娶违律，若由祖父母、伯叔父母、姑兄姊及外祖父母主婚，他是独坐主独婚，男女不坐。无非认为分尊义重，得以专制主婚，卑幼不得不从的。

（三）又以勿坐为证——凡人应坐其罪，而以同居或他种关系不坐其罪的，称作勿坐或"免坐"。汉宣帝时下令，子首匿父母，妻匿夫，孙匿大父母，皆勿坐。唐律，诸同居大功以上亲，外祖父母、外孙及孙的妇、夫的兄弟、兄弟的妻，有罪皆相为隐。明清律，亲属容隐皆得免坐。纵令露泄其事及通报消息，致令犯人隐匿逃避，各律除谋反、谋大逆、谋叛外，均不论罪。反而言之：于法许容隐而亲属代首的，并视为与自首同；其卑幼告讦尊长的，也和犯人（该尊长）自首同，然仍依"干犯名义"条，科卑幼罪，是亲得容隐的不坐，且具有积极性质了。至于独坐尊长的结果,在卑幼方面也构成勿坐条款,如清律,逐婿嫁女,其女若与父母无通同情形,即不坐罪,因事由父母专制,非其所罪,故独杖父母一百。

在缘坐、独坐、勿坐以外,尚有亲属相窃等等的轻坐、亲属相奸等等的重坐,均以与一般人为比而轻重之,因涉及科刑关系,这里从略。

(丙)何以言就科刑上为家族制度的探索?在家族制度中,既认家族团体为伦常所托,尊亲敬长为纲纪所在,而民德民风又赖其养成,所以不孝、不贞、不睦各事,不特入于刑,且从重惩治。并因家族内名分的存在,尊卑的具体,同一罪名而科刑轻重也就不同。这就有四事为证。

(一)先以不孝科刑为证——刑三百,罪莫重于不孝,自古已然。秦法,不孝的人,斩首枭示;汉法,太子爽坐告王父,不孝弃市;魏法,五刑的罪,不孝为大;晋法,违反教令,敬恭有亏,父母欲杀,皆许之;北齐,把不孝列入重罪十条以内,隋唐迄于清末,十恶内,除"恶逆"外,也有"不孝"一目。恶逆是殴及谋杀祖父母、父母,夫的祖父母、父母,与杀伯叔父母、姑、兄姊、外祖父母及夫,治罪当然很重,而较轻的"不孝"依然视为重罪。《唐律·斗讼篇》"詈祖父母、父母者绞(殴者斩)";而在通常情形下,"告祖父母、父母者绞"。《户婚篇》"祖父母、父母在而子孙别财异籍者,徒三年";"居父母丧生子……徒一年";"居父母……丧而嫁娶者徒三年,妾减三等各离之";"祖父母、父母被囚禁而嫁娶者,死罪徒一年,流罪减一等,徒罪杖一百"。《职制篇》"闻父母……之丧,匿不举哀者,流二千里;丧制未终,释服从吉,若忘丧作乐,徒三年,杂戏徒一年;即遇乐而听,及参预吉席者,各杖一百";"祖父母、父母老疾无侍……及冒哀求仕者,徒一年";"祖父母、父母犯死罪被囚禁而作乐,徒一年半";都是明例。明清律略同,《诉讼篇》"凡子孙违反祖父母、父母教令及奉养有阙者,杖一百"——这称作违反教令。"凡子孙告发祖父母、父母者,杖一百,诬告者绞"——这称作干名犯义。《仪制篇》"凡祖父母、父母年八十以上及笃疾,别无以次侍丁而弃亲之任,及妄称祖父母、父母老疾,求归入侍者,并杖八十"——这称作弃亲之任。清律并规定子贫不能营生赎养父母,自缢死者,仍杖一百,流三千里。

(二)次以不贞科刑为证——《周礼》"大司马以九伐之灋正邦国,……内外乱,鸟兽行则灭之",是亲属相奸,科刑从重,自古已然。汉,乘邱嗣侯外人,美阳女子的假子,燕王定国,汝阴嗣侯颇等等,均以"禽兽行"的罪名,或免,或磔,或赐死。晋,奸伯叔母,弃市,律有明文。唐,"奸徒一年半"是指无夫和奸而言,有夫的徒二年,这系对于一般人的规定,已经看出以维持家族制度为其目的了。若相奸者,为缌麻以上亲及其妻与夫同母异父姊妹者,徒三年,强者流二千里,折伤者绞;如为从祖祖母姑,从祖伯叔母姑,从母及兄弟妻,兄弟子妻者,流三千里,强者绞;如为父祖姊,伯叔姑姊妹,子孙之妇,兄弟之女者绞;甚至奸父祖所幸婢,不问有子无子,均徒三年。明清律略同,惟刑度较异,其科刑从重可知。

(三)又以不睦科刑为证——不睦指杀及谋卖缌麻以上的亲属,殴告夫及大功以上尊长、小功尊属而言。其科刑既因尊而递加,也就重于一般人了。唐律,"谋殴缌麻兄姊,杖一百;小功、大功各递加一等;尊属者又各加一等;伤重者各递加凡殴伤一等,死者斩";即"殴从父兄姊,准凡斗应流三千里者绞"。此种事类最繁,从略。

(四)再以同罪异罚为证——在家的基本分子相互间——即亲属间,犯同一的罪名时,对于卑者科刑最重,对于尊者科刑较轻。(1)父母子女间的同罪异罚:唐律,殴祖父母、父母者斩,过失杀者流三千里,伤者徒三年。然若子孙违反教令而祖父母、父母殴杀者,仅徒一年半,以及杀者徒二年,故杀者各加一等,至多不过二年半,过失杀者更勿论。(2)夫与妻妾间同罪异罚:明律,夫殴妻妾非折伤勿论,折伤以上者减凡人二等,妾更减妻二等,如殴妻致死者绞;但因其殴詈夫的尊亲属致夫擅杀之,只杖一百,妾更减轻。然妻殴夫,杖一百,至折伤以上,加凡斗伤三等,至笃疾者绞,至死者斩,故杀者凌迟处死;妾犯者各加一等。
(3)此外如妻妾间、兄弟间、其他尊长卑幼间,既在一家之内有尊卑名
义,于是同一罪名而彼此科刑有轻有重,实不胜其一一举出。(4)至于
在家的基本分子与附属分子间——主与奴间,犯同一罪名,其科刑亦系
轻于主而重于奴,且其刑度高低的差异,较在亲属相互间尤甚。

(丁)何以言就宥赦上为家族制度的探索? 宥赦所以济刑罚之穷,
古今一样。不过在我国往昔,仍然是受了家族观念支配,应宥赦的或者
不赦,不应宥赦的反而宥赦,并或本于家族观念在宥赦方面为种种措
施。这有五事为证。

(一)先以遇赦不赦为证——北齐有"重罪十条",隋唐以后有"十
恶",都在不赦之列。其中与维持家族制度有关系的五个项目:(1)恶
逆,是殴打或谋杀尊亲的犯罪,说已见前。(2)不孝,即诅骂祖父母、父
母,夫之祖父母、父母;祖父母、父母在别财异居,奉养有阙;居父母丧身
自嫁娶,释服从吉,及匿不举哀,诈称亲死一类的犯罪。凡犯恶逆和不
孝罪,不特不赦,并且不入八议。(3)不睦,说见前。(4)不义,妻闻夫
丧,匿不举哀,及作乐释服从吉改嫁,即其例。(5)内乱,奸小功以上亲。

(二)次以遇赎禁赎为证——犯罪而以官以物为赎,历代均有此例,
然子孙对于亲长的犯罪,有时便不许其赎,与不赦同。譬如说,唐律上,
对于流刑以下者本可赎罪,以达矜宥的目的,但如子孙犯过失杀流、不
孝流,均不许赎。

(三)又以权留养亲为证——犯不孝等罪,固然是遇赦不原,但如罪
名在十恶以外,又往往得因亲老病废而留养,缓其执行,这又是本于家
族制度中的慈孝而施恩了。北魏,凡犯死罪,如亲老,更无成丁子孙,又
无周亲者,得具状奏请,其犯流刑者,髡鞭付宫留养;隋,并将"付宫"废
止。唐律采其意,在《名例篇》规定"诸犯死罪,非十恶,而祖父母老,父
母疾应侍,家无期亲成丁者上请;犯流罪者权留养亲"。明清律称作存

留养亲,凡犯死罪者依然奏闻而取上裁;犯流徒者止杖一百,余罪收赎,存留使之养亲。又,清代的秋审,录直省狱囚,其中除情实、缓决、可矜外,并有留养承祀一项,即指无人养其父母及承祭祀的囚,列为罪情可矜悯的一类是。

(四)再以推恩宥罪为证——汉,陈忠奏"母子、兄弟相代死者,赦所代者",准其请,章帝时,有人侮辱人父而其子杀之者,因念其孝免死,称作轻侮法;梁书《吉翂传》"翂挝闻鼓,乞代父命,武帝特原其罪"……这些都是本于推崇孝道,特赦犯人的罪。《绣像列女传》载"王裕因罪拟绞,其妻周氏女伏阙上书,请代夫之罪,上哀其情词怆楚,赦裕之罪俾其归养";"林圮以慢亲王罪拟死,其妻李妙缘上书请代,上免圮罪,仍复其职";《明史稿》"沈束以触严嵩怒锢诏狱,其妻张氏上书愿代夫系狱,令夫得送父终年,上卒释束还家";这些都是本于奖励节义,特赦犯人的罪。子事亲以孝,妻事夫以义,实为往昔家庭生活最要的精神,故不惜申请曲法,表现出许多特赦的事例来。

(五)并以大赦事由为证——历代举行大赦的事由,每也有与家族观念有关者,如立皇后赦、立太子赦、生皇孙赦、行大典礼如皇婚大庆之类亦赦,这又本于天子以天下为家之义而然。

五　结　论

关于国家的构成分子或单位,英美国家迄今皆采个人制度,我国往昔却把重点放在家族方面,无论政事、民事、刑事关系,莫不受其渲染熏陶,已如上述。清末变法,花样翻新,学者或认为家族制度乃宗法社会的遗迹,于今非宜,主张推翻此制借以实现欧美以个人为本位的新国家。诚然!由于往昔过于重视家族,致将个人地位完全隐没,尤其漠视卑幼的能力与妇女的人格,以及刑事法上的族诛缘坐等等,依现代眼光看来,自属失当之甚! 然如绝对否认家族制度的存在,不特莫能利用这个制度的效能,并且与历史的势力相反,也就难以符合民族的固有精神了。

自夏殷聚族而居的部落社会,一变而为周初的宗法社会,卿大夫的家与民家即已并存;春秋以后,宗法制度又告崩溃,家族形态更显重要。虽说"族""宗"的余意不时流露于家族方面,实际上究以近亲同居的家族团体为主,故如刑事,仅有家族的连带关系,很少有宗族的连带关系。学者认家族制度与宗法社会互为表里,似然而实不然。后世"宗"的观念,惟在婚姻及立嗣等事中有其形象,若言家族共同生活上所应遵守的规律,类多限于近亲同居的家族如此而已。然则以反对宗法社会的论据欲否认家族制度的存在,未免有所误会!

家族制度的演变,在其构成分子上,固然渐次由广而狭,后世各律也并未强制其必为大家族的共同生活,若所谓"义门"者然;但历代迄于清世,凡非祖父母、父母命而别财异居的,礼既不许,律也严禁,依然未能达于欧美一夫一妻及其卑幼同居的小家庭制度。即在现代,一般社会习惯至少在都市以外的广大乡村,仍维持向日家族团体的共同生活,莫能骤改。家族制度存在于我国社会,姑从春秋时算起,迄今已有2668 年的历史,与民族的固有生活息息相关不可否认。学者欲完全革除这一制度,而不从改进的途径上予以合理的维持,似非所宜。况我民族的固有道德,往昔皆化于家族生活中,由亲亲而仁民,由孝悌而忠信,由和家而睦邻,由齐家而治国。就私的关系说,为个人道德的养成处所;就公的关系说,为良好公民的训练基础,对于国家的治理和社会的安定,更是大有帮助的。只要能除去往昔家族制度的弊端,而保留其优点,也未见得非废除之不可。

因家族观念的浓厚,往昔人民的生活,自不能如外人所说的"一盘散沙",换句话说,既已尽其力量为家族的团结,何"散"之有? 惟以对国家观念较轻,即不免受此批评。先家族而后国家,视灭族甚于失国,由现代眼光看来,仍然是极不合理。然如专就历史方面的关系说,原本有其因素,且在当时也不无发生一种收获。因为往昔我国在大体上都是居于强盛地位,自视为"天下"共主,负有"万国衣冠拜冕旒"的气概,虽强邻时起,而其文化都很低下,并不放在眼底,国家观念的诱因首不存在。其次,国体是君主,政体是专制,纵然异族入主也视为一姓一代的更易,而与民之为民无关。反之,族灭家亡,祖宗血衾即断,事关切身利害,莫不特别重视。专制帝王对于人民此种具有深远历史及浓厚感情的家族组织,顺其势而为利用,实即儒家所谓"民之所好好之,民之所恶恶之"的道理,越发使人民趋重家族生活,未能迪启其国家观念。这,实系往昔历史上的特有因素所致,并非绝对由于重视家族生活,即不容许其发生国家观念的。近代国家观念既非我国古昔夙有,从而我民族自周以后,所与杂处的异族约在百种以上,虽时有民族冲突的事例,而在我族方面,却永无民族仇视的心理,结果异族逐渐领受中原文化而自忘其族系,改汉姓,易服色,崇礼教,讲道德,彼此融合无间,成为一体。故我中国大平原文化体系的确立,并非尽赖政治上的国家力量有所维系,实以民族力量所依据的家族组织始终未尝崩溃居其大功。

时至今日,环境已非昔比,过去家族制度的功效自属陈迹,固不能不使国家观念重于家族观念。不过往昔,因重家族而忘国家,诚然不对;今若因重国家而弃家族,同样有失。倘就我国社会情况与人民生活方面着眼,对于国家的团结,与其使个人经由各种方式集合之,实不如利用固有的家族组织集合之,收效最为宏大。国父在民族主义讲演中说"中国国民和国家结构的关系,先存家族,再推到宗族,再然后才是国族。这种组织,一级一级地放大,有条不紊,大小结构的关系,当中是很实在的。如果用家族为单位,改良当中的组织,再联合成国族,比较外国用个人为单位,当然容易联系得多"。就是明示我们救国必须有一个国族团体，才有办法，这是指国家观念而言的；但想组成此国族团体，须先有家族，推而至于宗族，这又是指家族观念而言的。轻重之间，步骤之间，实各有其先后，两应并存，不可独执一端而忽其他。然则欲建立中国本位新法系，对于我国固有的家族制度，纵其本身的存在及影响于中国固有法系者，有许多可议的地方，要不能认其无关紧要，完全放到旧纸堆里去！

此外，关于我现行法的规定，在反对家族制度的，或认为不应承认"家""户"的存在，或认为婚姻制度之中，尚有不少属于宗法社会的遗迹。在维护家族制度的，或认为亲属间结婚尚未能严其限制，而宗祧继承的被否认，伦常案件的宽其刑，都不足和家族制度为适应。然而无论如何，我现行法仍相当承认家族制度，却系事实。譬如说，"民法"亲属编既有关于家的规定，"刑法"分则里又有妨害婚姻及家庭罪的规定，其他间接涉及家族关系的规定，不一而足。虽其内容及精神，与往昔家族制度大不相同，但往昔家族制度中的弊害正需扫除，取其优点而寄以新的使命，亦为当然的办法。至于今后应否或如何再增加这种新使命的力量，并应否或如何尽量利用家族制度的优点而发扬其效用，这又是建立中国本位新法系论潮中所注意的事了。

我国往昔之婚律

以婚礼亲成男女，使民无嫌，以为民纪，此婚礼之所以存在也。然礼之节目繁琐，或非贫家所愿遵，且旷夫怨女之现象，其救济又或礼之所穷；于是除济之以政外，并须齐之以刑焉。"济之以政"云者，如《周礼》所述之凶荒多婚，不必备礼；遂人治野，以乐婚扰甿；媒氏掌万民之判，仲春之日令会男女，于是时也，奔者不禁；与夫《管子》所述之合独，取鳏寡而合和之，予田宅而家室之；皆是。秦汉以后，婚仪厘定为礼官职掌，婚礼纠正有帝王诏令，而梁武帝以会男女，恤怨旷为祷雨七事之一，魏周各帝亦有男女以时嫁娶之诏。唐贞观中既诏男女及时及丧偶者，有司皆须申以婚媾，令其好合，并禁卖婚，以挽魏齐之颓风，又其续也。惟自宋以后，关于合独一事，因再醮问题严重，遂不复见。"齐之以刑"云者，即出乎礼而入于刑之谓，乃后世律之所由起也。初仅对内外乱、鸟兽行等以刑附之，其他或仅认为违礼而已！秦自商鞅受《法经》以致用，乃有确定刑书可言，除《杂律》中列有奸淫事例，为后世所本外，其他婚姻法则似未及之。汉萧何之《九章律》，虽增《户律》于内，究对婚姻有何规定，莫能考知；魏晋南朝各律皆然。惟依《晋书·刑法志》载"崇嫁娶之要，一以下聘为正，不理私约"云云，则在律中实已及其事矣。迨至《北齐律》始以婚事附于户，曰《婚户》；北周则分为《婚姻》《户禁》两篇；隋《开皇律》又合而为《户婚》，唐宗之。唐律今存，可详见也。其后之《大中刑律统类》，与夫宋之刑统及各朝所编之敕，以及元之格条，皆存《户婚》一门。《明律》以吏、户、礼、兵、刑、工为名，《户律》之下列入

"婚姻",《刑律》之下列入"犯奸"等事。清律除将蒙古色目人婚姻删去外,与明律同。然清律既有例之附入,《刑部则例》及《理藩部则例》中又有关于婚姻之目,则婚事亦非皆统一于婚律者。此乃婚律本身之变迁也。其保障婚姻制度之点,略如下述。

第一,关于配偶问题者。礼制上既以一夫一妻制为原则,律遂重视重婚罪而维持之。依唐律,有妻更娶者徒一年,女家减一等;若欺妄而娶者,徒一年半,女家不坐,各离之;在未离以前,而与男子内外亲属相犯者,亦不为"妻法"之准用,盖视为"一夫一妻不刊之制,有妻更娶本不成妻,遂止同凡人之坐"耳。反之,和娶人妻及嫁之者各徒二年,离;妻妾擅去者同,因而改嫁者加二等——徒三年,是处罚女子方面之重婚罪又较重也。《宋刑统》与唐律同。降而依《元史·刑法志》载,有妻复娶妻妾者,笞四十七,离之,则妾也不得重娶之。此外,有女纳婿,复逐婿而纳他人者,杖六十七,后夫知其罪,女归前夫,又不许赘婚中之为重婚也。明清律既有逐婿嫁女之禁,并有背夫逃嫁之绞,而有妻更娶亦须离异,惟只杖九十而已!不过清至乾隆时,创立兼祧之法,双娶并嫡并不以之为罪矣。妾之地位低于妻,依礼,妾虽摄女君,终不得称夫人,此又因以一夫一妻制为原则而然,故唐律以妻为妾,以婢为妾者徒二年;以妾及客女为妻,以无子及未经放良之婢为妾者亦徒一年半,各还正之;其彼此相互间犯殴杀伤之罪,并因犯者之身份而异其刑。明清律中同有妻妾失序之条。惟在明时,妻亡,以妾为正妻者,问,不应改正,与古礼稍异;清时遇此情形,罪稍轻,惟仍使其还于妾位,然至清末,习俗上"扶正"之事又通行矣。

第二,关于故障问题。礼,防淫戒独,同姓不婚。故唐律规定,违之者各徒二年,缌麻以上,以奸论,惟只限于同宗共姓者耳。宋元皆然。明清律分同姓、同宗为二,并禁止其通婚,虽在形式上似合于古,惜姓已非其旧,实与原义有违,故清末遂只禁同宗为婚而已!礼,夫妇有别,宗妻不婚。故唐宋惟祖免以外同宗无服亲之妻妾得嫁娶外,其尝为祖免之妻而嫁娶者各杖一百,缌麻及甥舅妻徒一年;小功以上,以奸论,妾各减二等,并离之。元,惟蒙古人及色目人可行收继之俗,依律则不许汉人、南人为之。明清对收继婚固皆严禁,而娶亲属妻妾,不问为有服亲、无服亲,均须加刑并离异,较唐更严。礼,推崇孝义,居丧不婚;故北齐于律立重罪十条、居父母丧身自嫁娶为不孝之目,居夫丧而改嫁为不义之目,皆不在赦宥之。至隋唐以后归于十恶之内;且均于律文中明定其罪,并各离之。其如祖父母、父母在囚禁中,除奉命而嫁娶者外,各律仍皆视为禁例也。此外各律之禁止良贱为婚姻,与夫明清律之娶乐人为妻妾,或亦不能谓与“礼之古义原在定分”无关,然如律之禁止与外姻辈行不同者之尊卑缔婚,似又不涉于古义也。盖群婚时代虽以辈行为贵,但周行媵制,姑侄同嫁即破其限,汉兴以后,外姻尊卑为婚者甚伙,刘宋北魏皆有其例。至唐始于律设为禁条,凡外姻有服属而尊卑共为婚姻,及娶妻前夫之女者各以奸论;其父母之姑舅、两姨、姊妹……等等,虽于身无服,而据身是尊,违而通婚者各杖一百,并离之;明清略同。至于外姻而属同辈行者,古皆不禁,但如中表实一旁系血统之相近者,《宋刑统》及明清律禁止之,甚宜。惜民间行之已久,无由得禁。于是明于《问刑条例》、清于附例中,又以“听从民便”而纵之,清末刑律遂直废此禁矣。他如监临官与所监临女不得为婚,任何人与逃亡妇女不得为婚,以及自宋以来僧道为婚之禁止,又皆与礼无直接关系也。

第三,关于程序问题。礼制方面之聘娶婚,由“纳吉”而定,由“纳征”而成。故自唐以后,即以交换婚书或收聘财为婚约成立要件,即所以保障六礼中“纳吉”及“纳征”之效力也。《唐律》规定,诸许嫁女已报婚书——“女家已承诺纳采问名而又为纳吉之答之谓”,及有私约——“先知夫身老幼疾废养庶之类之谓”,而辄悔者杖六十,婚仍如约;虽无许婚之书,但受聘财亦是,即受一尺以上仍然。惟由男家悔婚者竟无罪,只不追聘财而已!宋元皆同。明清律,男女定婚之初各以残老等情通知,愿者与媒妁写立婚书,依礼嫁婚,如无媒妁通报,称曰私约,与曾受聘财者,同为有效;女家悔者与男家悔者均有同一之罪,尚不失为平等。但如妄冒定婚,及定婚后而男女一造有犯罪者,则亦许其解约。此外,唐律并规定"期要未至而强娶及期要至而女家故违者,各杖一百",又系关于礼制上请期效力之维持。其关于延期不娶,元始规定五年无故不娶者,有司给据改嫁,明因之;清更加入夫逃亡,三年不还者,亦用此律。反而言之,凡不合于纯正的聘娶婚及他种形式之嫁娶方法,律亦严禁之,如恐吓强娶之罪,略人为妻妾之有罚,买休、卖休之取缔,强占良家妻女之处罪从重,皆是。

于此,更须一及者,礼以父母之命、媒妁之言为重,于是关于婚姻之责任,律于原则上亦让主婚人及媒妁负之矣。唐律云,"诸嫁娶违律,祖父母、父母主婚者独坐主婚;若期亲尊长主婚,主婚为首,男女为从;余亲主婚者,事由主婚,主婚为首,男女为从;事由男女,男女为首,主婚为从;其男女被逼,若男年十八以下,及在室之女,亦主婚独坐;未成者各减已成五等,媒人各减首罪二等",即其明证。明清律略同于唐,且对逐婿嫁女,其女若与父母通同者,亦独坐主婚,有其特殊规定也。

就现代之婚姻制度与往昔一比较之,其最著者,系由聘娶婚渐变而为志愿婚。盖视婚姻并非以合二姓之好为目的,乃以男女爱情之结合为目的也。但法律上既有婚姻如何成立及如何生效等等条件之规定,亦不得以自由婚称之。同时父母之命、媒妁之言虽成过去,而男女双方晤谈合意之后,仍须有介绍人之形式,并须取得法定代理人之同意,更不得以纯然恋爱婚视之。故此种志愿婚与其谓由欧美所传来,无宁谓由聘娶婚脱变而出也。其关于结婚程序,统一之礼仪尚未制定,而依法律规定,则仅有婚约、结婚两项,通都大邑习俗所尚者,亦不外定婚、结婚两事;且婚约仅为预约之性质,不得因定婚而即强迫履行,尤与往时视婚约为婚姻行为之一部分,可以强迫履行者有异。此外,关于婚礼故障,旧律之非偶嫁娶,违时嫁娶既皆删除,而干分嫁娶亦仅存其二三;关于配偶人数,旧律尚许妾之存在,今则绝对革除之。他若夫妇结婚后之同居问题、财产问题,往时因婚姻系旧家族之扩大,非新家庭之创立,仅一家族的问题,今则视为男女婚姻所生之普通效力及夫妇财产制矣。凡此,又为中国婚姻制度进展于今日之情形也。不过乡野不合理之婚俗既仍杂奇,各地不统一之婚仪又各繁异,将如何取缔之、调整之,则具有婚政责任及推行新运者,尚须逐渐努力于此,法律仅能理之于已然,而不能防之于未然、治之于将然也。

无限两合公司的身世并其命名考

一

观察同类事物相互间的身份,欲断定其为血缘的关系,抑为姻缘或拟血缘的关系,就不应单从它们的命名或现实状态方面下了判决。谁能说戏文上《金山寺》的白蛇、青蛇是一胎双胞的姊妹花呢? 谁又能说戏文上《洪羊洞》的焦赞、孟良,自称"焦不离孟,孟不离焦",是有血缘关系的兄弟树呢? 我们知道:公司法上的两合公司是"由无限责任股东与有限责任股东两者相合而组成的公司",专凭"两合"而言,很可夹缠到由无限公司而有限公司,两者结婚,便有了两合公司的爱果;并可用老子所说的"道生一、一生二、二生三"的哲理,渲染一番。怎奈在公司的谱学上,两合公司倒是公司最先发展的一支,无限公司的"呱呱坠地"却迟了一步,而有限公司正式见于法规的,始于1892年的德国有限公司法和无限公司、两合公司在法规上露面,相差有两个世纪。就认为彼此都有血缘的关系,也绝没有视子孙为祖先的道理,两合云云只是我公司法上唯智的想象为名,并非其本名如是,而无限公司仍非欧陆法系本于其世系而习用的名称。这好比汤若望、邓玉函的译名,只是名似中夏,断不可望文生义,说他们就是汤和或邓禹的后辈。

撇开了有限公司不谈,单就两合公司与无限公司的现实状态看,引人误会的地方更不能免。因为这两种公司的诞生虽然先后不同,但成

为制度而在法规上露面,却系同时并见,那就是 1673 年法国路易十四
颁行的商事条例。到了拿破仑时代,制定《法国商法法典》,公司里的无
限公司与两合公司,依然列为兄弟,其他法国法系的商法,如有无限公
司出场,即有两合公司上演。其在法国法系以外的德国法系,首在德国
旧商法上使这两种公司联合演奏,并在新《商法》第一六一条第二项特
别声明"两合公司无特殊规定者,准用关于无限公司的规定"。同时,德
国法上不予无限公司以人格,视其为合伙的性质,两合公司也就不能例
外,成就了"难兄难弟"的地位。我"公司法"第九十条同样说道"两合公
司,除本章规定外,准用第三章之规定",换句话说,就是准用关于无限
公司的规定。这因为无限公司为全体无限责任股东所组成,把公司信
用寄在全体股东之人的身上,所以有"人合公司"的雅号。两合公司虽
有一部分股东负有限责任,但其特征仍以一部分股东负无限责任为主。
故其与居于资合公司地位的股份有限公司诚然不能视为同类,即与
"人"与"财"并重的有限公司和股份两合公司,依样不能并作一畴。德
国学者常说两合公司是变相的无限公司,从这一观点来说,并未有误。
那么,无限公司与两合公司似乎是花萼相辉、棠棣竞秀了!

　　英国法系的公司法规,固然只有无限公司而与两合公司绝缘,然英
国的法律,在无限公司以外,另有普通合伙(Commend Partnership)一
种,仍与我国的无限公司近似,所不同者一为合伙,一为法人罢了。普
通合伙系与限制合伙(Limited Partnership)并肩而立,限制合伙具有
两合公司的效用;倘若认为法人资格非这两种公司的要件,也可说是两
种公司的形态在英国法上兼备,伯埙仲篪,声气相应。

　　然而探索无限公司、两合公司的身世,它俩并没有最近的血缘关
系,纵然同姓,却是不宗! 虽说彼此关系密切,实非同枝并茂,只可说是
萍水结交,肝胆相照,至多也不过一对伴侣,举案齐眉而已! 与无限公
司同其血缘而有父子之亲者为独资事业;与两合公司出于同源而有昆

仲之情者为隐名合伙。那么，两合公司既侧身于隐名合伙兄弟之列，何以无限公司不能与合伙同视？这因合伙起源甚古，可以视作公司母，近代的合伙至多与无限公司为族兄弟或再从兄弟，并没有两合公司与隐名合伙"血缘"接近，久为世称，所以1807年《法国商法》上，在无限公司以外，并把两合公司与隐名合伙同列；1900年《德国商法》，虽认两合公司与无限公司为近，仍列隐名合伙于"公司编"，"朋友之谊"与"兄弟之亲"，可并行而不悖，"夫妻之爱"与"姊妹之情"，可共存而无违，正系一理。

现在，再进一步，对无限公司及两合公司的身世并其命名作一番观察，借证吾言。为符合历史发展的程序，惟有请无限公司屈尊而先谈两合公司。

二

古代无公司制度，尽人而知之。中古以降，罗马时代偶见的合伙形态，海上商业往往采之为临时的组织，这不特是公司制度的胚胎，并使两合公司和隐名合伙由此胚胎而首先诞生。其孕育的经过约当10世纪及11世纪之际，地中海商业繁荣，意大利沿海各城市有所谓"康孟达（Commenda）契约"的存在，形成一种临时合伙组织。原来，有志于航海事业的，或没有资本的储蓄；富有资财的，或没有航海的胆量；于是由资本家以资金或商品委托航海家经营，遇有盈利，资方四取其三，劳力取其余额，成为常例。学者称"康孟达"一语，谓含有"信用"及"委托"两义在内，确系实话。时代巨轮前展，事实亦渐变化，除资本家照旧投资航海贸易事业外，航海家同时出资，不专以劳务是尚。两合公司虽与隐名合伙为"孪生兄弟"，但据此情形，"腹胎"已动，首先"发觉"的，或系隐名合伙而非两合公司。不过这"双胞的胎儿"却也"难产"，由海上商业独盛的时候，一直延到陆上商业渐兴的时候，才达到实际"分娩"的阶段。尤其是意大利内地的银钱业，仿行"康孟达契约"的一类办法甚力，不啻为这"双胞的胎儿"，打了"催生针"，而使其"呱呱坠地"。"出生"在人间。其经过是这样：

陆上商业本无洪涛恶浪的凶险，而仍仿行海上贸易的办法，并非盲从而趋时，或标奇以立异，实有其所为而然。因为，当日意大利各邦所遵守的寺院法，一方面禁止放债生息，一方面限制借本经商；教权的地位最高，教律的效力最强。于是资本家虽多财不必善贾，欲放债却违反教条，防堵竟成为不灵之物。事业家无长袖莫能善舞，欲借本却陷入罪行，英雄倒没有用武之地。彼此既交受其害，便不能不想出金蝉脱壳的计谋，"康孟达"一类办法，正可解难救危，而为资本家与事业家一致接受，尤以银钱业的商家居多。他们是以合伙的名义为共同的经营，并为分利的约定；不放债而债自放，不惜本而本亦得，巧矣成这个策略！同时又因所谓资本家者类多贵胄达官，经商固然非其所长，且也不愿躬亲业务的执行；求利原属其本旨所在，更不愿冒险而负了无限责任。无论事业家纯为劳务的供给，或兼以财物为出资，但对内的执行业务，对外的无限责任，皆聚于其身，资本家不参与之：这就是海上贸易"康孟达"一类的办法，经陆上商业仿行，而又所以能赓续存在的原由。

最初，资本家以具有特殊身份的缘故，不敢公然出名，与市商为伍，虽出巨资，营业的名儿却由市商承担，一若与自己毫无干系，这便是隐名合伙的形态。然以后，资本蒙经沧海桑田的变化，失去其特殊地位者有之；不爱惜其尊贵身份而贪现实利益者有之。事业家营业有成，财富日增，社会地位也随时提高，与华族贵胄分庭抗礼，无有逊色。于是向日的资本家虽仍不愿躬亲业务及负重责，但渐有出面与市商共同组织营业团体，遇事偶也公开过问，而成为团体的一员，这便是两合公司的形态。由"康孟达契约"演变而成为此两大类的营业形态以迄于今，固系同源共亲,但已别财异居,反不如两合公司与无限公司富有"金兰之谊",或极类"伉俪之亲"!隐名合伙仅有内部关系,并不表现其关系于外,故仍为契约性质,其与原始的"康孟达契约"不啻立于"嫡子"的地位。两合公司于内部关系之外,对外另自成一团体,除少数法例外,一般国家皆认其具有人格,其与原始的"康孟达契约"不啻立于"庶子"的地位。"嫡庶不并容,伉俪最相亲,兄弟如豆萁,异姓若金兰",所以两合公司、无限公司就"形影不离,患难与共",其实在它们的"身世"上并没有接近的"血缘"关系在内。

<h1 style="text-align:center">三</h1>

两合公司的起源虽早于无限公司,但其最先为法律承认,仍为1673 年法国的《商事条例》,而与无限公司并列。《商事条例》上首称两合公司为"康孟达式公司"(Societe en Commandite);1807 年《法国商法》改称"纯康孟达式公司"(Societe en Commandite Simple)。《德国商法》上也称其为"康孟达式公司"(Kommanditgesehaft),都是从其沿革上而命名的。因"康孟达"一语原含有信用及委托两义在内,事业家以信用而得资本,资本家经委托而分利润,资本劳力两相结合,因为此种公司的名称,确已含有"两合"的意义了。

日本虽受"欧风美雨"的浸打,采用公司制度,但为两合公司却命了新名,称其为合资会社,专以资本结合为此种公司的特色,而忽略其"有钱出钱,有力出力"各出所有结为团体的精神;且在字面上将与所谓资合公司性质之股份有限公司易生混淆,尤其所短。日本所以选用合资会社这个名称,系因德人劳斯来(Hermann Roster)起草旧商法时候,认为过去两合公司的组织,预将股东责任分为无限和有限,只有无限责任股东执行业务,有限责任股东不能参与,这与隐名合伙有什么区别?

执行业务为股东的权利,凡有股东资格的,都应一律参与,不应预以责任的无限或有限而有歧视。于是主张此种公司全以有限责任股东组织而成,惟得以章程或决议预定执行业务的股东,对于其业务执行中所发生的债务负无限责任而已!日本旧商法采用以后,1892年——明治二十六年——修改时,曾改为依法律规定,股东对于执行业务中的公司债务负连带无限责任,而其原意如故。在当时,此种公司既令以有限责任股东组织而成,欲躬亲业务的股东对其业务执行中的公司债务始负无限责任;可说公司已变其质而非两合公司,改称为合资会社,特别表示股东的醵资事实,原无不可。然而日本新商法既规定,此种公司内必置无限责任股东,特有执行业务的权责,是已恢复了两合公司的本来面目,而犹沿用合资会社的名称,这真是张冠李戴,名不副实!

我国清末的公司律以讹传讹,于合资公司一名之外,创立合资有限公司一名。合资公司略似无限公司,合资有限公司系用以指两合公司。惟以其仍与日本旧商法同例,全以有限责任股东组织而成,仅对执行业务时候的债务由执行者负无限责任;因而就合资有限公司一名的本身看,尚非绝对郢书燕说,指非其事。1914年施行的公司条例,改正此种公司的实质,认为由无限责任股东与有限责任股东两者合组而成,并正其名为两合公司,立法院成立后,制定公司法,也采用了。其实若从欧陆法例上两合公司的命名而言,纵不直译为"康孟达式公司",也宜意译为信托公司。但因信托公司在中国另有所指,且今日两合公司的重点不无与过去略有所异,就不能这样命名了。换句话说,过去是偏重在资本、劳力两者的结合,今日却重视无限责任股东与有限责任股东两者的结合。因为事业家不仅以劳务为出资,财物出资尤为通常的现象,所不同于他一部分有限责任股东的地方,实以负无限责任为其特征。所以命名为合资会社,固系指鹿为马,命名为信托公司,也觉趋旧弃新,而命名为两合公司,又不免与无限公司、有限公司发生"血缘"上的误会,事物命名真是一件不容易的事！

四

现在，我们看无限公司的"身世"和它的命名。

无限公司的实质虽与合伙甚为近似，似不能否认其未受罗马时代合伙形态的影响，然在公司制度的滥觞方面，依通说无限公司的起源犹晚于两合公司，便不能把它的世系推远在罗马时代。因为无限公司诚然以股东对公司债权人负无限责任为其特征之一，但仅就此无限责任方面，远溯无限公司的渊源而考察其身世，不特与独资营业或合伙成为一体，而且与两合公司由合伙而滥觞同其"血缘"了。所以有些人说：无限公司是本于罗马法上的特别强制执行而生，或者说，本于古代法保护债权人的规定而有，或又说本于股东间互约负担连带无限责任的习惯而然，这都是臆测之词，不足为据。

无限公司固系全体股东负连带无限责任，但尤重视公司的团体性，直接或间接予以法律上的人格，那么，其胚胎的成分中或不能谓无共有的关系在内。海上企业的共有，以危险甚大而需资又巨，往往使共有人依债务的性质，仅负担有所限制的责任，至少也非全体共有人都负无限责任。所以不能在船舶共有方面求出无限公司之源，正与不能考之于罗马时代的合伙形态方面一样，因而对于无限公司身世的考求，必须从陆上的共有事实说起，而此事实的表现，大多数学者均谓起于家族团体中对于祖先商业的继承而然。其经过是这样：

欧洲当中古时代，都市商业兴盛，商人地位重要。若祖若父辛苦经营的事业，其子其孙均不愿遭丧以后，使其事业与人俱逝。但因长子继承制度既非时势所许，而同居共产也渐不合潮流；于是子孙虽异其财，而仍共有其祖其父所遗的商业，不予分割。换句话说：由数继承人继承祖先的商业，虽各有其份，仍系共同经营，对外不特如故负无限责任，并因原属一人一家的事业，其继承人即于同时更负连带责任。这不是无限公司的雏形而是什么？

　　无限公司虽系起源于兄弟共同继承祖先商业，而有所谓兄弟公司的绰号；然其制度继渐推行于亲族以内，后又仿行于友好同志之间，这是由于兄弟公司中加入了亲族或友好同志的股份而起，并非偶然地即有现代无限公司形态的造成。不过无论如何，当15世纪、16世纪间，此种公司在意大利、德意志各城市均已盛行了。

　　至于无限公司在其命名上的沿革，也是变化多端，迄今仍未统一，有如后述。

五

　　1673年《法国商事条例》上，首称无限公司为普通公司（Societe Generale），行用约近百年，无人提出异议。到了1765年，法国民商法学家波蒂埃（Pothier）著《公司法论》，改称其名为合名公司（Societen nom Collectif），1807年法国商法便采用了。继而仿用这名的有意大利、比利时、西班牙等国的商法，除德意志商法外，几遍于欧陆各国。日本称无限公司为合名会社，也系直译其名。

　　所以称为合名公司的缘由，系因无限公司既起源于兄弟之间而原为一人一家的事业，故在公司名称上依据一般商号冠有人名或家系的习惯，也就把各股东姓名合列其上为常。此种合名的习惯确属事实，而在昔称其为合名公司，尚不失为事实的反映。然如采为法律上的定称，欲使名实相符，势非强使在无限公司名称上标明全体股东姓名不可；倘不如是，便失其所以为合名公司之称。无如近世以来，此种公司日形发达，在昔各股东仅以兄弟或亲族为限，后渐推广于友好同志之间，人数自然增多。并因各国法律对无限公司股东人数的最高额均未加以限制，多至数十百名，不能说绝无其事，战前日本有一家无限公司，居然有156个股东。股东人数既较昔加多，公司名称固然不能标出全体股东的姓名。并且不能指明多数股东甚或三、四以上股东的姓名。其结果，仅以一、二重要股东的姓名，题于公司名称之上，有合名的虚名，无合名的事实，可知合名公司一名的沿用，实已失去对象。我们法上，公司虽应在其名称上标明公司字样及其种类，非如一般商号的自由命名，"陶陶居""姑姑筵""蓬莱阁""水竹村"，随你自选；但除此限制外，并非以标明股东姓名于无限公司名称之上为必要，合名公司一名不应为我们因袭而用，更属当然。

德国商法或嫌合名公司为名过于拘泥，乃改称其为公开公司（of-fene Handelsgesellschaft），新旧两法均然。其命名在表面上似与合名公司有异，然公开云云仍不外乎将股东姓名公开于公司名称之上而已！此固较合名公司一名非应拘守合名之义为上，仅以一、二重要股东的姓名为名，自无不可。但股东姓名必须显示于无限公司名称之上，在现代国家，尤其在东方国家，实亦无此必要。那么，既非应在这一点上表示公司的公开，而任何种公司如与合伙比较，都具有公开性质，今若以公开公司称无限公司，更未免使无限公司独掠其美。

我国清末公司律上，既没有合名公司的称号，也没有无限公司的题名。其与无限公司相近者为其所谓合资公司。根据该律第三十五条规定，合资公司如于注册时，未经声明有限字样，其股东所负责任为无限。然如声明有限字样，就变成合资有限公司，而非合资公司。此合资公司为名既与日本称两合公司为合资会社相混，且以合资为无限公司的命名，更无以与属于资合公司性质的股份有限公司有所判别。公司条例有鉴于中外对于无限公司命名的缺点，就仿照英国公司法上"Unlimited Company"的先例，把它叫作无限公司，公司法沿用此称未改。这因为无限责任虽非限于无限公司股东特有的负担，如独资营业人、如合伙人均负此种责任。然就公司而言公司，全体股东负无限责任的，仅限于无限公司，乃能如此。因而远溯无限公司的起源，诚不能专从无限责任一点去求，但单就每种公司的特征要素而论，全体股东负无限责任，实为无限公司异于它种公司的地方，以之为名，尚得其体。

不过在学者间对于无限公司，曾有人提议改称无限责任公司或连带责任公司，似乎更容易显示其意义。此类命名说者或嫌其名词过长，引用不便，其实股份有限公司、股份两合公司均以六字为称，何能独嫌此名？无限责任公司或连带责任公司的命名，所以不如无限公司为名者，因它种公司既未标明"责任"字样以为名，在这里，自然可以省略。且如必须标明责任字样，那么，无限公司股东不特单负无限责任，并负连带无限责任，必称其为连带无限责任公司，始与学理上所谓无限责任公司有别，然如是命名，倒真觉其冗长了。

这以外，还有人主张称其为合伙公司，但合伙与无限公司虽不无近似的地方，而合伙毕竟另为一事，乃民法债编里有名契约的一种，如采此名，同样有欠考虑，而且容易把合伙和无限公司错当了"亲哥俩儿"。

明了了无限公司和有限公司的身世，并其命名的演变，可说这两种公司各有世系，虽有"公司"的"同姓"，却非近"血缘"的"同宗"，既不应从命名上乱填"族谱"，也不应从现实状态上擅改"家乘"；只认其为事事相助的"义兄""义弟"，或心心相印的"婚男""婚女"罢了！

"中国法制史"外话

一

　　法律评论社为朝阳学院校庆而出纪念特刊,约我写一篇和朝阳有关的稿字。要说的话,历年都说过了;还有我到朝阳上课的日记,忙于冗务,未及检出,亦难应命。突然想起朝阳学院于抗战期间,在重庆兴隆场开校,我为法律学系担任的课程是中国法制史,为政治学系担任的课程是中国政治思想史。我家住在北碚乡下龙岗,到校上课须步行七里路到北碚,搭公共汽车到小湾,学校派滑竿在此候接,经乘一小时滑竿抵校。我第一次去上课,滑竿脱班,只好"打道回府"。次日,我到独石桥立法院开会,学校知我在此,特派滑竿到来接我上课;因独石桥距龙岗约有二十里之遥,课本留在家中,往取不及,又不便在课堂上空口"东说蓝天西说海,南谈骏马北谈鱼"胡诌一番,只好下周再往。当时复了孙院长晓楼一函,内有"君子务本,本立而道生,中国法制史的讲述,宜有课本可据,较易收效,今未带课本,不知如何道也"等语。这不过是表面文章,实则到校须住两夜方归,没有奉到"太座""应予照准"的命令,哪敢自作主张?

　　川籍同学都有相当的国学基础,我所担任的两门课程,教来均不吃力;尤其法律学系的同学沉着用功,考试成绩都很可观。学校当局对"中国法制史"的课程也极重视,认为欧陆法系的"老祖宗"是罗马法,而中国人无论是否建立中国本位新法系,对于自己祖宗手创的法制,在研究方面的重要性,不在研究罗马法之下。然因这种专门史,过去的资料虽如汗牛充栋,却缺乏有系统的记载,要研究整理实在不是一、二人的工夫能做成功。必须集合多伙人的精力,从故纸堆中悉心爬梳,当能得到一个满意的结果。因而和我商量,设立一座中国法制史研究所,我极表赞同,认为果能这样做,不特是法律教育上的创举,且为中国人研究法学宜所选择的道路上一大贡献。但我始终是在教书圈,不愿与闻学校行政的事,要我帮忙我就来,不需帮忙也不帮,对这一计划不再问其结果。后来,或许受了杨教授一飞的影响,改设行政法学研究所,当认为"现实"是可贵了!

二

　　朝阳学院约我担任中国法制史课程是因我同时在"复旦大学"和"中央政治大学"担任这门课程,而且是冷门,"蜀中无大将,廖化作先锋",我便成了专家。不过话又说回来,我对这门课程,倒也不是滥竽充数,是有师承的,是有作品的。当民国初年,在北京大学法政专门学校,也许还有朝阳大学在内,担任这门课程的是城固康宝忠先生,他的"中国法制史"是广义的,我当时在北大预科,只读过他的讲义,没有上过他的课。我升入本科后,康先生已以脑充血死在法政专门学校教员休息室数年了。由闽侯程树德先生教我们的"中国法制史"系采狭义的。程先生是这门课程的权威,著有《九朝律考》是空前绝后的一部写作。我不特接受程先生"中国法制史"的教导,并且他教我们的"国际私法",也是我在二十年前教书的主要课程。

　　1933 年间,因中国人自己写的中国法制史正式出版的还没有,商务印书馆约我为《万有文库》第二集写这部书,费了九个月工夫写成交稿。书局认为颇有价值，交由"大学丛书"委员会审定，列为大学用书，于1934年出版。我写的《中国法制史》出版以后，陆续出版的有世界书局朱之著《中国法制史》，会文堂丁元普著的《中国法制史》，程先生的讲义也由华通书局出版。我的《中国法制史》既经问世，西南联大某教授著文批评，谓自清末变法以来，用科学方法整理中国过去法制的，这部书算成功了。但是他们说了一句俏皮话"也许作者不自知其系用科学方法"，那么，我是"瞎猫捉死老鼠"吗？似乎不见得这样吧。抗战期间，日本人曾把它译成日文本，分上、下两册。过去多年有不少的举例是中国人译日本人所写的中国法制史在中国学校教授中国学生，我很引以为耻，我的著作今为日本人译去，总算在这一点上为国人争回一个面子。胜利复员后，才有朋友到日本发现译本，寄交我看。然而中文原本却在市面上很难买到；我在朝阳学院教学所用的课本，还是一位学生在成都书摊上买来送给我的。来台后，仅有的一本是于望德大使送我的，也只是作参考用，在学校讲课时候，我却另有一套新的体系，打算写成一部"中国法制史讲话"，专作教本用。

三

说到中国法制史这门课程的目的论上，它不特和一个人从事于法学的根本研究，对于中国本位新法系的建立，以及关于现行法制的来龙去脉极有关系，而且因为我们是中国人，我们就懂中国法制史，应为不可动摇的论点。我在这里说的中国人或不是中国人，并非单凭国籍法而为国籍的认定，乃系特别重视血统主义的事实认定。我的儿子前天讲了一句话："妈妈！你为什么不早生我几年，我如今就上大学了！哎呀！不对，不对！早生我几年，也就不是我了！"早生几年不是我，迟生几年不是我，我的所以为我，我的所以为中国人，那是必然的，不是偶然

的。偶然来的是"任何一个人",必然来的是"人中之我",孔夫子说"死
生有命,富贵在天",我青年时候对这话曾做过翻案文章,近年来证诸事
实全是对的。我既命中注定是中国人,外国纵然如何好,如何舒服,那
是他们的努力所致,我们实在不能脱胎换骨想做一个外国人,因为你若
是一个真正的外国人,也就不是现在的你了。命中注定了是我是你,是
中国人,便有发扬中国文化,明了中国史页的天责,不容我自暴自弃,不
容你袖手旁观。譬如说,一个人对于身体的保护,父母或配偶虽很关
心,但还要自己小心、谨慎,勿致病伤,这是自己的事,不是别人的事。
像这一类的话是我对读"中国法制史"的学生,开宗明义第一声所拍的
醒木。

　　接着我拍了第二声的醒木,你学法律,如想在国际法学界享有盛
名,跟着外国人的道路走,原也可出人头地,然而你毕竟是中国人,连本
国的文物掌故都不了解,也就不能算是一位饱学之士。而且国际学人
所要求你的,除了你真是一位赛过外国人的专家,通常都望你告诉他们
的是中国学问。你若和他们一样,他们也就不重视你了。看!平剧团
到欧美国家去表演,上演"天女散花""麻姑献寿"绝不吃香,倒是"汾河
湾进窑出窑"的身段,"拾玉镯做针线"的过场大受欢迎。因为前两出戏
的舞蹈多少受了欧美的影响,未免班门弄斧;后两出戏的身段过场,是
中国戏特有的表演,自然为外国观众所喝彩的。

　　最后我又拍了第三声的醒木,自己纵然不想在国际法学界成名,但
你将来既在中国法界生活,把中国法学的园地比就一座佛寺,你至少是
守护此门的金刚,或护法的韦陀。外国人要进寺谒佛,你得引导,责无
旁贷。这就是说,外国人向你请教中国过去的法制情况,你总得答复,
不能推说不知,致遭他们的轻看。不幸而有生客,不懂佛法,闲言闲话,
滋扰佛门清净,你虽不必效法金刚怒目,却也要诚意指点,宗承韦陀另
一种态度的护法精神。这就是说,外国人有误解中国过去法制的地方,

你既是法界圈内人,就得为他们剖解明白,你如不能加以纠正,他们便认为你也默认,这就不免以讹传讹,将错就错了!

所以朝阳学院在重庆开校时,一度拟设中国法制史研究所,确是一种高明之见,虽没有实现,却为中国法学界留下最可宝贵的回忆!

三 法律释论类

说法育（法律评话之一）
——法律化民成六育·卫生为喻释三疑

一

向来说评书的，从宋朝起，就有演史、说经诨经、小说、说浑话四科。抗战间，黎东方说三国，据称是摹仿英美国家讲演售票的故事，而有入场券的发售。然而中国穿长褂的人们把钱看得很轻，甚或迂腐地不称孔方兄之名而呼为阿堵；所以社会上就误会他不是讲演而是说书了。其实就评说沿革论，他虽不同于有百数十年历史的苏州光裕社那一作风，却是武林遗事里演史一科的革新人物。在下，今日开书，不说前汉后汉，不表儿女英雄，想把人们认为干燥无味的法律选作题材，一连串地说下去，能不能引起列位的兴趣，就要看在下的尝试如何。好在未设书场，收取门票，便大胆地开书了。

唱"大鼓书"的，说"相声"的，开场都先有一段"话白"；唱"快书"的，弹"单弦"或"八角鼓"的，登台都先有一段"插曲"；说《水浒》，说《儒林外史》，列位也都知道是从楔子的简短故事说起；这是前辈留下来的成规，未便违背，既学那一行，要像那一行，虽然是法律评话，仍然不可过于改良，撇开了开场白不谈。法律评话的开场白是谈法育。

法育是在下创立的一个名词，就是法律教育的意思。过去谈教育的先生们，只知道"体育""德育""智育"鼎足而三，后来加入"美育"，变为骥足而四；既而有人把"群育"加入，成了梅瓣五出，在下今天提出"法育"，也可说是雪花六飞。否定了法育的地位，就等于缺了一翅的雪花，不是理想的教育！

列位知道：任何个人自幼迄长，多少都要经过体育的磨炼、感育的熏陶、智育的培养、美育的感染、群育的体会。倘若认为社会是一个大学校，纵系白发皓首，依然不能和这五育绝缘。这五育的重要性，久著于世，毋庸在下特再宣提。在下只说人类不特是社会的动物，并且是政治的动物，政治社会的形态虽非一型，无论如何，总离不开法律；倘谓不然，请梦想无政府主义社会的实现罢！人们如晓得体育、德育、智育、美育、群育，不可废除，那么，在今日国家生活至上时代，便不能拒绝法律升堂入室，关闭了六育之门！

况且没有法育的存在，人们便没有守法、尊法、知法的修养和习惯，其他五育也不易完成其效用，或反足以助长其为恶。说体育罢！江洋大盗哪个体力不壮健，以武犯禁，司空见惯。说智育罢！绿林积匪哪个智力不发达，以狡斗法，拍案惊奇。说美育罢！浪漫世界里有的是美，诗曲书画，每列上乘，花前月下，载歌载舞。说群育罢！黑暗社会里有的是群，侠义结交，生死与共，劫财害命，同进同退。然而都因为不能守法以行，尊法而做，知法为卫，就不免走上岔路，坠入魔窟。其在体、智、美、群方面的成就，倒变成了破坏公共秩序、妨害善良风俗的资本；可惜可惜，罪过罪过！即在德育上有成就的人们，倘无法育浸润，对于强暴诈欺也只是退让到底，含冤莫伸。法律所予的保护等于白设，什么诉愿权、诉讼权一概不懂；什么财产权、自由权全然不知。他们仅能消极地守法，不能积极地知法，结果，尊法也只做了一半。因为不能依据法律所予的权利，主张正义公道，同样不是政治社会希望于一般人们的。

所以，像今后学校和教育团体方面的徽章，在下的意思不宜再沿用三角形，为体、德、智三育的象征，索性改用六角形，才算六育完备的教育。法育便是雪花六飞中的一翅！

二

说到这里，列位先生，或许有人要问："法律是一种专门知识和学问，本来包括在高阶段的智育里，守法、尊法也是群育的事情；何必叠床架屋另立法育的专名？梅瓣五出很可做到化民成俗，雪花六飞反倒成了画蛇添足！"

在下认为这一疑问，诚然问得好，但却忽略了法育的独立性。法律教育一方面固要提高，一方面还要普及；提高是提高法律学识，无妨视为属于智育的领域，普及是灌输法律常识，便不是群育所能概括，除非把群育看成了法育罢了。换句话说，法育和群育各有其容貌，各有其本色，渭浊不得泾清，张冠岂容李戴？同时，法育和群育各为雪花的一翅，分工合作各尽其能；现代国家里，每个人应有法律常识，正和每个人应有适应集团生活而富有政治性的常识同样重要；前者是法育的对象，后者是群育所能代表的事情。群育既不可勾销，法育又曷可抹煞？

美国教育家杜威曾说："教育即生活"；法律教育既为教育之一，也就是生活之一，尤其在法律教育的普及——法育——方面。所以站在人们处于政治社会的场合看，在下就要说出"法律即生活，政治亦常识"的话。不过用政治常识看法律常识的重要，列位或者还嫌比喻不太明显。在下想来想去，提出卫生常识的比喻，或能进一步释明法律常识和每个人在公私生活上的密切关系。且待在下说来。

任何个人除了白痴疯汉、无知幼儿和有意无意的慢性自杀者以外，经常对于自己的身体没有不爱护的，并且多少都有点卫生常识，储在脑海，放在心头；而政府为了国民健康，不特有种种卫生行政，老早就把群育、德育和智育鼎足同重，起床漱口，入被醋睡，夏炎逃暑，冬寒加衣；疲倦，休息；烦闷了，散步；手指破伤，搽红药水；咽喉发炎，服消炎片；卫生之道并不艰深，人们如能行之有恒，安之若素，即可防微杜渐，免与医药为伍。倘真不幸为病所扰，也知适当地治疗，不致医药杂投或养痼遗患。一个人克享大寿之年，可说是仗着卫生常识这一法宝和造化小儿不断地斗争而成功。说到法律常识的需要正系如此。

　　政治社会建立的骨干既非脑髓神经的文化，也非血液循环的经济，而是富有支持力的法律。人们处在政治社会里，四面八方都有法律关系围绕着，好像自然界，鱼虾活在水里，人类活在空气中，须臾不可离去它们的。浅显点说：开门七件事，油、盐、柴、米、酱、醋、茶，问题似乎很简单，但仔细一想，件件都藏着法律关系：有些是从"买卖"而得，有些是从"借贷"而来，有些是因"互易"而求，有些是因"继承"而有，有些是受之"赠与"，有些是取之"互易"，有些是来之于公家的"配给"，有些是得之于法律上的"留置"，有些是"委任"他人代办，有些是吩咐"雇佣"采买，有些是"佃农"缴纳"地租"，有些是荒野捡取"先占"或拾"遗""弃"。推而如黎东方说三国，售门票，是不是课所得税；在下说法育，或印单行本，要不要为著作权的登记；没有一样不有法律关系紧紧跟在后面。明白了其中的道理，自己固然不能让人家吃亏受累，负了法律上的责任；人家也不能给自己亏吃而免遭不明，受累到底。

　　所以，人们仅有卫生常识而无法律常识，虽然身体壮健，昂昂七尺之躯，却很容易做出错事，要受法律的制裁。一步错，百步错，错中错，错外错，再高明的辩护人也不能变黑为白，以错为正。多少身当其事的人们——当事人——在法律关系上本来站得住脚，怎奈不懂法律，一步踏错，反倒输理。于礼案：凶犯的老婆偷了人，他很可理直气壮向法院起诉，使奸夫淫妇饱尝一年以下的铁窗风味，并可作为提起判决离婚的法定理由。然而他对法律常识一点影子都没有，就糊涂而凶狠地犯了伤害杀人的罪名。王大嫂和李二娘吵架，公然向四邻说二娘养汉。二娘寡居多年，岂容她信口雌黄；正当的办法是向法院控告，办她一个公然侮辱罪；不处拘役，也得处三百元以下罚金，还可附带民诉，使阿王公开道歉或为损害名誉的赔偿。然而二娘不知"打人是输"，重重地打了阿王两只巴掌，脸儿肿得像生孩子人家所送的红蛋。旁边站的刘三妹是二娘的亲眷，急于义愤，一拳过来，把阿王打得鼻破血流；并说"你能血口喷人，损害他人名誉，我就有理打你这个嚼舌泼妇！"阿王挨打起诉，二娘、三妹都受了伤害罪的处刑。

　　这两宗案件，后来犯罪的，在最初都是有理的，彼等总以为自己有理就可以伤人，就可以害人，怎知法律上的规定并不这样简单粗率，一错到底，陷入罪网。有理变为无理，无罪成为有罪，都是由于没有法律常识的缘故。"刑法"上说"不得因不知法律而免除刑事责任"；虽然"得按其情节减轻其刑"，但以没有法育的浸润，这犯罪的苦头，总归是要吃的。那么，站在教育的立场上，因刑法既有那样的规定，而法律一经公布即认为人民个个通晓，为补救"不教而诛"的缺陷，使人们多少具有点法律常识，法育的建立和推广，更是急不容缓的一件大事。

　　再退一步说：人们纵然不因一时的愚妄，反直为曲，但在不知法律如何保护自己的情形下，就是有冤也或不知何处去伸，同样是对于自己不利，对于国家有损。抗战中，四川某县一个寺院的产业，为县政府的"不当处分"而征用，和尚认为是县太爷不对，向法院控告，法院以其为诉愿案件，不理。和尚愤极，到处鸣冤，适逢立法院考察团到此，他又"拦舆告状"。在下附和团长和同事们的话对和尚说："大师傅含冤求平，拜神心切，可惜屡次都把庙门找错了；我无妨指大师傅一条明路：你要知道，征用你的寺院产业是由于县政府的行政处分，不是出于县长的个人名义；这是和县政府打官司，不是和县太爷打官司。明明为诉愿案件而非诉讼案件，普通法院没有权限管理这事；我们奉命考察司法，且非古代的巡按御史，更是无权接受讼件。你这张状子，应按诉愿的程序,递到成都,向省政府提出,才能作数。"像这一类的错误,民间常常碰见,可知法育对于人们的公私生活是如何的重要而迫切啊!抗战当时,政府曾令各方面每日经常为法令讲习,这一政策,在今日仍宜继续实施;虽说不是法育的全貌,总算法育的一斑,而对于法律常识的灌输,至少在一部分的成人教育方面收取广大的效用。

三

说到这里,列位先生一定有人又要问:"人们都懂得法律,都成为法律内行,今后的法学家和法律专家是否统统暗淡无光,丧失向来的权威地位?因为法律知识已经大众化了!"

在下的答复:这一疑问,过于为法学家和法律专家担忧,而且有偏爱法律学识,冷落法律常识的嫌疑。一事不求二喻,仍以卫生为说:人们对于卫生常识虽然普遍接受,不见得就动摇了卫生学家的宝座,更不见得逼使卫生专家们没有饭吃。因为卫生常识不过指示人们对于卫生的一个概略和平凡易做的事情,并非懂得卫生常识便是内行专家;内行以内还有内行,专家之中更有专家,专家内行并要承受卫生学家的领导,这不是每个人所能做到的。同样,人们备具法律常识也只是常识而已!常识永久为常,正需要法学家在前面启发,法律专家在旁面辅助;常识既然为常,便不能应变,宗祧继承的废止,童养媳制度的否认,这都不能由常识而判断,又是法学家和法律专家的职责。法育不断地改变其内容,法律常识也就随时追求其常,提线的人物永系学者专家,不是"困而知之"的人们。

学者的可爱,因为他或她是先知先觉,运用智慧,领导事物的进展;专家的可贵,因为他或她是后知后觉,发挥技能,完成事物的任务;于是不知不觉的人们才能从其基于本能方面的常识上,树立科学的卫生常识或人为的法律常识。看！卫生学家竭智力、费心思，为营养学问的研究；今天分析某种资料，明天试验某种生物，发现已有的各种维他命不算，还不断寻求维他命 X、维他命 Y，并在各种试验中研究有关营养质素的性能和其分配量。现代卫生常识较过去丰富，而且随时进步，正是由于卫生学家的努力而然！法学家同样如此，领导法学家逐步走入更为接近理想的途径，悬出正鹄，为实际法律的表率；法学家可说是法律之王而处在明法者的崇高地位。国父的法学理论是造法、立法的最高准绳，其他明法的法学家，都担承弼佐阐述的责任；法育的根源也就在这里，而用以化民成俗，与人为善。

由前面的话再演述下来：卫生学家为卫生方案的创制，如营养食单的启示，总须有人宣扬其方案，制造其食品，供诸人们遵照使用，才能不托空言。这在法律方面，造法者、立法者的法律专家对于法学家的关系，不啻处在卫生方案或营养界食单制作家的地位；要忠实地建立符合国家需要的宪法，要谨慎地制定适应全民期望的法律。至于行法者便是卫生用品或营养食品的推广和贩卖人物，并附带地宣扬有关卫生或营养的常识——法育。

那么，谈法育而望法律知识的普及，绝不应轻视了法学家或法律专家的地位。没有他们的努力，法育也就无所寄托。不过因法育的推行无阻，人们都多少有点法律常识，法学家由此更须奋发迈进，而法律专家也不致以法律为奇货，视作专利品，不再深造。法律学识与法律常识的关系终是相成，而非相反。

四

列位先生，或者还有某位仁兄要问："话既如此，造法者、立法者依据法学家的方案和启示，制下很好的宪法和法律，由行法者忠实地实施,并使人们能守法、尊法、知法,获得法育的效果。那么,司法者在这种情形下,是否备而不用,等于'摆设',如若不然,用卫生为喻,司法者又处在什么地位?"

在下对这一疑问更有答案:垂拱而治,不用刑措,分争辩讼,永久绝迹;这在纯粹的道德世界或能办到,法律世界中,司法者还大有用处,虽然说"刑期于无刑",但"用刑则不善也"仍是不能免的现象。况争财、争责的事件千奇万变,绝不是法律常识所能判断,求道、求平于司法者之门,更有必要。明法者、造法者、立法者、行法者、司法者,正系九瓣梅花,不可独废其一,正如体育、德育、智育、美育、群育、法育,浑似六翅雪花,不可特存其五。至于释明司法者在卫生比喻中的地位,却要接着卫生用品或营养食品的推广贩卖谈起。

话说人们从卫生用品或营养食品的推广或贩卖者方面得到这样的用品、食品,安心使用、食用,原无什么顾忌和弊害发生。但究竟能否收取卫生的效果,还得使用者时常保持其清洁,不然的话也只虚有卫生之名,便不免发生不卫生的结果。说到营养食品方面更易犯错,或因贪食暴饮,伤胃害肠,甚或得了所谓营养过剩之病,脊骨透出,佝偻成形。

或因经时过久而腐败、生毒,不因其为卫生食品而即无忧,或因不慎为苍蝇光顾,带来了害人健康的病菌。一旦咽下这样食品,便为二竖所乘,纵富于卫生常识也因防范疏忽而要致病。这且不提,有些病原还许是推广者、贩卖者有意或无意地所致,而制造者的不慎,错配了成分,依然不是绝无的事。于是人们纵然使用的是卫生用品,食用的是营养食品,却不敢说任何时都在健康中。何况有些病原是发自每个人的本体,和用品、食品的卫生与否,营养与否,并无关系呢?为了亡羊补牢,免得一病而倒,甚或"翘了辫子",就得访问诊疗所或到医院,"诉"于医师,求其诊疗医治。这种措施,不用问是受了卫生常识的指示,才不致乱用单方,养疾误病!

转过来，看司法：争财争罪，为讼为狱，如前所述既不能免。这种法律上的"病"，便要由司法者为之平复。法院不啻一座医院，县司法处不啻一个诊疗所，分院、分庭倒有点像医院的急诊部。法官相当于医师；院长由推事兼任，若医院院长由医师兼任；庭长若主治医师，推事若住院医师；分发法院学习推事，很像医院挂单的实习医师；住院医师以下的间教医师只有用过去的候补推事或纪录书记官勉强作比；而推事兼法院院长和医师兼医院院长完全相似，不过一是法律规定，一是事实常例而已。书记官长可比医院里的事务主任一类，非纪录书记官、执达员、庭丁等可比，医院里事务部门的人们，只有法医师、检验员，无可比拟，这是由医师自理的事。检察官呢？可说像医院方面的化验师、X光线师和前阶段诊断病症的医师一样。提起公诉或为不起诉处分，正与断定有病无病，或病在某一部位，应否住院治疗的情形相似。检察官对外勤职务的执行和司法警察的任务所在，也是和卫生局的外勤人员检查环境卫生及卫生警察的执行其任务，有互相对照的地方。

那么，当事人出庭应审，就仿佛是门诊治疗，只是用传票与自己挂号的不同；押在看守所应审，仿佛是病房治疗，彼此都有一定的规矩；判决确定后，收进监狱执行，仿佛是久病难痊，长期留治，或如住在肺病疗养院的情形一样。既有病愈或中途出院的事，也就可作为刑满出狱或刑期中假释保释的拟态；既有病死于医院的例，也就可用为瘐毙于监狱的比喻。然如在监狱里执行死刑，却不能以普通医院的病房为比，这可说是关疯人的疯人院，关麻风病者的麻风院，不啻宣布死刑，永久地离隔了社会。典狱长、看守长、教诲师、看守等等都可视同医院方面的护士长、护士；而公设辩护人也可说是医院里的高级护士，律师便是私家雇用或聘请的护士。虽然在事实上律师的数额，比公设辩护人多得多。

普通法院内，有刑庭、民庭、执行庭的区分，这等于医院里有内科、外科、耳喉鼻科……的区分。普通法院外有行政法院、军事法庭，甚或儿童法庭、海事法庭的存在,这又等于普通医院外有妇科医院、牙科医院、传染病医院的存在。其在行政法院的系统,评事和决定先于行政诉讼的诉愿的人员,便是这一类医院的医师。其在军事法庭的管辖,原本是为有军人身份者而设,与妇科医院专治妇女病相类。然在非常时期或戒严期间,多少与军人身份无关的案件,划归军法审理,又得另作比喻:这像瘟疫流行,事非寻常,为扑灭疫病,安定社会,就集中力量,设立临时医院,广集医药界的人们,完成灭菌除疫的事业,不能以平时的事类为拟。

在下说到这里,已经够了法律评话的开场白,闲言慢叙,且待正文。

说人格(法律评话之二)

——万万千千权利者·林林总总自然人

一

话说在下于本评话的开场白里,谈了一回法育,照说,应该从法律的自体方面归入正传,至少也应该从公法或其权力服从关系方面和私法或其权利义务关系方面,转到本题。然而列位听书是利用闲暇的时间,听些有关法律常识的话,并不想借此准备去应高等考试或律师考试,在法界有一番建树,或吃吃"法律饭"。再列位先生同样不想作典试委员,考验在下的法学知识如何;所以在下也就藏拙,不敢高谈法律方面的大道理了。何况法育同于智育、德育、美育、群育,都是对人而施的教育,离开了"人",根本没有什么"育",开宗明义第一章,原就应该说到"人",不能把人附属在它种事物中。权力服从关系和权利义务关系,虽然要紧,只好放在以后再说,尤其不能像法学上先为权利义务描容,而后解释人在法律上的地位或资格。这,不是在下初来说书,便染上习气,向列位先生卖关子,而是在事理上和说评话的技术上不得不如此,特来表白一番,免得见笑于方家。

列位先生或许听见有人说道:"法律关系不外乎人与人的关系。"这话诚然含混笼统,并且和"社会关系"一语的简单解释有点相似,然而无论如何,总算是抓住了一个要点,至少在民法的关系上如此。说到这

里,在下要插入几句话:人在私的关系上称作"人",在公的关系上称作
"民",法律是由公的关系而产生而存在,虽说主要地规定私人相互间的
关系,它仍称作"民法",不称作"人法"。民法上的人,有自然人,有法
人,分门别户,各有生理。法人的详细情况,留待将来再说,在下今天谈
的只是自然人在法律上的关系。自然人这个名称,就是指的自然界有
精神、有肉体的人类,列席先生和在下都是其中的分子。这是因为有了
法人的存在,便不能不对我们的为"人",戴了一顶"自然"的帽子。法律
学上对于自然人的研究,既不像人类学上普遍研究人类的一切事项,也
不像人种学上专门研究人类的起际和分布,更不像人相学特别研究个
人的外貌,以断定人的性情和贤愚。它是综合分析地研究自然人在法
律上的地位或资格而承认其具有人格;惟其承认自然人的人格,人类的
各个分子才和自然界的禽兽、鱼虫等等在法律上有了区别。那么,自然
人虽说不是法人,但在法律的见地上也可说是自然人而法律化了。

二

人格这个名辞,伦理学、心理学都常常用。赵阿大说谎骗钱,失信
德,旁人骂他"没人格",这是本于伦理学的观点而说;钱老么阴阳怪气,
时常判若两人,旁人笑他是"二重人格",这是本于心理学的观点而说。
现代法律学上的所谓人格,是对任何一位自然人,要尊重其为"人"的地
位或资格,而加以保护的意思。除非他或她侵害了别人的权益或社会
的公益,构成犯罪,置之于法,才和一般人不完全相同。所以自然人在
法律上的人格,由出生以至于死亡,时时保有在身,现代法律上并没有
"没人格的自然人"。同样,这"人格"只能有一,不能有二:虽说在自然
人以外,尚有自然人以社员自分而组成的社团法人,但其人格系存在于
社团本身,社员不过是这个法人的细胞,自然人并非在其人格以外兼有

法人的人格。谁说在重复国籍的事例里,两个以上的国家都承认某一位自然人为国民,似乎是二重人格,但各该国的法律上仍只承认其为自己国家的国民,自然人在各该国法律上的人格,依然只有一个,没有两个。所以现代法律上也没有"二重人格的自然人"。

法律上承认人具有人格的理由,说起来很是简单。因为自然人是"人",不是禽兽、鱼虫,而且法律又是人类的产物,所以便承认了"人"的"格"。假如是虎豹世界里或蜂蚁世界里的法律,便只有"虎格""豹格""蜂格"或"蚁格"的承认,不要妄想把这"格"给予"人"类。人自制法,列人为"格",这个"格"就是格类的"格",资格的"格",在法律上几乎为人独占,禽兽、鱼虫等等不成其为格的。记得古代有一个国家里,视牛为神物,慢说宰牛而食,就是鞭牛而走,也要犯罪,可说是在人格以外承认了"牛格"。其实图腾社会里,对其为图腾的物体,视为神圣不可侵犯,也可说法律上曾经有过图腾物格的承认,今欧洲有些国家,定有虐待动物的罪名,在下住在香港就不敢杀鸡为黍而食之,怕的是一时疏忽,从菜场买鸡,倒提回家,遇见了警察,要吃官司。也可说是多多少少地承认了"鸡格""鸭格"……然而我们法律上并没有这样啰嗦,所以在街道上碰见一条狗,汪汪地叫个不休,甚或扑上前来,我们用司的克打它倒地,并凶狠地踹了几脚,这只狗虽然奄奄待毙,绝不发生什么伤害的罪名或防卫行为的过当问题。若是私家狗,要负责的话,也只是对狗的主人负责,而不是对狗负责。反而言之,当众骂了别人几句难堪的话,并未伤了他的一根纤毛,却构成公然侮辱的罪名,就由于法律上承认了人的"格"而没有承认狗的"格"的关系。

不过,法律上普遍地承认自然人的人格,只是法国革命以来的事。古代,立法权操在少数人手里,有些人在法律上还是没有人格,纵然有,也是不完全的人格。所以从人类发展的全部历史来看,自然人始终是自然人,但在法律上有没有人格,却因古今时代而有异。经过的情况大体上是这样：自然人的人格，其发生是由于异小的血族团体对族内的人承认而起，逐渐扩大到同族的部落。对于族外的人存有戒心，视同异类，还说什么人格。最幼稚的民族，以杀族外的人为常事，杀的人越多，越是英武的表现；在他们看来，杀的不是同等的人类，而是与猛虎恶豹同俦的生物。后来虽然因种种关系，不嗜杀人，但掳进自己的部落里，还是以牛马看待。所以血族或部族的法律上，只是同族才有人格。等到人类的政治社会渐渐发展，法律上有人格的自然人也慢慢加多，然因奴隶制度存在，贱民阶级未废，甚至妻和子也可以视为家长的财产随意处分，自然人的人格还不能普遍到一切人类都有。换句话说，法律上人的"格"，只是特殊人的"格"，不是一般人的"格"。像罗马法上否认奴隶有人格，可以为买卖互易的标的物；像中国古代法，对外只承认夷是人，蛮、狄、羌、羯等等皆视同兽虫；对内主奴同罪异罚，良贱同事异科，充分表示一部分人没有人格或没有完全的人格。直到近代，因人权说的火炬燃在前面，并且由平民或全民的代表造法、立法，因而一切自然人，无身份、宗教、年龄、性别、教育、财产的区分，同样在法律上承认其人格，这有一比，"周公制礼"，因为他是须眉男子自然重男轻女。"周婆制礼"，因为她是巾帼妇女，自然尊女抑男。倘若周公、周婆合作，并有周少爷、周小姐参加，其所制定的礼，一定是男女平等，长幼俱宜了。自然人在法律上的人格，到近代才能普遍承认，就是这个道理。至于社会上、政治上有何歧视，那是大潮流中一个短暂的回澜，又当别论。

三

现代法律上既然承认自然人一律具有人格，那么自然人便成为法律上的人格者，也可以说是广义的权利者。说到这里，在下要交代一句，法律的人格者，除了自然人以外，还有法人在内。同时，要请列位先生注意的，这"人格"和"人格者"的用语，并不是它们在法律上或法学上统一的学名，而是在下为了说书方便，把它们的俗名使用。"人格"在法律上的雅号称作权利能力，德国学者朴实一点，仍旧把它称作人格。"人格者"也有一个雅号，称作权利主体，民法学者或称其为私权主体，即"私权能力"所归得的主体的意思。表示其为私法上的人格者。其实无论公私关系，不问其是否为"人"的资格，或"民"的资格，都离不开法律上人格享有权利的地位，还是用权利主体一名为妥。

话分两头，且说权利能力，虽然是在"人格"的俗名上加了庄严典雅的称号，然而它这种雅号却是与"行为能力""责任能力"等等雅号相丽而出现于法坛。行为能力、责任能力固然慢表，但把权利能力解释为"享受权力而得为其主体的能力"，还是为其字面上的文采所迷，而不能得到权利能力的真相。这就要先问能力是什么？在下的答案是：承认人在法律上有某种地位或资格的意思，所以刑法上的褫夺公权，便有能力刑的称谓，其实除了又称作权利刑以外，称它作资格刑，也不算错。那么，权利能力便是"得为权利主体的地位或资格"，也就是"法律上得为人之资格"，而与"人格"一语有了呼应。自然人在法律上有其人格，并非托诸空言，必须具有得为权利主体的地位或资格始可。不然，一个人纵有精神和肉体，甚或有国籍、有姓名、有住所，却因法律上不承认其人的格，便只是单纯的自然人，不是法律上的人格者。昆仑奴、回鹘奴、明代山陕的乐户，就是这样的身世，因而权利能力不外是权利主体的品格，而为法律上人格的化身。不过权利能力在广义上的解释，不仅指享有权利的资格而言，并包括负担义务的资格在内，于是在权利能力、义务能力并称之外，不惮烦的人们或称其为权利义务能力，不马虎的人们或改称其为权义能力。权利能力的称谓既有变化，在权利主体方面也就有了权利义务主体或权义主体等名向其看齐。这是在下要对列位先生交代清楚的。

法律的人格者，必同时为权利主体，而具有权利能力，乃自然人在现代法律上的当然结果，给这一类的人格者，加以权利主体的雅号，使其成为广义的权利者，确系当之无愧。所谓权利主体便是指着享有一般权利与义务能力而具有人格者的本体而言，也可说自然人以其在法律上享有权利、负担义务的地位或资格，成为法律上的人格者是。不错！有一部分人在实际上并未曾享有权利、负担义务，像街头的流浪儿，根本就没享有不动产所有权，像抽签始终未中的壮丁，根本就没负担当兵义务都是。但在不可动摇的原则上，只要是一位有精神、有肉体的自然人，法律上就普遍地承认其有这样资格，而处于得为权利义务主体的地位；这就无碍其为法律上的自然人，为法律上的人格者或权利主体，而具有权利能力以享有权利、负担义务了。老实说，这只是一种地位或资格的问题。不是实际上享有或负担的问题。

四

自然人在法律上既然是人格者，而人格者以具有权利能力为其要素。权利能力受了剥夺，这个人便成了他人权利的标的，匍匐而行，如猪如狗，不成其为人。权利能力受了限制，一样感觉自己的人格不完全，好像缺了一手一足的自然人一样，减少了生活的兴趣。是内国人不必说了，就高鼻子的外国人，假如站在私的关系上而以"人"的资格为言，其权利的享有问题往往和内国人一样。只有在公的关系上而以"民"的资格发言，他们既是外国的老百姓，那么，公的权利能力，自不免有了限制。然而无论如何，像诉讼能力、诉愿能力、纳税义务、守法义务，不问国籍，总是偏于同样待遇。而且公权能力的限制，原系出自国家的利益而然，对于外国人在法律上得为权利主体的基本地位或资格，并没有什么改变，还是六合同春，一视同仁。

那么，一般的权利能力，尤其站在"人"而非"民"的立场上的权利能力，法律便加以绝对的保护。因为权利能力是法律所赋予自然人一种"能力"，由出生迄于死亡继续存在，法律不剥夺、不限制，任何天王老子都不能把这种得为权利主体的地位或资格剥夺或加以限制，除非根本没有这种保护自然人人格的法律存在罢了！最为权利能力的魔法，并非来自外界，而是起自内心。换句话说，最担心的就是自然人抛弃了自己的权利能力，所以民法上断然规定"权利能力，不得抛弃"。不问它是权利主体的单方行为抛弃，或是与人缔结契约的双方行为抛弃，或是订立章程的协同行为抛弃，都是法所不许。不特全部的权利能力不得抛弃，像自己在项上插一根稻草，投身买靠，甘作他人的奴隶；或"被虐待狂"的变态心理发展到极端，与"虐待狂"的人结约，受其鞭打如畜牲便是。并且一部的权利能力也不得抛弃，像婚姻能力、遗嘱能力或不动产所有权能力的抛弃，都是于法无据、依法无效。总而言之，自然人抛弃了权利能力，其结果就丧失或亏损为权利主体的资格，而动摇其法律人格者的地位。

不过话又从头说起，权力能力只是权利享有的资格问题，或得为权利主体的地位问题，其本身并非权利，"权利能力"固不得抛弃，"权利"有时候却可抛弃。在一个期间内，抛弃了所享有的全部权利等于抛弃了权利能力，当然不可，另外有些专属人身享有的权利，最显著的是自由权，法律上也是不许抛弃；但是非专属权性质的权利倒不受这种限制。原来，抛弃权利能力，乃是抛弃享有权利的资格，深切地影响到法律上人格者的地位，便绝对禁止；抛弃权力，乃抛弃因其资格所享有的权利本体，只要不因抛弃而影响到自然人在法律上的人格身份等事，便可以放任其抛弃。像女儿家一时气愤，剪断青丝，出家为尼，这只是抛弃了婚姻权利，非即抛弃婚姻能力。一旦雄花上的香氛，吹到尼姑庵，漫漫长夜，尼姑思凡，还俗蓄发，再结喜缘。老尼姑虽然失去了心爱的徒弟，留得衣钵无人传，只有长叹"奈何天"！像爱国志士为了救国家、救民族，抛弃了田地、房屋不动产的所有权，孑身而赴国难，走向疆场，必定要说他自此以后，便没有享有不动产所有权的资格，也就曲解了法律！除非他抛弃不动产所有权是在中国与外国的旧条约时代，他随之而脱离中国国籍，才没有不动产所有权的享有资格。

五

　　自然人在法律上既然是权利主体，以人格者的地位取得这种雅号，便有一种非财产而专属于人身的权利存在，一般称作人身权的便是。人身权是依附于人的身体或地位而发生的权利，是不能以财产估计的权利；共有两个主流分支发展，一个是身份权，一个是人格权，而人格权，尤为自然人的基本专属权。身份权不过以亲属或社团一分子的资格而享有的权利，其对象是身份，仅与人格者的身份相终始而有其不可分离的关系。人格权系以人格为标的，并与人格者的人格相终始而有其不可分离的关系。换句话说，自然人因在法律上具有人格，也就有其得权利主体的资格，而成为法律上的人格者；人格权便是基于人格者的人格而存在的权利，人格者凭了人格权的享有，就可为其具有人的资格的主张，而受到法律的保护。所以人格、人格者、人格权虽有密切的连带关系，却是三个观念，不相为混。人格权既是因人的资格而享有的权利，只要你是一位自然人而非机器人或图画中人，就有这类权利的附丽，而且大部分是"天赋人权"的性质。像生命、身体健康、劳动、贞操、自由名誉、信用、秘密、姓名、商号、肖像等等权利，都是人格权这一主流中的分支。如有遗漏，还请列位包涵一下。

　　权利能力不得抛弃，人格权是专属权，在本质上也不能作为让与或继承的标的，更不许他人有所侵害。这因为人格权和人格者有不可分离关系的利益，倘许其侵害，便无以维持人格者的人格并其幸福和安宁，法律上承认自然人均有权利能力的话，等于空头支票而白说了。所以加害人对被害人的人格权加以不法侵害，不用说可以请求法院，除去其侵害，倘其侵害已构成刑事，仍不妨为这样请求，使其侵害终止或中止，或禁止其再侵害。不过除去侵害请求权，既是被害人的权利，在他个人，如若甘愿吃点小亏，忍口小气，不想费唇舌、打官司，却也是他的自由。

人格权被侵害了，假如法律上有特别规定的时候，被害人选有权请求损害赔偿金或抚慰金。损害赔偿系以金钱可以估计的损害，而由加害人填补被害人因加害所受的不利益。慰抚金或称慰藉费，系被害人所受精神上无形的痛苦，甚难以金钱估计，便由法院根据双方的地位家况……等等而斟酌其情形，令加害人支出相当的金额，慰抚被害人的精神痛苦。像婚姻无效或撤销，追究其所以无效或撤销的原因，往往由于一方的过失，遂致侵害了他方的人格权。因受有损害的一方，像所费花红、财礼、宴客费用等等，使得向有过失的他方请求赔偿。有时候，虽非财产上的损害，像贞操的破坏，被害人如无过失，也可向有过失的他方请求赔偿，实际上就是慰抚金。关于慰抚金，现行"民法"第一百九十五条第一项规定，应该为一般人所熟知："不法侵害他人之身体、健康、名誉或自由者，被害人虽非财产上之损害，亦得请求赔偿相当之金额；其名誉被侵害者，并得请求为回复名誉之适当处分。"多少冒失鬼，或因一时的小不忍而伤害人的身体，或因一时的糊涂，而毁损了人的健康；或因泄一时的怒气，登报骂人；或因图一时痛快，私行禁人。犯了刑事上的伤害、公然侮辱罪、诽谤罪，或妨害自由罪不算，被害人并可提起附带民诉，除依法向加害人要求其为物质上有形的赔偿以外，并得要求其为精神上无形的赔偿，就是根据这一条的第一项而来的。所以侵害他人的人格权，处处受到不利益的结果，正因人格权是法律上的人格者基本的专属权,是须臾不可离开的事物,自然不容他人有不法的侵害。

六

酒逢知己饮,琴对解人弹。列位先生对这回书听得似乎很够味儿,在下本来不敢躲懒,想继续地奉送一段"人格权的点将录"。无奈天色已晚,时间不够,要请这十几位将军登场亮相,还得费一番工夫。耽搁了列位先生的晚饭:太太在家埋怨,在下却吃消不起。就此收场,且待下回分解。

附:人格权点将录

禁卫营中"五斗士",冲锋阵上"七将军"

在下曾经为列位先生预开支票,要奉送一段"人格权点将录";今天开场首先兑现,免得成为空头支票,根据"票据法"第一百三十六条的规定,让官家处在下以罚金,可吃不消。

说起民法上人格权这一主流,本来是由十二条支流汇合而成。总言之,是人格权;分言之,便有生命权、身体权、健康权、劳动权、贞操权、自由权、名誉权、信用权、秘密权、姓名权、商号权、肖像权这十二种名色。单就这十二条支流看,很像耶稣的十二门徒、孔庙的十二哲位、画家的十二娇客、红楼的十二金钗,各有其同侪异致之妙。然而联想到总体的人格权方面,它们倒和矿物学上十二面构成的结晶形一样,没有面就没有体,没有各别相也就没有总体相了。所以关于人格权的描写,除了全部的意趣、整个的仪容以外,还得分别把其构成分子的姿态神情,摄入镜头,才算对人格权有了表里如一的了解。

那么，为什么不借用十二面结晶形来作人格权总体和分支的解释？列位原谅罢！在下不是矿物学家，而是说评话的，只晓得《三国演义》上"诸葛亮六出祁山"的点将，《水浒传》上"宋江攻打曾头市"的点将，而且平剧里"点将唇"的牌子也是在下所熟闻的。在下才疏学浅，就依样画葫芦对人格权来一个点将录。军中的点将，无论是辕门听点或教场听点，发号令的总得有一番吩咐，然后各将官才"得令"而去。今天，点出人格权方面十二位"将军"，命令它们担当些什么任务，首须弄清，方不致烽火戏诸侯，干了一场荒唐事情！

在下今天为人格权点将，不是让十二位"将军"打了人格权的旗号，浩浩荡荡，去攻击他人，而是布成拱卫人格权的阵势，列队成伍，层层戒备，不让敌方一冲就冲进自己的首脑部来。这种布阵，无妨借用足球队的阵势作一说明：足球作战，每方由十一人成队，分等四列。前锋（forward）五人，主攻击；中卫（half-back）三人，联络前后，兼任攻守；后卫（full-back），二人，主防御；守门（goal-keeper）一人，专守门户，不使球入，稍有差失，全局皆输。今为人格权布下的阵势也可以分为四列，只是每列的人数和任务不尽与足球为同罢了。生命权相当于足球的"门将"，身体权、健康权、劳动权、贞操权相当于足球的"后卫"；这两列人物，一共五位斗士，都是和自然人的生存体魄有关，乃人格的根本所在，可以说是处在禁卫营中。自由权、名誉权、信用权、秘密权相当于足球的"中卫"，姓名权、商号权、肖像权相当于足球的"前锋"；这两列人物，一共七位"将军"，都是和自然人的生存精神有关，乃人格的光辉所在。虽然说它们不像足球的前锋负有攻击的任务，也不像足球的中卫兼有助攻的职责，但是遇见别人来攻击的时候，它们不啻为禁卫营中"五斗士"，打了一场被动的冲锋仗。因而足球的前锋一列，放在人格权的阵势里，在下替它改个名儿，那就是"前卫"了。

如今，且把这十二位将军点出。

第一位是"真武大将军"——生命权

这一位"将军"是人格权最后的"门将",坐在"帅"字旗下,掌着兵符帅印,好像芸台二十八将的邓禹一样。东汉没有邓禹,光武能否中兴,确成问题;同样,没有生命权,什么人格者、人格权也都说不上了。所以生命权虽然不能认为就是人格权,却是人格权的核心部分,因而有人就说生命权对于人格权仿佛是"唐太宗御驾亲征","皇帝挂了帅印"的一种名色,可以知其和人格权的密切了。

原来,生命这一名辞,是指自然人生存的寿命而言。前回书中已经交代清楚:自然人的权利能力,始于出生,终于死亡,所以只有生命的人,才有人格权的享受,而自然人生存的寿命也就成了人格、人格者、人格权的唯一基石。既承认自然人的人格权,就得首先承认自然人的生命权,不能容许任何人对他人的生命加以不法的侵害。侵害如若成功,被害人便被送到"极乐殡仪馆",要想回复生命,只有来世,假如轮回说是真的话。所以生命权的侵害,就构成刑事法上的犯罪,不仅民事法上侵权行为的赔偿而已!

刑法上没有杀人罪专章,除因过失致人于死外,无论处刑的轻重,未遂犯都要罚;而教唆或帮助他人使其自杀,也是犯了杀人罪。外国古代法更有认为自杀者本人也是杀人者。至于在公共危险罪、强盗罪、掳人勒赎罪、伤害罪等等方面,"因而致人于死者",皆加重其处罚。民法上不法侵害他人致死者,对于支出殡葬费的人、对于被害人对其负有法定扶养义务的第三人,都要负损害赔偿责任。被害人的父母子女和配偶,并可为慰抚金的请求。这些规定,无非表示生命权的重要,法律上便特别加以保护。

生命权在将台上亮相已毕,因其和人格权相终始,人格权受侵害固然不一定是生命权的侵害,可是生命权的侵害却使人格权根本消灭。

它对人格权可说是真诚扶护，居于首脑的地位，在下就给它加以荣号曰："真武大将军"。

第二位是"忠武后将军"——身体权

这一位"将军"和次一位"将军"是后卫的两员"要将"，好像杨六郎左右的焦赞、孟良一样。焦、孟在洪羊洞里出了岔子，不能同到宋营，杨六郎也就完了。

原来，身体是生命的庐舍，保护自然人的身体可说是保护其生命的主要防线。所以侵害了他人的身体权，不特对被害人要负担医药治疗的费用，甚或支出慰抚金，并且犯了刑法上的伤害罪；而在其他罪名里，因而致人于重伤或伤者，依法仍要加重其处罚。今天，假如还有人为女孩儿缠脚，或黑社会里人为盲哑，也就构成了身体权的侵害，民法上是侵权行为，刑法上是伤害罪。

第三位是"安武后将军"——健康权

这一位"将军"和前一位"将军"对比：一个的象征是火力，一个的象征是钢炮；一个是以抽象的生机为依据，一个是以形体的肉身为凭藉。

原来，对于人的身体纵然不是有形的侵害，但其侵害的行为如足以损害人的健康，依然妨害了人格权的健全。何况因伤固可以致死，因弱也可以谢世，生命权既由此不能得到保障，人格权便从此失去存在呢？所以侵害了人的健康权，法有明文，要加害人负担赔偿责任，纵非财产上的损害，被害人仍得请求赔偿相当的金额。同时，在刑法上与伤害身体一样构成了伤害罪。麻风女子卖麻风，诱人成奸；带有花柳病菌的荒唐少年，隐瞒其病而与他人为猥亵的行为；把病传染给他人，是都要科罪处罚的。江湖上卖艺人收养幼童，练就猴儿技，足以妨碍其身体的自然发育，影响其健康，依然是不得诿罪卸责的。至于奶妈不尽喂乳的义务使婴儿哭号,身体消瘦,难系一种不作为,同样是侵害了婴儿的健康权,要负责任。

健康权在将台上亮相已毕,因其如受侵害,轻则身体不能安适,重则生命失去安全,最后也就影响到人格权的安然存在,在下就给它加以荣号曰:"安武后将军"。

第四位是"勤武偏将军"——劳动权

这一位"将军"是前两位"将军"的晚辈,好像芦花河里薛丁山、樊梨花的儿将薛应龙一样,虽在后卫列中,却对人格权的存灭没有根本的关系。不过因身体或健康权受了侵害,被害人连带地依法向加害人为这一权利的主张罢了。

原来,劳动力是存在于未受伤害的身体和健康状态中,所以不法侵害他人的身体或健康,对于被害人因此丧失或减少劳动能力或增加生活上的需要时候,就负有损害赔偿的责任。法院并可因当事人的请求,令加害人提供担保,把赔偿改为交付定期金。此外,在劳动法规里也有不少保护劳动者的规定,他人违法处置,也往往构成劳动权的侵害。不过广义的劳动权可说就是工作权,宪法既有保障的明文,而且是人民对国家享有的要求权之一,不用在下多说了。

劳动权在将台上亮相已毕,因其一经侵害便影响了被害人的勤劳质素,阻塞了被害人的生活通路,而况又出自侵害身体权或健康权的结果,更不能不以其名义向加害人为损害赔偿的请求。勤劳原系健康而无伤害的人格者应有的权利,在下就为它加以荣号曰:"勤武偏将军"。

第五位是"慎武偏将军"——贞操权

这一位"将军",风姿英隽正在可爱的年华。居在禁卫营中虽然不像生命权、身体权、健康权对于人格权的重要,却和劳动权同是两员有力的"偏将"。不过一个是心有向，不可强，一个是身有力，不可损；一个是贞操为无上之实，不得而夺之，一个是劳动乃生活之源，不得而毁之罢了。

原来，她，甚或他，所以自豪于人世间的地方，就是处女方寸、白璧无瑕，或童贞未破、元神如旧；并有鸳鸯翼折，情恨绵绵，守一而终，不再污染，以光大其人格，而表示其贞操的这些人们。所以贞操权也者，就是保持自己的贞操，排斥他人不法侵害的权利，可说在禁卫营内，另外扎了一座少年营或修士营而特树一帜。因为"初夜"是任何人一生仅有的一日，最可珍贵，最可爱惜，若受了不法侵害，便无法回复原状，且其损害也非金钱所能估计的。至于孀居螺处，仍系另一形态的贞操表现，倘遭不法侵害，强其重作"冯妇"同样为被害人所难忍受的。不过话又说回来，我法律上并没有直接为保护贞操权的规定，只有在侵害身体权、侵害自由权，有过失的一方对无过失的一方的离婚场合，间接地得到赔偿或慰抚金而已。同样，在刑法上也只有利用妨害风化罪、妨害婚姻家庭罪等等规定，间接地使加害人受到相当的惩罚而已。

贞操权在将台上亮相已毕，因其可支持"贞操"的美德，可保障"戒慎"的工夫，而使自己的身体不致横加毁伤，而使自己的人格得以圆满无缺；在下就给它加上荣号曰："慎武偏将军"。

第六位是"建武上将军"——自由权

这一位"将军"和次一位"将军"，是中卫线上的两员"主将"，而且自此以下的七位"将军"，对于人格权的关系，都是从自然人的存在精神方面，压定了阵脚，不涉及自然人的存在体魄方面。换句话说，禁卫营中"五斗士"是极端发展人格权上的一个"人"字，冲锋阵上"七将军"是极端描写人格权上一个"格"字，而首先打出明显的旗号，就是自由权。所以这一位"将军"好像凌烟阁上第一位功臣长孙无忌，虽然没有开国勋劳,却具有治国功绩,开国而不能治,前功也就尽弃了。

原来"自由、平等、博爱"乃法兰西大革命时候喊得最响亮的口号;"不自由,毋宁死",就成了一句名言。在公的关系上,人民对于国家享有的权利,除了从政权、要求权两个大纲以外,另外一个大纲就是自由权;并且宪法上对人民的居住、信仰、言论、讲学、著作出版、集会、结社及秘密的通讯各种自由,都予以适法的保护,这可说是国民自由权。在私的关系上,自由权更是人格权中基本权利的一种,因为法律上人格者的享有权利、负担义务,均须基于个人自由的意思,不特不许他人加害,并且与权利能力相同,自己也不得抛弃。抛弃了自由,纵不抛弃权利能力,这个挂名的人格者究有什么实益? 自己为他人的私属,傀儡其态,而犹说自己是法律上的权利主体,岂非笑话!

然而自由毕竟与权利能力不一样,自由固不可抛弃,也不可自加限制,但为避免极端自由主义的害处,并为防止因自己的自由而侵害了他人自由的缺点,于是就在不违背公共秩序或善良风俗的限度内,也就准许自己得加以限制。像怕老婆的人儿,为平复"母老虎"的余怒,老老实实地把自己拟为囚犯,让她监禁起来,这确是法律上所不许可的行为。但如与他人缔结雇佣契约而为其服劳役,不仅限制了自己的一部分自由,却因与公序良俗无关,就不必加以禁止。至于自由权受了他人侵害,自可请求法院除去其侵害,并得为慰抚金的请求。反而言之,加害人同时也往往构成刑法上的妨害名誉罪。像使人为奴隶或使人居于类似奴隶的不自由地位,像私行拘禁或以其他的非法方法剥夺权利人的行动自由,像由强暴胁迫使他人行无义务的事或妨害他人行使权利,像略诱妇女成奸卖淫,等等,都是其中的罪名,而处加害人以相当的刑罚。

自由权在将台上亮相已毕,因其为人格权所由建立的泉源——自然人没有自由,也就等于没有人格,所以自由权被他人不法侵害,不啻给了人格权一个重伤。保障自然人的自由权可说是建立了人格权的最后堡垒，在下就给它加一荣号曰："建武上将军"。

第七位是"宣武上将军"——名誉权

这一位"将军"和前一位"将军"同是人格权向外射出光芒的两颗将星，只是名誉权仿佛以政治为猷的"参军"，为全军荣誉所系，自由权仿佛以军事为谋的"参谋"，为兵家胜败所关，使命有所不同罢了。这好比黄忠、严颜两员老将追战张郃，一个从山前佯攻，一个从山后袭击，两个战术合成了一个战略一样。所以名誉权的保持对于人格权的护卫，其功劳不在自由权之下。

原来，令名美誉，合称名誉，乃人类的第二生命。任何人莫有不喜名好誉，人活得起劲儿，全靠着一个好的声名和美誉。"千夫所指，无病而死"，就是由于自己不自爱其名誉而受到的恶报。在这个时候，自由权虽没有被他人不法侵害，但因自己名誉扫地，精神上有了枷锁，内心里发生痛苦，还说得上什么自由呢？每个人既都要靠名誉生存，对于自己的名誉，不特知所爱护，更不能允许他人为不法侵害。因而法律上就认为自然人既为权利主体，享有人格权，那么，名誉如被不法侵害，自然影响其人格的健全，就认为被害人有请求保护的权利。加害人不特要应被害人的请求，为慰抚金的负担，并须为回复名誉的适当措施，如登报道歉之类。而且往往负了刑事责任，像公然侮辱，使人难堪，或意图散布于众而指摘或传述足以损害他人名誉的事实，都有处罚的明文。不过在下要在这里补说一句，名誉权的标的只是名誉，不可与名节相混。再醮之妇，纵认为是失节，要不能谓无名誉可言；那么意图使寡妇与某结婚而略诱之，只能认为是自由权的侵害，不能说是名誉权的侵害。

名誉权在将台上亮相已毕，因其为人格权的灵魂，凭着它的宣传，更是人格权的伟大可钦。法律上如不保护自然人的名誉权，无形中就是毁损了自然人的人格权；据此，在下就给它加一荣号曰："宣武上将军"。

第八位是"振武偏将军"——信用权

这一位"将军"和次一位"将军"在中卫一列，同样是弼辅自由权和名誉权而存在。没有自由，信用便难自主；没有名誉，信用也就消失。反而言之，信用昭著，诚实无欺，更能显示其自由，增强其名誉，世以"信誉"通称，便系此故。所以信用权仿佛军旅中兵符军令的发出，不容你不信守：诸葛亮为刘备在黄鹤楼所定的锦囊妙计，原是借东风时候未向周瑜交回的一枚旧令箭；杨延辉哭软了铁镜公主的心，帮助他出关见娘，所凭的计谋，原是捏了孩子一把，盗来太后的一枚令箭而已。

原来，信用权就是保全并维持自己在社会上已取得经济的或非经济的地位的价值之一种权利。这种信用的建立乃人格者积年累月从诚实和辛劳中而得，一方面充实了自己的人格，一方面提高了自己的名誉，当然不应任由别人不法侵害。凡是侵害他人或其业务上的信用，就民事关系而论，自然可以请求法院除去其侵害；如系商人等受了他人不正的竞争，致其业务上的信用权被其侵害，依各种民事特别法的规定也可以向加害人请求损害赔偿，但没有什么慰抚金的请求权。就刑事关系而论，是构成了妨害信用罪，像散布流言或以诈术损害他人的信用便是。

信用权在将台上亮相已毕，因其以诚实信用为权利的内容，而出于积年累月的振作所致。对于总体相的人格权不啻振臂一呼，精神焕发，对于各别相的名誉权不啻金声玉振，襄助得力；在下就给它加以荣号曰："振武偏将军"。

第九位是"靖武偏将军"——秘密权

这一位"将军"是担负军旅中警戒的责任，好像四郎探母里的杨宗保巡营瞭哨一样，不愿把军中的虚实和动象，让奸细或第三人知道的。原来，除了宪法上对秘密通讯、秘密投票已加保护外，还有许多关系个人权益的事情，公开反与个人不利，或拘束其自由，或影响其名誉，或妨碍其信用，所以秘密权也就成了人格权的一种。个人的秘密故不许他人非法侵害，原与一般的人格权相同，而无故开拆或隐匿他人的封缄信函，或其他封缄文书，更在刑法上构成了妨害秘密罪。至于医师、药师、药商、助产士、宗教师、律师、会计师、公证人等等无故泄露因业务知悉或持有的他人秘密，依法令或契约有因业务知悉或持有工商秘密的义务而无故泄露了，刑法上也都有处罚的规定。不仅像"会计师法"，"会计师未得公务机关或委托人许可，不得宣布业务上所得之秘密"，有这样几个规定而已。

秘密权在将台上亮相已毕，因其护卫自由、保持名誉、扶助信用，对于人格权的不法侵害可说是有"绥靖平抚"的功能，在下就给它加一荣号曰："靖武偏将军"。

第十位是"彰武前将军"——姓名权

这一位"将军"似为足球队里的中锋，而在人格权的阵势里却是前卫一列的一员"主将"。它是人格权最前部的斥堠，好像昆虫的触须、触角一样，侵害了它，不啻让人格权首先受了创伤。若就每一个将官、士兵而作比喻，那就是帽章、领章、盾章和胸前的符号了。

原来，姓名是自己表异于他人的符号，乃每个自然人所特有的；姓名权，是由姓名上区别他人与自己的一种权利，也可说是为维持自己姓名而排斥他人盗用、冒用的权利。这姓名，举凡学名、笔名、艺名、字、号而公开见用于社会的，都包括在内。这权利，同样是不许他人不法侵害，如受侵害，便可请求法院除去其侵害，并得请求损害赔偿。像顾正秋以外的女伶，冒用顾正秋的名出演，顾正秋便可请求法院中止其冒名。像中医张简斋医务兴隆,他人即不可在其隔邻行医,而故意以张简斋为名,挂出牌匾,张简斋自得请求法院除去其侵害。然而这种侵害须为不法,无论其为冒名影射,或盗名使用,都系姓名权的侵害。倘若没有非法侵害的因果关系,姓名纵然完全相同,也不发生法律问题,立法委员郑震宇与外交官郑震宇两个姓名,固可并存,至多有豫记、闽记的分别罢了。吴国桢任上海市长,而上海市民称吴国桢的有十余人之多,彼此都不发生姓名权的侵害问题。所以旧国会时代,苏籍议员韩世昌曾命昆曲名旦韩世昌改名,韩世昌毅然拒绝,这位剧界名角做的是对!不过在所著小说中,对于恶性人物,影射他人的姓名,像研究《红楼梦》的红学家所说的某也暗指某人,像《水浒传》的作者或与潘姓有仇,而把两个淫妇都姓了"潘"——金莲与巧云,是不是姓名权的侵害,倒成了问题。在下听得人说:倘能证实其确为影射某人,乃是名誉权的侵害,和姓名权无关。

姓名权在将台上亮相已毕,因其以姓名为人格者的代表,从姓名权上而将人格权表彰出来,称其姓,如呼其人,尊其名,如敬其身,在下就给它加一荣号曰:"彰武前将军"。

第十一位是"储武偏将军"——商号权

这一位"将军"是助阵而来,不经营商业也就没有什么商号权了。

原来,商号是经营商业者,在营业时所用以表示自己在商业上而有的名称,这和一般自然人的姓名一样,用商号代表了自己的营业。商号依法登记,就取得商号专用权,简称商号权;如有他人冒名,或故意使用类似的商号,而为不正当的竞争,便是商号权的侵害,可以声请法院禁止其使用。所谓商号的类似,就是指具有普通知识的商品购买人,施以普通所用的注意,犹有误认的可虑是。像对于"一乐也"而使用的"乙乐也"商号、对于"白芍药"而使用"百芍药"商号便是。不过像酱肉铺称

"陆稿荐"、糖果店称"稻香村"、汤圆店称"三六九"，都已成了各该业的通名，只有加"某记"才能取得商号专用权，商号相同加记不同，也就不发生商号权侵害的问题。

商号权在将台上亮相已毕，因其为自然人经营商业时候，用了商号代表自己，乃有这种权利的存在，可说是姓名权的扩大使用，一般人是没有的。这，不啻是储藏了实力，只要你经营商业，便有这种权利享受，在下就给它加一荣号曰："储武偏将军"。

第十二位"备武偏将军"——肖像权

这一位"将军"是遇缺待补的一员"准将"，然而它和前一"将军"的任务，可说都是在前哨，辅助姓名权作战罢了。

原来，侵害了商号权等于在实质上侵害了姓名权，侵害了肖像权也等于在精神上侵害了姓名权，这都能使人格者预有警觉，防止加害人再为其他重要部分的侵害。为什么说肖像权是一位"准将"呢？因为学者虽列肖像权为人格权之一，但在我们法律上直接对肖像权的保护却很少见。盗用、冒用他人的相片作为商标，可用人格权一般规定办理；公然撕坏他人的相片丢入茅坑去，乃是一种公然侮辱，可说是名誉权的侵害。在下手头，对于这一位"将军"的史料和现实身世的记载，甚感缺乏，只好向列位先生告个罪儿，不多说了。

肖像权在将台上亮相已毕，因其系一准将，备而待用，而肖像权如被侵害，也可警惕人格权其他部分，作一防止侵害的准备而为"履霜坚冰至"之戒，在下就给它加一荣号曰："备武偏将军"。

如前所说，人格权方面的阵势是由十二位"将军"布成，排就守门、后卫、中卫、前卫四列，而有"大将军"一位，"上将军"二位，"前将军"一位，"后将军"二位，并有"偏将军"六位分别在各列担任"左司翼"的任务。十二位"将军"压住阵脚的一幅阵图,便是人格权的总堡垒,竖起一面大纛,绣下"人格权"三字飘扬在人世间。不管阵上哪一角落受有攻击,便是人格权遭了不法的侵害,不过对于人格权的影响有轻有重罢了。

这一阵势倘被他人破坏,人格者,虽还有其他并肩存在的阵势——身份权,或独立为战的阵势——财产权,也就失了凭藉,无从完成其使命。所以十二种有关保护人格的权利和其总体相的人格权,乃是自然"人"在法律上成了"格"必有的承认,乃是平民或全民选出代表立法必有的结果。若像过去君主立法或贵族立法,人无其格,法失其平,也就没有这些热闹场面,还说得上什么"点将"而由在下向列位先生预开这一张"支票"呢?

说出生（法律评话之三）
——麟子出生千道彩·胎儿死产一场空

一

"大江东去，浪淘尽，千古风流人物"，岂仅少数的风流人物像长江水，后浪催前浪，撑不住岁月的累积，一层一层地逝去；就是总总而生，林林而群的一般自然人，在无数亿兆之中，哪一个不是有生有死，哪一个能保持寿命的永在呢？这是造物主对于"生物创造"注定下的同一命运：人类非神非仙，既有生，就有死，要不死，便不生，谁又能扭转造物主的意思，永生不灭呢？然而，已经处在"接力赛跑"的状态中，生下来做人，一代一代地传下去，而又早由远祖的同辈创造了社会，尤其是逐渐扩大而稳固的政治社会，到处布满了为政治要素的法律气氛。那么，每个自然人的一生一死，虽是自然的事实，依然为法律关系所笼罩，和深山远林，生了一只虎、死了一头狮的情形，完全不同。

何况在下在"说人格"一段评话里，曾经交代过：现在由全民意志制定的法律，普遍地承认了自然人的人格，人人都是独立的自然人，都是权利义务的主体，都是具有权利能力。自然人的"人格"，当然以有精神、有肉体的人类为其基本对象，这种对象必须在人类出生下来，才能发生，死亡以前，乃能存在，所以人格便随生死以始终。权利能力既指得为权利义务主体的资格和地位而言，当然又以人格的始终为始终，因而我"民法"第六条就直接规定"人之权利能力始于出生,终于死亡"。那么,在法律观点上,出生的事实便是权利能力的开始,死亡的事实便是权利能力的终结,一生一死并不算两个简单的自然事实。像过去的预订儿女亲家,父母指腹为婚,男女殇亡举行冥婚,妻子死去仍要离婚,都是漠视生死的事实,儿戏天下事,没有什么道理可讲,用不着在下多说。

说起生死的法律关系,牵涉的范围颇广,这两个事实的触角,由民事法而伸展到国籍法、户籍法、法律适用法,甚或侵入刑事法的领域。民事法、刑事法,不限于实体的民法、刑法,各该特别法和诉讼法上仍然现出生死法律关系的形相。这且不言,单以"出生"的事实为例,最直接的联想,就想到怀胎、堕胎和胎儿利益的保护问题。单以"死亡"的事实为例,最接近的联想,就想到死亡事由,死亡宣告和尸体、坟墓的侵害问题。如此繁多的话头,纵然择出要点,也难在一段评话里讲完,敢请列位先生勿要心急,让在下,饮一口茶,润润唇儿,先从出生方面慢慢道来。

二

出生是自然人依其自力保有生命而从母体分离的事实。过去,稗官小说对于帝王龙种的降生、公侯麟儿的出世,往往附会"天乐响奏,霞光万道"或"光闪四方,香满一室",把出生的事实描写得绚烂夺目,祥瑞无双。现在虽是科学时代,这些神话当然不可再信,然而同时又是民主世纪,人人生下来都是皇帝,家家都是"族茂麟趾,宗固磐石",法坛上权利能力的千道虹彩,就随着胎儿的出生,直射在他或她的身上;大家都是一样,也就不必为某一个人的出生,在这一方面多加渲染。那么,关于出生事实的描写,好像很简单了。除了医学上的叙述或难产时的记录以外，寻常生产，只要把孕妇送往产科医院或请一位助产士或接生婆，就很顺利地完成胎儿出生的事实；善于生产的老行家，肚子一痛、裤带一松，瞬息之间，胎儿落地，更没有什么资料收在文人的笔底。然而从法律上的见地说，却也不是这样简单，要说的话正多。

因为，出生是权利能力的始期，吸收了千道彩虹，成为独立的自然人，这始期，究竟从出生过程中那一时刻算起，还是从出生完成，在那一时刻算起？算命先生谈"八字"，尚注意出生的"时辰"，法律认定事实更为精细，岂可对此不加注意？这，并非学人故意要"明察秋毫之末"，实因出生的先后迟早，对于权利的享有问题，有莫大的关系，绝不能像一般人"囫囵吞枣"地认为只要生下来就行。譬如说，张大将其一部分财产遗赠其弟张二、张三首先出生的子女，妯娌两孕妇同时"发觉"而生产，这一出生的事实，就不能不在时刻上判出一个先后。纵无这种遗赠问题，而同时辰所生的堂兄弟等等，其长幼顺序的决定，也是不能忽略这种精细的算法。所以自罗马法家以来，在多少学人的脑子里，为这问题动思潮、寻答案，举出种种说法，从这一方面解决自然人出生的事实问题，就给说评书的在下，供给了许多资料。

有些学人性儿太急，采取（1）"阵痛说"，认为孕妇腹痛开始就是胎儿出生，殊不知阵痛，只是出生的信号，距胎儿脱离母体，有时候迟至数日之后。白蛇传"断桥"一折，白素贞唱"一霎时，腹内痛，莫不是冤家分娩，青儿姐，你搀我，转回家园"；能说断桥相会，就是许状元的出生吗？有些学人虽不是"急先锋"，却也是"前将军"或"偏将军"；或主张（2）"一部产出说"，从胎儿一部脱离母体，就算出生；或主张（3）"全部产出说"，以胎儿全身脱离母体，便是出生；或主张（4）"脐带剪断说"，简称"断带说"，以剪断胎儿的脐带，乃认为始与母体完全分离而成为独立的自然人。然无论何说，假如产下的是死体，就不能依其解释，而认为它出生在人世间，做了一场人。于是慎重一点的学人，便主张（5）"初声说"，或称"开声说",又称"出声说",这固可说明胎儿是活的出生,不是死体。然如是一个"闷生"儿,久不出声,像在下就是这样,最后由接生婆提起身子来,打了几掌,才呱呱分声,倘依这说,不知把出生的事实移后了多少时刻,也是不妥。何况生儿原本就是天生的暗哑,若采这说,在他或她试声以前,究竟认为出生呢,还是没有出生呢?因而又有些学人采用了(6)"呼吸可能说",仍然失之于早,而且不易断定何时是"可能"。到了现代一般学人都倾向于(7)"独立呼吸说";同时,"全部产出说",若能包括独立呼吸的意义在内,也就没有什么问题,不过在命名上应该改称(8)"全部出生说",方合中国字的意义。

学人的主张,虽被认为是"书呆子"的想法,但大家都同此想,便影响到实际的法律或判决,而且经过了实际的法律或判决,更是直接支配了有关的事实。看!《德国民法》第一条的规定,对出生即以出生的完成为义;《瑞士民法》第二十三条的规定,对出生以母体外的生活为始:都系本于生理上开始其独立生活,认作出生的意义。这和"独立呼吸说"及所谓"全部出生说"的概念,很相符合。我们"民法"虽没有这样规定,但第六条"人之权利能力,始于出生"几个字里,说到"出",说到"生",而又点明是"人",这就把出生在法律上所具的要件,都齐备了。列位先生不嫌耳烦,且由在下表白一番。

三

"出生"在法律上第一个要件是胎儿须与母体完全分离,这就是"出生"的"出"。什么叫作"出"呢?"自内而外"便是"出"。"全部出生说"的"全部"两字,也就含有这个"出"字的意思。若仅有一部露出,犹有一部在母体内,仍视正在出生的胎儿为母体的一部,自不得作为出生完成,即以独立的自然看待。至于脐带是不是剪断,在所不问,因为脐带剪断的一早一迟，完全受人工的支配，和出生的自然事实直接无关。不过难产的胎儿，往往施用手术，其出生的事实，却不能不决定于人工，但同样以与母体完全分离为第一条件，并本于正常的出生情形，纵尚未断带，依样视为出生完成。

"出生"在法律上第二个要件是胎儿与母体分离后，依其自力保有生命，这就是"出生"的"生"。什么叫作"生"呢？"生"是"死"的对称，产出后必须有活力而非死体，所以有人就把出生中的胎儿称就"生儿"。"助产士法"并把胎儿、生儿两个名词运用了。既然，不是死体的胎儿，而是有活力的生儿，这便是"独立呼吸说"所指了。原来，自然人人格的享有和权利能力的开始，因为他或她是脱离母体即能依其自力保有生命的人类，倘已死在胎内，或在出生完成前即已死去，既未在人世间有须臾时刻的生存，当然不能认其有独立的人格。设若完全与母体分离后，只要能有瞬息间的呼吸，也就是出生的完成，不是死体的产出。这以外，还有人把这第二个条件改称"生儿须具有生活能力"，而指其所谓"生活能力"非表示"健全"的意思，乃指怀胎满六个月生出的胎儿；其实怀胎不满六个月的产出，纵然都是死体，但怀胎满六个月以上的产出，未必各个都有活力。这种改称是有问题的。

"出生"在法律上第三个要件是胎儿须具有人的形体，因为出生是指自然人的出生只有列在"人"的"格"以内，才有权利能力的赋与。"人之权利能力，始于出生"几个字里，"人"字并非泛语，与"出""生"两字同样要紧。换句话说，因出生而足为权利义务主体的，惟有以人的产出为限；所以不类人形的怪胎，根本非人，虽完全脱离母体，且非死体，当然不能认为是人的出生。像狸猫换太子，奸妃设计要害娘娘，使其产出的不是太子而是狸猫，不特因为产出的非人的形体，断送了将来国母的资格，且被皇帝一怒贬入冷宫。然而在实际上她产出的毕竟是太子不是狸猫，等到包龙图"断后"以后，也就母因子贵，而成了凤冠龙服的皇太后了。不过,产生下来的形体仍然是人,只因胎儿先天发育异常,或胎儿形成后母体受了不良环境的影响,变就一种畸形异相,像侏儒、缺唇、半阴阳,甚至两体连为一起的情形,只要他或她与母体完全分离而能独立呼吸,依然是自然人的出生,任何人不能阻止法坛上权利能力的千道虹彩射于其身。

　　说到这里,一胎双产的孪生子的长幼问题,可得到一个解决。《战国策》上虽说"夫孪子之相似者,惟其母知之而已",但是孪生子,谁长谁幼,因其母往往于生产当时正呻吟于产褥之上,也或不易知道。若说追溯到成胎的先后,既是一件困难的事,而且和孪生子出生的先后,更不一定是属于正比。不过人格既从实际的出生算起,谁首先与母体分离而独立呼吸的,便是哥哥,实无疑问,这先后,只有在场临视的医生、助产士或其他照护的人们,告知他或她的妈妈了。从出生先后上定孪生子的长幼,《普鲁士民法》第一条、第十五条,我"民法"第二次草案,都曾有明文规定:今日,认为是当然的解释。然如在场临视的人们一时糊涂没有深刻注意到出生的先后,或把为生儿所拴出生先后的牌子脱落了,尤其在一产三子、四子或五子的场合,容易有这种错误,又当如何处理?有人说,应当用抽签方法定其先后,这与出生的事实明明相反,不可为据。有人说,推定其为同时出生,但除两体相连的胎儿,在一母体内,实在没有同一时刻出生的道理。在下不敢妄作主张,惟有请教于列位先生研究研究。不过在这种情形之下,倘在场临视的人们,为其决定了出生先后的次序,而其中无人提出反证,便以这种决定为准,用不着另作它种处理,徒滋纷扰。

四

　　自然人出生后,就戴上"权利主体"的王冠,吸收了"权利能力"的千道虹彩,放出"人"的光芒来,而由前段书所说的十二位将军摆下人格的阵图,拥护着他或她,直至于死亡,一切一切才风流云散。出生的事实对于该自然人生世的重大影响,显而易见,推而可知,无须在下这里多说。这里所要提出的,就是由于出生事实的本身,直接引起其他公私法律关系上的问题。换句话说,出生除了确定人的权利能力的始期外,还有国籍法、户籍法、法律适用法和其他法律上许多问题,和这正常的出生事实发生了连带关系。但这些有关的法律关系,往往只注意到出生的"年""月""日",并不是一律以"时"为计,却不可不知。在下是一个关西的老实人,不愿染了说评书的习气,动不动地要卖"关子",我就一股劲儿把它说出来罢。虽然关于国籍问题、户籍问题,将来另有详细的书要说,也只好在这里把直接有关出生事实的问题,提前交代一下。

先来说国籍问题和出生事实的直接关系:我们对于自然人的生来"国籍"采的是血统主义,出生的时候,父为中国人,生于父死后,其父死时为中国人,父无可考或无国籍,而其母为中国人,这一出生就取得了中国国籍。所以胎儿的出生是不是中国人,就要看出生当时的爸爸,或在特殊情形下的妈妈是不是中国人,若仅仅生在中国地方,除非父母均无可考或均无国籍,也就不能当然地成为中国人。然在采出生地主义的国家,像南美洲的国家,不管你是谁的血统,只要出生在自己的领域以内,便就算自己的臣民。而在英美等国,出生于其领域的外国人的子女,仅承认其到了一定年龄有选择国籍的权利,倘仍选择其外国的本籍而又出生子女于领域内,这第二代的子女便无条件地成为各该国家的臣民。所以出生英美领域甚或英美轮船上的华侨子女,他或她在各该国家所享有的权利超过为其父籍何属;甚或发关生国母的华侨。可知出生的时候、出生的地点,虽系偶然的事实,却直接影响了一个自然人的国籍关系上的重国籍或无国籍的问题,这是后话,暂且慢表。单说自然人因出生的事实确定了所属的国籍,单纯本于"人"的资格具有的权利能力,内外国的法律已经不采用限制主义或相互主义而采取平等主义,对内外国人自然是同样的保护。各国条约上往往订定彼此国家的人民在对方领域内互享同一的国民待遇,就是为这问题而郑重叮咛的话。然若偏重于"民"的资格,各国都本于其政治上理由的立法政策,对外国人的权利能力多少加了限制。总之外国人、内国人的内外区别,固然可由种种因素判定,而自然人出生的时候和地方,却也决定了大部分问题。等到发生了含有涉外原素的法律关系,形成所谓国际私法问题,而为法律适用法的适用,其中往往牵涉自然人的本国法问题,这本国法除国籍变更的情形外,仍然指的是自然人出生时候自己或其父母所属国的法律。因为受着说书时间的支配,一切详情,等到有适当的机会,再说给列位先生听,还请列位先生不可误会在下是"卖关子"。

接着说户籍问题和出生事实的直接关系:这就是"户籍法"上因出生而为设籍登记的问题,倘迟迟不报,过了许久,被查出来,不免发生子女"来路不明"的疑问,那么,只有为出生事实的证明,岂不更为费事?出生登记以父或母为登记义务人,登记出生子女的姓名和出生年、月、日。假如父母因事故或死亡都不能声请的时候,便按着(1)家长,(2)同居人,(3)分娩时候临视的医生或助产士,(4)分娩时候在旁照护的人的顺序,由其向所在的乡镇公所或区公所声请。倘系在医院、监狱或其他公共场所出生的子女,其父每不能为声请的时候,分别由医院院长、监狱长官或其他公共场所管理人为声请义务人。倘系弃儿的发现,便以发现人为声请义务人,弃儿如无姓名就由户籍主任为其立姓定名,并推定其出生年、月、日。既为声请义务人,并无正当理由而不于法定期间内为登记的声请或为不实的呈报,依法都有一定的处罚。假若意图加害于他人,像毁伤节妇清白,而为虚伪的出生声请,或妨害他人继承的权利,而伪装孕妇生产,并为出生登记的声请,依"户籍法"的规定,更要处到六个月以下有期徒刑、拘役或三百元以下罚金。因出生而为的登记的结果，除了设籍的关系外，"宪法"上、法律上关于一切年龄的规定，像充任公职年龄、兵役年龄、就业年龄、能力年龄、婚姻年龄等等的计算，都是以户籍簿上的登记和"国民身份证"上的记载为准。同时，"兵役法"上独子缓召，如有同胞弟弟的出生登记，这种规定也就不适用了。这些，都是出生登记所发生的效力，而其所取以为根据的，除无姓名的弃儿外，就是声请义务人据实呈报的出生事实。至于出生于监狱的子女，父母如不能为其声请出生登记，虽由监狱长官为其声请义务人，但依"监狱行刑法"的规定，这个不幸的生儿仍须得监狱长官的准许而由其母领在监内抚养，而且是以未满一岁为限；满一岁后，如无相当的人受领，又无法寄养，得延期六个月，满期后，交付救济处所收留。这是多余的话，不必详说。

五

除了"国籍""户籍"几个问题以外，民事法上还有其他许多问题，和出生事实有直接的关系，也就同样地提前交代一下。

第一个问题是各种年龄的起算。年龄计算固然以户籍登记簿和"国民身份证"为准，但如何起算，却属于民法的规定，那就是人的"年龄，自出生之日起算"。在过去，未曾办理出生登记或有其他原因，以致"出生之日无从确定时，推定其为七月一日出生；知其出生之月而不知其出生之日者，推定其为该月十五日出生"。

第二个问题是受胎期间的起算。因为妻子在婚姻关系存续中而受胎，便推定其所生子女为婚生子女；这种推定，如丈夫能证明在受胎期间，未曾和妻子同居，便可提起"否认之诉"，同时非婚生子女的生母或其代理人，可以根据一定情形请求其生父对非婚生子女认领，"受胎期间，生父与生母有同居之事实者"，便是一个最主要的情形。若其生母是一位非常浪漫的交际花，或操北里生活的娼妓，"于受胎期间，曾与他人通奸或为放荡之生活者"，便不能以任何理由，请求认领。那么，在这些关系上，受胎期间的解释便属必要，我"民法"规定"从子女出生日回溯第一百八十一日起至三百零二日止为受胎期间"。就是说，产出的胎儿是受胎于满六个月起至满十个月止的期间。不过在事实上也或有怀胎满十一个月或十二个月的生儿，像世俗相传，秦始皇就是十二个月的胎儿，倘吕不韦生在现代，要认子归宗，很可依据"民法"规定"能证明受胎期间，从子女出生日回溯到第三百零二日以前者，以其期间为受胎期间"，便不受从出生日回溯到满十个月的限制。

第三个问题是除斥期间的起算。除斥期间指的某种权利的行使，只在法律所定的期间内存续，经过这法定期间，权利便消灭了。从子女出生日起算的除斥期间，像非婚生子女的生母或其代理人对于生父的认领请求权，就是"自子女出生后五年间不行使而消灭"。不过丈夫对于婚生子女推定的否认诉权，其除斥期间倒不是从子女出生日起算，而是"应于知悉子女出生之日起一年内为之"。

第四个问题是结婚限制的排除。像"民法"上有一条"女子自婚姻关系消灭后，非逾六个月不得再行结婚，但于六个月内已分娩者不在此限"。那么，在六个月内已将胎儿产下，即时再婚便不致有血统混淆的顾虑。这一出生可说是排除了婚姻关系消灭后，六个月内不能再婚的限制。

第五个问题是法上效力的溯及。像非婚生子女的认领效力，除第三人已得的权利不受影响外，就溯及于该非婚生子女的出生时候。然而为了保护出生子女的利益，有些法律上的效力却不溯及，像违反法律限制规定的结婚，经过了利害关系人向法院声请撤销的结果，其结婚的行为在法律认为自始无效，果照这样做来，出生的子女也就变成非婚生子女，而使其加上"私生子"的头衔，岂为妥善？因而"民法"就规定"结婚撤销的效力不溯及既往"。那么，纵系可得撤销的结婚，但在其婚姻存续期间出生的子女，却不受结婚撤销的效力的溯及。至于遗腹子因其出生的完成，关于遗产继承或分割，并可溯及于继承开始时发生效力；这又是另外一个问题了。

在下很啰嗦地从出生事实直接涉及其他法律关系上，说了前面许多的话，论其实际，还不过是一个备忘录的性质，恕在下不能在这段评书里详加演述了。最要紧的表白，倒是和出生事实有关的胎儿个人利益保护问题和非正常产出的堕胎问题。

六

话分两头，且说自然人的出生，既以与母体完全分离并能独立呼吸为要件，那么，胎儿没有完全脱离母体独立，犹然是母体的一部，并非具有人格的自然人。照说不能有权利能力，毫无疑义。我"民法"并明文规定"人之权利能力，始于出生"，出生事实没有完成以前的胎儿，不能有权利能力，更为显然。然而各国法律为了保护胎儿将来的利益，却都没有特殊或例外的规定。换句话说，胎儿虽不是独立的自然人，但一旦呱呱坠地，依其自力，保有生命，就成了权利义务主体，那么，对其在胎儿状态中的个人利益，倘不加以保护，便不免影响了出生以后各种权利的实际享有，因而法律上就有特殊或例外的规定，以救其穷。依照法理说，这只能有特殊的补充规定，不应有例外的反对规定。因为任何自然人都经过胎儿的阶段，没有一个人能像《西游记》上孙悟空是石头缝里蹦出来的，假若在例外上认胎儿有权利能力，纵加上其他条件，也等于取消了"人之权利始于出生"的话。可是法例和学说往往为胎儿应予保护这一题材所吸引，竟忘记了采取如何保护之道，才和法理无忤；这在法学界实在是一件憾事。我"民法"的立法最为明智，第七条上说"胎儿以将来非死产者为限，关于个人利益之保护，视为既已出生"。条文用语极妥慎、极显明，只要学人不郢书燕说，予以忠实的解释，就无问题发生。它只是对"人之权利始于出生"的一个特殊补充规定，不是一个例外的反对规定。

在下说在这里，首先要反驳的就是《瑞士民法》第三十一条第三项公然规定道："出生前的胎儿以活到出生为条件，有权利能力"。这显然把人的权利能力的开始，推到出生前的儿胎，减低了出生对于人格开始的重要性。并且权利能力的用语包括义务在内，对于胎儿个人利益的保护，各国皆然，已经成为共同的认识；对于胎儿义务的课责，却是稀有的事例。主张处在胎儿的时期，就负有扶养义务，固无异痴人说梦、望梅止渴，而对于胎儿享有权利的人们，竟向其父母有所请求，也等于拳头落空、画饼充饥。因为胎儿在出生以前，只有个人利益的保护，没有任何义务的负担，如今，对胎儿用了权利能力一语，对义务关系不予除外，至少犯了文字上的语病。在下虽才疏学浅，这种法例却不敢恭维。

古人说得好："智者千虑，必有一失！"许多有名的民法学者谈到这一问题，不管自己的法律上采用如何用语，都和《瑞士民法》的规定犯了同一错误，有意无意地认为胎儿依例外的反对规定，具有权利能力。有些人是从胎儿权利能力的性质上推论：过去法国学者多采"拟制说"，认为胎儿的权利能力，乃法律所拟设，在出生前已经有了。德国学者创用"条件说"，认为胎儿以出生完成为条件，始能溯及既往。"拟制说"，对于产出的胎儿，是生儿、是死体，不加过问，无异把权利能力全部授与了出生前的胎儿，当然不如"条件说"的慎重。然而"条件说"，仍以胎儿有权利能力为对象，不知法律所应保护的事情乃是胎儿个人的利益，不是权利能力的提前赋与，创说者、宗承者都犯了根本上的错误。

那么，出生前的胎儿是不是权利主体？认为胎儿有权利能力的学者当然答一个"是"字，即认为不包括义务能力在内的学者，也要答一个

"是"字。因为法律上至少规定对于出生前胎儿个人利益的保护，视为既已出生；出生是人格的开始，视为既已出生，当然是权利主体无疑。倘产出而为死体，便作为自始未承认其为权利主体。然依这个说法，究竟承认胎儿是权利主体，或不是权利主体，在说法上不免犹豫不定。另外有一种学说与其相反，认为出生前的胎儿，不是权利主体，仅保留胎儿将来应享的权利，作为无主权利的状态，不归任何人所有，等到胎儿产下是生儿不是死体，便将这种权利赋与。然而在事实上，明明是为某一出生前的胎儿而保护其权益，并非无主权利的状态。何况这种权利如系专属权，根本不能无主，无主等于乌有；如非专属权，往往可由任何人原始取得，岂能当然归到产出后的生儿身上？今由在下的浅见看来：依我"民法"规定，儿胎，以将来非死产者为限，乃能对其个人利益的保护，视为既已出生；这不过是个人利益的单纯保护，而追溯到处于胎儿的时期。"视为"既已出生，并不可即认其为通常的权利主体，也不能认其所保护的"个人"利益，是无主的权利。虽然说，胎儿在这种情形下，有种种权利可以享受，并可由其母或其代理人向对方请求，但并非因其为权利主体而享有各该权利，乃因法律保护胎儿个人利益规定的结果，"视为"既已出生而享有了。假如一定要给胎儿在出生前，加上"权利主体"的封号，依在下的意见，还不如改封出生前的胎儿为"权益主体"比较相宜。权益主体的宝座，是由法律的特别的补充规定为其建造而成，产下来就是死体，也不发生胎儿的权利能力，因一生一死而致忽有忽无的问题。

七

如今，再把法律上对于胎儿个人利益的保护的本身问题，细说一番。

首先提出的是保护的范围问题。各国立法例对此规定有两个不同的趋向：有些国家采的是相对主义，也可说是列举的规定；就是说，对于胎儿利益的保护，以法律明文规定的各别事项为限，未经法律特定的，不在其内。像德国民法上仅保护胎儿的损害赔偿、继承和受遗赠的权利，日本民法上并保护"家督相续"的权利，家督相续就是家长继承的意思和财产继承并立；苏俄也采的是法律特定主义。有些国家采的是绝对主义，也可说是概括的规定，凡属胎儿将来可以享受的利益，概视为既已出生，予以保护。罗马法上首创这说，土耳其、泰国的民法不改其制，瑞士的民法如专就胎儿个人利益的保护这一面说，也是一样。我"民法"所谓"胎儿……关于其个人利益的保护，视为既已出生"，就是采的绝对主义。所以在我法律上，除了损害赔偿请求权、受遗赠权、继承权以外，像请求生父认领权、请求扶养权，都视为既已出生，予以保护。反而言之，如非为保护其个人的利益，便不视为出生。

在胎儿个人利益的保护方面，最要紧的事情，还是得为继承人的利益。像"民法"第一千一百六十六条第一项规定"胎儿为继承人时，非保留其应继份，他继承人不得分割其遗产"；即系关于遗产继承的一种规定。所以分割遗产必须保留胎儿的应继份，才算合法处理。不过胎儿仅视为既已出生，实际上并未出生，即出生距牙牙学语时期尚远，并没有行为能力，还是要法定代理人为其主张。因而同条第二项又规定道，"胎儿关于遗产之分割，以其母为代理人"。为什么要以母亲为代理人？这因为胎儿的利益只有其母亲关切甚深，而且在胎儿为继承人的时候，被继承人多半是胎儿的父亲，胎儿已是无父的孤儿了。倘若他继承人已将遗产分割，没有给胎儿保留其应继份，胎儿的母亲自可依据"民法"第一千一百四十六的规定处理。该条的规定是这样："继承权被侵害者，被害人或其法定代理人得请求回复之，前项回复请求权，自知悉被侵害之时起，二年间不行使而消灭，自继承开始时起，逾十年者亦同。"

接着提出的是保护的条件问题。胎儿产出来，有生儿，有死体；出生云云，仅限于生儿，如系死体，不得称作出生。对于胎儿个人利益的保护，视为既已出生，当然限于出生的生儿，并非泛指一切胎儿而言。"民法"第七条所以规定"胎儿以将来非死产者为限，关于其个人利益之保护，视为既已出生"，就是这个道理。死产指胎儿与母体分离的时候，已无呼吸能力而为死体，死于胎内，死于产出过程中，在所不问，以别于出生后的死亡而言。换句话说，若与母体完全分离而能独立呼吸，纵刹那间即归死亡，已足为权利主体而与死产有别了。譬如说，《汉书·昭帝纪》载："泗水戴王前薨，后宫有遗腹子曰煖"；用今日的法律关系来解释，刘煖是泗水戴王的遗腹子，西北土话称作"墓生子"，王死时，宫人正在怀孕，这刘煖在胎中，已由法律保护其继承权益，所以视为既已出生，而列为王的遗产继承人。倘刘煖于出生完成后，突然死去，虽系很短时间的生存，已有权利能力，继承了王的遗产，为其母的宫人，当然也参与继承，只要她是王的"配偶"的话。刘煖死后，这份继承来的遗产就成为刘煖自己所有的遗产，依法即由为其母的宫人全部继承了。反而言之，假使刘煖是死产，权利能力的千道虹彩不能射于其身，一切希望都变作一场空，根本就不发生继承的问题，泗水戴王的遗产便由其他顺序的继承人与宫人同继承了。可知胎儿的产出，是生儿而非死体，对于胎儿个人利益的保护，实在是一个很重要的条件；不然的话，一切保护也就等于镜花水月，毫无实际可言。

不过在民法上关于违反结婚限制的规定，只要有怀胎的事实就可排斥其限制，将来产出的胎儿，是生儿、是死体，倒不问的。像违反结婚年龄规定的结婚，像违反未成年人应得法定代理人同意规定的结婚，像违反前婚姻关系消灭后未满六个月的结婚，只要在婚后或再婚后，已经怀胎，利害关系人便不得向法院请求撤销其违法婚姻，怀胎已排除了法律上的限制，因怀胎而发生胎儿的出生事实，更是"持之有故，言之成理"了。

八

　　胎儿在母体里虽不是当然的权利主体，但如产出是生儿而非死体，便有了千道虹彩从法坛上权利能力方面射来。所以胎儿，只要将来不是死产，关于个人利益的保护，法律上就视为既已出生，若是死产，一切都空。那么，违法故意用人工方法，使未到期的胎儿和母体分离，等于自然的小产或流产，对于胎儿最为不利，有时且害及孕妇，便不能不加以禁止而使其构成"刑法"上的"堕胎罪"。在下既在这段评话里为列位先生演述"出生"的全貌，而牵涉关于胎儿个人利益的保护上，就不能再就强使胎儿早产的"堕胎罪"，附带地交代一番。

　　"堕胎罪"的成立，据法官说，"以杀死胎儿，或使其早产为条件"。但过去学说上却只采取"胎儿杀死说"，认为须因使胎儿早产致死，乃能论罪，这，未免纵放了堕胎罪行，而使不愿做母亲的怀胎妇人等等太便宜了。现代，改采"人工早产说"，凡用人工方法使未足月的胎儿早产，都要论罪，不能因为偶尔未死，便饶恕了堕胎的人们。话虽如此，可是有几种类似的情形，不构成"堕胎罪"的。哪几种情形呢？屈指算来：（一）使妇女堕胎，以有直接或间接的堕胎故意为必要，倘没有故意的因素，仅彼此殴打，以致对方堕胎只成立伤害罪，不成立"堕胎罪"。（二）胎儿已经死在母体以内，非用手术使其产下不可，这当然不能认其构成"堕胎罪行"。至于（三）怀胎妇女因疾病或其他防止生命上危险的必要而自行堕胎，或听从他人堕胎，虽然仍认犯了"堕胎罪"，却依法免除其刑。

　　根据我"刑法"第二百八十八条至第二百九十二条的规定，这种"堕胎罪"是由五方面暴露出来，因犯罪恶性的大小深浅，所处最高本刑也就分了几个等级。

第一是"自行堕胎罪"，指的是怀胎妇女服药或以他种方法堕胎，或听从他人为其堕胎而言。想怀胎、不想怀胎，妇女原有其自由，"节制生育"是不犯罪的。但既怀了胎，胎儿虽系自己身体的一部，却是将来的自然人，就不许其任意堕胎，像打掉一条蛔虫一样。过去多少青春少妇，为了保持自己的个人快乐，不愿受养育子女的累赘，真是最要不得的事。所以虽是孕妇自行堕胎或听从他人而堕胎，法律为了保护无辜的胎儿，一律不加饶恕。不过在这种情形中，有时也许有不得已的苦衷在，像一个少女偶因失足成胎，岂可公然"学养子而后嫁"；像一个主妇偶因犯奸成胎，岂可坦然为丈夫戴绿头巾；像过去将立牌坊的贞节妇人，一时糊涂种下孽根，而想保持其羞耻心，只好出此下策；像贫苦人家的饥饿妇人，四胎、五胎怀个不已，而恐怕再继续生下子女，无从抚育，与其活活饿死，不如早早弄死；论行为是含有恶性，论动机却不无可悯，所以法律上的刑度便不很高，不过处以六个月以下的有期徒刑、拘役或一百元以下的罚金罢了！

第二是"公然介绍堕胎罪"，指的是以文字图书或他法，公然介绍堕胎的方法或物品，或介绍自己或他人为堕胎的行为而言。譬如说在报纸上登广告或在公众场所演说介绍堕胎的方法或物品，或介绍自己或他人为怀胎妇女堕胎，都构成这一罪名。列位先生如要问在下，究竟什么是堕胎的方法、什么是堕胎的物品，举几个例儿说。请列位先生原谅，在下如答复这一询问，在下也就犯了"公然介绍堕胎罪"了。因为犯罪的主体是孕妇以外的第三人，所以处刑，比"自行堕胎罪"为重，因为其行为仅系公然介绍，并未实施堕胎的行为，所以处刑比其他"堕胎罪"为轻，依法只处一年以下的有期徒刑、拘役或科或并科一千元以下的罚金罢了。

第三是"加功堕胎罪"，指的是受怀胎妇女的嘱托或取得她的承诺，为其堕胎而言。这种堕胎行为，虽然由于孕妇的自动嘱托，或得孕妇的真意承诺,但是加功而完成这种行为的加功人,不啻为虎作伥,其恶性更甚于虎,且往往连虎都伤害了。所以在刑度上就无选择地处二年以下的有期徒刑;因为致妇女于重伤的,便处三年以下的有期徒刑;致妇女于死的便处六个月以上五年以下的有期徒刑。

　　第四是"意图营利堕胎罪",指的是意图营利犯了"加功堕胎罪"而言。因为既以营利为目的而受怀胎妇女的嘱托或得她的承诺为其堕胎,恶性更甚于一般不受报酬、实施堕胎的加工人,所以处刑又重。仅是单纯的堕胎已经处六个月以上五年以下的有期徒刑。因而致妇女于重伤的,便处一年以上七年以下的有期徒刑;致妇女于死的,便处三年以上十年以下的有期徒刑。并且不问何种情形,处了徒刑以外,都得并科五百元以下的罚金,这因为犯罪的主体多半是医生、产婆、药商,为利所诱,出此下策,即以其人之道,还于其人之身,因犯罪,丧失自由不算,且科以财产刑,使其猛醒知悔。出狱以后,不敢再尝试这种玩意。

　　第五是"强暴胁迫或诈术堕胎罪",指的是未受怀胎妇女的嘱托,或未得她的承诺为其堕胎而言。这是违反了怀胎妇女的本意,而以强暴胁迫或诈术的任一行为,做堕胎的事。恶性到了尽头,刑度也就高到顶点。仅是单纯的堕胎已处到一年以上七年以下的有期徒刑;因而致妇女于重伤的,便处三年以上十年以下有期徒刑;致妇女于死的,就要处无期徒刑或七年以上有期徒刑。

　　这一段书,说到这里为止,要知"人之权利能力……终于死亡"之"死亡"的一切法律关系,且听下回分解。

说死亡（法律评话之四）

——百世延绵生不死·千秋俎豆死犹生

一

在下说了一场关于出生的喜庆评话，如今，且把话头儿转到"听起来，不大舒适"的死亡问题。死亡有两个形态：一个是自然的死亡，指的是自然人在生理方面生命的断绝而言；戏文上扮鬼的角色上引"人死如灯灭，俨然汤泼雪，若问还阳时，海底捞明月"便是。一个是法律的死亡，指的对一定期间的失踪人为死亡宣告而言。虽然死亡宣告的效力和自然的死亡无异，但既系出于法律上的推定，如有反证，当然可以撤销这种宣告，使法律上已死的人复活再生。因为说书时间的分配，今天先说自然的死亡，至于法律的死亡留待"说失踪"的节目里再为表白。

本来，佛家认为生、老、病、死，是众生的四苦，而众生轮回六道，生生死死，茫无边际，永远沉沦在"生死海"里，比梅派青衣所演的"生死恨"剧情，还要悲痛。若纯粹照佛家的话：虽说，古代从各人的身份上，特别的天子的死称作"崩"，称作"升、遐"，刚刚死了称作"晏驾"；降而把诸侯的死称作"薨"，把大夫的死称作"卒"，把士的死称作"不禄"；只有庶人的死才称作"死"。然而一样都是生命的结束，谁也解不开佛家四苦的链儿。那么，习俗方面，每就诸色人等的本质上，把和尚的死称作"圆寂""茶毗"；把道士的死称作"羽化""尸解"；把男子的死称作"寿终正寝"，把女子的死称作"寿终内寝"。这种种称谓，不问其义理如何的超凡，文采如何的典雅，一样都是"消尽无余"的"冰释"，逃不出"精气澌""生气散"的圈儿。

道家要想逃脱佛家所说的四苦，梦想长生不老，修为神仙，不时八卦炉里炼金丹，打算吞服，白日飞升，并且传述了多少不死的神话。有的说"流沙之东黑水之间，有不死山"；有的说，南海大荒中有不死国；有的说圆丘山有不死树；有的说祖州仙岛有不死草；有的说，蓬莱、方丈、瀛洲三神山有不死药。这不特是闻香止馋，而且是画饼充饥。倒是近于道家的淮南子说"生寄也；死归也"；还不失为一种达观的看法。

儒家毕竟懂得生死的真谛，曾从人的品性上或年龄上，把君子的死称作"终"，小人的死称作"死"；同时，把老而死的称作"终"，少而死的称作"死"，其未成年而死的又特别称作"殇"。这就有了死有重于泰山、轻于鸿毛的区别，和杀身成仁、舍生取义的做人道理了。人不生就不死，有生就有死，要生世而做人，要没世而名称，都是生前的任务，不是死后的关系。尤其称君子的死、老年的死为"终"，更系一语道破了死亡的意义。所以《列子·天瑞篇》上就干脆说："死者，生之终也。"这和今日认为死亡，指的是自然人生活作用消失、生命断绝而言，倒系一致的解释。既然是"人之终也"，其在法律上也就是"权利能力的终期"了。闲言慢叙，书归正传。

二

且说死亡虽系每个自然人最后莫可避免的自然事实，然而死者尽管死，生者仍旧生，一死固可一了百了，但对于未死而有关系的人却留下许多事情要为善后；而且因死亡的事实，更发生多少新的法律关系，或改变了多少旧的法律。和这些新旧的法律关系最为密切而须首先表白的，便是在某种情形下或某一种时刻里方算是"死亡"了？记得训政时期"立法院"，讨论行宪法规时候，有一天，审查"立法委员选举罢免法"草案，张委员凤九正与在下谈话未罢，忽听到讨论新疆名额问题，他起立发言，慷慨激昂。突然一声：人倒地上，双腿直伸，失去知觉。急请医生救治，经过多时，无法苏醒。医生乃当众正式宣布，"张委员已于本日下午三点十分钟去世"。然而医生究竟凭着什么根据而这样宣布呢？在法学上又是否以医生所根据的事实为据呢？

　　从法学上看死亡事实的降临，当然离不开医学和生理学上的见解，可是说法虽不像在出生事实方面那样复杂，却也有几种。有的说，脉搏停止便是死亡，这是最不完全的推断。像在下的脉槽很深，诊脉往往不着。记得婴孩时代得病，抱请一位大夫诊治，大夫一诊脉，变色而道："孩子已经没脉了！为什么要抱一个死孩子请我诊治，不是诚心和我开玩笑，毁坏我的招牌吗？"到了今天，医生为在下诊脉，往往还是从鬓角去按的。所以现今法学上对于死亡的认定，更求切合于医学和生理学的见地，而以呼吸停止及心脏不复鼓动为死亡的象征。至于是病死，是伤死，是骤死，是老死，是凶死，均非所问。采取这种象征的理由，固然由于自然人因独立呼吸开始而"出生"，自然因呼吸停止而"死亡"。但为什么要加入"心脏不复鼓动"一句话呢？这因为多少假死（Asphoyxia），像溺水、自缢、癫病、脑震荡、中毒性窒息，及呼吸道有了异物，也是呼吸停止、颜面苍白，但非心脏不复鼓动，自不能认为即系死亡。假死在医学上的特例，有延长很久的时间而又苏醒，他或她并不是复活，实在是未死。所以单用"呼吸停止"四字描写死亡是不够的，必须缀上心脏不复鼓动一句话才行。而这"心脏不复鼓动"比较"心脏停止活动"，在用语上更为稳妥。历来遭了丧事，必须先小殓，后再大殓，必须候其心窝冰冷后再入棺备葬，就是防其有假死的状态而然。至于学者或谓自然人的死亡，不应仅以心脏失去活动为准，必须每个细胞都失去活力,才算完全死亡。话虽可如此说,但人的所以为人,是整个生命的存在,不是每个细胞的活力;那么,死亡便只有以"呼吸停止"及"心脏不复鼓动"为准了。

书说到这里,有一个问题发生,就是二人以上遇了共同的危难,断定其死亡的先后关系,对于继承权方面很有影响。譬如说,同过危难的是"没有留下儿女的"夫妻两人,只是丈夫有一位祖父,妻子有一位妹妹在世。假如丈夫先死,妻子后死,丈夫的全部遗产首由其后死的妻子继承三分之二,由其祖父继承三分之一。继而妻子死了,妻子的本身财产和其所继承的财产便由其妹全部继承。假如妻子先死,丈夫后死,妻子的遗产便由后死的丈夫和妻子的妹妹各得二分之一,继而丈夫死了,丈夫的本身财产和其所继承的财产,便由其祖父全部继承。这死亡一先一后的关系,不特影响到丈夫的祖父和妻子的妹妹对于其被继承人继承的迟早关系,并使所继承的财产数额,有了增减。然而如不能显然证明其死亡的先后,又将如何决定呢?法国民法上是把自然人的年龄分成几个阶段,譬如说,由出生到十五岁的人们同遇危难,推定年长的后死于年幼的;六十岁以上的人们同遇危难,推定年幼的后死于年长的;同时并兼采性别的标准,以为死亡先后的推定。这种推定并不合理。年龄相差无几的人们,对于共同危难的抵抗,并不见得就因年长、年幼而有区分。女子固然有弱不禁风的,也有像铁弓缘上拿棒锤的;男子固然有"力拔山兮气盖世"的,也有"肩不能扛担,手不能提重"的。何况在共同危难中,还有多少外在的因素,使其先死后死呢?所以德国民法上就不为后死的推定,惟有作同时死亡的推定。我"民法"第十一条说"二人以上同时遇难,不能证明其死亡之先后时,推定其为同时死亡",就是采用德国的法例。因为二人以上同时遇难而死亡,系指每个人断绝其生命而言,可能有同时死亡的情形,这和推定双生子的同时出生,毫无道理,不可同日而语。既然推定其为同时死亡,像前举夫妻同遇危难的例子，彼此都不能互相继承，只有由丈夫的祖父、妻子的妹妹分别继承其遗产了。这以外，瑞士民法上也采同时死亡的推定，然而它却不限于同遇危难，一个死在家里，一个死在车底，一个死在海上，一个死在沙场，只要不能证明其死亡的先后，都可作同时死亡推定的。

三

死亡是权利能力的终期，自然一人逢了这一遭遇，便卸下权利能力的王冠，或棺椁藏身，长眠在地下，或化骨成灰，还原于太空。法律上一切权利义务和刑罚的指标，就不能继续而直接地射在他或她的身上，因为他或她已经作古，成为人世间的"乌有先生"了。只有在过去，习俗上对于幼殇的男女，两家父母为其举行冥婚；对于已死的妻子，往往仍要离婚，把其尸棺送归母家；这都是活人的主观行动。已经谢世的他或她根本无从表示其意思的。过去法令对于判决死刑而人已死，却戮其尸，像清雍正、乾隆两朝大兴文字狱，戮尸、锉尸的例子很多；这又是在世者的过分措施，已经谢世的他或她任凭世人如何处分，什么都不知了。多少人所传说的"仙宫乐园""阴曹地府"，诚然是神话、鬼话，但要科已经死亡的人一种义务或刑罚，并或承认其能行使权利或依然如故地享有权利，那倒是这些世界里的事，而非人世间的事！

然而人死，就完全如灯灭吗，如汤泼雪吗？灯灭了，还有余烬，雪消了还有流水，何况是做了一世的人？灭灯前的光明还留余象在人们的脑海，消雪前的洁白，还留幻影在人们的眼底，何况做了一世的人，而留下丰功伟绩或仁惠恩慈在人世间呢？人虽死了，现实的人格是终止了随现实人格而存在的权利义务或其他的忍受，当然终止无疑，这是事实问题，不是义理问题。可是他或她死亡前的权利义务，除了随死亡而消灭者外，大部分由继承人继承，却非一死即了。学者每每认为继承就是死亡者人格的延长,而操"人格继承说",虽然有人认为人格业已随死亡的事实而终止,但认为继承人,是继承被继承人法律上的地位,却也说得通。死亡者的法律上地位被人继承,这好比接力赛跑所持的信物,始终不断,依次递嬗下去。只是他或她却因死亡的事实把这种信物,移转给接替人,离开了"运动场"。信物纵然更换了"与赛者",而其"赛跑"的速度、姿势、耐力,也均因"与赛者"的不同而有增减变化,但这信物倒是百世延绵,而为"起赛者"原有的衣钵。所以法律上就规定继承关系,是从被继承人的死亡而开始,且不问继承人知悉与否,当然如此。就是一个人的继承权被侵害,隔了一定时候请求回复,其效力的发生仍然追溯到被继承人死亡的时候;遗产分割的关系亦然。因为既是"接力赛跑",自不能有所中断的。从这个角点来看,死亡虽然是权利能力的终期,但是死亡前已有的权利义务却不一定能完全化为乌有、风消云散,要表白的地方正是很多。

　　除了继承关系外,法律对于死亡者生前的权利,也往往用明文加以保护,这或因死亡者生前戴过权利主体的王冠,或为维持后世子孙的孝思而然。其中有多少含冤未伸的被害人,国家固可因惩治加害人而为其昭雪,法律上并规定"被害人已死亡者,得由其配偶、直系血亲、三亲等内之旁系血亲、二亲等内之姻亲或家长家属告诉,但不得与被害人明示之意思相反"。然如死亡者是一个犯罪人那倒是一死即了,不像古律的规定,罪及妻子或同产兄弟而由活人代他负责。反而言之,如在生前对国家社会有勋劳德泽的人,在今日,除了圣人嫡系子孙有代代奉祀的荣外,政府往往于其死亡以后,明令褒扬,设位公祭,甚或国葬或公葬,而如有人对其祀典亵渎,也就构成了违罪行为。至于一般公务员的死亡,若真有功绩、劳绩可述,也有公务员抚恤法的规定,以报答其勋劳而抚恤其遗族。不过无论如何,人已经是死了,所以社会上对于已死的人,称其官衔时候,一般都要加一个"故"字,便是这个意思。这和过去对孔子称为"先师"或"先圣"，今日一般人对别人称其已死的父母为"先严、先慈"，称其已死的兄弟为"亡兄、亡弟"，换上一个"先"字或"亡"字，完全一样。

如今，让在下再从自然人的人格权、身份权、财产权各方面，就其所受死亡事实的影响，分别表白一番。

<h1 style="text-align:center">四</h1>

先从人格权方面说：自然人随出生而具有的人格和享有的人格权当然因死亡而终止。因为他或她已不在人世间，生命、身体、健康、贞操、劳动力各权，都无所附丽；自由、信用、姓名各权，都无由发生；不特没有法子由死亡者自己主张，而且失去了别人侵害的对象。只是生前这些权利受了侵害，加害人应负损害赔偿等责任，甚或负担刑法上责任的时候，在一定条件下得由其继承人或亲属，或经由国家为其平反或申冤。不错！也许有人要说，世俗相传武则天的尸体被胡儿蹂躏过，是不是在武则天死后而侵害其贞操权呢！这不是！由现代的法律眼光来看，只是侵害尸体的罪名而已！那么，这里又有问题发生了，像名誉、秘密、商号、肖像各权，在他或她死亡以后，很可能受有别人的侵害，而且是肆无忌惮的侵害，若法律对这种侵害加以制裁，是不是认为这四种人格权没有终止呢？

以名誉权而论：我"刑法"虽规定"对于已死之人公然侮辱者，处拘役或三百元以下罚金；对于已死之人犯诽谤罪者，处一年以下有期徒刑、拘役或一千元以下罚金"。然而这是告诉乃论的罪，而告诉却限于配偶和其一定范围内的亲属；死亡者的名誉虽受妨害，既不能自己主张，连告诉权也是死亡者所不能行使的权利。法律所以有这一规定，并不是认为人于死亡后，仍继续享有名誉权，与生前无异，实系由两种用意配合而成。一种是死亡者虽与世久别，然每因别人的侮辱诽谤，致以虚构的事实，丧失死亡者一生的英名，这种存心，太伤忠厚，自然应当惩治。一种是借此维持死亡者后人的名誉，因为死亡者的名誉与其后人有密切的关系，苟对于死亡者公然侮辱或诽谤，足以使其后人难堪，实与直接对其后人侮辱诽谤无异。必须这两种用意配合起来，才能成立侮辱或诽谤死者罪，并不是本于死亡者生前的名誉权而出此。所以做文章的人常常说"对古人批评宜宽，对今人批评要严"，因为古人不复生，无从答辩，即使侮辱或诽谤了他或她，除了道德的制裁或有后代子孙为声诉外，也就别无办法了。

以秘密权而论：对于已死的人而泄露其生前应由自己保守的秘密，刑法上虽无处罚明文，然如因之而妨害了死亡者的名誉，自然可依妨害已死的人的名誉办理。如系业务方面的秘密，因为业务有人继承，便不是妨害死亡者的秘密权，却是妨害了继承人的秘密权。

以商号权而论：因商号权虽系人格权之一，但一经成为商号即与营业有关，多少带有财产权的色彩。且取得专用以后，更具有无形财产权的性质，这当然可为继承的对象。所以对死亡者原有的商号权的侵害，仍然是对其继承人而侵害的。

至于肖像权，列在人格权内，各国法律尚未承认为每个人所享有，自然说不到死后受有侵害的问题。我"刑法"第一百六十条第二项规定"意图侮辱创立中华民国之孙先生而公然损坏除去或污辱其遗像者处一年以下有期徒刑、拘役或三百元以下罚金"；这是对于国父应当特别崇敬，便不许有这种行为，并非每个人在其身后都继续有其肖像权。所以"违警罚法"上规定"亵渎国父遗像尚非故意者"，"于公共场所，瞻仰国父遗像经指示而不起立致敬者，分别处以三十元以下罚锾或二十元以下罚锾或申诫"。其目的在督促国人实现其对国父应有的崇敬，而属于行政罚的性质。至于古圣先贤的遗像，遭人故意损毁、公然侮辱，这又是亵渎祀典的犯罪行为。都不是基于人格权内的肖像权才这样的。

在下说到这里，还要补充几句：就是死亡虽系权利能力的终期，不过告知生前的权利义务，事实上再不能出自死亡者的行为，或以死亡者代理人的名义去行使或负担，并非连死亡者生前已有的人格也一笔勾销。尤其是殊勋丰功、流芳百世的人，甘棠遗爱、万古景仰，可说是永生而不死的。换句话说，自然人的人格原系得之于出生，虽因死亡而告终，但生前的人格，因其能立德、立言、立功，便赢得后世宗仰追思，而在青史上永久不灭了，这就是《道德经》上所谓"死而不亡曰寿"的注释。即普通一般人的死亡，若从孝义方面来看，依然是慎终追远、感恩报德，并不因其死亡而即被后死者忘却他或她的一切。

五

再从身份权方面说：身份权本系以身份为标的，并与其主体的身份相终始，而不可与其分离的一种权利，并因之而有义务的关系在内。譬如说，夫妻相互间所存在的权利义务，家长、家属相互间所存在的权利义务，父母对子女有保护与教养的权利义务，以及监护扶养方面的权利义务都是，这种权利义务当然因死亡而无法行使或负担，归于终止。但单纯的身份关系，却不一定就归消灭。家长、家属的身份，监护人、受监护人的身份，诚然无法存在，可是配偶的关系，彼非死亡者的妻子再嫁，或赘夫再娶，就不能因其一生一死，而在名义上就"棒打了鸳鸯两分离"；虽然已为死神拆散了这对比翼之鸟，而且后死的丈夫或已另娶了。血亲关系非人力所可改变，更不能因死亡而受影响，百世延绵、同脉相传，完全凭了这点。只是在血亲死亡后，对人不称"家父"而称"先严"，不称"家母"而称"先慈"，不称"小儿"而称"亡子"，不称"家兄"而称"先兄"罢了。姻亲的关系，如若夫死妻不再嫁，或妻死赘夫不再娶，依然照旧存在；至于妻死夫再娶，而不断绝与前妻所生的姻亲关系更是司空见惯的事。

即在因身份关系而发生的权利或义务方面，虽因死亡而终止，但也有不少的事例，可证明得由死亡者方面移转其权利义务于一定关系的人。中国旧日的宗祧继承，日本法上的家督相续，不用说了。就拿现在我"民法"的规定为例：后死的父或母得以遗嘱为其未成年子女指定监护人，这是把监护权于死亡后移转给别人了。监护关系终止的时候，应为财产的清算，倘若监护人死亡，便由其继承人为之，这是把因监护权而生的义务由其继承人继承了。对于死者生前继续扶养的人，应由亲属会议依其所受扶养的程度及其他关系配给遗产，这又是因身份关系上所发生的扶养义务，并不因其死亡而即完全吹了。至于在幼稚民族的社会，所行的"收继婚"，子纳父妾，弟纳兄妻，漠不为怪地继承了父兄的夫权，这在文明国家往往是不许的，至少是构成一个严重的道德问题。

这以外，还有属于广义身份权的社员权，也是因死亡而终止。像"合作社法"上规定社员因死亡而退社；"公司法"上规定无限公司股东及股份两合公司的无限责任股东，均因死亡而退股。只是两合公司的有限责任股东如死亡了，其股份归其继承人，不啻使其社员权有人继承下去。至于"民法"上关于合伙的规定，合伙人死亡了，因之而退伙；那么，其社员权便因死亡事实，由终止而消灭了。但契约上订明其继承人得继承时，不在此限；那么，其社员权虽因死亡而终止，却并不消灭，而由别人继承了。然而无论如何，仅是能否由继承人继承的问题，在死亡者方面，总是终止了社员权，任何情形下都没有他或她的份儿的。

"死者，生之终也"，百世延绵的身份关系固不可"终"，而生前因身份关系发生的权利义务，尤其社员权，不管能不能继承，对于已经死亡的他或她，哪有不"终"的道理？

六

今天开书，先要交代几句——在下好比梨园行里一个"里子"，没有本领拿"包银"，只在各艺园分些散碎钱，这就忙不过来了。前月特别的忙，而本刊又提前准时"开锣"，在下虽急急赶来，却误了场，还请列位先生特别原谅。前面已经分别从人格权、身份权两方面，就其受死亡事实的影响，有所表白了。

如今更从财产权方面说：财产上的权利义务，倘若属于死亡者一身专有的，当然因其死亡而归于消灭。譬如说（1）以死亡为契约终期或解除条件的终身定期金，若无其他特殊事由，这权利或义务也就因死亡的事实而消灭了。那么，什么是特殊事由呢？除了契约另有订定这种权利可以移转外，像死亡的事由可以归责于定期金债务人，法院便可因债权人或其继承人的声请，宣告定期金的债权在相当期限内仍为存续，不因死亡而终止契约。譬如说，（2）因委任契约而发生的委任关系，若无其他特殊事由，也就因当事人一方的死亡而消灭了。那么，特殊事由又是什么呢？除了另有约定或关于约定的委任报酬请求权等事外，若委任关系因一方的死亡即时消灭，显然有害于受任人利益的时候，受任人或其继承人或其法定代理人，必须在受任人或其继承人或其法定代理人能接受委任事务以前，继续处理其事务，不因死亡而消灭委任关系。譬如说（3）在赠与关系中，受赠人对赠与人有故意侵害的行为，若公然侮辱或诽谤之类，赠与人依法可以撤销其赠与，如若受赠人死亡，其撤销权便因之而消灭。然若由于受赠人故意不法的行为致赠与人死亡，或妨碍其为赠与的撤销时，赠与人的继承人在一定期间内仍得撤销。譬如说（4）不法侵害了他人的身体健康、名誉或自由，受害人虽非财产上的损害，也得请求赔偿相当的金额；但是受害人一旦死亡，这种请求权便归消灭。因为它是不得让与或继承的。然而这种请求权已依契约承认或已在起诉中即变为普通债权的性质,却可由其继承人继承了。譬如说(5)因结婚无效或被撤销,或因判决离婚,无过失的一方受有损害,得向有过失的他方请求赔偿,纵非财产上的损害,也得请求赔偿相当的金额。仍如前例,受害人死亡了,这种请求权当然消灭;若已依契约承认或在起诉中已变为普通债权性质,而非死亡者的专属权,自可继承。总而言之,专属于死亡者个人在财产上的权利义务,生前既不能让与,死后也不能继承,为例确是很多,举不胜举。然而在这个原则下,仍然不免有多少例外,假如法律不是这样复杂的话,律师们的业务,也就清淡得多了!在下的书场也就门可罗雀、无人过问了!

话分两头,假若财产上的权利义务不属于死亡者一身专有的,那么,由其继承人继承,几乎成了天经地义,只是在没有继承人承认继承的时候,其遗产于清偿债权并交付遗赠物以后,如有剩余,就归属于国库。俗话上说"为儿孙作马牛",便是把财产上权利留交给儿孙享受;又说"父债子还,夫债妻管",便是把财产上义务,留交给其继承人承担。"民法"第一一四八条说得明白:"继承人自继承开始时,除本法另有规定外,承受被继承人财产上一切权利义务,但权利义务专属于被继承人本身者,不在此限。"所以被继承人死亡了,继承人可以直接向被继承人的债务人行使其请求权,反而言之,被继承人的债权人也可以直接向其继承人请求履行债务。这两张诉状递进法院去,可说是顺理成章,倘若有人对此还要发生当事人适格与否的问题,不仅是故生枝节,而且是不值一辩。然而在这一条中,又来了一句"除本法另有规定外"的话,那毕竟是些什么情形呢?最明显的举例,就是"民法"继承编所规定的"继承之抛弃"和"限定之继承"。继承的抛弃是把财产上的权利抛弃了,随财产权而生的义务自然同样抛弃;限定的继承,系继承人限定以因继承所得的遗产偿还被继承人的债务罢了。前者要自立家业,不以父母所留财产上的余荫为贵，免得与兄弟姊妹们因争遗产伤了和气，值得提倡。后者想逃避责任，累得父母把生前的债负到九泉去，这是抄袭西洋个人主义的办法，非在万不得已时候，慎勿采用。这以外，"民法"它编对于继承人不愿继承的事例，仍有不少规定，像租赁关系中，承租人死亡，租赁期约虽定有期限，但其继承人仍得依法先期通知出租人，终止其契约，就是一个显明的例子。一切一切仍应请教于律师们，不是在下能在这回书里备举的。

　　不过还有几份特别事例，却不能不在这里交代一下：（1）一个是死亡对于夫妻财产制的影响问题。夫妻间如采联合财产制，妻死亡了，妻的原有财产归属于妻的继承人，夫当然也是继承人之一；但如有了短少，系可归责于夫的事由而生者，夫便得补偿出来，免得他继承人吃亏。夫死亡了，妻取回其原有财产，如有短少，并得向夫的继承人请求补偿，方见得公允。夫妻间如采共同财产制，如有一方死亡，除有特约外，财产半数归死亡者的继承人，半数归生存的他方；但如该他方依法不得为继承人的时候，其所得请求的数额，就不能超过离婚时所应得的数额。（2）一个是死亡对于无形财产权的继承问题。像商标权、商号专用权等等，如系独资营业，当然由死亡者的继承人继承，显而易见，毫无问题。它如矿业权在其有效期间，也可由其继承人继承。像专利权本有一定的期限，自满期的次日起即归消灭，但在满期前，权利人死亡了，如无继承人时候，其专利权便从权利人死亡这日消灭，如有继承人，须附具证明，呈请专利局换发证书。像著作权系归著作人终身享有，著作人死亡了，其继承人并可继续享有三十年；若系数人合著，其中一人死亡，死亡者的继承人除立即继承外，还可从著作人中最后死亡者的死亡后继续享有三十年。（3）一个是死亡对于死亡者遗族的抚恤问题，这不啻死亡者在生前所受薪给报酬，而于死亡后为有期限的延续，像"公务员抚恤法"上规定，遗族一次抚恤金就是按照死亡者在职年资、死亡情况，依其最后在职时月薪,分别给与若干个月俸;年抚恤金就是按死亡者死亡时或退休时的月俸额,合成年俸,依在职的年限就各别的百分比率给与。"军人抚恤条例"里的办法也是按照死亡者在职时的月薪,分别决定抚恤金的数额。它如"工厂法"上同样规定,在"劳动保险法"施行以前,工人因执行职务死亡了,除给与丧葬费外,并一次给与其遗族抚恤费及二年的平均工资,这平均工资的计算,以该工人在工厂最后三个月的平均工资为标准。又如"海商法"上也规定船员死亡,自死亡这一天起比照原薪加给三个月薪金;倘因执行职务致死,更可加给一年薪金:其实也就是对于遗族的抚恤,而以生前的薪给报酬为其给与的标准。

至于财产权的继承顺位,我法律上列有一定的次序和范围,除配偶参与各顺位的继承外,第一顺位为直系血亲卑亲属,第二顺位为父母,第三顺位为兄弟姊妹,第四顺位为祖父母;凡是三亲等以上的血亲,在继承的关系上可说是根本无份。这是后话,留待"说继承"的时候再说,这里暂且慢表,另外转一个话头儿道来。

七

且说本段评书的回目,是"百世延绵生不死,千秋俎豆死犹生",在下虽在前面已有交代,还不过说明死亡者的子孙善述父祖之志,或死亡者的丰功伟绩,永垂不灭,深深印在后世人的意念中罢了。若就社会上一般自然人而言,既都是万物之灵,而为贤智者的族类,除了猝死夭折的人以外,不能说对于死后的事没有一点儿打算。这不特是灯灭了还有余烬,雪消了还有流水,而且这余烬、这流水依然是藏身于灭灯消雪以前,不过在后来才表现出来而已。所以每个自然人除了支配他或她的生前生活以外,总不免多少以其意志影响了自己死后的别人生活。从这一角度来看,真是生不即死,死而犹生,并不仅是一个继承的关系所能概括的。这话怎么说呢?就是:每个自然人在生前的多少行为,不一定都在生前发生效力,而其效力的发生每在死后。死后发生效力的行为对于生前发生效力的生前行为(Act of lifetime),就被称作死因行为或死后行为(Act Mortis Causa);这是死亡者在生前以处理身后的法律关系为目的的行为,比较做寿衣、营生圹的单纯动作,为义更广。老实说来,就是死亡者在生前所立的遗嘱和其遗赠行为这么一回事儿。

遗嘱乃是他或她于生前预期死亡时候处置遗产或其他事务,而以发生效力于死亡后为目的的单独行为。所以无行为能力的禁治产者和未满十六岁的未成年人都不能为遗嘱,至多只可为普通的遗言罢了。遗嘱的方式共有五种:(1)由遗嘱人自书遗嘱全文,记明年、月、日,并亲自签名,称作"自笔遗嘱",像"家产全部留予儿子,女婿外人不得霸占"故事里的遗嘱便是。(2)由遗嘱人与二人以上的见证人,在公证人前口述遗嘱意旨,而由公证人笔记宣读讲解,经遗嘱人认可后,记明年、月、日,大家签名其上,称作"公证遗嘱"。没有公证人的地方由法院书记官代行这种任务;侨民在外国要立这种遗嘱,便由中国领事代行。(3)遗嘱人签名于遗嘱后,将其密封,并于封缝处签名,指定二人以上的见证人,向公证人提出,陈述其为自己的遗嘱,称作"密封遗嘱"。前清自雍正以后不立太子,只把预定继承皇位的人名,暗藏在"正大光明"匾上,就是密封遗嘱的一种。(4)遗嘱人指定三人以上的见证人,由其中一人笔录遗嘱人口述的遗嘱意旨,记明年、月、日及代笔人的姓名,大家签名其上,称作"代笔遗嘱"。其实公证遗嘱也是代笔遗嘱,不过一个是公证人身份,一个是代笔人身份罢了。(5)遗嘱人因生命危急或其他特殊情形不能依其他方式而立遗嘱,由其指定二人以上的见证人,口授遗嘱意旨,而由见证人中的一人据实作成笔记,并记明年、月、日,与其他见证人同行签名,称作"口授遗嘱"。君主时代,顾命大臣最后所受的皇命,便是这种遗嘱的性质。然而无论何种方式的遗嘱,除了附有停止条件的遗赠外,都是从遗嘱人死亡时候发生效力。

　　遗嘱的内容,除遗赠遗言以外,至少还有:(1)遗嘱上可以就其财产的全部或一部指定继承人,但以无直系血亲卑亲属为条件,并以不违反关于配偶、父母,或兄弟姊妹,或祖父母应继承的特留份为限。(2)遗嘱上可以指定遗产执行人,也可以委托他人指定。倘若没有指定或未委托指定的时候,得由亲属会议选定;亲属会议不能选定的时候,得由利害关系人声请法院指定。(3)遗嘱上可以指定遗产分割的方法,也可以委托他人代定。倘若禁止遗产的分割,免得子孙们别财异籍,这种禁止,在法律上仍然承认其有二十年的效力。(4)遗嘱上可以为其未成年子女指定监护人,但立这种遗嘱的他或她,须为后死之父,或后死之母。因为无论父尚生存或母尚生存,都有对未成年子女监护的权责,便不能由先死的一方而为监护人的指定。

　　遗嘱这种死因行为,虽因死亡而发生效力,但却不能与以死亡为期限或条件的生前行为相混。像当事人约定一方于自己或他方或第三人生存期内,定期以金钱给付他方或第三人的终身定期金契约,便不是死因行为。像当事人约定要保人按期支付保险费,而于被保险人死亡事故发生时,由保险人支付保险金额的死亡保险契约,仍然是生前行为。老实说,这种死亡事实,并不是效力发生的原因;论效力,早已开始,不过以死亡事实作为终止契约期限,或并作为支付保险金额的条件罢了。

　　遗赠乃是他或她采用遗嘱方式,在不妨碍特留份的限度内,将其财产的一部或全部赠与特定人,而于自己死亡后发生效力的单独行为。特留份系法律上为其法定继承人特别保留的数额,除非该法定继承人依法丧失了继承权,任何人不能利用遗赠手段,剥夺了法定继承人应继承的法定数额。关于遗赠的效力,除非受遗赠人在遗嘱发生效力前已经死亡,或遗赠附有停止条件,在其条件成就以前,以致根本不生效力,或暂时停止效力外,一般都是随着遗嘱的效力开始而开始,换句话说,就是从他或她的死亡时而开始。什么是停止条件呢？譬如说，遗嘱上记明对某特定人在其结婚时候赠以市房一所，遗嘱人虽已死亡，但某特定人结婚尚有时日，至少要待其选定佳期，才由关系人拨交房屋，发生遗赠的效力。不过受遗赠人在遗嘱人死亡后，也可以抛弃遗赠，其所抛弃遗赠的财产仍然归入遗产之内，而由其继承人继承。因而这抛弃的效力也就溯及于遗嘱人死亡时而开始了。

遗赠不特和生前行为的赠与不同，即与日本等国民法上的死因赠与（Gift Causa Mortis）也有区别。死因赠与的效力发生，虽与遗嘱同样是在赠与人死亡时候而开始，但死因赠与乃系一种契约，必须赠与人与受赠人意思一致，乃能成立，正与终身定期金契约或死亡保险契约的性质为近，只不过赠与效力的发生是由于赠与人的死亡罢了。然而话又说回来，既然效力的发生开始于特定人的死亡，那么，遗赠也罢，死因赠与也罢，可说都是死因行为而非生前行为；所不同者一个是死因处分，一个是死因契约而已！

八

死亡，在人情上是悲哀的事，虽然"殡仪馆"冠上"极乐"两字，谁也不愿意常常到这里来吊丧，到了这里也都要滴几点酸心之泪，这就是所谓"临丧而哀，与祭以泪"的话。然而在法律上却因死亡这一事实的出现，发现了许多新的问题，还得由其亲属或有关系者以冷静的头脑去应付，像前面所说的种种法律关系，显然不是简单的事情可知。除了那些情形以外，不要忘记的还有死亡登记、死因报告和尸体殓葬种种"节目"。列位先生不嫌耳烦，再听在下道来。

先就死亡登记说：死亡登记含有两个性质，一方面属于除籍登记，就是说在户籍簿上消除其名籍。凡因结婚、离婚而转籍，或因迁往他县有久住的意思尚且如此,何况他或她已经离开人世,而向阴间报到呢?一方面属于身份登记,就是说,因死亡而将生前的一切身份消灭,一如出生必为登记,认领、收养、结婚、离婚必为登记。来有源,变有因,去有由,对于身份的存废变更,处处都不含糊。关于死亡登记的声请义务人,其顺位为(1)家长,(2)同居人,(3)死亡者死亡时候所在的房屋或土地管理人,(4)经理殓葬的人。倘被执行死刑,或在监狱看守所死亡而无人承领的时候,其声请义务人为监所长官。关于登记的事项是死亡者的姓名,性别,出生年、月、日,本籍,职业,死亡原因及死亡地;有配偶或父母存者,其姓名、本籍及职业。然若因灾难死亡,像大地震的死亡;或死亡者的籍别不明或不能辨别其何人,像陌生的人中风暴死街上,或面目已被凶手毁坏;那只有由该管警察机关通知户籍登记机关,使户籍登记机关知有这种死亡事实,供给将来除籍的参考罢了。至于战事中的军人死亡,确有死亡事实可举,自然汇报政府,分别由其家属为死亡登记,否则仅能认为失踪,必经死亡宣告的程序,然后方能认为确已死亡,而为死亡登记的办理。这以外,"医师法""药剂师法""助产士法"上又均规定,医师等歇业、复业或移转时,应于十日内向该管官署报告;死亡者由其最近亲属报告。这虽不是死亡登记,却是与死亡有关的一种报告,因之就可撤除各该医师等的登录,免得有人冒用其开业执照,像戏文上"老黄"请来的"医生",竟把脉按到病人的大腿上去,岂不危险!

　　再就死因报告说:前面说过,声请死亡登记的事项中,要把死亡者的死亡原因和其死亡地报告出来。为什么要这样呢?无非慎防有犯罪的情形隐藏在死亡事实里,这就不能不对其死因特别重视。胎儿尚未出生,堕胎便成了犯罪,何况生世很久的人,一旦死亡,总得死得明明白白、清清楚楚,不能仅凭死亡报告,勾销户籍,就算了事。因而"医师法"上就规定道:"医师检验尸体或死产儿,如认为有犯罪嫌疑者,应于二十四小时内,向该管官署报告。""解剖尸体条例"上也规定道:"尸体在解剖时,如发现其死因为法定传染病或他杀、自杀、误杀、灾害等事,应于解剖后十二小时以内,报告当地各该主管机关。"可说都是关于死因报告的特殊规定。这以外,"违警罚法"上同样规定"死于非命,或来历不明之尸体,未经报告官署勘验,私行殓葬,或移置他处者,处七日以下拘留或五十元以下罚锾"。其主要目的仍然不外乎要弄清楚该死亡者的死亡原因,而为其申冤,便不许其私行殓葬或移置他处。戏文上,匪徒杀了人,而因曾经吃了刘公道一点亏,把人头丢入其家,希图嫁祸于刘公道,刘公道偏糊涂,不知报官,竟令工人私埋灭迹,这就做错了事。何况他为严密其事,中途又生毒计,杀了工人,一并埋了,那更是错上加罪,莫能饶恕了。

更就尸体殓葬说:死了即"了",也就以"入土为安";因而无故停尸不殓,或停匿不葬,不遵官署取缔者,便规定在"违警罚法"里,而认为是妨害卫生的违警,要处五日以下拘留或三十元以下罚锾。但这一违警,须备具两个条件:一个是"无故"而如此,若命案静待验尸,不能入殓,或劫墓之风甚盛,不能即葬,便系"有故",即非违警。一个是"不遵官署取缔",若官署认其得在宅内停柩较久,俾容易选择墓穴,然后安葬,并未加以时日限制,也就不能认为违警。它如"解剖尸体条例"也有一条规定"经解剖之尸体,除有亲属者由其亲属领回外,解剖之医学院校或医院应妥为殓葬标记";仍然是重视殓葬的事。倘有殓葬义务的人而不为尸体的殓葬,更是构成"刑法"上的"遗弃尸体罪"。这里暂且慢表,后面再详。至于出殡而用不合时宜的仪仗,或如过去上海的"大出丧",应否取缔,那是属于内务行政的范围,法律上并未加以干涉。葬,或如内地的土葬,或如台湾的火葬,或如边远地方的天葬,一任各地方的风尚或习惯,法律上也未加以限制。不过依"国葬法","凡国民有特殊勋劳或伟大贡献,足以增进国家地位、民族光荣,或人类福利者,身故后得依本法之规定举行'国葬'"。依"公葬条例",凡"育材兴学,述作精宏,品德足式者";或"创造发明对人群有伟大贡献者";或"致力建设事业,不慕荣利,协助政府泽溥民生者";或"抗灾御患,奋不顾身,地方赖以保全者";或"忠勤廉洁,政绩卓著遗爱在民者",都得由"行政院"呈请举行公葬。公葬系由"行政院"指定所在地的省市政府办理,并由省市库支给经费,而于举行公葬这一天,即由各该省市政府首长致祭。"国葬"有"国葬"墓园,公葬有公葬墓园,虽受"国葬"或受公葬者的家属,得经"行政院"的核准,或经省市政府咨请"内政部"核定,择地另葬,但仍应于墓园内建立碑记,这是国家崇德报功、送死追远的大典,而在身当"国葬"、公葬者方面,也可说是"千秋俎豆死犹生"了。

　　"说死亡"这一回书,说到这里,还是不能歇场;因为与死亡直接有关系的尸体和坟墓等等问题,在法律上也占有重要地位,只有继续说下去,然后再行另换回目。

九

　　自然人因死亡而生机终止,生命消失。当这时候在其本身上所遗留的仅是尸体;面目纵经殡仪馆技师化装如生,即一无所知,不复再为活人。这尸体,系指自然人死亡后,其筋肉尚未完全腐烂融化的体躯而言,虽然筋骨已僵,血肉已冷,甚或已开始走向腐烂之途,但仍有原来形状可见,有若入睡一般。古人称"在床曰尸,在棺曰柩";"尸"通"屍",专就未葬的尸体为说;今世,入葬以后,仍称作尸。过去命案中,州县官前往验尸,最怕尸亲纠缠,验尸之后,急急入轿,飞奔而离尸场。所谓尸亲,就是对被害人的亲属在验尸时所用的名称。尸体既是自然人所遗留的生前体躯,不能与生命同时化为一阵清风,脱离红尘;所以在宗教上、道德上和世人情感上,都重视如生,不能作为物体看待。然而,在冷面孔的法律关系上，是不是采取同一态度，还是另有一种看法；在下如不交代明白，列位先生一定也要问的。

要表明死亡者所遗留的尸体在法律上的性质，必先说出自然人生命所依赖的身体在法律上的关系。列位先生知道得很清楚：因为自然人具有精神和肉躯而成为人，就具有了人格而成为法律上的权利义务主体。单留下不死不灭的精神，没有肉躯以生命的活动而自发地表达这种精神，那是已去世的古圣先贤，而非现实的人格者。现实的人格者纵被别人骂为"酒囊饭桶""行肉走尸"，然既能饮能吃、能行能走，这一"臭皮囊"便对其所以为人的人格，有了绝对价值。所以人格者，不特不应出卖了自己精神所在的灵魂，并且不能出卖了自己的肉躯。这就是说，自然人生存时候所凭借的身体，无论是别人是自己，都不能作为所有权的标的。像过去男子的"卖身投靠"，女子的自卖为妓，虽系人格者自己的行为，别无他人教唆与引诱，可是与对方所订立的这种契约，现代法律是绝对不予承认。因为他或她根本不能把自己的身体作为所有权的标的物看待，出卖给别人家的。然若身体的一部分与身体分离，这分离的一部分即成为有体物，在不妨碍公共秩序或善良风俗的范围内，自可成为人格者所有权的标的物，曹孟德马踏青草，割发代首，这割下的发须便是他的所有物，他可以在示众以后，抛弃了，也可以收藏起来，随他的便。赵五娘因丈夫抛弃了家庭，天旱三载，公婆无以为活，家中财物典卖已空，万般无奈，只有剪下青丝街头去卖。这剪下的青丝便是她的所有物，自然可以作为买卖的标的物，倘另有人偷了去，也就构成了窃盗罪。今日，我们在理发店剪下的头发，法律上仍属前去理发的人所有，倘要拿回家中收藏，理发师是没有理由拒绝，不过我们虽未表示赠与的意思，却有抛弃的心情，就由理发师以先占者的资格收集起来，拿去卖钱。倘系女子们成撮而修长的乌发，更须问明白后，才可由理发师收为己有，发既值钱，而且所有权是属于该女子的。不特离开身体的头发如此，即如王佐断下的臂膀，从宋营带到番营，也可说是王佐的所有物，因为这条臂膀是来自王佐的身上，尊如岳元帅，威如金兀术，都不能据为己有的。

自然人在生前既不能把自己的身体作为所有权的标的，而于死亡后又消灭了法律上的现实人格，那么其所遗留的尸体更不能作为其所有权的标的，毋庸再说。但是否可作为其继承人所有权的标的，依在下看来，仍有问题。本来，遗留尸体的自然人，已经死亡，生前在法律上的现实人格随之而不存在，所留的尸体即非活人的身体，与生前脱离身体的发须皮肉性质相同，当然处在法律上物体的地位。然而它究系被继承人的遗体，自不应和一般遗产列为一起而无区分。老实说，仅限于为殓葬、管理、解剖、祭祀、供奉等目的上，作为客体，而由其继承人担负这种责任或具有某种同意权而已，日本大正十年七月二十五日与昭和二年五月二十七日大审院前后两个民事判例，就根据这一理由而认为尸体属于其继承人所有。譬如说，子孙殓葬其父祖，别人绝不能加以阻挠，纵为"国葬"或公葬，仍然许其子孙为受"国葬"或公葬者择地别葬。又如成吉思汗的尸棺，其族人也当然有保管、供奉及祭祀的权利与义务。尤其在尸体解剖方面，更重视亲属方面的同意权。原来为医学上的研究，各国法例都承认普通解剖和病理解剖的事例。除了生前有合法的遗嘱，愿供学术研究，或无亲属收领的刑尸体，或无亲属承领的病尸体、变尸体外，凡为研究死因必须加以剖验的病尸体或有犯罪嫌疑的变尸体，都须经其亲属同意而后始能解剖。即无亲属收领或承领的尸体，仍须在交付解剖院校防腐以后，登报公告尸亲承领，于满期一个月无人领尸，然后方得执行解剖。甚至于急性传染病的尸体，为了公众安宁，如必须经病理检验，始可证实其诊断，以利预防或治疗同样病例，不能不加解剖的时候，倘若其亲属有正当的理由，还是可以拒绝。其病理剖验，以不毁损外形为原则，如有必须毁损外形的必要时，有亲属者仍要取得其亲属的同意。一切一切都重视尸亲的同意，那么为继承人的尸体其与解剖关系的密切更可想而知。不过，人命既不能作为金钱的交易标的，尸体亦然，所以法律上仅规定尸体解剖须有尸亲的同意，不另作报酬的规定，惟在实际情形中，尸亲同意这种解剖，也有不少的例子是取得相当代价，作为遗产而由继承人继承了。换句话说，法律固未曾为换取代价的提倡，但也未曾为享有报酬的禁止。

十

如今，再把话头儿转到刑事法对于"侵害尸体、坟墓"罪名的规定上，更足以证明尸体虽系物体，却非寻常物体，法律上，就特别加以保护。"刑法"将"侵害尸体、坟墓"与"亵渎祀典罪"合为一章，其用意在保护信仰自由，提倡崇德报功，并以同情心寄予死亡者而安慰其子孙的孝思。因为尸体是活人的遗体，虽在法律观念上为物，而在事理上仍然是人的本身所遗留者，故除供学术的研究或死因的探索而解剖外，惟有殓葬、管理、祭祀、供奉而已！凡损坏、遗弃、污辱或盗取尸体者，就处以六月以上五年以下有期徒刑，未遂犯罚之(1)毁损指质的破坏，如武松杀死潘金莲、西门庆后，割下两颗首级投案，其对杀人行为既无手段、结果之关系，即系犯"损坏尸体罪"。其他损坏如焚烧、支解、剥面、剖胸都是。(2)遗弃指积极地移置尸体于它处，或消极地弃置不顾而言。前者像在抗战中，重庆路毙的穷人很多，不少是由所住宿的"鸡毛店"老板，于其临危时扶而置之道旁者，也有不少是来不及扶出，死于店内，即将其尸体于黑夜中遗弃者，后者像有殓葬义务的人而不依惯行方法殓葬，就是遗弃；齐桓公死后，诸子争立，尸腐生蛆，出于户外，即为实例。然在命案中，弃尸行为如认为系杀人的结果，或用以湮没证据，便不成立这罪。(3)污辱指奸淫尸体为其他侮辱行为，色情狂的"癫蛤蟆"，吃不到活着的天鹅肉，乃于其死后，尸体化装如生之际，向其发泄兽欲，便是此类。(四)盗取指不法将尸体移置于自己持有之下，这或是为对死亡者报复个人的仇恨，或是为向尸亲示威或敲诈，其原因不一而足。这些，都是未曾营葬或自己未曾开掘坟墓而言，若"发掘坟墓而损坏、遗弃、污辱或盗取尸体者，处三年以上十年以下有期徒刑"，更是加重其刑。譬如说，伍子胥掘平王墓、鞭平王尸，若在今日民间有此情事，便是犯了这罪。譬如说，世俗相传，赤眉贼曾掘墓，而奸了吕后的尸体，果有其事而在今日，也犯了这项大罪。

　　不仅对于尸体不应有损坏、遗弃、污辱或盗取的行为，凡是"损坏遗弃或盗取遗骨、遗发、殓物或火葬之遗灰者"，也要"处五年以下有期徒刑"，而且未遂犯同样要罚。倘发掘坟墓而有这样行为，更加重"处一年以上七年以下有期徒刑"。(1)所谓遗骨乃尸体腐化后所遗留的骸骨，与尸体同样珍重，不许损坏、遗弃或盗取。虽说，"洪羊洞"盗骨是正当行为，然由番邦看来，同样犯法；而过去孝子千里寻亲，负骨返葬，当然既非盗取，又非损坏，更非遗弃，这就不能为罪。然如盗取他人父亲遗骨勒赎，未遂其愿，乃将遗骨投于大海，或焚烧之，任何一种动作，都是犯罪了。(2)所谓遗发乃尸体脱化后所遗留的毛发，仍然是尸体的一部，而且是最后的象征。虽在埋葬者的生前，可以由自己剪下，为交易的标的物，然在死亡后，却不许任何人盗取或加以处分。即尸体仍然存留，特将其头发窃之而去，作为自己的赏玩品以满足过去留恋的私欲仍然是犯罪。(3)所谓遗灰乃举行火葬后所剩余的灰烬，虽然形质已变，但灰原仍为尸体，而且是后人仅有的纪念物。倘死亡并未像甘地立下遗嘱，将遗灰倾入大海，即应妥为保管，不许损坏、遗弃，而盗取遗灰，藉以完成它项目的，同样是犯罪行为。所谓殓物乃附着于死亡者遗体的物及藏于棺内的物，换句话说小殓、大殓所用的物统统在内，凡护身、护棺之物皆属殓物，棺椁、衣衾均是。这虽不是尸体的遗留部分，实与尸体的保护密切相关。侵害了殓物也就距侵害尸体或尸体的遗留物不远，因而就同样认为犯罪，不能以单纯的窃盗或毁弃、损坏等刑。像童芷龄的拿手好戏"大劈棺"，扮就田氏，凶相可怕，用一把利斧，要劈开庄子的尸棺，挖出尸体上的脑，为楚王孙作药引。除了损坏尸体的未遂罪外，因棺木为殓物之一，也就犯了损坏殓物罪。不仅不应发掘坟墓而为尸体或遗骨、遗发、殓物或火葬的遗灰而有损坏、遗弃或盗取等等行为，就是单纯的发掘坟墓，依法也要处六月以上五年以下有期徒刑，未遂犯依样地要罚。单纯的发掘坟墓，或因复仇泄恨，或因禳除早魃，或因破坏吉壤，都是其行为的动机；也有为谋取坟内财物或侵害尸体等等目的，因而出此，但未着手实行，仅留一发掘坟墓的行为。凡发掘坟墓，不能依棺数定其罪数，坟内虽合葬三棺，仍是认为一个发掘行为于发掘坟墓而毁损墓碑、墓门的行为，乃吸收于掘墓罪名之内，也与一行为而触犯数罪名的情形不同。惟所谓坟墓，应以葬有尸体或遗骨、遗发、遗灰者为限，如所发掘者为一空坟或生圹，或仅有木主。或仅硒盖碎片，都不能以掘墓论刑，只构成普通的"毁弃损坏罪"，或"亵渎祀典罪"而已！再说，刑法上处罚发掘坟墓的本旨，不外保护社会重视的习惯，并使有主坟墓的子孙克尽孝思，因而犯罪的成立与否，应以是否违背法律上保护的本旨为断。倘发掘坟墓的目的在于迁葬，并无其他作用，而发掘以后随即依照习惯改葬它处，或如学术机关考古，对于古代的无主坟墓，如四川一带由汉代所留的崖墓——蛮子洞，予以发掘，自然不能认为是犯罪行为。

　　凡犯侵害坟墓及尸体各罪，若系对直系血亲尊亲属而如此，本于孝道的立场，法律上并各加重其刑至二分之一。惟其犯罪仍以有犯罪故意为要件，若子孙惑于风水意图迁葬，因不注意，致对直系血亲尊亲属碎棺毁尸，便难认为犯罪。至于以发掘坟墓为常业的，像1931年间，关中大饥，十墓九掘，颇少幸免，这一班掘墓贼，被列为"惩治盗匪条例"上盗匪之一,其处刑更较"刑法"的规定为重。

处刑轻于侵害坟墓尸体罪,而本刑为六月以下徒刑、拘役或三百元以下罚金者,属于"亵渎祀典罪"的范围。其中除对坛、庙寺、观、教堂或公众纪念处所公然侮辱和侵害说教外,如对坟墓的公然侮辱,对丧葬、祭礼或礼拜的妨害,都和死亡事实有其源流上的关系。(1)就对坟墓的公然侮辱而言,如平毁坟墓,尚未有发掘情形,或在坟茔内为不洁的行为均是。(2)就妨害丧葬而言,如甲、乙等将其母棺迁葬新坟,族人认为有碍祖墓龙脉,伙同阻葬,除殴伤甲之外,并将坟穴毁坏便是。(3)就妨害祭礼而言,如亲属争产,而于祭祖祀亲之际,哭闹而至,高踞祀位,不许行礼即是。(4)就妨害礼拜而言,如于尼众诵经伴灵之际,捣毁灵座,推翻经桌,百般要挟,滋门无已便是。(5)甚至于坛、庙、寺、观、教堂或公众纪念处所,虽其主旨在保护个人的信仰自由,然其所奉祀、所纪念的祀主,确系过去实有其人,而因三不朽事业,留得千古追念,对其祀典自然应当尊重,不许有人亵渎。"违警罚法"上也规定"污损祠宇、墓碑或公众纪念之处所或设置,尚未构成犯罪者,处五日以下拘留或三十元以下罚金",更系防微杜渐,慎之于始,而达到崇德报功、送死追远的一贯目的,这又是"千秋俎豆死犹生"的一种表征。

说失踪（法律评话之五）

——孤雁失群不复返·白驹思枥突然归

一

话说上一回书曾经交代过：自然人的死亡有事实上的死亡和法律上的死亡两种形态；一个是自然死亡，使自然人的权利能力告终，一个是宣告死亡，同样有这种效力。其所不同的地方在于事实上的死亡是一死永不复生，结束了他或她的一部生活史，人世间再看不见这个人了。至多只是在史籍上、在记载上留着姓名功业，甚或在后人的意念上、信仰上觉得他或她并未曾死，俨然若生，如在其上，如在其前，照样地存在着而已。法律上的死亡是经过法院的宣告，推定其为死亡，或视为死亡，实际上他或她究竟是生是死，不在深求之列。既然对某一个人宣告死亡，而不深求其生或死，似乎是在下胡扯，不合道理。其实不然！倘能证明他或她还活在人世间，法院既不会帮助他或她完成其"诈死埋名"的狡计，更不会湮没事实制造出一个活的死人，那又何必为死亡宣告呢？倘能证明他或她业已向阴曹地府去报到，因为自然死亡惟有一次，现已死亡，绝没有再来一次死亡的事理，那又何必不惮其烦地而由法院为其宣告死亡呢？法院对于他或她为死亡的宣告，正由于不能证明他或她是生存还是死亡，为了种种法律关系的早日确定，便在一定条件之下，走了这一条可通的道路。

法院所为的死亡宣告，不问它是我国法上的"推定为死亡"或外国法上的"视为死亡"，都对受死亡宣告人的权利能力影响甚大，可以说死亡宣告的效力使他或她的权利归于终止。所以法院虽有为死亡宣告的权限，换句话说，法律上的死亡，必系出于法院所为死亡的宣告而然。但法院除了依法科某种犯罪人以死刑外，断没有以生为死的职权，正与英国议会权力虽大，却不能变男为女的情形相同。因而从法院方面看，就不能说想对谁宣告死亡，便对谁为死亡的宣告，必须备具一定的条件才行。第一个条件是他或她在失踪状态中；第二个条件是满了法定的失踪期间；第三个条件是由有法律上利害关系人的声请；然后再经过人事诉讼上的宣告死亡事件程序，方能以判决为死亡的宣告。那么，要探求法律上的死亡的病原所在，就得先从他或她的失踪说起，他或她如若没有孤雁失群的事儿，也就根本没有宣告死亡的文章了。列位先生不嫌天热，愿来捧场，且待在下从头道来。

失踪，据一位学者解释，是离开其向来的住所或居所，失去踪迹，生死不明；若确知其所在，或已知其逝世，均不得认其为失踪。然而这"离开其向来的住所或居所"，虽系失踪的通常表现，却不见得是构成失踪的要素。因为有多少流浪街头的人儿，压根儿就没有固定的住所、居所，即不能说他或她已在失踪的状态中。再说他或她离家出外旅行，或由家庭出走，以后虽如孤雁失群不复返，然在数年以内仍有音讯可通，好像"蝇子飞过，还留着一个踪迹"，也就不能说他或她离开其向来的住所或居所，就算失踪。学者常常讨论失踪的开始时期，如何起算，都不是以离开其向来的住所或居所为说，因而失踪的构成要素也就不能以此作准，必须与失踪开始时期所根据的事由为一致，才合逻辑。尤其在我国法律上对于失踪意义和失踪开始时期均未有明文规定，更应该毫无拘束地作合理的解释。一般说来，失踪是从最后音讯之日起算，因以前既有音讯可通，自可知其踪迹与生死。所谓音讯，并不限于由失踪人自己所发送的音讯，即如别人所传达的消息、报章所记载的事实，只要从其内容上可以明了他或她的踪迹和生死，也就不得谓非音讯。惟为包括"他或她离开其向来的住所或居所'现在地之日'，即永无音讯"的情形在内，似乎应该说失踪"是从最后知其踪迹之日"起算，这就和失踪是"踪迹不明，生死莫卜"的意思相符。不过这"最后知其踪迹"，依上所说，可有两种表现：一个是离开其向来的住所、居所或现在地，永无音讯；一个是虽有音讯，知其踪迹，却以最后音讯为止。

　　失踪不仅以"踪迹不明"为其构成要素，同时还有一个"生死莫卜"的要素在内，换句话说，必须他或她的踪迹和生死都在不明的状态中，才算失踪。假使只重视踪迹不明的话，总多少偏于"生"的方面，这应该称作"不在"，并非失踪，像缺席判决的"缺席"，拐款潜逃的"潜逃"，和被通缉人犯的"隐藏"都是。法国民法上的失踪宣告，并不合有推定为死亡或视为死亡的意思在内，实际上无非一个不在人的宣告罢了！但在多数国家的所谓失踪，在未满法定的失踪期间以前诚然不偏于死的方面，却也不偏于生的方面，这就是生死莫卜了。所以处在踪迹不明的状态中，同时也是处在生死不明的状态中；其生死不明的状态乃系对利害关系人而言，甚或对法院而言，并非对所有的一切人而言。且如世俗相传范蠡与西施泛舟五湖，张良与赤松子游，均不知所终，然在各该同伴之间，仍然是生死分明，可知生死莫卜的话，并非对所有的一切人说的。除非他或她单独出走，遁入山林，与野兽为伍，不再和世人见面；或在特别灾难中，单独遇难，且无人发现其尸体或遗物；才可在每个人的脑海里留下生死莫卜的印象！

二

　　生死莫卜的失踪人，如何而能为其死亡的宣告呢？这必须有足以推测他或她死亡的情形存在乃可。在生死不明的状态下，为死亡情形的推测，惟一可采的根据就是失踪经过较为长久的时间，而不得其踪迹。在这一定的期间届满，虽然不见得他或她一定就是死，但死的成分总超过了生的成分。一如在失踪的初期。虽然不见得他或她一定就是生，但生的机会总超过了死的机会。所以这一定的失踪期间的届满，不特是死亡宣告的一个条件，而且是利害关系人为死亡宣告的声请的要著。断不是他或她离开了向来的住所或居所，或从现在地而失去了踪迹，其利害关系人在报上登出"寻人启事"后，而无回音，就可声请法院宣告他或她的死亡。假如具有这样情形，声请人固无"图财害命"或"谋害本夫"的行为，甚或连这种存心都没有，然而总多少有利用他或她失踪的机会，而望其早日死亡的心理，性儿未免太急了！法院遇见这个无道理的声请，当然以其于法不合，要驳回的。

　　关于失踪中死亡情形的推测，其所经过的法定失踪期间，据在下从洋博士口中探知，各国法律的规定虽然长短不同，但都分为普通失踪与特别失踪两种而分别定其期间。

　　普通失踪是指他或她在非特别灾难情形下而失踪，像男女因婚姻问题，留书家庭出走；像童孩因迷失路途，永致踪迹不明；像壮年人血气方刚，不别父母，浪迹江湖；像老年人尘心已倦，潜离妻儿，云游山岳都是。对这些事例的失踪，推测有死亡的情形，期间较长；我们和德国都规定为满十年，日本是满七年，瑞士更短，只是满五年，法律本于失踪期间推定他或她为死亡或视为死亡，如别无缩短的理由，自以期间较长为合于事理；"十年一觉扬州梦"，这"十年"并不见得很长，然若失踪人为七十岁以上的人，已是风烛残年，已是古稀之年，死亡的成分和机会较多，就不能刻舟求剑似地仍以满十年为期，所以我们和德国就特别缩短其期间为满五年，这比日本、瑞士规定普通失踪的期间一律为五年精细得多了。我"民法"第八条第二项的规定是这样："失踪人为七十岁以上者,得于失踪满五年后为死亡之宣告。"所谓"七十岁"乃满"七十岁"的意思,是周年计算法,不是历年计算法,就是说由失踪人出生这一天算至失踪开始这一天,已足七十周年,方能把失踪期间由十年缩短为五年。不过在这里有一个问题,还须在下向列位先生交代一番,那就是失踪人在失踪经过中满了七十岁,是以十年计算,还是以五年计算?这一点,在下的老师和同门都没提过,而且也没有实例可作参证。据在下的浅见,失踪中满七十岁的失踪人,其失踪期间由其未满七十岁前的失踪开始时期起算,而算至该失踪人在失踪中满七十岁后,尚未超过五年,当然仍以十年为期;倘若超过其五年,便以五年为止,不再计算下去。因为失踪人已以在失踪中满七十岁的事实,将满十年的期间蜕变而为满五年的期间了。

特别失踪是指他或她遭遇特别灾难而失踪,像因战争、暴难、海难、海啸、地震、山崩、水灾、旱灾的事由而踪迹不明便是。对这些事例的失踪,由于死亡的机会超过了生存的机会,所以推测其有死亡的情形,期间较短,各国法例大都以满三年为足,只有瑞士更缩短为满一年。这以外,德国在 1916 年的法律,把战争失踪、危难失踪,仍列为三年,船舶失踪改为一年。有人说,德国的一年失踪期间是战事失踪,不是船舶失踪,在下手边没有书本子可查,只好阙疑,究竟如何,不敢擅自决定。"君子务本,本立而道生",没有书本子,也就没有道可讲了。还请列位先生包涵包涵!

然而无论如何,在以上所说的长短失踪期间,都是以期间末日的终止为期间的终止,这就是"满十年""满五年""满三年"……云云的解释。对这法定的失踪期间,既然要"满",也就不能"断";换句话说,这满十年、满五年、满三年的期间,应从失踪开始这一天起,连续地算至各该期的末日,不许有间断,不许"前搭后"地计算,一有间断,便须由间断后从头算起。譬如说,一个普通失踪的他或她,失踪后快要满十年了,忽然

"红雁捎书",使王宝钏知道薛平贵还在西凉的音讯,纵然此后,不再有消息,俨如"孤雁失群不复返";而其失踪十年期间的起算,就得从最后接得这一音讯那天算起。王宝钏假如不愿冒重婚的名而想改嫁,还得在寒窑里再熬十年,然后才能声请法院,宣告薛平贵的死亡。不过话又说回来,薛平贵的失踪是在乱马军中,和汉末蔡文姬在陈留为胡骑所劫而一时踪迹不明的情形一样,都是由于战乱的关系而然,这法定的失踪期间,如在今日,也只是三年而不是十年。

失踪人必须满了法定的失踪期间,才能由利害关系人声请法院为死亡的宣告,那么,在他或她失踪以后,宣告死亡以前,紧接着有一个急待处理的问题发生,将如何解决。那就是,失踪人所留的财产是否任其散置而无人管理呢?或将别人为其管理的行为一律视为无因管理呢,或视同无主之物听由别人先占呢?这当然都不是!必须另有一个妥善处理的办法。日本是设有不在者的制度,德国是在亲属法里为其设有财产管理条文,瑞士、土耳其是规定在非讼事件法里。我们从瑞士、土耳其的法例,在"民法"第十条规定"失踪人失踪后,未受死亡宣告前,其财产之管理,依非讼事件法之规定"。然而到了现在,非讼事件法还没有制定出来,那只有根据习惯和法理处理一切了。

依照过去的解释例:倘失踪人在失踪前,对其财产已经设有管理人,这种管理权的委任关系自无消灭之理;如若管理不当,确有事实可凭,利害关系人也可声请法院另行选任管理人。倘失踪人在失踪前对其财产并未设有管理人,便由其配偶管理,无配偶者由其最近亲属管理;直至将来宣告死亡生效时,或其失踪事实业已消灭时为止。失踪人的财产在这一阶段中既有人管理了,关于失踪人应负担的捐税义务和失踪前所负债款的偿还义务,自应由该财产管理人负担也无疑义。

三

失踪尽管失踪，而且在失踪后，还可有管理人为其管理财产，那么，为何一定要有一个失踪期间而于其期间届满后，要由法院依利害关系人的声请，对失踪人为死亡的宣告呢？法院既可根据他或她的失踪事实和法定的失踪期间的届满，为死亡的宣告，那又何必要根据利害关系人的声请呢？

这因为，失踪人失踪既久，生死不明，将来也许有生死分明的事例，像曹操终于探知蔡琰落在匈奴的消息，而使文姬归汉。也或有生死永不分明，无法探知其真实情形的，像明代的建文帝逃避国难，从南京的地道出走，当时朝野永不知其踪迹和生死；今日峨眉山上的建文峰，不过后人托古凭吊罢了。那么，他或她失踪后，倘若生死永不分明，就这样失踪下去，对于失踪人的财产，亲属和继承等等关系也就永远不能确定。非特对于利害关系人的利益直接有所损害，并且对于国家经济关系也是影响不小。因而失踪人满了法定的失踪期间，可以推测其有死亡的情形，便可以由利害关系人向法院声请，为死亡的宣告。这并非法院对失踪人故意过不去，只是为保护利害关系人的利益，而又有助于国家，不得不然。既系以直接保护利害关系人的利益为主要目的，而非故意对失踪人失踪所加的一种惩罚，便不能由法院依职权对他或她为死亡的宣告。何况法定的失踪期间，是从最后知其踪迹之日算起，惟利害关系人能明了这种客观事实，让法院以职权宣告，在事实上也是可能的。

反而言之，倘利害关系人对失踪人情感甚深，恩爱很浓，"可怜无定河边骨，犹是春闺梦里人"，虽然过了三年、五年、十年，仍望失踪人归来，宁甘愿牺牲，永不声请，法院也就不能多事，也就无理由一定要说失踪人是死了。纵然像丁令威失踪千年，化鹤归乡，城郭如故，人民全非；若就今日法律眼光看，他的太太声请宣告死亡，他虽活到千年，早已死了，若不声请，他就不活到千年，也始终是在失踪状态中，不是死亡。所以对失踪人的宣告死亡，除了失踪事实和法定的失踪期间两个条件外，由利害关系人的声请也是一个条件。倘若缺乏这一环的连系，就不能对失踪人为死亡的宣告，其结果，配偶不能再婚，儿女也始终不能继承其财产。最近看见报上有人登出广告，说他的太太"沦陷"大陆，已逾三年生死莫卜，特向社会女士求婚。我想这是一知半解地想借用民法上遭遇特别灾难的失踪期间满三年的条文，完成他不甘寂寞而要再娶的心愿，殊不知既不向法院声请对其"老基本"为死亡的宣告，就是再继续七年还是不能再娶，要是再娶，不是重婚便是妨度，不要鲁莽从事啊！纵然说对方生死不明已有三年，可作为离婚的理由，但仍须诉请法院裁判，也不能凭着一方的片面声明，就解除了婚姻关系，这一笔广告费可说花得冤枉！

　　说书的说到这里，又有问题来了。就是说，利害关系人永不向法院声请，对失踪人为死亡的宣告，他或她便也永在失踪状态中，等到岁月经过很久，连利害关系人，甚或利害关系人的儿女统统都死光了，而他或她纵然在事实上早已死亡，却在法律上仍为失踪，岂合乎理？结果其配偶除了守一而终的，无何问题外，再娶或另嫁的，显然是法律上的重婚，但因人情胜过了法理，社会上也就毫不为怪。其财产如系由最近亲属管理，该亲属如经死亡，也就往往以"走私"的形态成为其遗产，而由其继承人继承了；不然，也因岁月很久，亲属们早已发了"失踪财"而瓜分了。然而这种"走私"的办法，毕竟是法律之敌，其风实不可长。所以在下从这一观点看，认为现代各国法律对于失踪问题的规定，还不免其漏洞。总得把失踪人届满法定的期间以后，利害关系人永不为宣告死亡的声请所惹出的问题，予以解决，才显得周密，无懈可击。譬如说

(1)经过了倍于法定的失踪期间,(2)或失踪人现已超过了七十五岁以上,(3)或其后死的继承人已死亡而由次继承人开始继承时,法院便不妨本于职权催告利害关系人的声请,或不经宣告程序即在法律上视为业已死亡,这当然依各种不同的情形而定。不过这也许是在下的过虑,从一般人情上看,如确系失踪人的利害关系人,很少有不向法院声请的奇迹,何况利害关系人范围很广,其中总有一两个性儿急的,倾向现实的,别人纵不声请,这些人却绝对要声请,就在无形中将在下所过虑的问题消除了。这可说是在法理上有漏洞,而在人情上很容易填补了这个漏洞。

那么,这些有法律上利害关系的人,究竟包括些什么在内呢?失踪人的配偶,继承人是主要的利害关系人很为显然。自从劳燕分飞后,独守空房趣味毫无,对于他或她的失踪,在身份上最感觉痛苦的是配偶了。不声请为死亡宣告,就不能再娶或再嫁,只有坐对残灯,自伤薄命而已,"凤去台空人不在,金山银海任其荒",对于他或她的失踪,在财产上感觉利害的是继承人了。不声请为死亡宣告,就不能作为遗产,依法继承,只有望梅止渴,聊以自慰而已!其次的利害关系人,像受遗赠人,不对失踪人宣告死亡,就不能从其遗产中分得所遗赠的财产。像死亡保险契约内的受益人,不对失踪人宣告死亡,就不能依据契约向保险人请求支付保险金额。像有死因赠与一类关系的权利人,不对失踪人宣告死亡,就不能使赠与的效力开始,而享受其权利。像以失踪人的终身为期而对某特定人按年支付一定金额的义务人,不对失踪人宣告死亡,就不能使其义务归于终止。像因失踪人的继承其财产而致自己受债权清偿的权利人,不对失踪人宣告死亡,就不能达到这一目的。推而像失踪人的法定代理人,同样与该失踪人有其利害关系,为了解除空有其名的法定代理的责任或麻烦,仍然可本于利害关系人的资格,声请法院对失踪人为死亡的宣告。然而,利害关系人的范围虽然广泛,却有一个限度,那就是必与失踪人方面,因其失踪而发生直接利害关系才行。所以他或她纵然留有丰富的财产,倘如归其继承人继承,就可征收一大笔遗产税,今继承人不为声请,遗产税征收机关,只有眼巴巴望其法律上的死亡到来,纵然守株待兔,也说不得了。因为遗产税征收机关并非民法上所称的利害关系人,不得径为死亡宣告的声请;这不是在下的杜撰,胜利复员后,"司法院"有过这样一个解释的。

四

　　话说失踪人满了法定的失踪期间,凡有法律上利害关系的人固可向法院声请对他或她宣告死亡,仍然须经过一定的法律步骤,才能完成其目的。所以这一死亡的经过情况,并非记载在"百寿图"上南斗星君的簿册里,而系录存在"民事诉讼法"上"人事诉讼程序"中"宣告死亡事件程序"的条文里。依其所录:

　　第一为管辖问题,就是说向某一庙宇烧香还愿,必须知道庙宇所在,不应找错了庙门。接受死亡宣告声请状的法院是属于失踪人住所地的法院。但如失踪人在我国没有住所或住所不明,便以其在我国的居所视为其住所;倘再没有居所或居所不明,便以在我国最后的住所视为其住所,以决定由某一法院管辖。假使失踪人是我国人,根本不能由其本来住所或视同住所任何一方而定其管辖法院,那只有由"首都"所在地的法院管辖了。这好比拟所烧香的庙宇真是不能找到,向城隍庙去还愿也要得。

　　第二为声请状问题,法律上仅规定"宣告死亡之声请,应表明其原因、事实及证据"。"原因"是叙述所以声请的原因,法律上的利害关系也可以由这里看出;"事实"是叙述失踪人的失踪问题,法定的失踪期间也是事实的一部分;"证据"的范围很广泛,凡有关失踪事实和声请人与失踪人在法律上利害关系的种种证物都在其内。至于声请状的格式和内容究竟是什么样儿，这要列位先生向律师请教，在下是说评书的，应守本分，不敢在这里越俎代庖，侵犯了别人的业务。

第三为公示催告问题，法院接得声请状后，虽非显见其不合法定条件而以裁定驳回其声请，却也不因准许其声请即为死亡的宣告，还得经过公示催告的程序才行。公示催告除了记载声请人和法院名称外，有两件事情必须记载：一件是失踪人应于期间内陈报其生存，倘不陈报，即应受死亡的宣告；一件是凡知失踪人生死的，应于期间内将其所知陈报法院。因为对于失踪人既为死亡的宣告，使其权利能力告终，虽条件具备，仍不可不慎重从事；无论是生是死，只须在公示催告的期间内有一确讯，也就不必为死亡宣告了。这期间，从公示催告最后登载于公报或新闻纸这一天起，应在六个月以上。倘失踪人已满百岁，按照"人生七十古来稀"的话，经由八十、九十而至百岁，死的可能性实在很大，为了法律与事实兼顾，其公示催告得仅黏贴在法院的牌示处，其期间也是从黏贴在牌示处这一天起缩短到两个月以上。倘若失踪人陈报生存，而声请人否认其事实，谓系冒名顶替或诈语为戏，法院应在确定判决定前，中止公示催告及其他一切程序。

第四为各种费用问题，说到费用方面，在声请宣告死亡事件中共有两宗，但不像在一般民事诉讼方面把诉讼费用看得那样要紧。一个是调查费，声请人若未预纳，便由国库垫付，免得延缓了程序的进行。这，因为法院接受了利害关系人的声请，除了进行公示催告的程序外，并应斟酌声请人所表明的事实和证据，依职权为必要的调查。既须调查便不能不有调查费的支出。一个是关于宣告死亡程序的费用，倘若对失踪人真为死亡的宣告，当然由其遗产中支出；倘非这种情形，其费用便由声请人负担。

这些事项都是法院以判决为死亡宣告中必有的经过，其步骤却也并不简单。凡是希望失踪人受法律上死亡宣告的利害关系人,纵不过见其他枝节问题,还得耐守些时日,才可如愿以偿的。

总括以前各段而言,可说死亡宣告的条件,除了(1)须对于失踪人而为;(2)须失踪满法定期间;(3)须经利害关系人的声请;并应加上(4)须由有管辖权的法院宣告。换句话说,在法院为死亡宣告所根据的条件虽系鼎足而三,但就宣告死亡的整个形相方面而备举其条件却是骥足而四。

五

几经法院对失踪人为死亡的宣告,虽然认为与自然人事实上死亡无异,然而在立法例上,就在下所知,仍有两种看法,不相为同。换句话说,死亡宣告的效力固系一种形成判决,对于一般人都有效力;但在日本、暹罗及苏俄各国民法都认为是"视同死亡",德国、瑞士、土耳其各国民法,都认为是"推定死亡",这就有了区别。

"视为死亡"的话,不啻坚决地把这个失踪人由宣告而确定他或她是死亡了。在撤销宣告以前,不能由任何人推翻这一法律上的决定。他或她明明活着,却因死亡宣告的形式存在,妻子"翻穿罗裙另嫁人"不算重婚,丈夫"怀抱着琵琶另向别弹"不算犯奸,硬要把失踪的他或她变成一个"死活人",实在有点不合道理。"推定死亡"的话便非这样,仅是由宣告而为死亡的推定罢了!因为死亡宣告原系法律上的拟制,实与自然死亡有确定的死亡事实和确定的死亡时间不同,对其死亡虽可宣告,但不能不认为系出于推定。既在法律上以明文认其为推定,当然可以允许反证的存在。倘受死亡宣告的失踪人实际尚生存或其判决上所确定的死亡时间不当,利害关系人除了可以根本撤销这种宣告或为更正之诉以外,还可在死亡宣告的有效期间内,对于任何特定诉讼案件,反证失踪人并未死亡，或推翻宣告死亡判决内所确定的死亡时间。不过这种反证或推翻的效力只能及于该特种诉讼案件，不能及于一般人；要对一般人而发生效力，惟有根本撤销死亡宣告或对原判决的死亡时间作一更正才行。譬如说，失踪人曾经投保死亡保险，其受益人因失踪人已受死亡宣告，便向保险公司请求保险金额的支付。今保险公司对失踪人的死亡提出确实的反证，虽然没有撤销其死亡宣告，但在这一案件中，受死亡宣告的失踪人仍然被认为未死，保险公司即可免于给付而胜诉了。所以在这"视同"和"推定"之间，似乎没有多少出入，实际上却大有分别；因而"字"不得不"咬"，"文"不得不"嚼"，我"民法"就排除了"视同死亡"的观念，而在"民法"总则第九条第一项大书特书道："受死亡宣告者，以判决内所确定死亡之时，推定其为死亡。"

　　为什么在宣告死亡的判决内，要确定死亡的时间？因为宣告死亡虽系推定其为死亡，但这一推定的结果，失踪人便对一般人终止其权利能力；那么，为了相牵连的种种法律关系，在失踪人"生"与"死"之间不相混杂，就不能不在判决内确定其为死亡的时间，建立一个显然可见的分水岭。我"民事诉讼法"称"宣告死亡之判决应确定死亡之时"，即系因此而然。不过，这死亡时间的如何确定，各国立法例又有了不同。像奥国民法曾以宣告死亡或确定宣告之日为准；像德国民法每以裁判上认定为死亡之日为准；而德、奥同时又以最后音讯或灾难发生之日为准；这些办法或拘泥于形式上的宣告日期，或放任法官的自由决定，或把因失踪而为死亡推定与失踪的开始混为一谈，都不妥当。我们判决内所确定的死亡时间，并非随随便便地写下，乃是以法律上推定失踪人为死亡的时间为准，这就是"民法"总则第九条第二项所称"前项死亡之时，应为前条各项所定期间最后日终止之时，但有反证者不在此限"。换句话说，对失踪人宣告死亡，其死亡时间除有反证外，系以法定的失踪期间——十年、五年或三年——最后日终止之时为准。这和日本、暹罗的民法为同,并且极合于满法定失踪期间而由利害关系人声请为死亡宣告的本意。

原来,法定的失踪期间已满,推测失踪人死亡的可能性最大,要说他或她是死亡,也就在这个期间最后日终止时候是"双足直伸两眼朝天"了,自不必画蛇添足,另为确定其死亡时间。譬如说,因特别灾难而失踪,其死亡时间便在失踪后第三年最后日的终止时间;换句话说,就是与失踪起算日相当的前一日午夜十二时;因而受死亡宣告的失踪人,其死亡时间好像天造地设地都是半夜子时。死亡时间的确定,既然以此为准,于是死亡宣告虽然在后,而其宣告的效力,却可追溯到被确定为死亡的这一天。然而话说回来,事实上任何人绝不会因同类事由同时失踪,而即死在同一日的同一时间,更不会有一切因失踪而死亡的人,都死在半夜子时的道理。那么,对于这一种较为整齐而划一的抽象决定,倘有反证,能证明其死亡的时间,不在法定失踪期间最后日的终止时,自当别论。换句话说,如有反证,足以证明失踪人真实死亡的时间,或在法定失踪期间最后日的终止时以前,或在其以后,便以真实死亡的时间为准,而在判决内表示出来。

六

说书的说到这里,再把话头儿转到宣告死亡的效力方面。就其效力所及的范围而观,从前德国普通法时代,认为限于财产关系,这样狭小的范围实在不足达死亡宣告的作用。现代各国立法例,大都承认宣告死亡和自然死亡有同一效力,因而失踪人受死亡的宣告,其权利能力也就全部终止。财产变成遗产,由其继承人继承;婚姻归于消灭,不需离婚,即可再嫁、再娶了。然也有些国家对于婚姻关系,仍然设有不少的例外;像在德国,前婚姻的关系,并不因死亡宣告即归消灭,仅因配偶的再婚，始归消灭。像在瑞士，配偶对于前婚姻关系须经裁判上解除后，始得订立新婚姻关系。我"民法"亲属编规定，夫死妻再婚或妻死赘夫再婚，始消灭姻亲关系，其关于婚姻关系的消灭，在自然死亡方面，已非当然如此，在推定为死亡方面自亦同然。这和德国的立法精神本属相同。但一经宣告死亡以后，婚姻关系虽不能说即为消灭，却可不必受其拘束，就不必像瑞士的立法还要经过什么离婚的啰嗦手续。换句话说，从死亡宣告判决上所确定的死亡时间起，即可与别人结婚，不能算作"一马两鞍"的重婚。不过在这里倒有一个问题，必须交代一番：那就是失踪人在宣告死亡以前，假如生死不明已满一年，却可成为请求解除婚约的事由；生死不明已逾三年，更可成为请求判决离婚的事由；同样，养子女生死不明已逾三年，也可成为终止收获契约的事由。这种情形在清律上仍有类似的规定，"夫逃亡三年不还者，听经告官，给执照别行改嫁"便是。

　　死亡宣告的效力不仅对于声请人如此，对于一般人皆然，可说是发生了绝对的效力。任何人都得援用死亡宣告的事实而提出其主张，所以和一般民事诉讼的效力只能拘束系争事件的关系人不同。因而自然死亡在"户籍法"上要为死亡登记，宣告死亡既系对一般人发生效力，同样也要登记的。所以在身份登记里，受死亡宣告，便应为死亡宣告的登记。其登记以声请死亡宣告者为声请义务人，但得委托他人声请；其声请书内并应载明失踪或死亡宣告的年、月、日。

　　不过，列位先生或许要问在下："死亡宣告的效力如此广泛，连户籍都注销了，假如受死亡宣告的他或她在事实上还活着，或在判决所确定的死亡时间以后还活着或在其前已经死了，而有确讯到来，那又怎么办？"这话问得很对！因为死亡宣告只是推定失踪人在法定的失踪期间最后日终止时是死亡了。其实"孤雁离群不复返"是有的，"白驹思枥突然归"也是有的；"少小离家老大回，儿童相见不相识"，并非绝无偶见的事儿。那么,慢说他或她本人若白驹思枥而归,只要在宣告死亡后有确讯到来,证明他或她还活着,任何利害关系人都可提起撤销死亡宣告之诉。这件诉讼若由利害关系人分别提起,法院便应合并办理,成为共同诉讼。不特在这情形下,对死亡宣告可由利害关系人诉请撤销,设使宣告死亡的程序不合法定,像根本未曾为公示催告,或所定的陈报期间短于法定期间,都可作为诉请撤销的理由。至于失踪人真实的死亡时间,或早于或迟于判决内所定的死亡时间,自可提起更正之诉,这在前面已交代过了。

撤销死亡宣告、更正死亡时间的判决,仍系形成判决的性质。不特对于诉讼当事人生效,对于任何人在原则上亦然,并且有溯及既往的效力。所以撤销死亡宣告,在"户籍法"上仍须登记,不能马虎。然而,要绝对维持回复原状的原则,不设例外,法律关系反或因此而趋复杂,社会上也或因此而发生纷扰。譬如说,因宣告死亡的结果,妻子与别人结婚,财产由子女继承,好像失踪人确已死亡了一样,但褴褛离家,不知生死,锦衣荣归,居然寿考,死亡宣告是撤销了。照理,婚姻关系复活,使改嫁的妻子续作同命鸳鸯;财产关系如旧,使分割的遗产重入自家财库;与未曾有过法律上死亡一样。怎奈,瓜已剖,米已煮,再想一一回复原状,纵认为能夺天地的化育成为事实,也不知要费多少技术与工夫,一切纷扰便不免由此而生。所以法律上对撤销死亡宣告的效力就设了两个例外,弥缝这个缺陷。

一个例外是判决确定前的善意行为不受影响。善意是法律上的善意,就是说"不知之而为之"是。譬如说,因死亡宣告,失踪人的配偶与别人再婚,新婚姻的双方都确信失踪人不再生存,其结婚行为自不因死亡宣告的撤销而受影响。倘有一方或双方明知失踪人虽受死亡宣告,仍旧活着,偏因彼此妍得火热,利用死亡宣告而结婚,那么,死亡宣告撤销了,就变为重婚,前配偶自可依法向法院请求撤销其婚姻,譬如说,因死亡宣告而继承了失踪人的财产，要是不知失踪人还活着，虽然撤销了死亡宣告，继承人并不受什么影响。假如明知失踪人未死亡，却被其财产照得眼红，利用死亡宣告而继承，一旦"白驹思枥突然归"，这种遗产继承，就因之而发生问题。这些话头，不特对于撤销死亡宣告如此，就是对于更正死亡时间的判决，其效力也是不及于判决确定前的善意行为。

　　另一个例外是因宣告死亡取得财产的，倘由于撤销死亡的判决而失其权利，仅于现受利益的限度内，负归还财产的责任。譬如说，受遗赠人或继承人虽因撤销死亡宣告的判决失去权利，但已经耗费的财产，若要追回，不特牵涉甚广，而且难达目的。那么，只有就各该人等，于返还义务发生时候现受利益的限度内，负返还其财产的责任罢了！这样处理好像不很公平，尤其对于恶意取得失踪人财产的人如此。然而失踪人既已满了法定的失踪期间，连个生存的音讯都不发出，显然无意于原有财产的保持。别人虽以恶意取得其财产，毕竟本于死亡宣告而然。今纵撤销其宣告，各该人等应返还其财产，但若因此而致纷扰过甚，也就不必强其涓滴都还原主了。白驹啊！白驹啊！要思枥，早思枥！莫待迟归事已非，伴离财尽徒伤悲！这是在下对这段书的结语。下回书是"说年龄"，也有许多热闹的节目，特先预告。谢谢列位先生光顾，次场请早！

说年龄（法律评话之六）

——逐岁成年三段锦·凭年问岁百枝春

一

话说戴着权利主体王冠的自然人，不问是男是女，自出生后迄于死亡，每经过一年的时光，便在他或她的年龄上添加一岁，这和裸子植物及双子叶植物在其躯干上显示的"年轮"一般无二。从年轮上可以推算树木的生年多少，同样从年龄上可以确知他或她的岁数或年纪。岁的数目累积未断，年的记录连续而进，表示他或她是在活着，便以寿命为称。愈是活得长久，愈为人瑞，就举用一个寿字表示了。旧历过年有一副春联道："天增岁月人增寿，春满乾坤福满门"；这个寿字就是在寿命上增加一岁的意思。古人称百岁为上寿，八十为中寿，六十为下寿，这个寿字又是高年遐龄的美称。所以我们问小孩年龄，总是问"几岁"，问成人年龄，总是问"贵庚"，问老人年龄，总是问"高寿"，措辞上很有区别、很有斟酌，不是随便脱口而出。然而无论如何，在交际场所对于少女、少妇不能问年龄，因为她们的年龄最神秘，问也问不出究竟，而你偏要来问，你倒变成一个不识相的洋盘！

年龄的所以命名，据《六书故》上说"以齿察年之长幼，故谓之年龄"。世人相马，以马齿随年龄而长，遂察马齿而数其年，年龄以齿为称正系一理。"乡党论齿"并不是比赛谁的牙齿洁白，为某种牙膏招揽生

意,乃系尊敬高年的意思。而喜欢调文的人,对于自己的年龄日高每称
"马齿加长",像"犹怜马齿进,应念节旄稀",就是说自己年龄有如马齿
加长一般情形。因为年龄这一事实关系,于是在社会上,发生了很多复
杂现象。弄璋也好,弄瓦也好,生下来以后,洗三、弥月、周岁,并随着岁
月的增添而有一连串的庆举。到了相当年龄,便送到南学攻书,然后进
而就业、结婚、生儿女;于是男的由学生而先生而老先生,女的由小姐而
太太而老太太,后生固为可畏,高年尤为当尊。每一阶段的年龄各有其
人事上的特殊情况,并各有其美誉与乐趣;列位先生当能按着自己年龄
大小体会出这种味道,不用在下多说。但如转个弯儿就法律现象上去
看,年龄这一事实对于个人行使权利、负担义务以及责任等等关系,更
占着极为重要的地位,而且方面甚广,不是三言两语可以说完,且听在
下慢慢道来。

首先要为列位先生表白的,是年龄的计算,这本有年计、月计、日
计、时计四种方法。年计是按历年计算,并不扣足月、日,我国除四川等
省外,习惯上都用年计,这是"虚年龄",很不合理。譬如说,本年 12 月
31 日出生,一觉睡到明日,便是新年元旦,因为跨了两个历年,虽只两
日便算两岁。那么,在履历表上的年龄如为 50 岁,实际上往往不到 49
岁,对真正年龄的人强充老大哥,未免自作前辈! 反而言之,四川等省
固仍依历年,但出生之年不算入,这又未免矫枉过正。譬如说,本年 1
月 1 日生,到来年 1 月 1 日,直算至年底,始终是 1 岁。那么,自称 50
岁的人,实际上总有几个人是超过 50 岁走向 51 岁的路。月计是打破
年度的拘束,且不问日数多少,每次经过 12 个月份便算 1 岁。譬如说,
本年 5 月份出生,到明年 4 月底止便算 1 岁完成,而于 5 月 1 日开始其
两岁的生活,这虽较年计公允,依然不甚正确。日计是从出生这一天
起,按日计算到来年同月、同日的前一天的终期止,为满一岁,这叫作周
年计算法,最为可靠。习俗上做生日这一天,不管如何计算年龄,在日

计上总是另一岁的开始。时计是书呆子计算年龄的迂阔方法,不特要把日数扣足,还要把时数算确。两个人虽同系3月8日生,但一个生在子时,一个生在午时,其对某一阶段年龄的完成,虽在同日,但因生时的先后,便也有了迟早。虽说计算精密是值得赞扬,然而这样琐细的计算,引用到实用上去,未免锱铢必较、吹毛求疵,反倒发生种种不便,近于庸人自扰。总而言之,社会上对于年龄的计算,尽管依时代、依地区各守其宜,其或填写其年龄于种种文书之上,但法律上为求公允正确并方便计,就采用日计的方法。请列位先生注意,任何法律关系而牵涉年龄问题时候,总得从周年计算法方面去考虑,不要囫囵吞枣地以年计、月计为准,误了事情,也不要钻入牛角尖而以时计为准,自寻烦恼!

　　年龄在法律上既以日计,不以时计,那么,单就年龄的计算而言,就不像算命先生向人问年龄、推八字,把这个出生的时辰看得那么要紧。因而法律上规定就"年龄自出生之日起算",简单明了,无何枝叶问题。其所以要从出生这日起算,不像其他"以年定期间者,其始日不算入"的缘故,因为人的权利能力,始于出生,不问生时,已经是删繁就简,若再待至翌日始为起算,理论上便说不通。说书的说到这里,列位先生或者要问,"社会上忘记了岁数的人,或者少有,但是仅知出生在那一年,而不知月、日的,倒也常见,其人的年龄,又将如何起算呢?"对的!我们过去户籍行政未备,一个早离父母的孤儿,很难知道自己生年的月、日,而遗弃的婴儿,更有这种情形,为了年龄计算的方便,便不能不在法律上有一种推定。有些国家推定其为年初出生,有些国家推定其为年末出生,我们是"执乎两端而用其中",对于出生的月、日无从确定者,推定其为7月1日出生,所谓7月1日当然以国历为准。知其出生的月而不知其出生的日,也是采用中道而推定其为该月15日出生。既为推定,不过法律上一种拟制,倘有反证提出,自然许其另行认定,不必多说。

二

　　紧接着年龄的计算，而要说的书，便是回目上的"逐岁成年三段锦"。说书的喜说闲话，且把"三段锦"的命名说出：原来我国向有所谓文八段、武八段的健身术，每段各有专名，各有效能，锦丽可爱，所以叫作八段锦。自然人由出生的，戴上权利主体王冠的婴儿，经过幼童、成童的阶段，逐岁长大而至成人之年，才可以完全亲政，这在法律上叫作成年。其进行的阶段前后可分为三，各依其阶段的年龄，分取春色，活在人世，也可说是人生年龄的三段锦了。然而这个人生年龄的三段锦，看似简单，但在实际上既不像文八段的"叩齿集神""摇天柱"……那一类的话，一说便晓，又不像武八段的"双手擎天理三焦""左右开弓似射雕"……那一类的话，一教便会。它是针对着"行为能力"，根据自然人身体精神发育的步骤，把每个人的年龄分为三个阶段。最后一个阶段的成年，就要身体精神发育充足，在法律上有完全行为能力的年龄。倘再深一层说，就是自然人在法律上能为完全有效的"法律行为"的年龄。什么是法律行为？今天姑且不谈，列位先生只要记住，像与别人签定契约，像在支票上签名，像参加股东会表决等等行为，都是法律行为的对象就行。自然人到了相当年龄，认为他或她是成年了，其所以能在法律上独立为法律行为，就因为他或她是有行为能力的缘故。若在成年以前的"逐岁而进"的期间，这是未成年人；未成年人没有完全的行为能力，甚或根本没有行为能力。这有一比，婴儿继承王位，第一阶段有摄政王，皇帝仅负虚名；第二阶段，他虽问事，却要受摄政王大臣的限制；第三阶段，他便完全亲政了。他在有人摄政期间，可说没有行为能力，在有人辅政期间，可说有限制行为能力；在自己亲政期间，是有完全的行为能力。那么，要揭开人生年龄三段锦的宝箱，就得把锁匙下在行为能力这把锁上。

行为能力,这把锁有明锁、有暗锁;因而范围便有广狭不同。照说不管明暗,都应该全部下了锁匙,而且其中大半与年龄问题也不无关系,但是书说到这里,为免喧宾夺主,便采用说书的行话:"有话则长,无话则短",连与行为能力最有关系的责任能力,一点都不谈,单就最狭义的行为能力说,那便是得为法律行为的能力。因为在下没有把法律行为这个名词,向列位先生详细交代,对这解释或者还不大懂,只有再换句话儿来说。行为能力就是得以自己意思为缔结契约等类行为,而发生法律上效果的能力,也就是说能为发生法律上效果的行为之资格,成年人便有这样资格,所以他或她便有完全行为能力。倘嫌这些话还太专业,在下就粗俗地说:你和别人签订的合同算数不算数,既算数且不必要有人同意,你便有行为能力;假如有人可以否认或根本不算数,你的行为能力不是受了限制,就是压根儿没有行为能力。

行为能力和权利能力好像是哥俩,但是现代法律上每有无行为能力的人,断没有无权利能力的人。因为权利能力系自然人得享有权利或负担义务的资格,现代社会既没有非人待遇的奴隶公然所在,任何人都有享权利、负义务的先天资格;所以人的权利能力就始于出生,终于死亡,甚至胎儿以将来非死产者为限,同样视为出生,为其有关利益方面的保护。行为能力系得亲自以法律行为取得权利或负担义务的资格,这除了禁治产的特殊情形外,一般非达到一定的年龄不能取得,如达到这一定年龄,不给予行为能力也是不行。总而言之,权利能力是权利的享有问题,行为能力是权利的行使问题;尽管享有权利,不必即能行使权利,让幼童将其继承来的遗产,自动地与别人签订买卖契约,让成童完全自由地与其女同学订婚,因智能、识见均未发达充足,这种行为能算数吗? 虽说"项橐童牙作师,方知学富;甘罗屠口为相,勿论年雏";7岁、12岁胜过成人,毕竟是极端少数。所以妈妈抱着稚子而向父亲寻认，妈妈代替么儿与长兄析产，都是有权利能力、无行为能力的实证。

说到这里，顺便再介绍行为能力的"老弟"——意思能力，与列位先生见面。意识能力就是对于事物的意识力，就是能做成意思并决定意思的能力。这种能力是包含认识力和预期力两个要点在内，除了精神方面有缺陷的人，不可以常理为论外，一般都是随着年龄的增长而逐渐发育充足。所以它虽不是权利能力的前驱，却是行为能力的"同伴"。不错！一般为权利主体的自然人在通常状态下，也是意思的主体；但如天真烂漫的婴儿、不识不知的白痴，可说毫无意思能力，却不能说没有权利能力。然而行为能力的出场，倒须意思能力为伴；不然，便不能在为某种行为以前，就自己意思对该行为加以认识，并思考其利害得失，而预期法律上的效果。所以没有意思能力也就没有行为能力了。不过在行为能力方面虽与意思能力形影不离，却也不能混而为一；意思能力纯系心理上的能力，乃判断其行为是否合情合理的能力；行为能力纯系法律上的能力，乃行为能发生法律上效果的能力。依据行为能力而为的法律行为诚然以有意思能力为必要，但法律上不承认有行为能力的人，未见得没有意思能力。像孟子幼岁习礼、孔融四岁让梨、寇莱公七岁咏山、司马光五岁击瓮，在历史上数不尽的幼慧故事，能说他们没有意思能力吗？然而他们既非成童，更非成人，拿现在的话来说也就没有行为能力。

三

开罢了行为能力这把锁，人生年龄三段锦的宝箱便揭开了。它是从年龄上把自然人分为无行为能力人、限制行为能力人、有行为能力人三个阶段。就是说，未满 7 岁的未成年人无行为能力，满 7 岁以上的未

成年人,有限制行为能力,满 20 岁为成年人,有行为能力。这个人生年
龄三段锦正如八段锦是中国的健身术一样,在外国法律上却不尽然。
英、美、法、意等国系采两段锦的办法,只分成年与未成年两个阶段,未
成年人在原则上是限制行为能力人,若在实际上没有意思能力存在,才
认为是无行为能力人。罗马法和奥国民法系采四段锦的办法:像罗马
以未满 7 岁为一阶段,满 7 年到未成熟时期为一阶段,成熟时期——男
满 14 岁女满 12 岁至 25 岁为一阶段,满 25 岁以上又为一阶段;像奥国
以未满 7 岁为幼童,满 7 岁至未满 14 成为未成熟人,满 14 岁至未满 24
岁为未成年人,满 24 岁为成年人。其和我们同样采用三段锦的办法的
有德国和苏俄等国,不过德国以满 7 岁至满 21 岁为一阶段,苏俄以满
14 岁至满 18 岁为一阶段,因为他们原系以满 21 岁或满 18 岁为成年
的。如今,让在下专从我们的法所分的阶段,把这个人生年龄三段锦简
单地表白一番。

　　第一段锦是"未满 7 岁的未成年人,无行为能力":这在表面上好像
剥夺了未满 7 岁的自然人的行为能力,不大公允;然为保护他或她的利
益,正需要将其行为能力剥夺净光,一切由其法定代理人代为,于事既
有补,于己亦无损。其惟一的理由,就是由于他或她的知识能力还没有
发育,实际上绝不可能担当大事;若认为有行为能力,不特害苦了他或
她,并且害苦了别人和公众,这和禁治产人不能有行为能力的理由完全
一样。纵然有一二特殊的例外,如天才儿童,不能说一点儿意思能力都
没有,但这种片段的聪明,尚未构成知识能力的体系;而且仅限于少数
自然人如此,不是作为通例;所以就认为凡未满 7 岁的未成年人,不问
是聪明、是愚笨,一律无行为能力。无行为能力人的行为,只能乐天之
乐,哭己之哭,玩玩游戏,闹闹脾气;若用在正经的事儿上根本是无效。
换句话说,无行为能力所为的法律行为,是不能发生法律上效果的。譬
如说,未满 7 岁的幼童将其衣服借给别的幼童穿三天,这不过是做戏,

倘要以使用借贷的条文相绳，就成了笑话，因为他或她的一切法律行为都不发生法律上效果的。

第二锦段是"满 7 岁以上的未成年人，有限制行为能力"：这是说，满 7 岁以上的未成年人比较未满 7 岁的未成年人，知识经验固然进步，但比较满 20 岁的成年人毕竟有差，法律为了保护这一阶段年龄的人，便认为他或她只有限制行为能力。限制行为能力是法律行为的能力受有限制的意思；除了法律别有规定外，限制行为人所为的行为，非得法定代理人的同意或承认，也是根本不能生效；不过在特殊的情况下，倘未经法定代理人将其行为撤销，倒不一定失效，像未成年人结婚未得法定代理人的同意，并非自始无效，仅其法定代理人在一定期间有撤销权罢了。法律上所以认定限制行为能力的旨趣，原系保护此等未成年人的利益，若他或她的行为纯系获得法律上的利益，像单纯赠与的允受，免除债务的接受，即可单独为之，不受限制。又，依其年龄及身份为日常生活所必需的行为，像限制行为能力人在学龄中，购买必需用品，添置必需衣物，尽可单独为之，也不受限制。至于限制行为能力人的其他法律关系，更是五花八门，一时也说不完，只好在这里从略。

第三段锦是"满 20 岁为成年，有行为能力"：这是说自然人满了 7 岁后仍然逐岁生长，知识能力的开展与年并进，到了相当年龄，意识成熟，身体健全，足以权衡利害，辨别是非，法律上认为成年，许其独立为法律行为，这便有行为能力了。因为各国人的生理发达有迟有早，并因其国情上的特殊理由，对于成年年龄的规定各有不同；像丹麦以 25 岁为成年，奥国以 24 岁为成年，荷兰以 23 岁为成年，德国以 21 岁为成年，瑞士以 20 岁为成年，土耳其以 18 岁为成年都是。我们本于古制 20 岁为弱冠，便以满 20 岁为成年而赋以行为能力，使他或她能独立为有效的法律行为。然而无论如何，自然人达到成年年龄，行为能力便如黄袍加身一般，与之俱存，可说是"行为能力人"的另一名称，除非有宣告禁治产情事,才可使"成年人"的成年与行为能力分家——禁治产人明明为成年人,但他或她却是无行为能力人。惟如在男女地位不平等的国家,往往尊重夫权,竟把妻子变为限制行为能力人,独立经商或处理外事,都要取得夫的同意,但这种法例把成年人变成限制行为能力人,只算是一种病态,迟早是要清除完尽,不可为训。所以我"民法"上就规定行为能力,也和权利能力一样,不得抛弃;倘若有人自愿抛弃其行为能力,另为自己置一监护人,这在法律上是无效的。

不过,人的年龄在第二阶段,快要到第三阶段的期间,知识经验,比较成年人毕竟相差不远,甚或过于常人,尤其在成年年龄较迟的国家,容易发生这种现象。法律莫离乎事实,王道不外乎人情,各国法律对此每设有变通的办法,像德国、瑞士、土耳其,都采及成年宣告制,苏俄以成年年龄只有18岁,事实上已无必要,故不另加补充。成年宣告制,系对未成年人于届满法定年龄及具备一定条件的时候,由法院依法宣告其为成年的制度。除了这个变通办法以外,因为人的婚姻年龄,本于生理发育的关系,往往低于成年年龄,于是各国法律或又采用结婚成年制,像瑞士、土耳其等国便是以成年宣告制与结婚成年制同时并行,像暹罗,仅采用结婚成年制,舍弃成年宣告制。我"民法"规定"未成年人已结婚者,有行为能力",这和古代女子15许嫁,笄,视为成人是同样的道理。然如探其实质,我们这种规定,只能说未成年人因结婚而取得行为能力,并非径认为成年,故与结婚成年制,仍不尽同。

结婚,当然指合法缔结的婚姻而言,假如是纳妾、姘度或系根本上无效的婚姻,既不发生结婚的效力,也就不能因其结婚而取得行为能力。惟可得撤销的结婚,像未达结婚年龄的结婚,或已达结婚年龄而未得法定代理人的结婚,虽都可在法定期间内请求撤销,然因其撤销的效力不溯及既往,于是在撤销以前,其结婚仍属有效,故仍可因而取得行为能力。尤其在我国边鄙地区,往往盛行早婚,距结婚年龄相差过甚,既系一种习惯，也就根本不发生撤销的事儿，这便与因结婚而取得行为能力的本旨，不相符了。但是话又说过来，对结婚的未成年人予以行为能力，虽说由于他或她已届结婚年龄，知识经验尚较发达，故采这种变通办法。然同时也因未成年人既已结婚，闺房之内，伉俪之间，可能时时发生许多法律行为，倘若事事取得法定代理人的同意，不特易起纠纷，而且啰嗦不堪。不痴不聋不作阿家、阿翁，正是这个道理。

那么，未成年人因结婚而取得行为能力，既出于两个原因，演变下去，便有两种事实发生：就其已届结婚年龄，知识经验，尚较发达一点而言，其行为能力，当然不因婚姻的存续与否而受影响。在下举出"1931年院字第四六八号"的解释，为列位先生一读："未成年之妇女已结婚者，有行为能力，不因夫之死亡而随同丧失，其有和诱之者不能成立犯罪。"因而未成年的男子丧妻，或男女婚后离婚，依然各自继续有其行为能力。就其因婚姻关系有此必要，并非径认为成年一点而言，其行为能力虽在婚姻关系继续中，遇有重大事项仍须受有限制；像夫妻财产制契约的订立、变更或废止，像夫妻两愿离婚，凡是未成年人都要取得法定代理人的同意才行。这好比放缰的马，依然留几根绊儿，将它系牢一样。

四　法律实务类

从写法律文章说起

一

　　"文章是逼出来的"，这是报社、杂志社跑稿人向写稿人存的一种普遍心理。诚然在实际上登门请稿和电话催稿，总比专函约稿的成效高过数倍。但是稿件迟迟其来，并不是完全由于写稿人的疏懒，可说写作的兴趣和时间是最大的原因。因为既然叫作文章，而非实用的讲稿、讲义之类，除了意思丰富、内容充实，必须持之有故，始能言之成理以外，还得斟酌文笔的如何运用，章法的如何安排，这就不是率尔操觚的事了！写文章，首须心有所感，兴有所至，然后选择一个空闲的时间，摒绝他事，坐在明窗净桌之前，一杯浓茶在案，一支香烟在手，悠然自得地下笔而书，或能写出一篇像样儿的文章来。当然了！大文豪、大作家，文思有如潮涌，文笔不啻神催，绝不受任何环境的支配，但我个人却因天赋和学力的限制，就逼不出好的文章来。大写其法律文章，要想急就成章，更觉困难重重。第一，我不怕写法律文章，而怕的是没有准备好的适当题目；第二，我不怕有了题目还不能写法律文章，而怕的是没有宽裕的时间，让我好好地写。没有准备好的适当题目，不免敷衍成文，难见精彩；没有思考斟酌的宽裕时间，慢说不能"三思而后行"，连"每思可也"也办不到，这就不会写出一篇令自己较为满意的法律文章。因而跑稿人向我逼稿的时候，我断不敢承应写正式的法律文章，只有以法律闲话、法律漫谈的体裁,写些补白的话头,这不是"塞责",实在是"藏拙"!今次,虞舜先生逼稿逼得紧,选个适当的题目都没工夫想出,便从写法律文章的话谈起。

写法律文章和写政治文章大不相同,前者以法理为骨干,法理具有内向性,极为复杂而精致,非有静的工夫去思考,便不能保证其绝无瑕疵;后者以政理为核心,政理具有外向性,极为活跃而显著,非有动的力量去发挥,便不能断定其即为精彩。所以写政治文章,只须写稿人有学有识、有才有能,见事真、认理明,凭其一气呵成的笔调,展纸疾书,仗其万人莫敌的笔锋,构思属稿,不必多加琢磨,即可写出一篇有声有色而动人阅读的政论、政评。许多撰写报社社论的高手,在很短促的时间内,写一段、排一段,固然是多写而生巧,习惯成自然,也是由于文章的性质使然,若写道地的法律文章便难如是。因为法律文章除了纯粹法律哲学的部门外,是受着复杂无比的现行条文的拘束,写任何一个法律问题的文章,总得把有关的条文考虑周详。条文已经规定了的事项而你不知道,再来主张,等于拾人唾余,索然无味。你如知道有这种条文而忘记了正确的字句,无论是批评、是引用,却得查明条文,方好下笔。换句话说,要批评它的不合理,总须认识庐山真面目,才能针对它的缺点而加攻击。要引用它为持论的依据,更应明其底蕴,增加自己的信心,乃不致貌合神离,不切实际,甚或开门揖盗,大唱反调。你纵然是写法律文章的高手,却不一定是背诵法律条文的能手,而要把复杂无比的条文,统统刻在心头更是不可有的事实。所以写一篇正式法律文章,绝对要有时间,仔细思索,要有工夫,翻阅条文!如若平日没有准备,临时没有工夫,急急忙忙地写下去,像我写这篇漫话的办法,殊非所宜。

写法律文章还有一层困难,那就是在一般人眼光中,法律这种知识,本来是硬性的,而法律条文更是死板板的规定,干枯无味,很难使人发生兴趣,比起政治知识的引人入胜、活跃有力,真是差得太远了!那么，为争取读者起见，写政治文章自然容易讨好，写法律文章确实十分吃力。在报章杂志写法律文章不比写法学专著，是想要大众阅读而不是供给于少数修习或研究这门学科的人们，既吃力而又不容易讨好的事情到底是不上算的。因而写法律文章，不特要重视法理和事理，为了吸引读者更得要重视文理；换句话说，不特在文章的说理上求其"真"，在文章的目标上求其"善"，并得在文章的作法上求其"美"。"为文章而文章"，诚然不是写法律文章的作用所在，但欲实现这个作用，却不能不重视文章的本身是否能引起读者的兴趣。读者喜欢轻松的笔调，自不妨轻松一下，读者喜欢故事的铺陈，又何妨铺陈一下。利用读者的兴趣，灌输法律的知识，也就是孟子对齐宣王而谈仁政的办法。你如摆起面孔，高谈法理，读者嫌其无趣，废卷不读，想达法律文章的作用，也是徒然。所以写法律文章在准备和筹思方面，固然要在"释"字上用工夫，而在下笔行文的时候，仍得要从"动"字上选择格调，磨炼章句，好像商店门口的招待，先将客人请到里面再说一样。在"辞"的条件下既要有"动"的描写，而这种"动"的描写虽说要引起读者兴趣，还得有一个尺寸，使其恰到好处，所以写一篇自己较为满意的法律文章，实在是不大容易，至少在我个人如此。

二

为报章杂志写法律文章是那样的费时间、费工夫，除了像我所写法律闲话、法律漫谈这一类的小玩意，无足轻重外，对谁也都是逼不出大文章来的。除非写稿人预有腹稿，早作准备，确因疏懒而不执笔，才可达到逼出文章的目的。写到这里，无话再说，却连带想到案牍文学中的法律文章，这种法律文章约可分为法令案由书、诉愿决定书、当事人书状、检察官书类、法院裁判书相类。这，一面是受公文程式的限制，而有其一定的章法与笔调，一面仍可当作一篇文章看，而有其下笔的要点与条件。其中关于法令案由书，无论是总说明、逐条说明，既在"说而明之"，自然以详明清晰而无废话为起码条件，其应顾及法律方面的原则，或按诸事理而改变之，均应说得头头是道，免有疏误更无待论。不过，法令案由书，仅供制定法令者的参考，尚无对外效力；若法令制定后而写理由书，那就非经过制定法令的同一程序，不能认为有权解释的公文书了。"五五宪草"的说明书，就是一个显例。推而像过去司法院的解释法令，今日大法官会议的解释宪法与法令，就文章方面说，都是集体写作，非个人所能写的。关于诉愿决定书，连同原机关决定书，最忌的是"官样文章"，不细为剖解理由而将当事人的请求驳回，当事人又何能甘服？往往因在公文上省了几句话，不能服当事人之心，反而使诉愿的程序一层一层地进行，这样的法律文章可说未达到它的任务。尤其决定书的文章，每由于先有决定的结论，不一定详为法理的研讨而来下笔，于是勉强成说，官样十足，甚或张冠李戴，派人不是，专从文章方面说，也是失去了"真"的条件。关于检察官书类的文章，起诉有起诉的理由，上诉有上诉的理由，不起诉也有不起诉的理由，这些理由固为见仁见智，各有不同，并因被告与告诉人或告发人立场关系，总有一方不为满意。然说理总须透彻，证据更须清楚，把这样书类让局外的第三人读来，确信其书类上的叙述是振振有辞，可以作为起诉、上诉或不起诉的理由，这就是一篇好文章了。

除了法令案由书、诉愿决定书、检察官书类的三类法律文章外，首先要特别提出的是法院裁判书的法律文章。这在民国以前，虽依"律例"所示，断案须具引律例全文，意在罪与法当，免有出入；然在实际上，却是情理、事理重过法理，而文理更为必要。判牍竞尚词藻，每成一时风气，例如随国判牍、樊山判牍，更不仅系文人之笔，并且是才人之笔。但如今，时代不同了，判牍上的恃才傲物，既已不合时宜，而翰苑文章也只有供少数人的赏鉴，不可以适用于一般向大众而发。在宝岛上，有一次的判决书内，用了"司马昭之心，路人皆知"的典故，因当事人不懂这句话发生了小小问题。所以裁判书类既系对当事人说话，至少在宝岛上不宜用典故陪衬，而以"白描"为贵。也有人向司法当局陈情，希望裁判书用语体文，道理很对，但因法律条文能否改用语体，裁判理由能否因改用语体即为人人通晓，尚成问题，而语体文比较文言文所用的字数和所占的篇幅，几乎超过数倍以上，在法院事繁人少、经费又限制的今日，先碰上一个不易解决的困难，也非善策。这只有把判词极力使其明显平易、深入浅出，便是判牍文章首所需要的条件。此外，在判牍文章上，要注意的仍然是几句老话：认事要认得真，法官固不能"创造事实"，但稍不经心，总难免"偏差事实"；用法要用得当，法官绝不能"故入人罪"，但稍不留意，或不免"误入人罪"。然而这些，乃是判牍文章的实质问题，若就文章论文章，纵有曲解事实或用法不当的情事，却在形式上不一定说就是一篇不好的文章。所以最忌的格调语句是判牍的本身发现了重大瑕疵，或自相矛盾，或留有漏洞，单就文章而论，也就不能算好。譬如说，对同案共同被告多人各为判词，达数万言，如不倍加小心，便很容易有矛盾的见解，前后并存，上诉理由也就以其矛而攻其盾了。譬如说，主文内驳回了起诉人或上诉人各项请求，而在理由项下，竟将某一项请求驳回的理由遗漏，或将两项不同性质的请求误会为一，使上诉人欲寻驳回理由而答辩之，竟毫无所得。这两个事例，都是失于疏忽，违反了写法律文章在辞字工夫上而求周密的法则。譬如说，第二审以上的判决书，纵然维持原判，然上诉人既有其不服的理由提出，总得针对这些理由加以驳回，才可使上诉人心有所得。倘只把原判的理由重述一遍，而最后来一个"认事用法，洵无不合"八个字，将上诉予以驳回。这种似乎是避繁就简的章法，在案牍文章上说，也是极不相宜。

其次，要特别提出的是当事人书状的法律文章。无论是起诉状、告诉状、自诉状、反诉状、答辩状、上诉状、抗告状、声请书、陈情书,如若不由律师代撰,而又无内行的人捉刀,往往连事实都说不清,法理更不得而明,根本谈不到法律文章这句话上去。就是请了律师,而这位律师如若特别重视事理,懒于扣紧法理,这张状子也不能算是法律文章的上乘。大家总都记得一代文豪章士钊氏,看过他在《甲寅》杂志上的文章,不管见解如何,总是能写文章的人。他在上海执行律师业务,所撰状稿,单论文章,真是读之有声,不愧为"老虎"作家,但因不能把案情中的是非,扣紧法条上的曲直,这样很好的文章在书状文章方面便减色了。因为法律文章是以"文"辅"法",而达其作用,并非以"文"胜"法",而夺其目的,反客为主,乃系"喧宾",自然是不相宜的。不过书状文章,包括律师的辩论、辩护意旨书在内——毕竟与判牍文章的适用对象不同,从而文笔的运用与取舍也就有了区别。判牍文章是对一般当事人看的,自以明显平易为主,不宜用典引喻;书状文章是送呈法官、检察官看的,"文乎文乎"一点,只要不是为作文章,而是为谈法理,倒也没什么关系。尤其辩论意旨书、辩护意旨书是律师以代理人或辩护人的身份,送给庭上作判决的参考,更不必抄录副本与对造,很可本于法理、事理、文理做出几篇像样儿的法律文章来。然而这却不是容易的事。无论代撰状稿或写意旨书,必须费不少时间详询当事人有关案件事实的经过与演变,一点儿不能放松;并须破多少工夫追询当事人有无证据或反证,而使当事人所不注意的重要证人、证物不致遗漏。如当事人为被告,更应仔细从对造或检察官的诉状研究起,就委任人应持的理由方面,阐明事理上的真相,酌斟法理上的解答,提出答辩状来。同时为了提出辩论或辩护意旨书,费不少时间去阅卷或"抄供"!破许多工夫来思考、来下笔。总得使自己写的书状理由站得稳,不要有漏洞、有弱点;一张案情复杂的书状,从下笔起可能有一周的期间才会完稿。这,虽是我个人的迟笨所致,不是一般现象,但要防御周密,针锋相对,无论如何是要费些时间、破些工夫,而不像写政治文章那样迅速！至于在书状内,为了庭上容易明了案情真相,并或要作成许多表格,附于状内,这更费时间、破工夫了。所以书状文章的写出,在我是"笨鸟先飞",早作准备,否则,为法院的期限所逼,虽然逼出文章,仍然不能写出令自己满意的文章来,正如今日写这篇漫谈一样,提起笔来,一直写下,也不过凑数补白而已！不过,写报章杂志的文章或可这样随便一下,撰书状的文章对当事人的利害关系甚大,便不应马虎从事。我办案子不愿委托副手写状,而必亲自动笔,并不是不信任人而自讨苦吃,实因书状文章的准备资料千头万绪,副手断不能得到"我心之所同然耳"！

论法律方面的基本知识

一

　　三百六十行，行行出状元，按照科甲的年次，三年之中必有一位，其他榜眼、探花和二甲进士的超优人才更是很多。他们在每一行业中的成名立业，必定是能领会各该行业的基本知识一种或二种，然后方得施展本领，为大匠斫，这绝非浅学寡闻者所可做到的。就拿梨园行的谭鑫培说罢：他并不是完全由于供奉清宫而成名，因为供奉清宫的角儿太多了，谁能赢得"满城争说叫天儿"？他的本领是文武昆乱不挡，结果便造成须生泰斗的地位，而其最得力的地方除自幼苦练功夫外，还有一套基本知识是别人所忽略的。那就是他对中原音韵的娴熟，念字既准、行腔且润，一切尖团等等辨别得又很正确，余叔岩能继承他的衣钵也在这些地方。后来，虽如负盛名的马连良，对于字音有时竟也马虎，老伶工刘景然在后台听他念错了一个字，便惋惜道，"如此名角！"可见唱戏固系一种小道，而要成名立业，其本行的基本知识，总得具有，乃可翻陈出新，不同凡响，至于黎明早起，蹓跶到旷野或城墙根儿喊嗓子，也许可能在梨园行博得二甲进士，然而单凭这种苦学却不必准能取得三鼎甲的荣衔。

　　把这话说到研究学问方面，谁都知道国、英、数是最要紧的课程，这不过是求学的三种工具，并不是每一类学问的基本知识。按照各类学问的性质而求其基本知识所在，正如三百六十行各有其道，不可强同。譬如说，研究采矿冶金或古生物学的人，要是没有地质学的基本知识，试问他有什么贡献？研究政治史、社会史，或其他各种专门史的人，要是没有一般史学的基本知识，试问他能有如何成就？尤其显著的像现代医学部门，虽然内、外、皮肤、产妇、小儿、耳喉、鼻以及眼、牙、骨、神经、肺痨各科分得很细密，显出"业精于一"的旨趣，然而两年间的基本课程，像细菌学、生理学、解剖学、化验学……等等知识，却是每个修习现代医学的人，不能不悉心研究的。要是没有这些基本知识，纵然担任临床任务，至多有如前清非科甲出身的捐班，自然不可从其中求得三鼎甲的人物。

二

法律这一门学问的研究，同样有其基本知识所在，惟因研究法律的旨趣不同，这种基本知识何在自然有异。换句话说，研究法律的目的是希望成就一位法律通家呢，还是法律专家呢，还是法律学家呢？其中关于法律通家的解释，如把这个"通"字解释为"通常"的"通"，就是说一般人都需要有点法律常识，研究一下法律课程实为必要，这本不成其为"家"，开开玩笑，送他一个"通家"的美誉罢了。那么，对于法律也就不必另有什么基本知识；要说是有，便是法律绪言或导言一类的课程——在法苑门前发一张游览指南，让他进门自由观光罢了！我在这里所提出的法律通家却另有所指，因而与法律专家、法律学家同样应有其在法律方面的基本知识。

法律通家的"通"字应解释为"通达"的"通"，这通家固然不是对某类法律有其特长的专才，也不是在法学上有其建树或改进而能自成其说的学者，却是通达法律上的要诀，施其效用于实际政治精而为政治家同时所具有的重要资格。我国历代有名的政治家,像管仲、霍光、诸葛亮、魏征、王安石、张居正等等,实在都是法律通家的著名人物。倘再以小说人物比拟,《红楼梦》中的贾母、贾政,虽不亲理家中琐政,而其树立家范合情合理,正系一位法律通家的姿态。现代民主国家,以民管理政治,以法管理庶政,行政云云实即行法之谓,所以政治上的通才个个也都是法律通家,而为法治国家重要的人物。那么修习法律的人而志在成为一位法律通家。其在法律方面的基本知识,据其最切要者而言,常然是宪法学这一门课程了。

法律专家,照一般人的见解,是将"专才"与"学者"混而为一,或专于宪法学,或专于民法学,或专于刑法学,或专于国际法学,其基本知识固各有其所重,不必完全相同。譬如说,民法专家的基本知识,如以欧陆法系为宗,便不能不探本追源而推崇罗马法了。然而我这里所说的法律专家并非如此,只是就其对现实法律有精密研究或能精密运用的人而言;像我国古代的张释之、郑众、张斐、蔡法度以及其他各律家、各法司人物,都可说是法律专家。倘再以小说人物比拟,像《红楼梦》中实际上经管家政的贾琏、王熙凤、平儿及各掌一部门事务的管家等等,较诸贾母、贾政和大观园内的小姐们的身份显然有异,可说是都在专家之列。法律专家之以专为名主要地是对现实法律娴熟,能把握全体,能深入细微。那么,修习法律的人,想要成为一位法律专家,其基本知识所在,或为比较法,或为法理学,或为有关经验法则方面的学问,要视其最后目的,"专"在某一点而定。

法律学家是对法律有其学理上的根本研究,不必事事附合现行法制,不必事事拘泥现实法律,凭其理想,建其远景,以求现实法制或现实法律向其逐步推进。这些学者虽不必皆从全体方面而为法学的建树,也或各有其偏,仅从法学一部门为根本的研究,要必以学为主,而求其用。在我国过去,不特像慎到、申不害、尹文、韩非、刘劭、黄梨洲等等是

法律学家,就连儒家的贤哲也是自然方面的法律学家。法律学家的精
神是富于理想的、是惯于批评的,往往自成一家之言,也或有其独到之
处,《红楼梦》中大观园里的小姐们,每每自视甚高喜欢批评实际处理家
政的人,很有点法律学家的派头。不过其中也有不仅能说而且能做的
人物,像探春便是一个很好的例子。因而要养成一位法律学家,其所凭
借的基本知识就不必一定同于法律通家或法律专家所需要者。然因学
问为济世之本法,法律学家所需要的基本知识,仍然可认为是法律通家
或法律专家宜于接触的一种基本知识,不过在实益上不及对于法律学
家那样重要罢了。那么,这种基本知识是什么呢? 向来有两个见解,互
相对立,这就是法律哲学和法制史"执入咸阳而王关中"之争了。

三

有些人说,对于法学的深造,须有法律哲学的基本知识方能钩元提
要,探得真相,踏上了法学权威的阶梯;自然了,法律思想史一类的课程
同样重要,不在话下。这一说法,在过去,应以吴经熊氏为其代表,手头
无书,不能直接引证其持论的要点。就我个人阐述他们的意思而言:法
律哲学本系探求法律的基本原理,并认识其在万有现象中的地位,而有
一个远景放在现行法制或现实法律的前面,要想在法学界成为一位学
者,纵不愿自成一家之言,建立其哲学上的见解,至少也得对各家的法
律哲学有丰富的知识,乃能坐而论道,予现行法制或现实法律以正确的
批评,促进其走上更为完善的途径。何况当时当地大学问家及社会上
一般人的法律思想——法律哲学家的思想也在其内,往往就是现行法
制或现实法律所以制定的前驱。譬如说,有神权说的法律思想而后乃
有宗教化的法律,像欧洲中古的寺院法便是;有民约论的法律思想而后
乃有保护个人权利的法律,像法国革命后拿破仑法典便是;有社会本位

的法律思想而后乃有保护社会公共利益的法律，像现代各国的社会立法便是。所以要了解现行或现实法律的来龙去脉，如何补救其阙漏，如何纠正其差失，如何促进其功能，这都是法律学家的责任。倘一位修习法律的人，不能娴熟法律哲学和法律思想的演进，便也不能显出法律学家这一套本领来。

他们并且说，法律固然不是立法者有意识的创造，但某种法律思想既已成熟，深入每个人的心坎，这就可以自我作始，制出簇新的法律。像我"民法"上继承的制定，断然将数千年相沿的宗祧继承废去，并且承认了男女有同等的继承权，虽然当时社会上还不免有一部分人表示异议，也就不必顾虑社会惰性的牵掣，必须及时改弦更张，这就是所谓革命的立法。换句话说"社会一切习惯只能保存其良好无害，而不能悉予因仍，若不加轻重的权衡，抑且无立法之必要"。也就是说"习惯之宜保存者，固不能一笔抹煞，习惯之宜改善者亦不可曲予迁就"。其取舍之间，完全以法律哲学上的见地为其依据，以法律思想上的认识为其前驱。照这说来，研究法律而想取得法律学家的一席，自然应以法律哲学和法律思想史一类的课程为其基本知识了。

四

又有些人说，对于法学的深造，须有法制史上的基本知识，不仅中国法制史要紧，西洋法制史同样重要，即民法学者以罗马法为其基本知识之一，这罗马法在实质上也就是以罗马时代为对象的法制史了。这一说法，在过去应以董康氏为其代表，而胜利后，司法行政部顾问、美国人庞德教授也是这一见解。他们认为任何法律制度的创立必有其渊源，绝不是突然而生，凭空把一位"陌生客"迎进法苑的厅上。换句话说，现行法制和现实法律乃是法制史体系下较后的一个阶段，多少可以求得其因素于前代。且前事不忘后事之师，而翻陈既可出新，温故亦可知新，纵然是新创的法律，但得力于法制史的研究仍是很深。何况革命立法，虽在本国无其来源，亦必有其所继受的外国法制为其参照，这仍然在法制史的范围。继承以财产为主，女子并有其分，纵认为我们的创举，然在世界法制史上却已司空见惯了。

　　他们并且说，法律哲学或法律思想影响到现行法制或现实法律，但不必皆然，更不必均能为有效的影响。惟独法制史上的知识，乃是实事求是，鉴往知来，可以推动现行法制的实际效验，可以完成现实法律的灵活运用。看！立法者制定现实法律的时候，总都要参考外国的立法例，而不必宗承其法律哲学或法律思想，这种种立法例仍然属于法制史的范围。尤其是本国法制史对于本国现实法律的如此关系更为密切，清末变法将中国法系的优点未能注意，到了今日，很感觉舶来的法系精神有些地方实在不如中国固有法系的周密完善并合乎国情。抗战期间的粮食征实、各种专卖以及驿运等制，在中国过去法制上都有其辉煌的成绩，正可作现行法制或现实法律的参考。这因为历史的进展，有若水波相逐，其起灭断非偶然，以今视昔正系如此。所以不仅法律学家要以法制史上的知识为基本知识，然后才可通古论今，避虚就实，就是法律通家和法律专家依样要有法制史方面的修养。中国历代的大政治家，均能"稽古宪章，大厘制度"，而对过去兴盛之由于法制方面者，往往如数家珍；今日的法律通家对于法制史也是不能轻视的。至于法律专家诚然专于现实法为主，但"如审判方面，像古律研究"在实用上确也有许多帮助；而过去的种种法制对于现实法律的解释或运用，更不能认为没有互相参证的地方。照这说来，法制史这个课程，更是所有研究法律的人的一种基本知识，岂限于法律学家已哉？

五

这两种说法，各有相当道理，专宗其一而求得法学上的基本知识，均有成就可言。这就是说，一个是理论法学的见解，一个是经验法学的论调，理论固然可予现实法律以评判，经验依样可予现实法律以改进；两种说法所处的角度虽然不同，但在法学上的建树和对于现实法律的改进均有效果。国际法学问的发展便是一个显著的例子。昔在欧陆，首由国际法学家始祖格劳秀斯（Grotius）[①]等人，本其自然法学派的理论，创立国际法的原理原则，而由西菲里亚和会首先采用，这可说是理论法学支配了现实法律的一例。然在英伦三岛方面，却有成法派的佐奇（Zouch）等人，搜集过去若干年的许多成例，寻出可以遵守的永久规则，这也有助于国际法学问的发展，可说是经验法学支配了现实法律的一例。那么，法律哲学和法制史方面的知识，对于养成一位法律学家可说都有其功效是在。究竟采取哪一途径，全依各人的资质和兴趣而定，这好比梨园的角色：生、旦、净、丑、外、末、贴、副……都能依其所据的基本技能，在歌坛享有盛名而对全剧有其贡献；也就是说，每种角色中虽其所秉的基本技能不同，但仍各有鼎甲人物可言，即微末如里子、如武行，也有一二"硬里子"和"筋斗虎"享有盛名，得到喝彩。

不过话又说回来：法律哲学与法制史上的知识，就其前后对于现实法律的影响而言，每互为因果，尤其在法律思想上如此。譬如说，吾人研究欧陆法系的法律，必溯源于罗马法。罗马法已成陈迹，可说属于法制史的范围；然而单就罗马法家的见解而言，却又胜于法律思想的范围。倘再要追溯罗马法家思想的依据，就不能不以《十二铜表法》为滥

---

① 原文为"谷罗秀斯"，按今通译"格劳秀斯"改之。

觞,以《查士丁尼法典》①为最完备;《十二铜表法》及《查士丁尼法典》既系法制史上的表现,而其所以有此法律又不能说没有思想为其前驱。是故不问"理想是事实之母",还是"事实是理想之由",在实际情况上,法律哲学和法制史上的知识,其彼此间的关系总有点像"鸡生蛋蛋生鸡"的样儿,难得分出谁为果。所以一个法律学家最好两种基本知识兼备,至少亦宜重视其一而不忽略其一。这好比谭鑫培的文武昆乱不挡,红豆馆主的生、旦、净、丑俱能一样;退一步说,专唱老生的角儿,也得在反串戏中哼几句小生的腔儿,专演花脸的角儿,也得在反串戏中念几句小旦的调儿,才算是一个有底子的内行人才。

纵然认为法律学家对于现实法律的贡献应当各自分工,不应像戏上的花子拾金,把各种角色的行腔运调集在一身。然而分工是重在合作,绝不可彼此求个高下。所以对于法律哲学方面有其基本知识的人,既不可低看研究法制史的人,而称其为"找寻旧古董,竟视同无价之宝";反之,对于法制方面有其基本知识的人,也不可轻视研究法律哲学的人,而称其为"空言无实效,徒惹许多唇舌"。老实说来,这两种基本知识的本身既互为因果,且对现实法律的建树或改进显然各负一半的责任。那么,应当彼此互重,不可相轻。因为法律哲学上的知识不向现实法律方面运用,这种知识至少是无补时艰的空想,而现实法律失去了理论法学的衡量,也就无法改善,虽恶法仍然成其为法,单靠法制史上的知识绝不能有所矫正。反之,法制史上的知识不向现实法律方面表现,这种知识至少是文人雅士的一种掌故资料,而现实法律离开了经验法学的领导,也就不切实际,成为具文,虽无实效而仍示其为法,单靠法律学上知识绝不能有所救济。所以法律学家在其基本知识的获得方面,固可各依资质兴趣的不同,从法律哲学或法制史方面对现实法律分

---

　① 原文为《优帝法典》,按今通译《查士丁尼法典》改之。

工合作,殊途同归;但却不可各立门户,分道扬镳,而影响了对现实法律的重要任务。

　　三百六十行,行行出状元,状元鳌头独占固难能可贵,但如能领会各该行的基本知识,神而明之,化而用之,榜眼、探花及二甲进士的地位,总可获得一个。修习法律的人,要有法律通家、法律专家、法律学家的成就,对于有关的基本知识,不可遗忘,正系如此。

竞誉法曹六字诀
——学、品、能·信、当、速

一

过去，作一个好州县官，所凭借的就是"清、勤、慎"三个字的要诀；这三个字也常被制作匾额，高悬在州县衙门的公堂上，仿佛皇帝宝殿上的"正大光明"匾一样，是铭语，是训辞，是所以立身治事必有的信条。等到一任告满，成绩斐然，地方人民表示去思，乡镇闾里纷纷奉献"万人伞"，绣出"公、正、廉、明"四个大字，这又是州县官六年治绩的总表扬。其实"清、勤、慎"固然是立身治事的要诀，而"公、正、廉、明"同样是在任职期间应守的本分；彼此互为表里，两相呼应便构成作一个好州县官的金科玉律。今日，地方官已不处理民刑案件，另有审检系统专司其事，然审检人员欲竞誉于法曹，过去"公、正、廉、明、清、勤、慎"七个字的精神，乃立身之本，治事之要，自然仍有价值，毫无疑问。不过审检人员的职责究与过去州县官不同。并因时代的要求，事实的急需，其任职办案的要诀，便不能不重新点出其重心所在，因而写下"竞誉法曹六字诀"这篇漫话。

"学、品、能"是审检人员任职的要诀；"信、当、速"是审检人员办案的要诀。请原谅！这六个字并不是笔者擅自创立，笔者也无创立的名位可言，只将现时朝野各方面口头上所谓"学问、品行、能力"及"合法、适当、迅速"，简化成六个字罢了。"学问、品行、能力"原系选用审检人员所依据的标准，同时也可说是审检人员在任职期间所依据的法宝。学问是知识的渊泉，品行是道德的表现，能力是才干的显示；对审检人员的选用固然以"学、品、能"为要件，而审检人员的任职也宜以这三个字为圭臬，然后方与选用的标准始终扣合，并使办案方面"合法、适当、迅速"的要求容易表现出来。合法是审检人员办案的基本要件，因为他们或她们所司为法，因而所守也就是法，必须信法乃能守法，必须守法乃能合法而示信于民，把合法一语简单化，便是一个"信"字。过去"清、勤、慎"的"清"字，一方面表示"清廉"，一方面表示"清楚"，信守其德，信守其职，也就是合法的意思。至于笔者把"适当"简称为"当"，把"迅速"简称为"速"，其意义更为明显；这个"当"字也就是过去所说的"慎"字，这个"速"字也就是过去所说的"勤"字，因为谨慎所事乃能适当，勤劳不怠乃能迅速，本系当然的因果关系，不必举证为说。

二

　　从审检人员任职的"学、品、能"三字诀而言：这应等量齐观，鼎足而立，既不可特重其一，也不可忽视其一。

　　有学问而无品行：纵然学富五车，理深三尺，而放浪形骸，声名狼藉，虽不必枉法自私，毕竟有损司法的尊严。然而要充分实现这个"品"字的精神，"不作无益害有益"，"不犯理讼治狱的大忌"，仍然是消极的"此善于彼"而已！必须本其丰富的学识，凭其明达的智慧，而有健全人格的修养，惟法是守，惟理是争，不为富贵所淫，不为威武所屈，这才是品之上焉者。所以法曹中，洁身自爱的"谨饬之士"固为可贵，而循法不曲的"刚毅之人"尤为可贵。

　　有学问而无能力：知而不能求其用，学而不能收其效，等于不知不学。"读死书、死读书、读书死",已为世人嘲笑书呆子的说法;法曹系实际理讼治狱的境地,而非书本子上谈法的研究机构,在学问以外,同时并重视实际上认事用法的能力。这种能力的养成,既不是"生而知之",也不是"学而知之",乃是"因而知之"。换句话说,完全靠着经验的累积,然后方如庖丁来解全牛,获取得心应手之效。善于烹调的主妇烧出的小菜极为可口,而家事学系刚毕业的"密丝",一手捧着烹饪学的书本,一手执着烹具,全无经验,烧出的菜也就毫无味道,正是这个道理。所以在审检人员方面,设置学习推检、候补推检的员额,这并不是故意和具有审检人员资格者为难,老实说来,没有能力仅有学问,那只是备用的书橱,尚非活用的澄本,仍然是无济于事的。

有品行而无学问:虽系谦谦君子,十全其德,或系婆婆其人,一筹莫展。学问为济世之本,而法曹所需要的学问尤为理讼治狱的特有凭借。置身法曹,若法学素养不够,正如无源之水,不特难于普济,而且随时可见枯竭。纵然时时以忠诚服务为志,处处以合法循法存心,但因认事不明,见理不准,或则犹豫两可,难作肯定,或则无心为错,而变有错,这并非后天的失调,实因先天的不足。笔者最敬佩法曹里的许多先生,公余之暇不废学问,进德修业原系一般人应有的期望与努力,置身法曹尤应如此。老实说,有学问的人,认事明,见理准,凭着学能任职,不必依赖其他,艺高人胆大,无求品自高。所以二十余年对于青年司法官的训练,不断充实其知识,并引起彼等研究的兴趣,实系一种必要的措施,不可视作典章上的例行故事。

三

然而,问题来了。学问、品行、能力固然要紧,难道与经验最有关系的"资历"不重要吗? 照常理说,初学新进见闻未广,正如禾苗有待滋培；因其洗练在经久岁月之中，递长在不断努力之后，所以年资经历就往往代表了一个人的成绩。既为大匠必能运斧，既为老吏必能断狱，这便是世人一般的见解。无如资历虽系一个人去努力的结果，但在其中，也不无徒拥虚名而无实学，或时会所趋居然成名的情形，倘专以资历深浅品题人才，即不免以名害实，近于耳食。在审检人员的选用方面，因宝岛一隅，地位有限，又值卧尝薪胆期间，需才孔急，已不宜以资历列为选用各该人员的重要标准，惟有以能力一项代替，方能符合实际需要。换句话说，真是千锤百炼而有健全能力的人员必系资历深的人员，而资历深的人员却不见得个个都是确有能力的人员。那么，审检人员在任职中所应自负的，还是"学、品、能"三个字？更不宜把"资历"牢记在心头，致有倚老卖老之嫌。

　　资历只是过去成绩的记号而为选用、调用的参考，争名竞誉既不以此为凭借，考成考绩也不以此为依据，何必重视这些陈迹，而放松了当前应循的道路？怎么说是陈迹呢？因为构成资历的实质要素，即在名实绝对密合场合，还不是因为有学问、有品行、有能力而得来的辉煌成绩吗？然而学问如逆水行舟，不进则退；品行要恐惧戒慎，夙夜匪懈，能力是随时增强，怠忽即失；所以过去的成绩并不足补救当前的懈怠，而美誉常存，盛名永保，有生一日是要时时努力的。要与少年争状头，还须窗下竭思力，单靠旧有的资历是不够的。珠帘寨上的老大王，并不因他的"胡须老"而倚老卖老，还是凭了他那柄"九九八十一公斤的定唐力"，扎得硬寨，打得硬仗而然。反而言之，九十余岁的老乡亲，一辈子在梨园享有盛名，偏要老而登场，唱不成声，便为观众留下极为惋惜的印象，资历又如何能补救现实的缺陷？

　　不过话又说回来，社会上既然重视资历，而资历毕竟为过去成绩的表现，至少也表示其服务的劳绩，同时在年资上也显出前进、后进的关系。那么，为了敬长尊老，笔者觉得过去科甲的叙年办法最为可采；无论官大官小，而科名在前的，总都居于"老前辈"之列，这也显不失为一种荣誉。前清山陕商家也有一种好的号规，凡在商号资历最深而无多大能力的伙友，尊为"老契长"，学徒教育归其负责，坐必首席，虽掌柜者亦必礼貌有加，这也是特对资历深而设的优遇。今日法曹合议制下，由资浅者先发言，资深者后发言，已含有推崇资深的意思，但仍系叙年的余意，故资同者便以年少者先发言。年长者后发言，而归德到叙齿上去。所以在法曹任职，争名竞誉的要诀，始终只有"学、品、能"三个字，此乃"不患人之"。

有品行而无能力：不特有品无学的人，缺乏了理讼治狱的能力，非法曹所需要，就是有品有学的人如此，也不是法曹所望罗致的健全人才。不过能力既由经验获得，而品行亦不限于消极地不为恶，尤须积极地向善求益。那么，既有品行又有学问，自能潜心于实例中，学而时习之，求得学理与事实的契合，小心翼翼，以求其用，积久成习，不难获得卓越的理讼治狱能力。许多学品兼优的人，不卑小官，不废细事，就是这个道理。只要知道获得能力的途径和有获得能力的决心，纵然最初在学问上没有根基，也可一方面从实例中磨练其能力，一方面从经验上启发其学识。科甲出身的治理人才固然可贵，积资历，向学问，而成功的治理人才，依然可贵，政法本系一理，古今原无二致。

有能力而无学问：这好比，虽有霍光之才之美，终因"不学亡术，暗于大理"，便为史家所短了。能力固系完全出于经验，然必有学问上的根基，乃可从经验中逐渐养成其能力，否则徒恃偏才，偶或有中，却不可以为常经。吾人已知有学问而无能力，学问等于饰品，空有其名；同样，有能力而无学问，能力等于源怀，枉为其用。不错，积资历而养成的人才，诚不必标榜学问，高其声价。但总必心向于学问，孜孜不倦，日无忘其所短，日无忘其所求，学问与能力两皆得之；且必如此，其由经验方面所获取的能力，才是法曹最珍贵的能力。总之，学问是体，能力是用，体固贵乎有用，用亦赖乎有体；学问是源，能力是流，源固望其有流，流亦仗乎有源。千言万语，说到能力的适当使用，说到能力的正确表现，探其致此之由，总离不开一个"学"字。

有能力而无品行：这可能发生最糟糕的现象。因为"仅有品行而无能力"的话，挺多是法曹所不需要的一个谨饬敦厚的君子人也；纵然尸位素餐，相位伴食，毕竟还作了一场尸主，做了伴食的事情。虽无功绩，或有劳绩，虽以力不足而误事，却非存心蓄意而害公。甚至"既无品行又无能力"的话，不越常轨，心或不甘，欲越常轨，胆或不大，无才是德，无能即贤，倒是一桩幸事。惟独有"有能力而无品行"的话，就人群的通例而观，其德既不足以驭才，其才反适足以济恶、偷法、玩法、试法的恶果都是由此而起。所以就审检人员任职的三字诀言之，"学""品"之外，固贵有"能"，"品""能"之外并贵有"学"，"学""能"之外，尤贵有"品"。

今日，对于审检人员的选用，从各方面所得，似即以"学问、品行、能力"为准，那么在选用时既然以此为求，在任职后自应以此为应。同时，实际上除极少数的相反事例外，各在职人员均殷殷驰向此途，确已做到了这点，成为法曹中的盛事。笔者特依据现有事实，缩其语为"学、品、能"三字，视作审检人员任职的要诀，并泛论这三个字相互间的关系如上。这是一种纪述，不是一种详制；这是一种注疏，不是一种立论。"不己知，患不为人所知"的基本条件；至于资历惟有让诸他人，宣扬尊重，至多也只是一个"前辈"的礼貌意味，不必过于重视过去的空言而懈怠了现有的实务。

谈窃盗案

一

　　"年年防旱，夜夜防贼"，"小心灯火，谨慎门户"。这是过去农村社会里留传的名言，到今日仍未失去其价值。不过，现代都市社会里，不仅夜间有贼，而且白天有盗，不仅有偷物于室内的贼，而且有窃贼于路上的盗；那么，"夜夜防贼"的话，便不能不敢做"时时防贼"的话，"谨慎门户"的事，也就不能不同时添上"注意行囊"的事了。说起"贼、盗"两个字，原本是"毁则为贼，窃财为盗"，贼罪重，盗非轻；所以在李悝《法经》及秦、汉、魏、晋各律里，贼、盗分为两篇，不相混淆。隋唐以后各律不特"贼""盗"两字，两字互用合为一篇，而且在实际上反觉贼小而盗大，这是很不对的。"防贼"的"贼"，一般人说"被贼偷了"的贼，以及西北所称"贼娃子"的贼，都是古代"盗"的意思。只有"卖国贼"的"贼"，"奸贼"的"贼"等等，才是古代"贼"的意思。至于"盗"这个字，从"次"，从"皿"；"皿"指财物器皿，甚为显然；"次"乃"涎欲滴也"；就是说，见了别人家的财物器皿，口涎欲滴，便不能不偷了。刑法上以"窃盗"为罪名，正合古代"盗"的意思，其所谓"强盗""海盗"的"盗"，确和古义相反，从"窃取"而转到"贼害"方面去了。

　　窃盗既不敢明目张胆地把别人家的财物器具抢过去，必须乘人不备，施展妙手，因而比之为"鼠窃"，称之为"小偷"；在事主方面，抵御窃盗的唯一有效法术,只有自己倍加小心,不要与窃盗以隙,使其乘机而入。我家到台湾来,前后失去了皮鞋两双、钢笔两支、电扇一座。偷皮鞋的窃盗通常是手提大皮包,有人看见,他就假装找人问信,倘若无人,便纳皮鞋于皮包中溜之大吉。这怪谁?早就应该把大门关紧!失落派克五十一型的钢笔,是书案靠就临街道的窗口,两天后又把买来的新笔放在书桌上失落。这又怪谁?早就应该用铁丝网把窗口遮拦起来!抗战后未曾用过电扇,今年天热,以八百元买了一座,刚刚用一个月,在晚上下雨的时候,被窃盗翻门而入,从窗口伸手室内,提之而去。这更怪谁?早就应该注意到"偷雨不偷日,偷风不偷雪"的江湖惯语,须于暑日雨夜倍加谨慎!所以窃盗案的频繁虽有许多的根本原因,但若事主方面能尽量提防,总可减少其发生的。因为窃盗既系乘人不备,得所欲为,那么,窃盗案直接发生的缘由,十有八九可说失主是"遗火烧屋,箸油污襟,谁负责任?自不小心!"

　　然而,注意尽管注意,最忌的"此地无银三百两",把财物外露在窃盗眼中,果有这种情形,他便要集思竭虑,和你斗法了!尤其在"注意行囊"方面要有个分寸,大都市的车站码头,往往有人喊一声,"诸位,注意自己荷包的钱!"你如系惯于跑外的人,便不理会,因为你一摸荷包,便不啻给窃盗表示自己带有钱来。等到窃盗知道你有财物,他便利用种种方法分散你的注意力,而来动手。1949 年,我与家人在香港同乘巴士,香港衫小口袋有美钞二十元,旁立一人,目灼灼向我袋内看,我知是个扒手,也用目光射在袋上,看他如何扒去?哪知,家人和我说了几句话,这一刹那间,车到某站,旋又开行;那个人既不在车上,美钞也即失踪。这还是由于自己失去了注意力,便输给了他。自这次后,我就改办法,绝不多带钱在身,外露既无关系,索性把钱握在手里,外露到底,强盗是不屑于抢取,窃盗是无法施技,这也是避免在街上被窃盗的一个笨计。

二

话说回来：窃盗毕竟是存心窃取，无孔不入；还有许多惯窃，手法高妙如有魔术；而一般事主既不专为防贼而生活，又未练就与窃盗斗法的一套工夫，纵然特别小心谨慎，不过减少窃盗案的发生，绝不能因此即将窃盗根除。那么，次一着的"拙"策便是"捉"；也就是所谓"破案"，换句话说，不患有窃盗而患有窃盗不能破案，正如不患有贪污而患有贪污不能惩治一样，所以惩治贪污与破获盗案，实系官家一种最有效能的表现。从而监所的人犯，窃盗案件纵然多，适足以表示破案成绩的昭著，倒不必看见窃盗案的数字增高，就抱定了片面的悲观。最怕的是有窃盗而不能破案，这便长了窃盗的威风，愈来愈多，也就防不胜防了。倘若每案皆破，每盗皆捉，虽一时窃盗满狱，但在"风紧"的环境下，莫有不是遁形欲迹，抱头鼠窜，窃盗案的统计数字必然急转直下，落在最低的线上。

说起捉贼破案，须有一套技术与设备，自然要由官家负其全责，事主是无此能力，无此经验，并且无此胆量。往往全家数口，在梦里为盗惊醒，眼巴巴看他将财物取走，当时想其携有武器，不能抵御，为保自身安全，反要假睡，不敢声张。所以事主只能在盗未入室以前，"惊盗"使去，不敢在盗进堂奥以后，"捉盗"求胜。请看！凡现场捉盗仍然有赖于巡逻警员的奋勇直前，虽受伤亦非所愿，这种可以入选的勇敢事迹，时有所闻。捉得一盗，固然有笔奖金，可以补偿损失，但为数甚微，殊不是普遍激发鼓励其勇敢的精神。听说这笔奖金，内勤人员还要分润，那更是不应该了。至于现场捉盗捉贼，凡是有"刑法"第三百二十一条各款的情形，因"未遂犯罚之"，纵然没有偷到财物器皿，依样认其为窃盗而即可捉，这又和旧日惯语"捉贼捉赃"有所不同。

把贼"捉到官里去",据说日据时代有两个最有效的惩治办法,使他们一次作窃,不敢百次为盗。一个办法是重刑拷打,虽说是皮肉之苦,究甚于饥饿之忧,何况有些人并不是专因饥饿而为盗,那又何必愿因它故而受刑? 一个办法是流往荒岛,这更苦了,离开繁华的都市,过着凄凉的生活,谁肯再为窃取财物而落到这种地步! 今天,宝岛已归祖国,粗莽的殖民刑罚自然废除,对于窃盗案的处置,便难像过去那样痛快! 因为人道的关系,因为法治的准则,对于恶性重于窃盗的强盗、海盗,已经不用体罚,而流刑充军和"摒诸四夷不与同中国"的事例,也早成为陈迹。那么对于仅仅窃取财物、器皿的窃盗,而用重刑拷打,实在是一种过分的措施,何足为训,而流往荒岛也是法无明文,不能滥用。实则我"刑法"上关于窃盗罪的刑度,虽有轻至五百元以下罚金的,但也可从重处到五年有期徒刑;尤其对于以窃盗为目的的小偷,最重本刑虽仍为五年期徒刑,但最轻本刑却加至六个月有期徒刑,倘系以窃盗为常业的,还可处一年以上七年以下有期徒刑。只要法官不在量刑的时候从轻发落,也就够他们忍受了。何况在刑之执行完毕,还可施以保安处分,只要认真去做,谁又能说对窃盗案的处置不严呢?

<h1 style="text-align:center">三</h1>

至于根本消灭窃盗案的发生,除非把窃盗不当人看,用极端违背法理、事理的严刑峻法堵塞其行为外,这问题可就复杂了。"窃盗不作,外户不闭",乃是大同社会特有的现象,纵系小康社会,绝不会没有窃盗,求其减少则可,求其灭绝实难。否则刑法上关于窃盗罪的规定,岂非无的放矢! 窃盗案的诱因,有的是由于贫困而然,有的是由于失业而然,有的是由于浪费而然,有的是由于懒惰而然,有的是由于恶性而然,有的是由于胁迫而然。想正本清源,惟有从道德方面、经济方面、教育方

面、治安方面设法才行,这便不是简单的事了。譬如说,一方面既感觉窃盗案的增多,一方面却把贫民谋生之途予以阻塞,像在电影戏院门前大捕"黄牛"一类的事便是。对于"黄牛",就其与票房勾结垄断戏票,或故意过分抬高票价,或涂改票期诈欺买主各点,诚然可以严加取缔,但其与他人同样排队,同样买得四张票,以所费的时间劳力,并担负转售不出亏本贴钱的危险种种代价,略将票价提高转售与为节省时间而迟到或无体力而排队的客人,似乎在情理上还说得通。为他们留下这一条谋生的道路,也许不会迫得他们因衣食无着而混迹窃盗中。这是一个社会面的观察,不是"头痛医头,脚痛医脚"从单方面所能解决的问题。

据警方人员说,今天宝岛上窃盗案的根源和吸食毒品也有关系。许多窃盗犯同时就是吸毒犯,这并非由于窃盗而吸毒,乃是由于吸毒而窃盗的。一个人每天生活费,有十元新台币即可对付,这笔钱很容易找,犯不着去行窃为盗。如果吸毒的话,至少非新台币一百五十元不能安度一日,那么,就非行窃为盗不可了。有一帮人是专偷上午,总在七至十点钟之间,正是主妇离家到菜市的时候。有一帮人是专偷夜晚,总在一至四点钟之间,正是事主家中各人睡熟的时候。得赃到手,变成现款,首须买到的就是毒品。于是窃盗案与鸦片案便有了因果关系,想减少窃盗案,就得从鸦片案上下手。自从"禁烟禁毒条例"废止以后,恢复了"刑法"上"鸦片罪"的适用,而处刑也就轻了。于是制毒、运毒、卖毒、吸毒的案件,既因此而渐形活跃,窃盗案便也随同而繁多了。其他像报纸上所载许多少年窃盗案件,论其原因也很复杂,"贫困""浪费"的成分固不能否认,"恶性""胁迫"的缘由仍有其事例;而熟读了所谓侠义小说,看惯了所谓"西部片子",必须有一套江湖上的本领,亦显得是英雄好汉,最简便而与官方为对的本领,便是"偷",这个根本解决的办法,又和家庭教育、学校教育、社会教育有了重要的关系。

　　总之，要正本清源解决窃盗案，方面既广，时间又缓，与其治本不易，不如治标求效。就事主言，惟有从"防"字上用力，就官家言，惟有从"破"字上为策。防贼有道，贼便无机可乘；破案极速，盗当知难而退；纵然窃盗案不能根除，实可减少其发生，不可骛远，且求近功，这是我对窃盗案一个看法。

从警察行政、刑事政策上
论取缔"黄牛"

《大华晚报》上有句关于取缔"黄牛"的话:"朝捉'黄牛',暮捉'黄牛','黄牛'如故。"使影迷头痛的"黄牛"问题,看来是没有什么彻底有效的办法。既然不能彻底肃清"黄牛",不如退而求其次,从减少"黄牛"下手;警方决定取消预售票,减少"黄牛"活动的机会,不失为中策。另外还得加对"黄牛"的惩罚,定出一些分量重的罚则来。

据我看,"黄牛"除了卖过场票,或将过场票涂改出售,犯了"刑法"上的"诈欺或伪造文书"的罪名,应该依法惩治外,其勾结戏院票房、垄断戏票,也应该严加取缔,无话可说。但排在买票行列中,鱼贯而到售票窗口,站了许多时候,流了许多热汗,仍然以现款买得四张票,并非全无代价可言,那么以略高的价额转售其票,由①为节省时间而迟到的客人,或②年老体弱而无力排队买票的客人取得,既非空手赤拳而获利,又为有些顾客所需要,如此性质的"黄牛",不见得就是万恶不赦。

"黄牛"以高于原有票价出售其票,有时间和劳力的代价在内,而且有时候戏票在手,竟卖不出,赔钱折本,又负担危险的承担在内。其在买"黄牛票"的顾客,并不都是因有"黄牛"而买不到票,还有自己因珍贵时间或无体力排队且又无亲友可托,仆役可遣的情形,多给"黄牛"几角钱,等于脚资小账之类,也不见得就是"黄牛"勒索,何况双方讲价,其权在己,至多不买"黄牛"的票,不看这场影戏,也就罢了。

或有人说:影戏是大众的娱乐,不容"黄牛"抬高票价,从中取利。

但既为大众的娱乐,即不应专为有闲暇时间及年富力强而能排队的人设想,致将其他一部分人排除到影戏圈外。反而言之,"黄牛"高售票价只是对一部分如此,其他多人仍可买得原价之票,只要"黄牛"不垄断戏票,也就行了。电影的娱乐本来是花几个钱的,观于娱乐税印花及防卫捐的征收,即知其然。公余课后的娱乐方法很多,郊游、运动、下棋、谈天、品茗,或花更少的钱,甚或有一文不花的。既来看影戏,似乎不应因偶尔迟到一步,为看影戏,不能不向"黄牛"多花几个钱买张票来,即认为所有的"黄牛"均可杀也。

倘再说到公共秩序方面,"黄牛"转售其票与人,总比数年来,戏院门前,时时提"黄牛",天天有"黄牛"的阵阵纷扰现象好得多。何况一批捉去,一批又来,有男"黄牛",有女"黄牛",有老"黄牛",有小"黄牛"。为什么这些男女老小一定要作"黄牛"而不畏捉呢?无非想用一点时间和劳力,换得生活上的费用而已!我想,与其提"黄牛",倒不如使"黄牛"有职业,不捉而自消灭了。若捉而又放,放而又捉,实在不是根本办法。既不能正本清源,降而求其次,若能纳于正当途径,如不许其强占票房窗口,不许其过于高抬票价之类皆是,免得循环在捉放中而无已时。

倘必利用严刑峻法,一定要提到底,也许可以澄清戏院门口的"牛踪",但不为"黄牛"衣食想出根本的解决办法,这个被视为"脓疮"的"黄牛"恐怕又流到别一部分去了。

我们知道:台北的窃盗案件,谁都感觉头痛,这回监所人犯的处理,窃盗犯竟有二千数百名,几乎占监犯二分之一的名额,而未送监执行的当不仅此数。我们既不能像日据时代的办法,重刑拷打或发流荒岛,使其虽饿死不敢作窃。那么,正本清源,除了惯窃成性尚须感化外,最主要的办法,就是让他们有谋生的地方,留得"黄牛"一条道路。规规矩矩地以时间与劳力为一部分影迷代劳,而收几个力钱,换口饭吃,虽不见得能因此而发生解决窃盗问题的唯一效果,但总可减少窃盗犯的增加。若一方面要澄清窃盗之源,一方面又无条件地大捉"黄牛",这在刑事政策上是值得我们注意的。

老实说来,戏院门前的"黄牛",只是"黄牛"的一部分,其他各行业方面,未尝没有实质上的"黄牛",比戏院门前的"黄牛"高抬价格更很厉害,而且只有厚利可获,并无危险可负,大家司空见惯,不以为怪,似乎是目足以察秋毫而不见舆薪了。

律师与牧师

我们竭诚向读者推荐这一篇文字,希望读者不要因宗教气氛而忽视了其中精义所在。借宗教的精神来阐述法律的道理,这是一篇不可多得的杰作。我们一向钦佩陈先生的道德学问,读了这篇文字:才知道他得力于阐教的熏陶和训练者甚多。我们不免要祝贺陈先生有此一位"亲爱的太太",更要祝贺陈太太有此一位"可教"的"先生"。

录《法言》杂志　编者附志

一

我太太梅丽女士不是基督教徒,而极富有基督教徒的仁爱和服务精神;常常以做牧师的道理,说给我做律师听。我并不是因她,"阐教森严"必须遵守,实在因她"相夫有方"确系名言,不能不记录下来,作为我个人执行业务的座右铭。

"做律师不仅要具有做牧师的精细工夫,并且要抱有做牧师的救世心肠。"她在我每次接到一件案情繁细而酬金菲薄的委托时候,总是这样说。

"助人为快乐之本,原系一般人应有的道德;以诚实信用履行受委托的事务,也是法律上明确的指示;而三百六十行又各有其章则惯例足据,只要不越轨、不违法也就够了,何必一定要把律师比作牧师?"我总觉得她的宗教味儿太深,然而她却不是教徒,便这样说。

"暂先不谈别的。只看社会上对牧师和律师的观感,就不能不把律师当作牧师做。牧师为上帝宣传福音,对世人解除痛苦,抱牺牲决心,向社会服务,这种'信教'而不'吃教'的精神,实在令人可佩。所以世人见了牧师总都认为是对他或她有帮助,至少也得到心灵上的安慰。律师呢!除了发生讼案的人,急来抱佛脚把你当作无上神明看;一般人提起律师这一行道,总像不大开胃,甚或视同过去的讼师,大有'惹不得'的情势。你不是常说社会上各方面不重视律师的地位,有时候受气回来,连饭都吃不下去。如若能以律师当作牧师做,自然可取得牧师受世人尊敬的荣誉,不会再有什么闲气可生。"她说。

"话是对的!不过,牧师是以宗教信仰为立足点,绝不应变成教堂的耗子'只吃'而不'传教',服务和救世乃系他们的本分。律师是以自由职业为本位,受当事人的委托办理案件,有义务就有权利,有劳力就有报酬;以工作换取酬金也是律师的本分。要是做律师的都当做牧师的样儿去做,那就干脆在教堂里建立'法牧师'制度去当牧师,何必开业做律师呢?而况,牧师也不是饿着肚子来传教救世,同样有生活来源而要吃饭呢!"我认为我的理由很充足,足以驳倒她的话。

"你说的话不对!勿要忘记了律师和牧师是两桩同样神圣事业。因而做律师虽系一种自由职业,但不能专从生意经上着眼。'一切门槛的学习揣摩与熟悉,免得在业务上吃亏',这就小视了做律师之道。我有一比,过去的读书人,做官固然可以救贫,但其出处大节断不是为贫而仕;要真是为贫如此,他还有什么抱负可言?又好比,青春的女士们与男士结婚,当然不嫌爱的结晶出现在面前,但在高贵的爱情上绝不是为养子而后嫁;要真是为养孩子去结婚,那又何必多此一举!所以律师这一行道,虽然划入自由职业圈子以内,而其使命却超出自由职业的范围以外,应该和牧师同样受到世人的敬爱与尊重!"她继续反驳我的话,倒也有相当道理。

"我晓得了！你是不主张用生意经的眼光去做律师,而应依《圣经》上所示、以热情和克己的精神做律师,对不对？那么,就本着这种精神给做,原无不可,倒也不必强以律师比作牧师,认为是两桩同样的神圣事业。"我对她的话还有点不服的心情,所以这样说。

"你这位律师算输给我这位牧师了！"她笑了说。

"怎见得我是输？律师就是律师,牧师就是牧师,各从其本分中追求向上的生活。牧师并不想和律师竞誉,律师又何必与牧师争荣。"我不免带了诡辩的口吻而这样说。

然而,她已发现我谈锋中的弱点,知道我心服口不服,必欲改变我这张硬嘴,便采用疲劳辩论的方法,继续地谈下去了。

二

"从前有许多神学家,探讨国家的形态,认为神国与尘国同时存在。神国是信仰上的产物,虽无具体的规模可供观瞻,却有不可扑灭的国魂,万古长春。尘国是法律上的产物,至少也是'马上得之而不能马上治之',还得靠法律维持其存在,助长其发展。牧师信仰上帝,拯救世人,是为神国而服务；律师宗承法律,保障权益,是为尘国而尽责；虽然因神国、尘国的区别而各有本分,但构成这种本分的因子倒是彼此相同的。"她说。

"这话要修正！你是本着神学家的口吻,单从宗教的立场上评量律师的身份,若站在法律观点上就不见得律师便是牧师的化身！"我仍示不服,提起"上诉"。

"那么,变个样儿说罢！你总承认法律与道德的相互关系,乃同一本质而有两个观念的事物,法律系道德的武装,道德系法律的宝藏,这是你写文章常用的语句。道德诚然与宗教有别,而宗教的精神却仍在道德圈内。世上纵然没有所谓神国存在,'但道德世界'却是许多伦理学家共有的意念,牧师如非服务神国的人物,也是服务'道德世界'的人物。谈法律不能忘记道德,谈道德同样想到牧师,这正是从法律观点上沟通了律师与牧师的界限,使其并立争誉,相助相成。"她说。

"宗教也罢,道德也罢! 我还不大明了你的意思,你再继续解释给我听!"其实我想在她谈锋中抓住一个岔儿,反驳她一下。

"人不能离开道德而生活,人也不能离开法律而存在;牧师是在宗教的道德方面救人助人,律师是在国家的法律方面救人助人。道德和法律相互间既有那样密切的关系,在人类生活上好像鸟的双翼、车的两轮,彼此不能分开,而牧师和律师在这双翼两轮之下又都是救人助人,你能凭什么理由说他们不是两桩同样的神圣事业?"她说。

"亲爱的太太! 你这番话仍有研讨的余地。我们都知道牧师的积极使命是劝人为善,过着康适的伦理生活,一步一步踏上'天国'的途径。纵系罪恶多端的世人而到了临死的时候,牧师仍然在消极方面为其祷告,希望他们终能知悔向上,获得心灵上最后的安慰,走入康适的境界。所以牧师对于世人,并无不救之人,更无不助之人,他们眼中的两个大字就是'博爱'。律师呢! 就和牧师有点不同。他们虽然是维护法律、保障权益,不过是站在业务的岗位上而如此,倘没有业务的身份或契约上的任务,那倒成了不免多管闲事,甚或落在包揽诉讼的嫌疑中,热心过当,反要受累,所以牧师虽可积极地劝人为善,律师却不一定能消极地禁人为恶。他们只是在世人争财犯嫌发生讼狱的时候受当事人的委托,为其排难解纷,分争辩讼,如此而已! 因而,他们眼中的两个大字也就不是'博爱'而是'公平'。牧师本于博爱的立场救人助人,自有其可敬之道;律师本于公平的立场救人助人,也有其自处之策,强要以双翼两轮为比,这实在不平衡并且是不能配合的双翼两轮。"我认为我这一番大道理,可以使她无从回答。

"先生,你只知其一,不知其二。宗教存在的前提是承认世人有难,均在罪海,所以上帝派耶稣降生,宣传福音,拯救众生,牧师的博爱心肠,就是以这个见解为出发点的。再从法律方面看,无论政治怎样修明,讼狱的事终不能免,'讼则凶','罪则苦',尤其在刑事被告及受害人方面,降低了人格,剥夺了自由,甚成丧失了生命。请想一想!同系圆颅方趾而为父母养育长成的人类,乃竟遭遇如此,岂非尘世上一绝大悲剧!倘再有冤抑的情形,那更是人间地狱,有悔于生了!因而儒家说:'圣人制五刑而不用,所以为至治';墨家也说:'此岂刑不善哉?用刑则不善也!'这种讼狱社会的人群,广布在国家全面,正如上帝视世人陷在罪海一样。对陷在罪海中的一般世人在心灵方面的救助,是牧师的任务,对落在讼狱社会中的当事人在法律方面的救助,是律师的任务。从这一基点来看,难道说律师与牧师真是分道扬镳,而不能同等并视吗?"她说。

我听了她这一段话,心悦诚服了。然而我仍不懂怎样以做牧师的道理来做律师,于是我再追问下去。

三

"你说的话,我是接受了。但是我以自由职业者的身份而做律师,究竟怎样能把牧师的道理,运用得恰到好处?"我问。

"你怎么老是把这自由职业的观念牢记在心头?三百六十行谁不执行业务,但各种业务之中,有的是'只顾自己温饱,不管他人饥寒'的营利业务,有的是'人人为我,我为人人'的互助业务,有的是'为社会服务而救人助人'的利他业务。律师这一自由职业,绝不应视同营利事业,想从这一途径上发财致富;即以彼此互助来说,仍不免以'我'为主,轻视了律师的神圣地位。必须摆脱'纯为自己利益而执行业务'的观念,奠定'特为他人利益而执行业务的精神'才行。既以'为人服务'来代替'为己谋私'的观念,所以做律师的起码道德是要把算盘打得松,因为神圣的事业原本是如此的。"她答。

"照你说,做律师最好不收酬金,至少也不收相当的酬金,岂不更是伟大可爱? 然而律师并不是苦行传教,救助世人,还有谁愿抛弃其他的业务,来开业挂牌做律师呢? 这是事实,不是理论!"我又问。

"你误会了我的意思,任何人都是要生活的,尤其有家室儿女的累,不能放弃扶养抚育的责任,所以律师为人办案收受酬金,本系分内的事。就是牧师,我也承认你说的话,不是饿着肚子去传教,同样要吃饭的。不过受酬尽管受酬,吃饭尽管吃饭,断不应办一件案子对当事人索取巨额的酬金,或期约额外的酬金。当事人纵然富有,除了他心甘意愿对你重酬外,你若开价过高,取必伤廉,这便减退了神圣事业的光芒。倘再遇见贫苦而含冤抑的当事人,更应该见义勇为,不收任何报酬为他们服务。君子虽也爱财,总须取之有道,所以开业做律师,既不应'借机会来发财而索受高额代价',也不应'以工作计报酬而锱铢必较',生意上的算盘让给以营利为目的的从业人员去打罢!"她又答。

"你的话对极了! 在生意经上看,受当事人的委托而索取酬金过低,自然不免影响业务的前途,原系开业的大忌。然而果系贫穷含冤的当事人,既来求你救助,连酬金都可免收,那又何必计较酬金的数目? 这真是牧师的精神了! 不过我仍要问,这以外还有些什么事情使做律师的能配合做牧师的道理。"我再问。

"先生,你真可教也。我想你并非闻一知一的人,你发这问,是想考验我的法律知识。那么,我也就不客气了,分别从民事、刑事方面提出一点意见,对你解答,你不嫌啰嗦吗?"她再答。

"不啰嗦! 不啰嗦! 你先从民事方面解答罢!"我说。

"牧师劝人和睦相处,避免仇恨,如不幸而发生争端,总想运用律师视为要诀的公平原则,为他们调停和解,免得相见法庭,种下恶因。那么,律师承办了民事案件,也应从调解上入手,或从和解上解决,尤其在当事人不争钱而争气的时候,更应模仿牧师的博爱精神,苦口婆心地劝其止讼息争。这不特减免当事人的讼累,并同一与政府的司法政策相合,更不致法院对案件有过分的负担。假如单从业务本身而言,因调解成功而不打官司,因和解成立而免却上诉,不啻自己缩小了业务的范围,自己放弃了应得的酬金,绝对不上算的。然而以做牧师的道理去做律师,却须'义与之比',不能'以利为利'了。"她说。

"你再从刑事方面解答罢!"我说。

"牧师博爱存心,一视同仁,愈是有罪的人,愈能拯救;甚至死囚待决,也要为其祷告一番,希望能有最后的忏悔机会,获取心灵上的安慰。那么,对于刑事案件的承办,为了实现牧师的精神,总得仔细研讨案情,周密搜寻反证,有无酬金,酬金多少,都不应影响这种工作。尤其遇见刑事上似无办法的案子,仍宜深入案情三尺,看其究竟对被告有无利益的地方。这并不是想侥幸以求直,乃是借透视以免冤;国家的法律固应极端维护,而被告的人权也须特加保护。假如单从业务本身而言,任何聪明人绝不愿接受显无办法的刑事案件,因为明知官司要输,何必专办输官司而影响了自己业务的前途? 然如以做牧师的道理去做律师,却不能计较这些了!"她说。

"我俩这一次谈话,使我最为满意,你不妨作个结论罢!"我说。

"书呆子,爱写文章,老是绪论、本论、结论这一套! 要我作结论只有两句话。"她说。

"哪两句话?"我说。

"牧师是教会中的律师,律师是法坛上的牧师。"她说。

律师十要

一、要律师地位高

（解）律师为司法的一环，据于明法者的重要地位，保障人权，维持法益，都是律师的使命所在，社会上对于律师万不能加以轻视，而毁侮其行道，致无由自励自勉，影响司法组织的健全。

二、要事务不萧条

（解）律师是自由职业之一，既挂牌执行职务，便不容有门可罗雀的现象，这必须要各律师在职务的执行自行努力，而靠"黄牛"以不正方法拉业务却是要不得的。同时做律师在中国的经济环境里，只要能维持一家生活就得心满意足，若想靠律师发财，那就大错了。

三、要法院看得起

（解）律师对法院应当尊重，法院对律师同样应当礼貌，同是司法圈内的人，随时可更换其位置，慎勿误解"律师只知拿钱"而与法院作对，实则律师时间较裕，能对案情多所剖析，足以有助于案情的周密。

四、要社会察秋毫

（解）讼案有理便赢，无理便输，律师只能使有理的得直，无理的少冤，绝不能翻云覆雨，颠是倒非，这是社会上对律师的观感，应当首先澄清的,其次社会上总认为律师有钱,从而发生许多的错觉,哑子吃黄连,有苦说不出,实则业务纵使不好,也不能逢人诉苦,自己打破了招牌。

五、要事主说实话

(解)当事人委托律师办理案情,须与律师诚意合作,将真实情况一吐无余,律师乃可对症下药,为其主张,最忌当事人以假的事实告知律师,纵然一时得直,最后终必揭穿,真是难为情了,我常说做律师"满脑子人家的事,一肚皮自己的气",当事人不说实话,不关心自己的案子而找证据,更使律师闷气难消。

六、要过河拆桥

(解)本省关于酬金,有前金、后金之分,前金少,后金多,但后金因当事人不守信约,往往拿不到的。就是不分前后金,而当事人一时凑款不足,允其迟延交付,依然于官司结束后,"事主不知何处去,空留契约存卷头",律师界的呆账无一人而不有的。

七、要同道相关照

(解)要同道大家都有点业务做,资格老的律师向当事人要酬金,无妨多一点,留些机会给资格浅的人去做,而资格浅或业务不好的律师要酬金也不应过低,像数千元包三审、几百元做一件,都是恶性竞争,于人有损,于己无益的,同道互相关照的事很多,这只是一端。

八、要康乐节疲劳

(解)律师界终日为他人作嫁衣裳,也应当有一种集体的康乐活动,养其身心,所以俱乐部一类的组织实有必要,且可朝夕会面,对于讼件的交换意见,法条的互相研讨,获益不少,确是一举两得的事。

九、要自己守规矩

（解）做律师要时时存有戒心，如临深渊，如履薄冰，虽要热心救人，却也不能下井自沉，当事人往往最难惹的，对他们讲话处处要谨慎，不夸张自己的能力，不断言讼案的胜负，信任我者来，不信任我者去，这是百无一错的。

十、要"黄牛"绝法曹

（解）司法"黄牛"影响了司法的尊严，也阻塞了律师的生路，当事人误信"黄牛"有办法，哪会走正途而请教律师？台中律师公会有一个决议，不对司法"黄牛"辩护，这实在是各地律师公会该同有的认识，至少有人介绍案件，四六分成或平分，大家一律拒绝，行情也不致这样下降了。

倘若有了这十样，律师业务步步超

（解）本刊编辑委员之一的周汉勋律师向我要文章，我因有南部之行而遗忘了，后来正哼罢梁祝影片"千年瓦上霜"，周律师又来索稿，因时间急促，乃借黄梅调来了一个"律师十要"，哼起了也怪有意思的。

诉讼进行的担儿应挑在谁的肩上？

——职权主义与当事人进行主义的估价

一

"做官不与民做主，枉受朝廷爵与禄"：这是戏文上头戴乌纱帽、身着素缎袍的青天大老爷由上场门走到台口所念的引子。追溯过去，自从有了州县官以后，办理民刑案件，是否真系以行政官兼理司法，还系以司法官兼理行政，姑且不作争辩。单要提的是：前后约有一千八百年的州县官群里，只要不是"灭门令尹"的酷吏，或"笑骂由他笑骂"的浆糊官，总都存着"为民做主"的一片心肠。所谓"为民做主"并不是单凭自己的主观见解，滥施法外之恩，遍讲偏私之情。因为律文上很明显地规定，治狱断罪仍然要具引律令格式（唐律），或 律令（明律），或律例（清律）；而且故出故入或失出失入更须负着严重的责任，等于反坐。那么，他们又怎样为民做主呢？

首先，要知道他们不仅是法官，同时具有检察官的身份，这就没有什么"不告不理"的准则把他们束缚住；在民事方面依样是凭着职权去理，不必告而后理。所以像《包公案》《刘公案》一类的小说，有许多案子便是由某位青天大老爷不厌其详地去发觉、去追诉而得直的。尽管这是小说，却绝不是完全远离事实连一点踪影都没有的想象描写！就是有人告状或鸣冤前来，州县官所要知道的，无非是告状人或鸣冤人被欺或被害的事实经过,一经调查明白,必有除凶鸣冤的下文,或止讼息争的办法。因而告状人、鸣冤人陈明了被欺或被害的事实以后,便说道"请求青天大老爷为民做主";不必再引什么律例条款,钻入纯法律性的牛角尖里而打官司。引用法律的问题是为民做主的青天大老爷的职责,不要"哀哀上禀"的老百姓担心。

时代的轮齿转到今日,情势显然变更,司法方面许多"旧能耐"是配合过去一套制度而存在,早已失去时代性,自不应泥古而不知今,再加留恋。但是法官为民做主这一观念,按诸我们社会环境,老百姓的法律常识还得继续灌输,似乎仍有重视的必要,而且这在司法的目的上也不是绝对落伍的想法。我不是说中国自变法以来的法官不愿为民做主,更不是说他们不为民做主,他们辛勤劳苦,廉明忍耐,为民做主的事例实在很多,这须特别地加以声明。无奈在清末变法的时候,把中国法系值得保留的精神一扫而空;于是法官受了法律条文的限制,而为诉讼程序进行,就没有过去州县官为民做主的行动那样显著。反而,倘或有人过分为民做主,自己便首先违法,担了不是,甚或被认为闹成笑话!

据说,多年前有位法官,审理一件妻子与人通奸的案,证据确凿,当然依法判罪,偏是这位丈夫提起附带民诉,凭着常情请求判决离婚;这位法官居然允其所请,准予离婚。我们不谈法律专就情理而论,与其前后打两场官司,徒需时日,倒不如在一场官司里统统解决了,法院和两造彼此均便。若再照我们古律说,对于有夫之妇犯奸,不特因奸罪而科刑,并连带地将其与本夫的婚姻关系并奸生男女的处理同案解决,自然不必接着再打官司。然而在现代的法律条文上,附带民诉只以因犯罪而受损害之人,对于被告及依民法负赔偿责任之人,请求回复其损害为限;不包括离婚请求在内。结果,这位过于为民做主的法官反被记了一次大过。在情理上讲,这位法官不能算错;在法律上讲,主管方面予以处分也是很对,"理"与"法"所以不能沟通的主要原因无非由于受法定的诉讼程序的限制而然。

过去的诉讼程序把千斤的担儿交给法官一肩挑，随着职权所至，全部讼案有关的事实都在定谳时候依据律例交代清楚，依现代的法律眼光去看，可加批评的地方固然很多。但人民为了一套整个经过的事实而打官司，无论败诉、胜诉，有罪、无罪，总能在一次诉讼提起之后，最多一条鞭式地到了终审，而得到全部解决，断不致一场官事几场打，把圈子在诉讼程序上兜来兜去。同样，也绝不致"未曾见官，先挨四十"，尽管有理的官司却输在程序上了。不错！有人这样说过："唱戏的，讲究唱工，还要讲穿做工，票友不如内行，就是做工差，羊气重。打官司，实体法是唱工，程序法是做工，也得两相配合，才算完善。"居今日而打官司，无疑地是要这样，但若仔细一想，纵系名角而倒嗓，做虽如故，唱不成声，像平剧须生杨宝忠也只好改做文场，拉胡琴罢。所以在今日社会环境之下，与其由欠缺法律常识的当事人糊里糊涂地去打官司，无宁让法官依据法律充分为民做主，那便是现行的诉讼程序应当修正的问题了。

二

在今日，打刑事官司因为另有对法院独立行使职权的检察官，"因告诉、告发、自首或其他情事，知有犯罪嫌疑者，应即侦查犯人及证据"：过去州县官为民做主的意趣还能相当地保留多少。这，首先要看检察官是不是尽责。像过去多少年里，检察官虽然也很努力，而申告铃的创设更系为民分忧的积极表示。然而大势所趋，彼此都是忙于内勤，不愿多事出外搜查犯罪，致使多少小民永沉在冤海中，无人为其做主。甚至于向司法警察所用的指挥证任其储藏在袋中不拿出来；于是警察方面对于此证也感生疏，竟或不知其作何使用。十年前：有一位林首席在某市使用此证，不特未将犯罪人扣住，反而被警察把这位首席带到派出所去。担任检察官的职务不是作阿翁阿姑，最忌的是装聋装痴，使危害良民的毒菌恶草蔓延滋长。今在台湾振作一新，检察长首席和各位检察官都能珍念时艰，忠诚尽职，日夜忙碌于侦察犯罪，搜索证据，除毒菌，芟恶草，确是做到了为民做主，宜乎老百姓时常对其发出"青天"的欢呼声。

所以，检察官如能尽其职责，无枉无纵地办理案件；那么，告诉人、告发人或其他被害人等只要把被告所作所为的事实告诉检察官，被告是否负有刑责，是否应为起诉，检察官自可用天秤衡量，不用他们担心。即就认为被告有犯罪嫌疑，凭借什么理由入罪，根据什么条文起诉，也是检察官分内为民做主的事，这是公诉比自诉最容易表现为民做主的地方。然而在我法律上检察官的职责限于刑事案件，而如人事诉讼案件，便不能像在日本检察官也可普遍地参与其间；那么，便于为民做主的检察制度，在其效用上就因此而缩小了范围。

其次，说到刑事审判方面，因为采取职权进行主义而非不干涉主义，所以有些必应办理的事情，不需要当事人的声请即以职权为之。换句话说，不必由民自作主张而已依职权为民做主了。其对于检察官起诉书所援引的条文，如或因检察官调查事实尚欠确实，或授引法条本有问题，除谕知被告无罪者外，还可以变更起诉书的条文，或重其罪，或轻其罪，不受起诉书的拘束。只要条文变更得适宜，总算对法官为民做主留了一个回旋的余地。可是话又说回来，打刑事官司仍有不少的地方为法定的诉讼程序所纠缠，心里虽想为民做主，实际上却做不了主。譬如说，一件案子在社会公益方面、在个人法益方面都应使犯罪人负有刑责，乃竟因告诉人的不适格、程序不合，使犯罪人逍遥法外。法官至多在题外把犯罪人责备一番，却奈何他不得。反而言之，仅有犯罪嫌疑，实际不应使负刑责，也得明明白白为其洗冤，以释社会之疑。今以告诉人的不适格,成为悬案,仍然在情理上是说不过去的。然而法定程序既然如此,又有什么办法呢?

至于打刑事官司是否能如过去一条鞭式地简化起来,仍然有问题的。虽说在今日除了必要的上诉、非常上诉、再审复判外,有一个"一事不再理"的大原则存在,免得当事人缠讼,徒苦对造。然其所谓"事"者并不是一套整个经过的事实,而是透过法律眼光的事实;换句话说,就是由某一法律关系的观点上所认定的事实罢了。因为这一套整个经过的事实,可能被误认或确系有多方面的法律关系存在;由于所采的法律观点的角度不同,事实也就变了。从客观的事实说,明明是一体;从主观的事实说,却各有分别;既无从为便利当事人计,在法律上求得一个总的解决,便只有让嗜讼缠讼的人,利用自诉的方式,把一套事实的官司作几场打。今日他从这一套事实中提出一个罪名控诉对造;等到打得乏味了,又从同一套的事实中提出另一个罪名控诉对造。如此连二连三地提出新控诉,虽系一套整个经过的事实,却利用法律的观念不同,化作许多资料,真是打不完的官事!这就困扰了法院,害苦了对造,法院明知其嗜讼缠讼,想要为民做主,但他的不断控诉与法并无不合,便也无可奈何他了。

三

在今日,打民事官司因为民事的"通常诉讼程序"偏重于当事人进行主义,以不干涉为原则,这就不如"人事诉讼程序"尚能勉强切合实际,不致全然形式化了。虽说诉讼法里有些地方是由法院运用其职权而为之,免得当事人操心,但不干涉主义的大原则既已建立,这些"小动作""小过场"既非锦上添花,纵然很好,也无由使全剧生色。诉讼的进行依当事人的意思自由为之,这在欧美已有很长远的历史,直到现在,自然熏陶出一般人打官司的技巧，洗练出一般人丰富的法律常识，并有健全的律师制度，这些青翠的绿叶，扶持牡丹花儿向荣，这对欧美个人主义的社会自甚适合。不特民事案件如此，就连刑事案件也带着当事人进行的浓厚气氛。除陪审员操最后判定之权以外，刑事被告的律师负有极大责任；他可向控方诘问，无微不至，他可向证人追询，无事不及，其鉴别证据更为起劲，其进行辩护总能尽量发挥，必须有这样沿革，有这样环境，才能收到当事人进行主义的功效，不说打民事官司，就是打刑事官司又何伤乎？

　　然而我们中国呢？过去一向由州县官为民做主，只要不是被当时社会上鄙视的讼棍，谁也没有惯打官司的经验，谁也没受过由自己做主而打民事官司的熏陶洗练。何况中国向为农业社会，人情味很重，小小纠纷与争执每由亲友乡邻调解了事，万一涉讼公堂，自有州县官为其做主了结，大家对于打官司而要自己做主，实在陌生得很。诚然！今日有律师可为诉讼代理人出庭与对造辩论，但这仅为通都大邑的现象，小县份能有几个律师，穷苦人又谁请得起律师？若再加上其他种种因素，在今日中国虽有律师，依然不易收到欧美采用当事人进行主义的功效。可是在今日打起民事官司来，偏要仿照欧美把重点放在当事人身上，这好比"穷汉陪富汉，陪得没裤儿穿"；有空名而无实际，倒不如老老实实地把职权主义加重，让法官为民做主，免得一场确为有理的官司，竟因当事人不慎而败诉在极端窄狭并无实益的程序方面。

　　"不告不理"这一原则，倘在民事诉讼方面解释其为"原告不为起诉，便不审理"；为了尊重个人自由意志，且减免法院对讼案的负担，这话是说得通的。然既告状了，乃因诉状内把法律关系弄错，其结果也就这样错下去，静待败诉；因为既没有从适宜的法律关系方面来告，仍然是不理。将"不告不理"解释得这样严格，苦打官司的当事人也就多了。譬如说，原告受了损害，本系事实，依照法律条文应当是不当得利的关系,而他却误为侵权行为的关系,一场官司打罢,败诉。他既没有为不当得利的主张,对造便利用其错误而胜诉,甚或故意引其走入歧途而不自觉,这不是在法庭上争曲直、争是非,简直成了两造斗智斗法,未免太艺术化了。纵然原告中途知有错误,想把其声明变更,或把遗漏的地方补充起来,可是法律上却认为诉状送达后,关于诉之变更或追加代诉非经被告同意不可。想一想! 被告正希望原告有其错误,无论在如何情形之下,总都是"咬定牙关不答应",一错便错到底,要打赢官司,再来。

打民事官司更有多少是在当事人适格、不适格的问题上兜圈子,稍有一点儿不明显,就成了对方攻击的资料;一般当事人没有学过法律,根本就不懂得什么叫作适格、不适格,而法院又不能在这些地方令其更正,这又白费时间打了几场冤枉官司。在诉讼进行中,除了鉴定勘验方面的情形外,法院调查他项证据总都是依当事人的声明而为之,仍须由民自作主张,乃当事人进行主义的当然结果。再说到民事执行方面,好容易得到一个确定判决或假执行的宣示,债务人总是吹毛求疵,找出理由,提起执行异议之诉,总然最后败诉官司却可打到几审,甚或拖延了执行的时间。倘若因形式上一点差错,以致不能执行! 这场官司又得从头打起。譬如说,一件迁让房屋之诉,房屋的坐落间数及所占基地坪数,不特在诉状内叙述得很清楚,且附有图,从第一审打到第三审都胜诉,然到了执行的时候,因自始即把门牌号数写错了,异议显然成立,法律既无补救规定,虽胜诉仍得再打官司。这真是今日诉讼法上说不完的缺失,理论上是尊重当事人意志自由,实际上是当事人走入繁杂的"程序阵"中,很不容易自由打阵? 那么,在民事诉讼程序上,惟有加重职权主义,由法官在"程序阵"里引导迷路的当事人走出"生门",这便是为民做主的表现了。

论"法学通论"这门课程

一

记得在小学的时候,抱了一个"读书不成便学商"的心理,想打会算盘,外祖父令我先熟读《九归歌》再打。在中学的时候,听了老居士们宣传佛法,想研究一下佛学,老居士令我先熟读《大乘起信论》再求深入。在大学的时候,又想准备于毕业后当报馆的外勤记者,便有人令我先看看邵飘萍所写的《新闻采访法》再说。虽然我始终没有成为珠算的能手,对佛学更没有深入的研究,并且在新闻界里也没有打出天下,但是熟读这几种写作,确是姜子牙入山学道的进门途径,也就是洋人对于某学识或技能所说的"A、B、C"了。

近多年来,大家脑海里都存着一个法治国家的概念,而且法律与每个人的日常生活越来越密切了。于是一般人固然自认不懂法律,却都想获得点法律知识,看看法律书总比聊天说地、打麻将或逛马路好得多。他们常常问我:"研究法律的入门书籍是那一种?"这一问愣住了我!照说,我可推荐坊间出版的《法学通论》,而且单就著作的本身而论,也有写得很好的书。何况"法学通论"还是大学法学院各系一年级生共同修习的课程,与"政治学""经济学""社会学"骥足而四,各占一方。读书就学而准备戴方帽子的小伙子,都把"法学通论"视同修习法学必由的道路,一般人要获得一点法律知识,把"法学通论"介绍给他们

去读,还有什么错吗? 然而,我有时虽然这样对他们介绍了,心里总有
点别扭,认为是多此一举。

　　原来,自清末变法、废科举、设学校,"法学通论"这门课程便从扶桑
岛上渡海而来,始终是学校里一门最失败的课程,和"行政法"的课程可
说是"难兄难弟"。我"家住西京长安地",1913 年在老西北大学预科攻
书,和她——"法学通论"——认识。她在那时还穿着"国产的和
服"——译本,约迟了十数年才慢慢地脱下"和服"而有了国人的著作出
版——在课堂出现,那种冷冷的"神情"和一本正经的"谈吐",使读者莫
测底蕴,不感趣味。虽然为了学校考试,不能不默记语句在心,好有一
比,私塾里的小孩子读四书,只有口诀,没有理解,结果一无所得。这不
能说完全由于我个人的愚笨,初学法律的小伙子对这门课程都有点莫
名其土地堂。在学校里已有许多人陆续地费了无数的光阴,和她去打
交道,既没有从这门课程里领会出研究法学的指针,更不能对实际的法
律划出一副简明的蓝图;怎能把她再介绍一般人,使高高兴兴地想获得
法律知识的人去碰软钉子,反而对法学灰起心来,那才是阐扬法治的
罪过!

　　不错! 要说研究法学的人不懂"法学通论",确是千古的奇谈。但,
我要问,他或她能深切了解"法学通论"的内容,而谈起来头头是道,是
在什么时候呢? 或许因我过于愚笨的关系,曾经糊里糊涂地在"法学通
论"的这道门上闯了一阵,而不得人,后来适逢另一道门开了,才走进
去,然后返转过来,从里面开了"法学通论"的大门。就是说,我有了法
律知识以后,我才慢慢了解"法学通论"了。那么对于在门外的人,你若
不能善为引导,为其选择坦途,仍然是荆棘满道,他们始终是望门而不
得入。当 1914 年间,我与"法学通论"接触的老西北大学已经解散,我
回到中学生的岗位,读"法制大意"一课。她虽是小家碧玉的样儿,算不
得大雅堂上的名媛,可是本香本色,倒也引人入胜;折回头儿温习"法学

通论",有点眉目了。后来升学,读完了"民法概要""刑法总则"等等课程,方觉得"法学通论",就是那么一回事。然而说到深切了解,似乎还不是一个法律系毕业的大学生所能做到。请问:"法学通论"既被视为修习法学必由的道路,原是法律学导言或绪言的性质,依例应使法学的门外汉或不懂法律的人,先能和她熟悉,才是正理。如今,在实际上反而要研究过法律的人方能慢慢深切了解她的内容,这不是导言而是后记,不是绪论而是结论。难怪她孤芳自赏,和人格格不相入,消磨了许多人修习的时间,并使一般想获得法律知识的人,不敢有求了。

二

检讨"法学通论"这门课程的缺点,在她的命名上就首先犯了大错,不能和她的任务相适应。她对于法律知识本处在"司阍小姐"的地位,好好地让陌生客走进门来,但她却以"老板娘"的身份为称,睥睨一切地坐在门口,既以"法学"标榜,而又是一个"通论",这就不得不高深。不得不使人知难而退。法学的范围,深如海,高如天,说不完,讲不尽,门外汉一点法律知识都没有,便给他们来讲法学,这好比乡下人看文艺性的影片,不打瞌睡,我才不信。法学就法学了,也得缩小范围,深入浅出,不要忘记"司阍小姐"的任务,乃是引人入胜,并非即在门口把里面的玩意儿不分次序而又以结论式的形态表演出来。"通论"不比"结言",甚又详于"概论"或"大纲",必须全盘在胸,统统知道,然后才能画龙点睛,得到一个"通",才能通盘而"论"。内行人固然知道点在龙身上的睛是什么样儿,门外汉根本没画过龙,只看见内行人单独拿出所画的龙睛,便觉索然无味,画龙也不愿画了。再说:她既然对于法律知识是一位"司阍小姐",告诉陌生客走入里面的途径,并或发一张详细的节目表也就够了,实在不应多说批评的话,表示自己的主见,因而不特"通"

字不适宜,连这个"论"字也不妥。那么"结论""概论",除了真是表示个人的见解,而非专作"导言""绪言"的用途以外,也是避用为宜。

在学校课程里,和"法学通论"立于"姊妹淘"的有"政治学""经济学""社会学";她们的全名应该是"××学导言",或"××学绪言",都不是通论的意思。虽然在她们的体态方面有些地方也不无和"法学通论"犯着同样的毛病,但就大体上说,到底是铺下了引人入胜的坦途,而尽了"司阍小姐"的任务。惟独"法学通论"不与众家姊妹为同,放弃"法律学导言"或"法律学绪言"的全名和"法律学"的简名,独以此称。这当然因为她自扶桑岛渡海而来,旧名未改,积重难返。新的大学课程上也知道她的命名和任务不相符合,不知是为她改名,还是另外请出一位"小姐"来,称作"法学绪论"。然而"法学"如故,虽是"绪",仍要"论",可说也是受"法学通论"命名影响之深了。或者有人要说"法学和法律学不是一样吗?"但我总觉得"法学"的范围广,"法律学"的范围狭,正如"法"与"法律"有广狭不同的界限一样。所以"法学"院内就有政治学系、经济学系,或者还有社会学系,而"法律学"系只是法学院的一个部门。"法学通论"这门课程,既在引人入胜,而非在她的身上万华毕现,还是老老实实地和众家姊妹各自守着一种知识的大门,尽了"司阍小姐"的责任,不必独以"老板娘"的姿态出现。

然而,因为"法学通论"命名的关系,要名实不相违反,虽系"司阍小姐"的任务,却不能脱去老板娘的派头。客人很热心地想入内观光,而这位老板娘不特没有和颜悦色地前来迎接,而且冰冷的面孔,拒人于千里之外。这就是说,既然是"法学通论"这个名称,在其体裁和内容上就得扣住这种题目去做文章,不能让她出了格,走了样,变就一位单纯的"司阍小姐"。她的命名既多年未改,因而她的体裁和内容也就始终若一。不过话又说回来:她诚然是一位老板娘,却坐在门口,兼代"司阍小姐"的任务,客人到了,虽然摆着冷面孔,但仍不得不目视客人,伸出手来,指向内去。这又未免对老板娘的身份打了折扣,而客人看见她的怒目,反而退避三舍了。这就是说,"法学通论"的体裁和内容尽管要配合她的名称,似既视为获得法律知识方面必由的道路,也就不得不从这一方面找些资料,加入其中。"老板娘"不是标准的"老板娘","司阍小姐"不是单纯的"司阍小姐",冷面迎客,傲目伸手,既失了"老板娘"的身份,又完成不了"司阍小姐"的任务。这也不能怪她,乃是她的身份和她的任务不能协调的缘故。

说来说去,我并不是根本反对"法学通论"这个名称,只是把获得法律知识必由的一条道路,称作"法学通论",那就要发生"老板娘"勉强充任"司阍小姐"的恶果。倘若以"法学通论"专为"老板娘"而用,另以"法律学"或其他妥当的名称专为"司阍小姐"而用,我倒是很赞同的。因为"老板娘"荣膺"法学通论"的命名,她既罗敷有夫,不同流俗,自应严若冰霜,避去尘嚣,门外汉对她还敢有什么企求。一切和门外汉打交道,引其走进法律知识的园地,便让另有专职的"司阍小姐"担任这一任务好了。

三

名既错了,实也乖了。既然以"法学通论"命名,而非以"法律学"或"法律论"为称开宗名义第一章便不能不从"法学"说起。因为"老板娘"总必先摆出"老板娘"的派头,不然,便不成其为"老板娘"了。这和舞台上的角色登场、念引子、表姓名是同样的道理。然而门外汉既根本不懂得法是什么,法律又是什么,开首就抬出法学的派别等等问题,这一闷棍打来,头儿晕了,眼儿眩了,心儿烦了,如坠在五里雾中,门外汉还有什么耐性和兴趣探究法学这个闷葫芦里卖的什么药? 这好比"老板娘"坐在门外,以冷面迎接客人,但客人是希望有"司阍小姐"引其入胜,并非要看她的派头；所以"老板娘"的派头越是十足，陌生客入内观光的心理，越降落得很低，而且很迅速地就降落下来。既然只把"法学"常作门砖，就不免疏忽了法的根本研讨和法与法律的界限说明。于是或以法学与其他学科作比较，这已是学养子而后嫁，未会走路先学跑的道理了。或以法或法律与其他现象作比较，这又是纠缠不清的一桩事情：有些地方似乎以"法"的现象为依据，有些地方又像以法律的现象为依据，而所引举的其他现象是否名异实同，是否值得作为比较的客体，也不无问题。这样的体裁和阐述，内行人当然一看便知其箭头何在，门外汉却未免感觉得"法学"不"论"还罢，"论"了反倒糊涂，还是索性不"通"好了。

　　有人说：像"政治学"一类的课程，其体例还不是先来一个研究"政治学"使用的各种方法，并或辩论"政治学"是"学"不是"术"，初学的人一样是不能深切了解吗？这话诚然是事实，但不能以"司阍小姐"偶尔冷淡了客人一下，便认为"老板娘"兼理"司阍小姐"任务时，仍然以"老板娘"的派头出现是天经地义。对于"政治学"的写法，我虽不才，曾为某书局写了一本《政治学概要》共分十二章，开首第一章，不说别的，只对"政治"作详尽的解释，然后依次阐述，"政治学"范围内几个重点，最后一章才罗列了研究"政治学"的方法。读完了前十一章，脑海里对政治学内的各种重要问题已有了影子，然后再谈到研究方法，似乎容易为初学的人所接受。"法学通论"的内容，谢天谢地没有研究法学这一公式，可是她既从"法学"而"通论"，不是从"法律学"而"导言"，在体例上就不便先说明"法律是什么"，至少也得带点浓厚的学术气氛，不然，便不成其为"通论"的"法学"了。因而在这个命题之下，能手的作者也不得不照应题目而做文章，然而门外汉最为头痛的，却是浓厚的学术气氛，"给乡下人吃很好的皮蛋"，他倒嫌其味涩而不愿下箸了。

　　所以把"法学通论"的命名，用在个人研究法学有其心得而写的作品方面,采这样体裁,无话可说。倘为数学或一般人初步阅读之用,这种体裁对于学校里有志修习法律的小伙子是浪费其时间,对于一般人是"回戏"拒客的报条。因为初读法律的人,无论如何,他们是不能从"法学通论"的论及"法学"方面,有一个了解,什么学派,什么讲法,谁对谁非,何采何从,不仅不知其"所以然",且不能理会其"然"。因而在考试以后,就忘得干干净净,好像没有和她接触过一样。要真是能懂得"法学通论"中这一部分的道理,等著罢,到了三四年级读罢,"法理学"或"法律哲学",自会豁然贯通。那么,在"法学通论"课程里修习"法学"的时间,岂不是浪费吗?同样,一般人只希望读"法学通论"后,获得法律知识的门径,多半不想因此造就一位法律学家,或加入法界或法学界中吃"法律饭",这些有关"法学"的叙述,对他们根本一无用处,用既无其用,看又看不懂,纵有悬梁刺股的好学之士,也不能不齐书而叹。

那么,对于"法学通论"有关"法学"的叙述,便只有讲法学通论的人能懂,写"法学通论"的人能懂,研究过"法理法学"或"法律哲学"的能懂;门外汉十遍百遍,还是不能懂。旧日书房门口有一副对联"闲人免进贤人进,盗者勿来道者来"。我们固然不欢迎抄袭家对人家出版的"法学通论"表示欢迎,但"法学通论"的本旨,几十年来,都是为了门外汉的"闲人"而设,今仅限于有法律知识的"贤人"看得懂,读得清,这门课程是失败还是成功了,然而"法学通论"的命名,既然具有"老板娘"的标准身份,想要她完成"司阍小姐"的单纯任务,而涤尽"老板娘"的派头,这就很难了。

四

"法学通论"的后半部,通常是关于各种法律的叙述,宪法、民法、刑法、商法、诉讼法等等应有尽有,因而有些著作在这一部分就以"第二编各论"的姿态出现。无管是怎样的体裁,总算是"老板娘"以目视客,以手指路的表示。然而纵极有耐性的陌生客,不因"老板娘"的冷面而退去,不计较其派头如何十足,只须她的目光手势而行,依然是有波折的。因为"老板娘"的目光,忽而上,忽而下,枯燥无神;"老板娘"的手势,^①时而后,标准难定。且虽详列节目单,而有说明书,突其实际,还是说而不明,明而待说。

原来,这一后论,到底不是"法制大意"或"法律大纲"的性质,只是"法学通论"的附带部分,自然不能详为勾出每种法律的全貌。应该向门外汉介绍的地方,遗漏得很多。结果有如走马看花一般,全无深刻的印象留在脑海。那么,以"第二编各论"的姿态出现,岂不甚好?然而课程的命名是"法学通论",今若以"法律大纲"的部分与其平分春色,各领乙帜,又未免喧宾夺主,分际不明了。何况实际上所有的重要法律,范围仍然广泛,内容都很复杂,举不胜举,述不胜述,既持一而露万,又冗谈而繁重。一般门外汉只想获得一点法律上的实际知识,何必没头没尾地借重于"法学通论"的这一部分,他们能苦心用功买一本《六法全书》读读,也就够了。想戴方帽子的门外汉,将来尽有机会由浅入深地研究各该种法律,又何必在这里消磨时间,去欣赏这些若断若续、无头无尾的片段描述?倘若全部搬运过来,虽说是一个纲要,这不特与"通论"的命名相去十万公里,并且也根本不是对门外汉所供给的"导言"了。譬如说,"司阍小姐"忘了她本身的任务,却在门口指手划脚地现身说法,这不特没有堂上表演的真切,而且浪费客人的时间,何其不惮烦啊!

不错!"法学通论"的这一部分,固可矫正过来,把每种法律的意义、性质、特征、使命,经过学者脑海的熔化,用简练明显的笔调或口吻

---

　①　此处疑似少了"时而前"。

写出来，或说出来，自然容易使门外汉接受。然后凭此一张图去索骥，凭此一个指臂走入胜地。慢说一般只想懂得一点法律知识的门外汉，对各种法律有了初步的基本认识，便能站在法律常识线上接受各种法律的实际宣示。就是真想研究法律的小伙子，获得这种指针，也是很宝贵的。因为这种题材，能在这里阐述起来，将来研究每种法律的时候，便可省略，便可开门见山地从各该法律的本身研究起，免得甲种法有绪论，乙种法也有绪论，往往性质相近的法律发生重复互见的说明，徒占法篇幅，徒费时间。何况在这里为综合比较的说明，对于每种法律的界限，更容易分得清楚，而使研究法律的人真能获得初步的基础知识，岂不省了多少事情。不特各种法律的意义、性质、特征、使命是这里的课题，就连每一种法律的沿革和法系问题也是这里的题材；譬如说，在这里，有一篇高等法的沿革或法系的叙述，自然，可以省去分别在"公司法""海商法""票据法""保险法"课程里大同小异的重复叙述了。然而要对"法学通论"这一部分，作如上所述的矫正，为使名实相合，至少也是"法学绪论"的使命，不是"法学通论"所当然承受的。因为"法学通论"这一部分的体例，向来如彼，萧规曹随原系人的常情，谁愿破工夫而对其附带部分作簇新的改革？既然破工夫以此部分为主，那又何必沿用"法学通论"的旧名？

五

可是，话说回来，"法学通论"的命名诚然不能与其需要相配合，但为了她的使命的完成，也就不必以名害义，即应特别从其内容方面为资料的选择。也不失为一个补救的办法，学者中不少是做过这种尝试了。这好比穿着中国长袍马褂的学者，每日在试验室里研究原子科学，名实纵然不调和，但其事情总比整日做诗钟、读骈文合于时代需要者多。再进一步说,"法学通论"的命名和其体裁及内容一切不变,只要教学的人在课室,扫去这门课程上的荆棘,不怕绞脑筋、费唇舌,为修习这门课程的人铺就坦途,也可引导他们走入法学园地,学者中不少是作过这样努力了。这好比,平剧中的"战太平"和"贺后骂殿",原本是开锣戏,但经谭鑫培、程砚秋居然唱出名堂,戏以人而走运,变成压轴戏了。以上所说的两种情形,倘再以"老板娘"和"司阍小姐"为喻,就是说,"老板娘"坐在门口,纵然不敢换"司阍小姐"的服装,但既兼代"司阍小姐"的任务,便应暂时舍去"老板娘"的身份,很诚恳而欣愉地指示门外汉走向法学园地,这与"老板娘"的本身如何即不相干了。

那么,"法学通论"这门课程,既可由教书的人努力加以补救,还有什么话可说呢? 然而这两个补救途径,从其内容方面来补救,印而成书,一般想获得一点法律知识的门外汉,固能与在校修习法学的人同样得到实惠。但是从讲解方面来补救,却只可广布春风于杏坛,不能普施惠雨于大众,依然是一个问题。即以在学校里这两种补救方法而言,还得不要再踏过去办学的人对于"法学通论"这门课程一种错误的认识,才可使英雄有用武之地,才可使英雄愿在法律园地的门口这块广场上用武。

过去办学的人有一个普遍的错觉,认为"法学通论"既然是大学一年级的课程,当然处在法学入门的地位,"杀鸡焉用牛刀",就不必烦劳法学渊博的老教授担任这门课程。那知这门课程,不特不是"鸡",而且不是"牛",简直是一只大象,虽用牛刀也不是轻而易举的事情,岂可等闲视之? 她既对法学要作扼要的介绍,又对法或法律要作综合的说明,并对各种实际的法律要作简显而概括的叙述,这不特不是由法律学系刚毕业的人担任这门课程所能胜任,就是对于法学某一部门称得起一位权威而对于其他部门不甚留意的人,担任这门课程还须充分准备才行。她,固然不能出之以"薄",却也不能出之以

"专",是需要渊博的通才,方能说得头头是道,而以深入浅出的方法,使修习法律的初学,很感兴趣地接受这一指针,走进法学园地。谭鑫培的玩艺儿,虽以皮黄老生驰名,然而他是文武昆乱不挡,生、旦、净、丑都行,乃梨园界一位全才:"法学通论"的理想教师是需要这一类的人。那么,出科不久的名角,虽然前途无量,仍然是深心对某一项角色而在磋切揣摩中,岂可使其即来教坐科的学生?所以教坐科的学生,虽然不能邀请谭鑫培来,却总是周知一切的老伶工,"法学通论"的教师人选也是如此。

数十年间,因办学的人轻视这门课程,而这门课程的本身也是缺点重重,便成了备位的课程,没人重视了。虽然有些渊博的老教授肯舍身而出担任这一法学入门的课程,并且也有讲授及著作两方面的卓越成绩。但风俗移人,贤者不免,仍然有不少人不愿担任这一门被人轻视的课程,而在办学的人方面也根本不给老教授把这门课程排。纵然担任了,心里似乎总感觉到不无争取后进的教学机会。这一礼让的结果,便不能达到理想的补救阶段。看!像平剧里"赵延求寿"始终是开锣戏,我想当年如果由高庆奎去北斗星君,裘桂仙去南斗星君,德珺如去赵延,还不和"战太平"一样是叫座的戏吗?

说来说去,说得太远了!依我看,"法律通论"这门课程,与其像今日,熬尽老教授的心血从内容方面或讲授方面而谋补救,还不如从命名和其体裁及内容方面彻底改造,使她充分显出珠算的《九归歌》,佛学的《大乘起信论》,外勤记者的《新闻采访法》等方面的功效。同时,保留"法学通论"的名称,用为学者专著的命名。这就是说,具有"老板娘"身份的"法学通论",不必再坐在法律园地的门口,兼代着具有"司阍小姐"身份的"法律学导言"的任务,顾名既可思义,属文亦可扣题,这类课程还有什么可论!

法律教育应有的三个目标

——养成一般人的"守法"精神·造就多数人的"知法"能力·培育少数人的"明法"智慧

一

过去有一位学者曾对人类社会的各种现象,就其功能作用,作了一个比较确切的譬喻:"文教现象相当于个人的脑髓神经,没有它,便不能思虑运动;经济现象相当于个人的血液循环,没有它,便不能滋补营养;政治现象相当于个人的全副骨骼,没有它,便不能支持一切。"实则,进一步看,法律与政治同样并重,如果说"政治现象相当于个人的全部体躯,没有政法,便不能使一切现象有所附丽",乃是一个更为精细的说法。在这全部体躯方面,"政治仍只相当于皮肤肌肉,法律却是相当于支持一切现象的全副骨骼",尤其在政治现象上,需要法律支持其存在,维护其发展,极为显然。任何政治集团,倘无法律的力量贯通其间,这个集团必要变为凌乱争夺,无组织、无秩序的乌合之众,即难继续存在下去。这是人所共知,不必再言。不过,古代的法是少数特权者所立,使大多数人服从其下,虽勉强可支持其政治集团的生命,但人民终过着不甚合理的生活,今日的法,除极权国家外,至少以法由人民所立为趋向,自己立法、自己守法,自己是治者,同时又是被治者,这就演出民主宪政与法治如何配合的一番大道理来，所以谈宪政若不循法治的道路以进，这宪政便是虚有其表；谈民主若不从法治的途径以求，这民主便是暴民政治。现代法治的意义，既系从人民自己立法、自己守法的观念下产生，不特行使治权的政府要守法，就是行使政权的人民也要守法。造法权、立法权、行法权、司法权固然由于治者的身份而享有这种权力，但无论在朝在野，人人同时均有被治者的身份，也就均有守法的责任，任何个人莫能例外。所谓"法律之内，人人自由，法律之前，人人平等"，便成为至理名言。

因而，法律在今日，除其本身上原理、原则的发掘与建立，高深研讨的综合与分析，仍应由少数学者、专家继续努力外，可说是维护社会公私生活的规范，而为任何团体、任何个人经营处理其公私事物所不可离开的最有效、最公平一种依据。那么，法律教育的目标，就不应专指在培育少数明法者的智慧方面。如何使一般人有守法精神，如何使多数人有知法能力，同样不可偏废其一。这样，才能表现法律教育的全能，对国家、对社会、对个人均有裨益。换句话说，法律教育的指针，不特要培育少数人的明法智慧，使法律教育提高起来，还得要造就多数人的知法能力，使法律教育普及起来，更得要养成一般人的守法精神，使法律教育平凡起来。能提高，自有进步，才可产生更为合理向上的法律，适应社会发展的需要；能普及，自见效验，才可使多数人知道其法律关系的底蕴，深信遵守而不惑；能平凡，自易接受，才可望每个人言而守法，行而有纪，不致轻举妄动，毫无所忌。培育少数人的明法智慧，可说属于"法律学识"的范围，这是一种高等教育；造就多数人的知法能力，可说属于"法律知识"的范围，这是一种普及教育；养成一般人的守法精神，属于"法律常识"的范围，这是一种基本教育。法律教育这三个目标，如能并驾齐驱，岂仅各尽其能，各收其效，而且彼此呼应，相形益彰。既非盲目地守法，又非被动地知法，更非空泛地明法，法律教育的功能，必可针对社会的向上生活，不断地发展出来；其适应法治方面的要求，自然绰有余裕，迎刃而解了。

<h1 style="text-align:center">二</h1>

　　不知是否因古代法系少数特权者所立而留下一种错觉，过去谈起法律教育，大家都不免视其为专科教育，特对少数自愿读法律者所设。其所作育的人才，除大学毕业深造，成为法学家外，无非为国家培育司法官、司法行政官、律师及撰拟法令规章的专才而已！这不能说不应该这样做，而且必须有这样一个目标，才能使法律教育提高；但把法律教育的重心完全放在这一点上，就不免偏颇有失，无由完成其所负的教育使命。既以法律列为高等教育的部门，由少数人去修习，于是一般人便认为法律与个人日常公私生活无关，恒有"我不懂法律，我不知法律"的话，出于其口，不说一个人呱呱坠地就落在法律关系网中，一面由这个网保护其权益，一面由这个网约束其行动，总须多少有点法律常识才能合理地生活下去。单就一个能行使公民权的人来看，不能深知法律，原系本分，若连一点法律常识都自认不懂，似乎说不过去。然而这种普遍的误解，并非全由一般人懒于接近法律，实由法律教育的力量未曾向这一方面推进所致。

　　使一般人具有法律常识，其目的惟在养成其守法精神，正如一般人需要卫生常识而讲卫生一样。这一目标所指，是由家庭教育、幼稚教育、国民教育，一直推行到学校以外的各种社会教育方面；我对此点，曾把"法律教育"缩成"法育"两字，俾与德育、智育、体育、群育、美育构成一个很完整的"六飞雪花"，使教育对一般人的功能圆满地表现出来。法育所灌输的法律常识，既不必对某种法律探本追源，详征博引，也不必对某种法律有文字上的系统解释，或书面上的综合阐述，虽仅利用社会心理方面的暗示与模仿，而以口头指示、画图宣传、示范运动等法，均可达其目的。譬如说，受人公然侮辱，而不知请求法律保护，却自认理直气壮，把对方打伤，自己也犯了罪。倘如预先能使他知道"一打便输，告官即赢"的话，便不会这样做了。譬如说，在施行社会教育的场所，以画图扬示守法的故事，或不守法所得的恶果，自然潜入人心，默予接受。譬如说，公众场所的排队买票，鱼贯而入，只要有几个地方示范领导，便很容易推行到各角落去。像这些无文字的法律教育，虽很平凡，却使全国每一个人，无论老壮幼小都接受了法育的熏陶，领略了法律常识，养成其守法精神。倘再能加以文字方面的诱导，或略有系统的宣达，使其同时知法，那更是锦上添花，分外成功。不过幼童的接受知识能力有限，成人的应付公私事务甚忙，实不应存这样奢望，反而因贪多坏了事情。只要一般人能有守法精神，略具法律常识，便已达到了法律在其基本教育上的目的。必须把这个基础在每个国民身上打好，然后在一般人中，多数的知法者更因知法，坚定了他们的守法精神，乃不致因知法，而玩法，而脱法，而弄法；少数的明法者也可根据一般人的守法精神和法律常识，更能从这个基本上促进其学问的高深研究，推广其学问的远大前途，不致仍在守法运动方面作鼓吹、兜圈子，莫能前进一步。总而言之，守法就是道德，在公私生活中不可一日或离，法律常识也可当作道德规律看，在每一个人的心灵上不可一日或忘。这是法律教育的基本目标所在，除非你是鲁滨孙漂流在孤岛上生活，或像《野人记》中的"人猿泰山"，在丛林中过着与鸟兽为伍的生活，才可逃脱法律关系网，不受其约束的。

三

如前所述，既不能强使一般人个个都接受较有系统的法律知识，那么,关于知法能力的造就,只有在一般人具有守法精神、备有法律常识的基础上,为其中的多数人而建立。换句话说,法律教育的基本目标是射在每个老壮幼小的国民身上,惟求其概括无遗,不求其收效过高,从而由法律知识方面造就知法能力,乃成为法律教育第二个目标。也就是说,知法能力的造就,只可望其收效于多数人,不可向所有的一般人而奢求;一般人从法律常识方面,养成其守法精神,也就够了。这第二个目标的设施,虽然同样可在报纸上、刊物上或公共演讲场所,为一部分人灌输其略有系统的法律知识,但多半系单独就一个问题而演述,尚脱离不了法律常识的边际,且读者不多,听者有限,接受与否,又极自由,并不可赖此而即造就多数人的知法能力。多数人的知法能力的造就,除由社会教育方面获取一部分人外,其大本营还是在学校教育方面。过去,视法律教育为专科教育之一的时候,也有人提到“法律教育的普及”,其普及便是以学校教育为对象,而使将来不修习法律学科的学生能在学校中,以其学习的时间,多少接受将来可资为用的法律知识。这不特由此种熏陶更坚定其守法精神,为社会上一般人的表率,并世经过法律学科的修养,对于周密、细心、有条理、有层次种种工夫,无论在治学、治事、处世、接物方面,均有帮助。

从法律知识的熏陶方面,论到法律教育的普及,仍可分为两途来说:一个是法律知识同等的普及,一个是法律知识各别的普及;前者是普及于大专及中等学校不专门修习法律学科的每个学生,后者是对于修习其他各部门学科的学生,各就其修习的学科上所需要的法律知识,分别予以普及。(1)先就同等的普及一点而言:普通中学的学生以升大学为目的,有关法律知识的课程,不妨把重点放在大专一年级方面。其在中学,一方面于公民课程中加重有关法律知识的资料,一方面为其特设“法制大意”或“法律概要”一类的课程;只要能认定有关法律知识的课程为主科之一,而由善教者担任其职,不为虚设也就够了。如为职业中学,学生毕业不再升学,那么,关于其本业特别需要的法律知识,就不能不在课程上加以注意。至于大专学校一年级的共同科目,过去仅在政治学、经济学、法学通论三门课程中,由文法学院的学生任选其一,实为失策。换句话说,对法律学科既非绝对必修,而且所谓"法学通论"又是四十年来最失败的一门课程,更难望其对大专学生的法律知识有何助益。今后,我认为使大专一年级生的法律知识增长,不问任何院系,均须有两种必修科目。一是为国家组织根本大法的宪法,一般国民对宪法都须多少有一点了解,何况大专学生?一年级修习宪法以后,政治学系的学生再进而研究宪法学原理,法律学系学生再进而研究比较宪法,岂不更好!一是为私人生活根本法的民法,当然了,一年级只能讲授民法要义,不必求详求备;而对法律学系的学生因逐年分编讲授民法,民法要义一课自可免修,以避重复。(2)再就各别的普及一点而言:当前,法学院各系,如政治学系有行治法、国际法等课程,经济学系有经济立法一类课程,社会学系有社会立法一类课程;商学院各系以商业法为必修,甚或以破产法为选修;不能说不是早已注意到法律教育各别的普及方面。然其普及的范围亦仅至此而已!其实在文学院各系中,如各种教育法规、学术奖助法规、出版著作法规、考古存史法规等等,何尝不可依系别的性质,安排很少时间为其讲述?在理学院各系中,如有关矿场法规、有关矿业法规、有关矿产法规、有关地质法规以及专利法规、度量衡法规等等,又何尝不可依系别的性质,挪出很少钟点为其介绍。他如在农学院各系中,像土地法、森林法、渔业法以及有关农业经济法规等等莫不皆然。在医学院各系中,像医师法、药剂师法、助产士法以及各种医药卫生法规等等又何可废?在工学院各系中,像建筑法、都市计划法、电业法、水利法以及有关各种工程的法规等等,仍然可依系别,分别使其具有各该法律知识。

四

　　法律教育第三个目标，便是培育少数人的明法智慧，而使法律教育提高其性能，向上发展，或由此而全盘贯通，树立专才。他们不仅惯于守法，熟于知法，并且善于明法，其所恃以为宝者，不单是法律常识，不专是法律知识，而是有根底、有本原、有远识、有近效、有系统、有结构的法律学识。然在其中仍可分为两途：一为法律学家，可说是理论法学的产儿，以法律哲学、法理学、法律史学或比较法学为其看家本领。一为法律专家，可说是应用法学的骄子，对于现行法律的解释与应用，融会贯通，巨细无遗；有才能，有识见，而以辩讼分争、决狱拯冤、撰拟法令、制定章条为其拿手好戏。这两类人才，当然不可望一般人如此，也不可望多数人皆然；只有由少数人本其法律学识，承担这种任务，正与其他部门的学者专家也是限于少数人相同。因为大专学校既是分门别类为教，不限于法律学识一途，所以法律教育在这个目标方向，事实上也就不能不以少数人为对象。不过，国家社会如需要法律专家较多，自可扩充就学者的名额，但比较赖法律知识而造就的知法者，赖法律常识而养成的守法者，仍然是少数了。

　　培育少数人的明法智慧，是为了法律的进展更能向上，使人类获得康乐；是为了法律的应用更为正确，使社会获得公平。在智力上绝不是一般人中个个所能接受，在分工上也不是多数人中个个所应包揽，所以"法律教育的提高"，而把指针射在少数明法者的身上，断不应视作"贵族教育"，或"少数教育"，只要它不忘记造就多数人的知法能力，不忽略养成一般人的守法精神，也就根本无嫌于此了。然而因过去独视法律教育为专科教育，便激动了一种反澜出来，其主张法律教育应下至民间，这是对的。但在这反澜中，不少的人更主张法院判词、法律条文均应一律改用语体文,就连法律上专用的名词也应改用白话,使大家一看即懂,遇见法律问题,自己即可解决,再不必请教于律师或法学家了。这又似乎把法律教育的重心放在一般人身上,使法律完全大众化、平凡化、通俗化起来,然若如此彻底去做,不特法律本身不能再有进步,且一般人各有本业,又何能专心于全部法律问题? 问题的根源在乎一般人没有法律常识,不能守法,多数人没有法律知识,不易知法,并不在少数人的擅长法律学识,独来明法。一般人或多数人如对法律根本不懂不知,纵把判词法条改用语体,依样是不能了解。不过判词应力求明显,法条应力避晦暗,使粗通义理的人读来不甚吃力,自然不在话下。至于把法律专用各词改用白话,我以为无此必要,如一般人或多数人具有法律常识或知识,难懂的名词也容易懂,否则极容易懂的名词也是不懂。试以习俗用语为例:江浙一带把盐醃的鱼称作"鲞",北方人根本不知"鲞"是什么? 但入乡问俗,经人指示就明白了,那又何必一定要大众化,改称"盐醃的鱼"呢? 反之,陕甘一带的"牛肉泡馍",原是极通俗的称法,但没有尝过这味道的人,他也莫名奇妙。说到法律用语方面,像"认领""时效""不变期间""无因管理"这一类的名词,不少人认为太深,主张通俗化,果真如此,恐怕比"盐醃的鱼""牛肉泡馍"的名词还要累赘得多了。我们只能说,如一般人或多数人解释法律上专用名词的时候,应该力求平易,并不是把这通俗的解释就代替了原有的用语。譬如说:以"义所当为的一种任务"解释"义务"则可,却不能取"义务"这一名词而代之;以"身当其事的人"解释"当事人"即可,却不能取"当事人"这一称谓而代之;以"由无限责任股东与有限责任股东两者相合而成立的公司"解释"两合公司"则可,却也不能废"两合公司"的名称而不用。

　　总之,法律教育的目标,固应同时指向养成一般人的守法精神,造就一般人的知法能力,但对于指向培育少数人的明法智慧,依然有其重要性,不可独轻。法律教育能从这三个目标上同时并进,其所得的成效更阐明了法律是国家内各种现象的支柱，尤其与政治现象的关系互为表里、密切而不可分了。

且从戏剧谈法律

一

我的老朋友都知道,我年轻的时候,有三种偏好与尝试:一是写稿子,不管好坏,往往每日写到七八千字,他们称我为"陈一万"或"多产作家"。二是下厨房做整桌酒席,纵不能和徐中齐、梅心如、刘克儁、但荫孙诸兄比美,却也各具一格;不怕太太见怪,她的烹饪工夫还是从我学来的。三是上台演话剧、演哑剧、演平剧,一度还打算到电剧界去;下台写剧本、写剧话、编剧史,曾编有《拷红》《名誉与罪恶》《威字令》《到光明之路》等剧本上演过,而《鞠部要略》一稿,就国剧各部门分为内集、外集、正集、奇集等共约三十余章,其中一部分在北平的《京报》和《新兴中日报》陆续发表过。所以后来我常常说道:"作文、烹饪、演剧,在其表现的目的与技巧上是三位一体而有互相贯通的道理,既知其一,每可推知其二,并非风马牛不相及,各自鼎然而立。"

其实,从法律的立场上来看作文、烹饪、演剧三件事情,也有相通相近的地方,甚或有相助相成的地方。关于作文和法律的道理,我在本刊曾有"从法律文章说起"一篇稿子,已就其重要各点有所发表。关于演剧和法律的道理,并曾在《法律知识》半月刊的"碎玉碎瓦录"第十五段、第十六段,先就国剧的剧本作了一个简要的批评,更从国剧的总相上、类别上、角色上作了一番比照的观察。今天提笔写这篇稿子,正值二月十五日的戏剧节,《大华晚报》的"每日谈"上,又有"戏剧应力求大众化"的详述,使我这个三十年来戏剧界的退伍老兵,不禁触发旧感,回想当年,更认为法律与戏剧饱含着相助相成的因素,有申述彼此、联姻结亲的必要。至于烹饪和法律的道理,且卖个"关子",改日再谈。

谁都知道法律教育的普及和法律知识大众化是当务之急,不用我再叙说。但是如何才能普及,如何才能大众化,应该采用的方法实在很多,求其确能发生效果,就不应忽略了"高台教化"的戏剧。因为一般人对于法律常识的接受总觉得干枯无味、格格不入,非到临时不抱佛脚。任你把法律常识的重要性说得天花乱坠,任你把法律常识的宣传品写得笔神四飞,无奈其等闲视之,不听不看,你还有什么办法呢?所以为大众灌输法律常识而直接走灌输的路,这条路至少在开始的时候,实在不容易走得畅通。要想普遍地收得实效,只有采用"借花献佛""借尸还魂"的方法,从其所好,因势利导于不知不觉中使一般人接受法律常识而不感有任何困难。那么,菊部梨园这一丛的花叶,歌台舞榭这一套的体系,便是灌输法律常识很自然而又很合大众胃口所借用的工具了。

二

戏剧本系人生过程的复习与重奏,初民即有这一倾向,逐渐进展成为今日的各种戏剧,可说在其本质上即是以大众的趣味为基础的。关于戏剧艺术的提高,我们固不能否认"阳春白雪曲高和寡"的价值,然关于戏剧作用的普及,谁人也不能否认"下里巴人"的地位。"文明新剧"变为"爱美的戏剧",建立今日的话剧,虽系由剧艺方面有所改进,但昆曲衰而平剧兴,地方剧也不因平剧流行而归淘汰,都是本于大众支持的关系。然而小孩子挂着假的髯口,拿着短的长刀,装模做样地做戏;老头子坐在戏馆子,敛气、凝神,一本正经地听戏;而一般男女纵不玩票学唱,大都认为看戏是一种正当的娱乐,在休息或烦闷的时候,也许哼出两句不成调的腔儿;足见剧戏是人类天性上一种事物。所以开戏馆子的就成为一种正式商业,会唱戏的就成为一种吃饭本领,而同乐会、联欢会的举行,也像非有戏剧演出,不能成其为一个大场面!这样深为男女老幼欢迎的艺术演出,从它本身的大众化上求取法律知识的大众化,既不打出法律的招牌,使人望而却步,而又在无形中极其自然地接受了法律常识,岂非事半功倍?

过去留传下来的国剧,取材范围虽很狭小,但是对于社会的影响却是很大。一般人说"戏台上所演的,不是奸臣害忠良,就是相公招姑娘",也就是历史剧、社会剧两大类,以上再加上神怪剧而已。然其目的,除了少数伤风败俗的淫戏《日月图》《打樱桃》《纺棉花》《马寡妇开店》之类,以及使寡妇看了就想再嫁的郎鄂戏等等外,一般都具有劝忠教孝、讲信说义的目的,在社会教育不发达的环境里,移风易俗,有赖于此,对于道德的熏陶,确实尽了很大的努力。道德乃法律的宝藏,法律乃道德的甲胄,原为同质异态的事物,今日既需要法律教育的普及,若能利用已经大众化而对于道德鼓吹着成绩的戏剧,使其发展法律知识大众化的作用,可说是轻而易举的事,只问能不能注意罢了。

诚然!戏剧不是专为大众灌输法律常识而设,而且强要把戏剧的范围缩小在这一点上,既不成其为戏剧,更不免反客为主,不欢而散,自难宣达客主尽情的作用。多少年来留传下来的国剧剧本,其对观众所发挥的忠孝节义、礼义廉耻的效能,也不是常作前清的"圣谕广训"讲,或宣道的福音看,依然是本着观众娱乐的心情,鼓励着他们欣然而来,恬然而去,逐渐默化于道德生活中而不自知。今借戏剧的花叶与体系,为大众灌输法律常识,依然要把它当作野人闲客,侧身在剧情中间,有意无意地点出一事两事,这就很轻松地为观众所接受了。然而在积极地费尽心思而灌输法律常识以外,最忌的是在剧情方面消极地破坏法律精神。留传下来的国剧剧本虽对法律的重要性、尊严性,以及司法人员的守法精神和断狱问案的实用工夫,不无事例可举;惟因时代的限制,对于今日大众的应有的法律常识,自然莫能供给,并且有许多出剧是破坏了现代法律精神,更应彻底修正才行。

三

说到留传下来的剧本里,对于法律重要性或尊严性的宣扬,像《打龙袍》《斩黄袍》,事虽荒诞不经,但表示皇帝有时也要负法律上责任,不无可取。像《铡美案》演出包拯不畏太后公主的威力而铡了驸马,《铡包勉》演出包拯不因弟兄的关系而铡了犯罪的侄儿确是铁面无情、执法如山的模范人物。而"皇子犯法与庶民同罪",不仅出于《盗宗卷》里陈平的道白,简直成为国剧里对于法律的认识,在戏词方面的一定公式。然其剧情平易而又最合法律标准的国剧应推《四进士》一剧,《四进士》又称作《节义廉明》,它的旨趣可想而知,但姚进士的背誓犯罪、田进士的徇私说情、顾进士的受贿违法,都陷入法律上的罪网;独有另一进士授职河南巡按,不背初衷,爱护律条,沿途微服私访而知杨素贞、姚廷美之冤,并悉杨春、宋士杰之义,把三位进士的盟谊撇开,平反了这一冤狱,使法律的光辉照耀在民间,在今日仍是一本很有法律精神的戏剧。

其次,像《贩马记》里的县令受贿,屈打李奇成招,下狱待决。虽新县令赵冲的夫人桂枝为李奇后妻逐出门外的女儿,探知其父的冤狱,然因"王法律条不容情",惟有忍痛在心设法鸣冤,由赵冲为桂枝写状,乔装男子向过境的巡按拦舆告状,诚然骨肉团圆,父子姊弟聚会,究系法律途径中造成此一幕喜剧,充分表示法律的可爱。像《法门寺》里的郿坞县,断案糊涂,几乎使孙玉姣和傅朋做冤鬼,幸由傅朋的未婚妻宋巧姣到法门寺告了御状,毕竟声明了法律的最后灵验。再次,像《大审刺客》,刺客演出刑部尚书闵觉的清正刚直,扶病到了六部大堂审囚,不让大白脸的贺道庵越权曲法,真是秋曹的好官。像《审头刺汤》,演出锦衣卫指挥陆炳的精明强干,不厌求详地审问案情,而在问案的技巧上深得观众的称赞,较《大审刺客》的问供,更无甘心诱惑的弊病,算得刑司的能手。剧中人虽然是假的,但作为现实人物从善向上的象征,却也不无用处。

留传下来的剧本里,还有多少是关于审判实务的指示:像《清官册》里的寇准,被召进京,审问潘洪,潘妃贿以珠宝,告知八贤王,王将暂收留作证物,这表示证据的重要;而假扮阴曹夜审潘洪等,虽非今日所宜,但过去重在犯人招供,遂利用其迷信心理,取得口供定罪,在旧时代自成其为一种办法。像《牢狱鸳鸯》里巡按周天爵的侦察犯罪,也是凭了证据。他将业已定案的女囚珊柯与男囚卫玉同禁一室,蹑足窃听其交谈,寻出反证,乃雪其冤,这种办法,今日也或有类似的措施。不过像《李七长亭》的演出,却又不免使观众感觉证据的不可尽信。李七非使王良不待指认而出,并非以预知王良用白绫裹腿为认识王良的证据,倘非李七经王良亲友哀求,良心发现,口吐实言,王良即不免因证据确切,成为共犯了。

四

不过,话又说回来,旧剧本的作家并未曾把眼光放在法律问题方面,其显示法律的重要性或尊严性,乃是劝忠教孝,讲信说义的目的上偶有的一种反映,由我们爬梳而得;其对于法司秋曹的激劝或垂成,仍系本于个人道德和社会正义而然,也未明白点出这是守法精神的要求。因而在旧剧本里,关于法律精神方面的事态就瑕瑜互见,有些剧情虽映出法律的重要性或尊严性,有些剧情却正相反,显示法律的无灵或法律的不重要。真是薰莸同器、玉瓦共堂,不能一概而论。

怎见其显示法律的无灵呢?诲淫诲盗的剧本,使反派人物,逍遥法外,固不必说。最可惜的,莫如在全剧最后结局上似乎是要为善良者明冤,而使凶恶者归罪,但在剧情结构上,往往有赖于神祇的保护才能达到这一目的,这就未免重视神力而轻视了法,自非现代所能接受的像《九更天》,马义为救主而杀了自己的女儿,向官献头,既已构成杀人重罪,并且文天祥用铜锄、钉板等刑具,考验马义是否虚控,也是不近情理,而为扣合时间,救海俊图于不死,竟扯长了行刑前夜的时间,由五更打到九更,这真是莫须有的事。像《六月雪·斩窦娥》虽有史乘可据,然在戏文中,却让窦娥不死,演出窦母在刑场仰天大哭,气候突变,六月飞雪,等候海瑞到来,停刑复审而明其冤,也是有赖于天,未免贬落了法律应有的神圣使命。不过像《探阴山》,诚然是鬼话,但包拯揭发判官的徇私舞弊变造生死簿,结果在阎王面前铡了判官,充分显出法律的尊严所在,又当别论。

怎见其显示法律的不重要呢?含有"天高皇帝远,拳头就是知县官"意味的剧本,像《水浒传》方面故事的演出,不免"侠以武犯禁",就法言法,实不相宜。更有些剧本,为奖誉道德的行为,往往伤害了法律的精神:像《法场换子》里的徐策夫妇,公然可在法场上将自己的儿子换替了薛蛟候斩;像《打严嵩》里的邹应龙,公然可在宫门外教唆严嵩自毁其面,伪造常保童的罪证,且帮助其完成面伤。尤其旧剧本里,还有一套公式,就是忠臣义士和其后代,每由皇帝赐他一种武器可以"上打天子,下打朝臣",那么,这个武器也就成了法律了。戏文里八贤王赵德芳的金锏,谁不畏惧?论其来源,就是《贺后骂殿》剧情中,因宋太宗杀了太子德昭,为贺后所逼,才封德芳为八贤王,赐下代替法律的金锏,许其打昏君、打奸臣。即包龙图由"陈州放粮"起所随带的铜铡数口,也是皇帝所赐,先铡后奏,于是先后铡了驸马爷,铡了亲侄儿,铡了其他的恶人不算,甚至铡了阴间的判官。这种铜铡的暗示,就被辛亥年间洪门起义的张云山,在西安仿效起来,往西路查禁烟苗,便以铡刀为随。1931年前后,小达子在上海主演的连台戏《狸猫换太子》,除了八贤王的金锏,包公的铜铡大显其法力外,并根据《断太后》的剧情,将扶养李后的干儿子地保范仲华,由皇帝封其为安乐王,赐以龙头拐杖,可以随便打人,于是在剧中又有了一种法宝超乎法律以上了。其次,像《忠保国》里的徐彦昭怀抱着明太祖御赐他祖宗的铜锤,在金殿上击过国丈李良,盛怒之下且欲进击李后,经杨波劝阻而罢;像《开山府》的常保童,用太祖所赐其祖先常遇春的金锏,饱打了奉着圣旨而来的奸相严嵩一顿:这在劝忠惩奸方面的演出,固然是痛快淋漓、拍案叫绝,然史既无赐锤、赐锏的故事,而作这样描写,好像忘记了还有法律这一回事儿!不过,像《贺后骂殿》里的贺后,也被皇帝赐了一口尚方宝剑,先斩后奏,诚然描写得荒唐,但握有兵权或特命的人在历史上虽不一定有所谓"尚方宝剑",而先斩后奏权限却系有的。所以像《辕门斩子》里的杨元帅,把尚方宝剑挂在辕门上,虽抱着金锏的八贤王也不能不低头的,又当别论。

五

　　再进一步,谈到留传下来的旧剧本,对于现代人应承受的法律常识方面,不能说是没有,像犯罪受刑、受贿处罪、伪证有责之类,已如前面所举,可惜又为相反的剧情,使法律无灵或失其重要性,而冲淡了这一宝贵的暗示。并且因时代关系,破坏现代大众应具有的法律常识的地方实在不胜枚述。像"一夫一妻制"是现行亲属法上原则之一,否则,成为重婚,不仅有妻再娶要不得,就是同时与两个女子结婚也是要不得。然而在戏文里,把重婚视为盛事。《儿女英雄传》里的安公子,左有张金凤,右有何玉凤,两女共事一夫。《法门寺》里的傅朋,且与孙玉姣、宋巧姣奉旨完婚,被誉为"双姣奇缘"。而《珠帘寨》里的老大王李克用,由大皇娘、二皇娘平分春色,《大登殿》里的薛平贵,由王宝钏代战公主共侍一人,虽说名义上或有大小,但在实际上总是一个人娶了几个老婆,视为当然的佳话。不特过去留下来的老剧如此,民国后,西安易俗社编演的新戏,仍抄老文章,最后如有结婚的场面,十有八九是二女共嫁一男,今在什么时代,男子何能艳福若此! 至于该社在有一个期间所编的剧本,竟把解除婚约称作离婚,这当然是根据过去"婚姻成两姓之好的观念",和今日民法婚姻的解释大有抵触,经人指正,才修改了。

　　现代法律既不承认夫权的存在,且须防止亲权的滥用,而人格权,又是每个人自出生后即享有的,然在留传下来的旧剧里,对这些观念,不少是背道而驰。像《刘全进瓜》一剧,刘全竟行使夫权将妻子李翠莲重打一顿,逼得她去上吊,然而她未为吊死鬼以前,曾有"官打民不羞,父打子不羞,夫打妻不羞,这又何必寻死"的道白,不啻承认夫权的正当。而《斩经堂》的吴汉,提剑逼杀贤淑而无罪的妻子——南宁公主,《周仁回府》的周仁设计诱使自己的妻子假扮友妻,死于奸贼之手;虽说旨在提倡忠义,无话可说,然使妻子处在逼诱之下,遂其所愿,未免慷他人之慨,漠视妻子的人格权了。像《马义救主》里的马义,为救出公子,县令向其索侯子化老婆的人头,竟将自己的女儿逼死,割头到官,其女何辜竟牺牲在所谓亲权之下。这些都是沿袭旧日夫权与亲权广大无边的观念而然。在古代果有事实的历史剧,为存其真,或可这样演出,若是假托史实的戏剧便不应留下这样描写,给观众一种不合于法律性的暗示。至于《卖身投靠》一剧,虽史有类似的事,然和现行民法上的"自由不得抛弃"的原则依然相反,自不应再为演出,更无待论。

　　说来,话是很长,不便一一列举,就用现时各剧场、各票社常常出演的开锣戏《百寿图》(《赵颜求寿》)说罢。这故事是本于《三国演义》,描写管辂的神算,一篇神话,且无任何寓意,根本就不应搬上舞台。不知哪位作家,选择了这题材,编为剧本。小生赵颜口中固然哼出求寿的事;老生北斗星君,与净角南斗星君,从出场至对弈都唱着不相干的人间史事,非常乏味。所以任何名角儿不演这戏,论为戏皮,关系倒小,而对观众发生的坏影响却是广大。神仙是何等尊贵而圣明的!怎能贪于对弈而饮了不知来历的酒?既贪饮了人家的贿酒,南斗星君便听了北斗星君的教唆,轻轻地在生死簿上,将赵颜的寿数由 19 岁改为 99 岁。虽然赵颜希望改为百岁,南斗星君以"人心不足"责之,不无对世人的贪念有一教训,毕竟敌不过为观众"暗示神仙也受贿,也教唆也变造文书,何况凡人"的坏影响。这出戏若不禁演,最好仿照"探阴山"的例子,再加一场,搬出玉皇大帝,由值日功曹,和游神报告此事,将南、北斗星君依天律处罪。那么,迷信拜拜的观众,看罢这戏,自然想到"神仙有这种行为都要犯罪,何况凡人?"

总而言之,关于国剧的改良,纵然不是法律家的事,至少要征询法律家的意见,然后始能为大众所欣赏的戏剧,为法律知识大众化最有效的工具。不然的话,不特难达积极的作用,并且留下消极方面的破坏作用,"岂不感叹人也"!

陈顾远先生政法类著作年表[*]

书名	初版日期	出版处所	备考
《孟子政治哲学》	1920 年	上海泰东书局	
《墨子政治哲学》	1921 年	上海泰东书局	
《地方自治通论》	1922 年	上海泰东书局	
《五权宪法论》	1923 年	北京孙文学会	
《中国古代婚姻史》	1925 年	商务印书馆	万有文库
《国际私法总论》(上)	1931 年	上海法学编译社	法学丛书
《国际私法总论》(下)	1931 年	上海法学编译社	法学丛书
《国际私法本论》(上)	1932 年	上海法学编译社	法学丛书
《国际私法本论》(下)	1934 年	上海法学编译社	法学丛书
《中国国际法溯源》	1934 年	商务印书馆	万有文库
《中国法制史》	1934 年	商务印书馆	大学丛书
《土地法实用》	1935 年	商务印书馆	实用法律丛书
《中国婚姻史》	1936 年	商务印书馆	中国文化史丛书
《国际私法(商事篇)》	1936 年	上海民智书局	
《国际私法要义》	1937 年	上海法学书局	
《中国法制史》(日文版)	昭和十四 (1939)年	东京岩波书店	〔日〕西冈弘　译
《中国婚姻史》(日文版)	昭和十五 (1940)年	东京山本书店	〔日〕藤泽卫彦　译
《立法要旨》	1942 年	重庆中央训练委员会	
《保险法概论》	1943 年	重庆正中书局	大学丛书

《民法亲属实用》	1946 年	上海大东书局	法律丛书
《政治学》	1947 年	上海昌明书局	
《政治学》（增订本）	1953 年	中国法政函授学校	
《法律评话》	1955 年	法律评论社	
《海商法要义》	1955 年	中国交通建设学会	
《民法亲属实用》	1956 年	法官训练所	
《民法继承实用》	1956 年	法官训练所	
《中国政治思想史绪论》	1958 年	政工干部学校	
《立法程序之研究》	1961 年	国民大会	
《中国法制史概要》	1964 年	三民书局	
《商事法》	1966 年	复兴书局	
《中国文化与中国法系》	1969 年	三民书局	
《陈顾远法律论文集》	1982 年	联经出版事业公司（非卖品）	